Peter Engels
UNSER LÄNGSTER WEG
BAND 2

Peter Engels

Unser längster Weg

Eine Wanderung durch Deutschland

Band 2
Von Hermannsburg
bis Marsberg

Band 1 des Titels »Unser längster Weg« ist mit der
ISBN 978-3-86557-381-0
ebenfalls im NORA Verlag erschienen.

ISBN 978-3-86557-382-7

© NORA Verlagsgemeinschaft (2016)
Pettenkoferstraße 16 - 18   D-10247 Berlin
Fon: +49 30 20454990 Fax: +49 30 20454991
E-mail: kontakt@nora-verlag.de
Web: www.nora-verlag.de
Alle Rechte vorbehalten
Druck und Bindung: SDL – Digitaler Buchdruck, Berlin
Printed in Germany

INHALT

Tour 6
16. - 22. April 2011 7
Hermannsburg – Celle 7
Celle – Fuhrberg 33
Fuhrberg – Otternhagen 50
Otternhagen – Steinhude 69
Steinhude – Bad Nenndorf 89
Bad Nenndorf – Bad Münder 121
Bad Münder – Hameln 145

Tour 7
23. - 25. September 2011 162
Hameln – Bösingfeld 162
Bösingfeld – Lemgo 189
Lemgo – Detmold 210

Tour 8
25. - 28. Mai 2012 230
Detmold – Silbermühle 230
Silbermühle – Herbram Wald 264
Herbram Wald – Blankenrode 285
Blankenrode – Marsberg 302

Autorenbiografie und Danksagung 321

Tour 6
16. - 22. April 2011

Hermannsburg – Celle, 16. April 2011 Samstag

Ostern lag kalendarisch weit hinten. Wir wanderten bei dieser Tour in den Frühling hinein. So spät im Jahr waren wir seit Flensburg noch nicht unterwegs gewesen, was für die metrologische Situation insgesamt noch keine verbindliche Aussage bedeutete. Wir hatten aber solch ein Glück mit der Wetterlage, dass sie im Nachhinein gar nicht zu fassen, geschweige denn zu glauben war. Einer wesentlich schlechteren Lage war Ursula ausgesetzt. Ihre Mutter befand sich im Krankenhaus, ihre Schwester, die sich um die Erkrankte hätte kümmern können, damit Ursula die lang ersehnte Tour antreten konnte, im entfernten Ausland. So blieb die Situation bis zum Schluss offen und war abhängig vom momentanen Befinden der Mutter. Der Schlusston war jedoch so, dass sie bei der Anfangsstrecke nicht dabei sein würde, aber in Celle dazu kommen wollte, wenn der Zustand ihrer Mutter sie freigeben sollte. Bernhard war von Anfang an dabei. Er kam am Vortag mit Ulla zum Misselhorner Hof. Margarete und ich fuhren ebenfalls gestern früh morgens nach Schleswig-Holstein, um unsere Tochter und den Hund bei meiner Schwägerin unterzubringen. Lange, nervige Staus ließen uns dort spät ankommen. Die Fahrt über Lauenburg, Lüneburg und schließlich nach Hermannsburg auf Landstraßen zog sich bis in die Dunkelheit hinein. Wir checkten schnell ein. Die Wirtin konnte uns sofort zu Ulla und Bernhard zuordnen. Sie wies uns darauf hin, dass die beiden bereits in der Gaststube saßen. Die Begrüßung war herzlich, unsere Zusammenkunft hatte funktioniert. Ulla erzählte wie weit abseits der Hof von Hermannsburg lag, was wir nicht wissen konnten, da wir von der anderen Seite von außen auf ihn zugefahren waren. Ich hatte ihn deshalb ausgewählt, weil er sehr nah am Einstieg des E1 lag.

Wegen des Wochenendes war das Reiterhotel mit Gästen gefüllt. Die Küche war gehoben modern, obwohl der Hof schon seit Generationen bestand. Im Flur hingen Bilder von Kutscherwettbewerben, Fahrbetriebstreiben und Wagenrennen. Auf der oberen Etage standen Pokale von gewonnenen Turnieren auf und in einem Trophäenschrank. Die Lüneburger Heide muss ein Eldorado für Gespanne und Reiter sein. Lange saßen wir gemütlich am Tisch und erzählten uns Geschichten des letzten Jahres. Im Kopf planten wir die bevorstehende Tour, von dessen Start uns nur noch diese eine Nacht trennte. Zum Schluss des Abends kam ich mit der Wirtin ins Gespräch, nachdem sich die anderen zum Schlafen zurückgezogen hatten. Mich interessierte die Anbindung der Hermannsburger an eine der größeren Städte, da der Ort fast genau zwischen Hamburg und Hannover lag. Sie meinte, dass viele nach Hamburg zum Einkaufen fahren würden. Celle und Lüneburg würde auch für dies und das reichen. Hannover würden sie eher meiden, weil da nichts los sei. Außerdem sei die Innenstadt hässlich und es laufen so viele »kaputte« Leute rum. Hamburg dagegen sei attraktiv und ansprechend. Ich frage mich seit Jahrzehnten, warum meine Geburtsstadt nicht aus dem Schatten der anderen Örtlichkeiten in Deutschland mit scheinbar mehr Substanz treten konnte. Schon aus diesem Grund war ich gespannt auf diese Tour, die vielleicht das geschichtliche Licht ins Dunkel meiner Fragen bringen würde. Die Tatsache, dass der E1 in einem weiten Bogen um die Landeshauptstadt führt, könnte eine Bestätigung für das Schattendasein Hannovers sein. Laatzen hat die Industriemesse, Langenhagen den internationalen Flughafen. Beide Orte liegen direkt an der Stadtgrenze zu Hannover, behalten aber die Gewerbesteuereinnahmen für sich, da sie sich nie eingemeinden ließen. Es gibt die Herrenhäuser Gärten mit dem barocken Lustschloss der Welfen und das ältere, zur Technischen Uni umfunktionierte, den Barockgärten angrenzende, Hauptschloss. Dann bleibt den Städtern Hitlers künstliches Werk, der Maschsee, der Stadtwald Eilenriede, der an manchen Stellen bis fast in das Zentrum reicht, der Zoo und der botanische Garten zur Erholung. An schönen Tagen bewegen sich die Mehrzahl der Hannoveraner am Wochenende jedoch in das Umland, von dem auf unserer Route noch zu berichten sein wird. Im Zeitmagazin des Juli 2011 in der Rubrik Deutschlandkarte waren negative Vorurteile über Bewohner der verschiedenen Gegenden aufgeführt. So sollen die Holsteiner wortkarg, die Hamburger kühl, die Niedersachsen nüchtern und die Hannoveraner langweilig sein. Wenn ich es nicht anders wüsste, würde das Attribut für die Bewohner auch für die Stadt selber zutreffen. Man könnte zum Wort langweilig noch das Wort reizarm beimischen, womit die Stadt Hannover ganz gut beschrieben wäre. In einer anderen Umfrage bezeichnen sich die Hannoveraner selber als groß mit eckigem Kopf, sind aufmerksam, lieben fuchsfarben, halten sich für lernfähig und bejahen die berittene Polizei. Aber wie gesagt, es lagen ja sieben Tage vor uns, um zumindest das Umland intensiver kennen zu lernen, das mit Sicherheit in irgendeiner Form auf die Hauptstadt von Niedersachsen lebendig abstrahlen würde und um vielleicht mein in der Vergangenheit erworbenes Gesamtbild zum Positiven hin verändern zu können.

Um den Jakobsweg war es zumindest in der Presse sehr still geworden. Der Wander-, Trekking- und Pilgerboom setzte sich aber an anderer Stelle unvermindert fort. Nachdem viele einstigen Pilgerstecken neu belebt wurden, entwickelten die Tourismusverbände neue Namen mit neuen Zeichen und Flyern auf alten Wanderstrecken. »Druidensteig« im Saarland, »Papensteig« im Extertal und »Waldroute« im Sauerland sind nur einige Beispiele von Namen für Steige und Routen.

Der Morgen war so heiter, wie der Abend endete. Blauer Himmel, nicht die kleinste Wolke und frische Luft. Ulla fotografierte Margarete und mich bei dieser sechsten Tour nicht vor einem Bahnhof, sondern am Auto wie beim Start an der dänischen Grenze. Ich ließ unseren Wagen mit Erlaubnis der Hotelbesitzerin zwischen Pferdeanhängern unter mächtigen Eichen auf dem eingezäunten Gelände stehen. Gegenüber wurde unter dem Vordach einer geräumigen Scheune eine Wettkampfkutsche für ein Tournier überholt. Reiter beschäftigten sich mit dem Satteln ihrer Pferde. Das Geklirre der Ösen an den Geschirren untermalte unser Zuschnüren der Wanderschuhe. Aufbruchstimmung schoss in die Adern der Aktionswilligen. Erst mussten wir an der Landstraße einige hundert Meter entlang gehen, vorbei an einem mittelständigen Betrieb. Beim Gehen ging immer ein Blick auf die freien, weitläufigen Reitflächen, die noch zum Reithotel gehörten, in dem wir für die letzte Nacht unter gekommen waren. Pferde grasten gemütlich in der Morgensonne. Nur manchmal störte ein schnelles Auto auf der Landstraße die friedliche Stille, bis wir nach rechts auf die alte Heerstraße nach Celle abbogen. Im Rücken von uns lag Herrmannsburg. Die Örtze floss nun rechts von uns, ebenso in unsere Gehrichtung nach Süden zur Aller. Erst jetzt, durch unsere Wanderung durch die verschiedenen Landschaften mit ihren geographischen Gegebenheiten, wird mir die wichtige Bedeutung der Flüsse bewusster. Die Befahrbarkeit der relativ breiten Flüsse mit Nachen und das gleichmäßige flache, leicht zu überwindende Uferland, muss für die Fortbewegung der Menschen eine elementare Rolle gespielt haben. So kann ich bildhaft nachvollziehen, wie sich der Mindener Mönch Landolf im 9. Jahrhundert von der Weser aufmachte, um das Örtzetal zu missionieren. Möglicherweise kam er die Weser hinunter, um auf der Aller wiederum stromaufwärts bis zur Örtzemündung zu gelangen, die er dann weiter erkundete. An den Ufern befand sich zu seiner Zeit »Heidenland«. Ihm musste das gleiche Gefühl begleitet haben, wie später den Missionaren auf dem Amazonas, wo Indianeraugen argwöhnisch, aber dennoch neugierig auf die Symbole der anderen Welt blickten. Nur hier werden die Sachsenstämme über ihre Erfahrung mit den imperialen Römern sowie noch früheren Versuchen der Christianisierung gewusst haben, wer und aus welchem Grund er hartnäckig missionieren wollte. Wie dem auch sei fanden Archäologen beim Umbau der St.-Peter-und-Paul-Kirche, an der wir letztes Jahr auf einer Bank unsere Tour beendet hatten, Grundmauern einer Taufkirche aus eben dieser Zeit des Mönches Landolf. Die Grundmauern der Taufkirche befanden sich auf der Flottsandinsel nahe dem Thingplatz des Muthwidde-Gaues. An selber Stelle, zur selben Zeit, 1957, wurde ein bronzenes Kruzifix gefunden. Ob zeitgleich der Ältestenrat auf ihrem Platz nachdachte und verhandelte, während nebenan Landolf willige Sachsen aus der Familie der Billunger taufte, wird Spekulation bleiben. Vorstellen konnte ich mir das Übergangsszenario in der Missionierungszeit nur zu gut. Vor den im Osten angesiedelten Wenden mussten die bereits christlich gewordenen »Nordmänner« sich jedoch noch lange schützen. Eine Burg oder Wallanlage sollte das Überschreiten der Örzte durch die Heiden aus dem Osten verhindern. Noch 955 verbrannten die Wenden die hölzerne Missions- und Taufkirche aus dem Jahre 850. 970 baute sie der Sachsenherzog Hermann Billung in einem romanischen Stil wieder auf.

1059 erwähnte Kaiser Heinrich IV. Heremannesburg schriftlich. Heinrich IV. hatte zu der Zeit damit zu tun, die Fürsten im Begehren umzustimmen, die absolute Kaisermacht weiter anzuerkennen. 1077 befand sich Heinrich in Canossa und machte seinen berühmten Kniefall vor der christlichen Macht Roms. Zu der Zeit gehörte der Ort und die Gegend dem Fürstengeschlecht der Billunger, die aber

1106 ausstarben. Gegründet wurde der Ort durch Hermann Billung 940. Nach dem Aussterben dieses Geschlechts fiel Hermannsburg an die Welfen, deren Ursprung, wie in Ratzeburg erwähnt, in England lag. Die Welfen hielten sich bis zum Preußischen Sieg 1866 sehr lange im Norden. Die Auswirkungen nach dem Krieg könnten bereits die ersten Antworten auf meine Fragen im Zusammenhang des vermeidlichen Schattendaseins von Hannover sein, zudem sich bereits der Untergang des Geschlechtes der Welfen nach dem Siebenjährigen Krieg angekündigt hatte.

Der Geist des frühen Missionsortes Hermannsburg sollte ab 1849 wieder erstrahlen, indem der evangelisch-lutherische Pastor Ludwig Harms, in diesem Jahr ein Missionarsseminar gründete. Hierin wurden Missionare ausgebildet, die hauptsächlich im südlichen Afrika und Äthiopien eingesetzt wurden. Aus der früheren Hermannsburger Mission wurde heute das Evangelisch-Lutherische Missionswerk in Niedersachsen. Als Vertreter der Erweckungsbewegung prägte Ludwig Harms das kirchliche Leben des Ortes nachhaltig, was auch atmosphärisch beim Durchwandern zu spüren war. So wie sich einst die Hermannsburger gegen die Wenden gewehrt hatten, stemmten sie sich 1878 gegen die preußischen Reformen, indem sie die Evangelisch-Lutherische Kreuzkirchengemeine unter Zusammenschluss der unabhängigen altkonfessionell lutherischen Kirchenkörper, der Hannoverschen Evangelisch-Lutherischen Freikirche, bildeten. Grund war, dass der preußische König versuchte, seine evangelische Union auf Hannover auszuweiten, indem er die Reformierten und die Lutheraner zusammen fassen wollte. Das ging aber einher mit dem Eingreifen des Staates in die Gottesdienstordnung, Verfassung und Lehre der Kirche. Dagegen protestierte der Bruder von Ludwig Harms, Pastor Theodor Harms. Als Folge dessen wurde er von der Landeskirche seines Amtes enthoben. Viele Sympathisanten traten als Reaktion freiwillig aus der Landeskirche aus und bildeten die eben erwähnte Kreuzkirchengemeinde. Die Mitglieder planten eine große Kirche. Sie sollte viel Platz für Missionsfeste haben. Nach Fertigstellung der Großen Kreuzkirche 1878, hatte sie ein Fassungsvermögen von 1000 Menschen. Das Kirchenschiff hat keine tragenden Säulen und soll wohl das größte freitragende, hölzerne Kirchenschiff Europas sein. Neben dem Missionsseminar und dem Missionswerk beherbergt Hermannsburg noch das Albert Schweizer Familienwerk, die

Niedersächsisch-Lutherische Heimvolkshochschule und nicht zuletzt das Ludwig Harms Haus. Beim Versuch, Zimmer für die erste Übernachtung zu buchen, sagte eine Wirtin selbstverständlich und locker, als wenn wir Teilnehmer eines der vielen Kongresse wären: »Das wird schwierig sein; die Inder sind gerade da und es ist alles ausgebucht.«

Doch der asiatische Kirchenkongress konnte mein Glück nicht schmälern, Unterkunft für uns zu finden. Diese kurze Begegnung machte aber den christlich, missionarischen Geist, der über dem Ort schwebte, deutlich. Im Stillen dachte ich an das Kruzifix, das zu Zeiten des Harms in der Erde verborgen war, schon Jahrhunderte schlummerte und zu jeder Zeit das Treiben der Menschen um Macht im Namen des Gekreuzigten unsichtbar, schweigsam beobachten konnte.

Die Birken und Eschen an der Celler Heerstraße trieben ein, noch nicht als Blätter wahrnehmbares, sachtes Grün aus. Schnurgerade zog sich der Asphaltweg bis zum Horizont. Daneben reihten sich Weiden aneinander, von Buschwerk oder Baumstreifen voneinander abgetrennt. Manchmal stachen hohe, lichte Kiefern aus den Hainen in den Himmel. Ein Entwässerungsgraben verlief im rechten Winkel auf uns zu und unterbrach mit seiner Linie die weiten Weideflächen. Er legte ein helles Spiegelband des Himmels in die dunklen Farben der Erde. Die Asphaltdecke endete und ein altes Kopfsteinpflaster bildete den Straßenbelag. An manchen Abschnitten hatte das Gewicht der vielen Wagen die Steine in der Breite einer Achse gleichmäßig in den sandigen Untergrund gedrückt und einen Hügel in der Mitte stehen gelassen. Das Geklapper der Hufe und Wagenräder auf dieser längst vergessenen Hanseautobahn nach Lübeck hallte noch in meinen Ohren nach. Die jetzige Breite der Straße war jedoch nicht für eine Begegnung zweier Fuhrwerke angelegt. Vielleicht befand sich zu jener Zeit kein Busch- und Baumbewuchs am Rand der Strecke, damit die Wagen aneinander vorbei kamen. Das historische Pflaster ging in einen lichtüberströmten Sandweg über, an den weiße Wellen von Schlehenblüten schlugen. Ein Schild der Teilstrecke des E1 listete uns die Entfernungskilometer zwischen den Orten auf. Dieses Stück von Müden nach Hameln sollte 175 Kilometer lang sein. Mit einem weiten Schlenker stieß der moderne Jakobswanderweg, dem wir bei der vorletzten Etappe in Wietzendorf begegnet waren, auf den E1. Nach kurzer Zeit überquerten wir die Landstraße von Oldendorf nach Eschede. Während meiner Jugendzeit fuhren wir hier in der Gegend mit dem Fahrrad durch eine verkohlte Stoppellandschaft. In den siebziger Jahren hatte ein verheerender Brand um Eschede weite Teile des Waldes vernichtet. Einige Feuerwehrleute wurden von den Flammen eingeschlossen und mussten ihr Leben lassen. Ein weiteres Unglück mit weitaus mehr Toten geschah auf der ICE Strecke von Celle nach Lüneburg bei Eschede. Ein Zug entgleiste mit voller Geschwindigkeit, weil ein Rad brach. An einer Brücke schoben sich alle Waggons wie Mikadostäbe aneinander.

Die freie Landschaft wurde durch ein Treiben bei einer einzelstehenden Bebauung unterbrochen. Auf einem Sandhof werkelten Männer an einer Kutschengabel. Pferde standen zum Reiten bereit an einen Zaun gebunden. Neben dem Stall befand sich ein längliches, einstöckiges Backsteinhaus mit einem steilen Dach, aus dem eine fünf Fenster breite Gaube lugte. Der Dehningshof stellte früher eine Abspannstation dar. Schon im Mittelalter wurde dieser Hof als Rastplatz für Ochsengespanne erwähnt. Kleine Reparaturen an den Wagen wurden hier erledigt. Nicht nur das weiße Gold, wie das Salz damals genannt wurde, sondern auch Holz wurde auf diesem Weg transportiert. 1814 wurde vom Frachtkaufmann Dehning eine Gastwirtschaft an der alten Salzstraße angelegt, die von Lübeck nach Basel führte. Eine Autobahnraststätte in alten Zeiten. Napoleon baute sie per Dekret als Heerstraße aus. Noch bis über die Jahrhundertwende wurden die Gäste mit Kerzenlicht zu ihren Zimmern geleitet. Bis in die dreißiger Jahre diente die Schänke als Ausspann für Fuhrmannsleute. Anfang der sechziger Jahre wurden die historischen Fachwerkgebäude originalgetreu renoviert. Heute beheimatet es einen Gasthof mit dem Namen »Zur alten Fuhrmanns Schänke«. Neben der Eisenbahn und der heutigen Autobahn, hat diese Raststätte für den tatsächlichen Nordsüdverkehr keine Bedeutung mehr.

In einer kleinen Holzschutzhütte mit Moos auf dem Dach machten wir eine Trinkpause. Erst hier beim Durchatmen bekam ich die zündende Idee, wie ich die fehlende Schnalle von meinem Hüftgurt ersetzen konnte. Irgend jemand hatte zu Hause darauf getreten, so dass sie zerbrochen war. Das unbrauchbare Fragment bemerkte ich erst beim Start. Ich montierte es ab und ließ es im Wagen. Jetzt zog ich ein stabiles Dreieckstuch aus meinem Survivalbeutel durch die genähten Laschen der Gurte, zog es straff und hielt es mit einem Doppelknoten. Das war perfekt. Ohne Hüftgurt zu laufen war erheblich beschwerlicher, als mit seiner Hilfe.

Viele Reiter allen Alters kamen des Weges. Stimmungsvoll ritten sie langsam die alte Handels- und Heerstraße entlang. Heute zum Spaß, damals wohl mit einem Auftrag versehen. Rechts von uns schloss ein riesiges Waldgebiet mit dem 106 Meter hohen Sicksberg im Hermannsburger Gehege an. Darunter, im Süden, grenzte nahtlos der Forst, die Bröhnheide, an. Die Gegend musste durch die vielen Sandwege ein Reiterparadies darstellen. Die Kutscherbetriebe der Lüneburger Heide warben mit der hohen Qualität ihrer Gespanne. Die Kutschen sind alle TÜV geprüft, Kutscher bekommen regelmäßige Schulungen und die Pferde sind einer Gesundheitsprüfung unterworfen.»Qualitätskutscher Lüneburger Heide« darf sich nur nennen, wer auch an umfangreichen Schulungen zum Thema Natur und Kultur, Geschichte und Aktuelles, Kulinarik und Döntjes und vielem mehr erfolgreich teilgenommen hat. Die Anforderungen kommen einem Abitur für Kutscher gleich. Vorbei mit dem Kutscherbier und der roten Schnapsnase, die durch den Frost oder durch den Korn entstanden sein könnte.

Lärchen drückten ihre frischen Blätterbüschel aus den Knospen. Wie auf der Spitze stehende Kegel, reihten sie sich auf den Zweigen zu einer grünen Kette zwischen grauen Flechten. Bei der Severloher Matheide und dem Thielsberg gestaltete sich der Wald zu einer originalen Heidefläche, wie wir sie nur aus der Nordheide kannten. Aus dem ausgedehnten Erikakraut stachen einzelne oder in kleinen Gruppen stehende, eher dünne Birken, die mit ihren weißen Stämmen auf dem dunkellila Hintergrund ein malerisches Bild abgaben. In der Ferne am Waldrand schritten Reiter auf den angelegten Sandwegen durch die Heide. Diese besondere Fläche endete so abrupt wie sie erschien. Am Rand stand eine Mächtige Eiche fast ohne Stamm. Früh setzte die dicke Verästelung ein, von der jeder Ast ein eigener Baum sein könnte. Sie trieb als eine der letzten Bäume ihr Grün aus und war jetzt noch winterlich kahl. Dahinter wurde die Landschaft feuchter. Gräben versuchten das Wasser abzuleiten. Nach der Senke stiegen wir durch eine sehr einsam anmutende Gegend über schwerfällige Sandwege den Citronenberg nach oben. Bernhard hatte sich von uns abgesetzt. Wir fanden ihn später in einer Kuhle liegend pausieren. Mittagspause war das Stichwort, doch fanden wir keine geeignete Stelle, um zu sitzen oder zu liegen.

An einer Wegkreuzung stand ein Findling mit einer Grabinschrift von Hubert Kayser. Über seinem Namen war ein Tatzenkreuz eingemeißelt. Eigentlich wurde dieses Zeichen von Urchristen verwendet. Im ersten Weltkrieg verwendete man ein etwas dickeres abgewandeltes Kreuz für Medaillen und als Grundlage für Inschriften. Unter dem Namenszug stand U. d. R. i. Gd. Sch. Batt., darunter geboren 1897 in Miele und gestorben 1917 in Kurland. Zwanzig Jahre wurde der junge Kayser nur alt. Würde man den einen Weg der Kreuzung verfolgen, käme man zum einsam gelegenen Hof Miele im Wald am 78 Meter hohen Rübenberg. Zur anderen Seite führte der Weg nach Eschede, gerade auf die Brücke zu, an dem das Zugunglück geschehen war. An der Unglücksstelle erinnert heute eine Gedenktafel an das schreckliche Ereignis. Wir gingen jedoch weder nach Miele noch nach Enschede, sondern gerade über die Kreuzung weiter, bis ein malerischer See in der Landschaft auftauchte. Recht groß lag er laut Karte namenlos, fast vollständig umsäumt mit totem Schilf im Sand der Heide. Der Sunderbach speist ihn mit Wasser und verliert in ihm seinen Namen. Wolken spiegelten sich im wellenlosen Wasser. Mächtige Bäume schützten mit ihren Wurzeln den Erhalt des aufgeschütteten Walls am Ufer zum Weg hin. Diese Wälle deuteten daraufhin, dass dieses Gewässer wahrscheinlich künstlich als Wasserspeicher und aus Fischzuchtgründen angelegt wurde. Ein gerader Graben durch noch blattlose Baumbestände bildete den Ausfluss auf der anderen Seite des Weges. Am Ende des Sees im Wildeck am Krähenberg bog der neu bezeichnete Jakobsweg nach links ab. Wir gingen durch den Forst Miele weiter, Richtung Celle.

Vor uns tauchte ein Fachwerkhaus mit grünem Tennentor auf. Es lag am Kohlenbach, der in die Örtze fließt. Eigentlich sind Rottweiler nette Hunde, doch dieser hier sprang fast über den Jägerzaun, als er uns bemerkte. Sein kräftiges Bellen zerriss die Stille der Einöde des Ortes. Der entschlossene Ton der Stimme war mehr als das Bekunden seiner Existenz. Sein Bellen hatte den Schritt zum Kampf im Klang. Sabber tropfte aus seinem klaffenden Maul. Er erfüllte seine Pflicht. Kein Mensch ließ sich blicken. Der Hund blieb mit der Aufgabe allein, sein Territorium zu beschützen. Ein Schild beschrieb diesen Ort: »Auf der Karte des Hannoverschen Ingenieurs-Corps von 1777 taucht der Name »Försterhaus zu dem Colenbach« auf. Einige hundert Meter südlich beginnt der Kohlenbach seinen Lauf. Kühl und dunkel ist sein Wasser, weshalb er wohl auch »Colenbeck« genannt wurde. Das Forsthaus Kohlenbach liegt mitten im großen Waldgebiet des Garßener Holzes . Das Gehöft war eine Ausspannstation. Hier führte in alter Zeit eine wichtige Heerstraße zwischen Hannover und Lüneburg vorbei, die später durch den Ausbau neuer Straßen wie Celle – Soltau – Hamburg und Celle – Lüneburg an Bedeutung verlor. Durch den Bau der Eisenbahn geriet der landschaftlich herrliche Fernweg fast ganz in Vergessenheit. Die Einrichtung einer Försterei zur Betreuung des waldreichen Gebietes macht den wirtschaftlichen Übergang deutlich. Der Vierständerbau von 1753 ist zum Teil mit Ziegeln ausgefacht, am Wohnteil aber verschalt. Ein Stall und ein Backhaus ergänzen diesen Hof.«

Die Lage des Hauses an einem Bach, machte einmal mehr deutlich, wie wichtig das bequeme Erreichen des natürlichen Wassers für eine fortwährende Ansiedlung war, in einer Zeit, wo noch keine Wasserleitungen verlegt waren. Neu war für mich die Erkenntnis, dass das norddeutsche Wort Beck, die Bezeichnung für Bach war.

Als der Wegrand in der Everser Mahtheide beim Klosterhof Salinenmoor etwas Fläche bot, wollten wir pausieren. Reichlich durch erste fette, rote Waldameisen geplagt, wechselten wir die Wegseite ins höhere Buschwerk der Heidelbeerpflanzen, die mit Altgras umwuchert waren. Der Himmel zog sich zu einer grauen Fläche zu. Die Luft wurde durch die fehlende Sonne deutlich kühler. In der Nähe zerrissen großkalibrige Geschütze vom Truppenübungsplatz Arloh dumpf die Stille. Die Schüsse erfolgten mit geringem Abstand hintereinander. Während ich so dalag und froh war, dass mich keine Ameise zwickte, weil ein Apfelgehäuse nicht weit von mir als Ablenkungstrick abgelegt wurde, dachte ich über das Üben von Schießen nach. Wahrscheinlich sollten die jungen Soldaten weniger das Treffen üben, als die Scheu zu verlieren, mit solchen Geschützen überhaupt tätig zu werden. Die Vorstellung über die Toten, den Schaden und die Zerstörung nach einem einfachen Knopfdruck, sollte wahrscheinlich abgestumpft werden.

Die Pause tat allen gut. Bernhard war wie immer in einen Kurzschlaf gefallen, auf den er offenbar nicht verzichten konnte. So passen wir uns gegenseitig immer mehr an. Unser Schaden wird das Schlummern nicht sein. Kurz nach dem Aufbruch erreichten wir das Militärgelände, den sogenannten Standortübungsplatz. Ein altes Hinweißschild war mit einem zweiten, abgeänderten Textaufdruck versehen worden, was zur Folge hatte, dass der Inhalt durch die Schriftüberlappung überhaupt nicht, oder nur mit Mühe zu lesen war. Nur die Worte Militär...Übung...schießen... waren zu entziffern. Darunter der Satz »Berühren und Aneignen von Gerät, Munition und Munitionsteilen verboten. Der Standortälteste.« Der E1 verlief lange Zeit parallel einer Panzersandbahn entlang. Das Knallen der Geschütze wurde immer lauter und bedrohlicher. Ich machte mich innerlich auf Querschläger gefasst, wobei ich aber der Disziplin der Übungsteilnehmer in der Anlage vertraute. In der Ferne brach ein Fahrzeug aus dem Unterholz. Es fuhr hochtourig auf uns zu. Das Gefährt war ein vierrädriges Strandmotorad in olivgrün getüncht. Der uniformierte Soldat hatte bestimmt Spaß daran, damit über die Sandwege der Südheide zu donnern. Wir machten ihm Platz. Er nahm nur kurz das Gas weg, als er uns passierte, drehte den Griff jedoch hinter uns wieder auf. So schnell wie er aufgetaucht war, war er auch wieder im Wald verschwunden. Ich war mir sicher, dass er als Kontrolle an uns vorbei gefahren war. Irgendein Horchposten hatte uns geortet und den Späher seinen Auftrag erteilt, uns zu identifizieren. Plötzlich waren wir Teil einer Übung geworden. Das kriegsähnliche Knallen im Hintergrund verlieh der Szene jedoch einen allzu realistischen Anstrich.

Am Ende des Sandweges unterbrach ein riesiger rechter Winkel im Himmel die zotteligen Striche der Äste im Blickfeld der Bäume. Dieser Winkel gehörte zu einer monumentalen Betonschutzwand des alten Schießstandes, die Splitter und Projektile davon abhalten sollten, in die Umgebung zu streuen. Metergroße Zahlen auf der Wand markierten die Zielbereiche für die Schützen. Diese Anlage war noch mit anderen militärischen Bebauungen versehen, die aber herunter gekommen waren und mit Pflanzen überwuchert schienen. Unweit von den ausgedienten Schießständen schloss sich die neue Anlage an. Diese war mit einem hohen, stabilen Maschendrahtzaun umgeben. Zwanzig Meter hohe Naturwälle übernahmen heute den Schutz, den einst das Betonrechteck übernommen hatte. Der mit Gras bewachsene Wall sollte wahrscheinlich nicht nur die Geschosse von der Umgebung fern halten, sondern auch den Lärm der Explosionen. An einem Eingangstor aus Maschendraht hing ein

Schild »Fotografierverbot!«, das ich für Margaretes Verbotsschildersammlung fotografierte.

»Innerhalb diesen militärischen Bereiches ist es verboten, zu fotografieren oder Fotoapparate mit sich zu führen. Fotoapparate sind auf der Wache abzugeben. Bei Verstoß dieses Verbotes können Fotoapparate und Filmmaterial sichergestellt werden. Zuwiderhandelnde setzten sich außerdem der Gefahr der Festnahme und der strafrechtlichen Verfolgung (§§ 96, 109g StGB) aus.« Galt das auch, wenn man von Außen in das Gelände hinein fotografierte? Der Weg ging lange am Zaun entlang. Alle hundert Meter hing ein gelbes Schild mit der Aufschrift »Schießstand – Betreten verboten« an den Maschen. An einer Stelle wurde das eintönige Bild des Zaunes unterbrochen. Gärtner hatten einen etwa zwölf Jährigen Stamm im Zaungeflecht hängen lassen, der völlig mit dem Draht verwachsen war. Ein tröstliches und trauriges Bild zugleich. Tröstlich über die Kraft der Langsamkeit des Wachstums und traurig über das Ableben des Baumes.

Endlich kehrten wir mit einem rechten Winkel gen Süden dem Zaun den Rücken. Der Kieferbestand des Waldes erhöhte sich. Großartig setzten sich die bizarren Kronen meiner Lieblingsbäume am Himmel im Gegenlicht vor uns ab. Mit diesem Bild verließen wir das Garßener Holz und gefühlsmäßig die Lüneburger Heide. Das grelle Krachen der Gewehre verebbte zum hellen Knall einer Platzpatrone aus einem Kinderrevolver. Der Waldweg traf auf eine Fahrstraße, die parallel zu einer Bahnlinie verlief. Dieses Gleis war ein Sackgassenableger der Trasse von Celle nach Hermannsburg, die eigentlich nicht mehr in Betrieb war. Bis hierhin wurden aber Geschütze, Panzer und anderes Material zum Übungsplatz mit der Bahn transportiert. Gegenüber der Bahnlinie befanden sich Gebäude und Wohnanlagen, die von der Bundeswehr genutzt wurden. Der Bahndamm schützte die Büsche und Bäume, sodass sie in der Entwicklung der Blätter schon weitaus fortgeschrittener waren, als die in der freien Flur. So hatte ein Feldahorn bereits seine Blätter mit saftigem Grün voll ausgebreitet. Seine Blüten übertrafen jedoch die Größe der noch knittrigen Blätter. Leicht gelb streckten sich die prallen Büschel weit in die Frühlingswelt, um durch Wind und Insekten bestäubt werden zu können.

Nach einer kurzen Trinkpause auf der Wiese einer Anschüttung am Straßenrand, passierten wir Scheuen, dessen Bewohner sich wahrscheinlich schon längst an das Donnern vom nahen Schießplatz gewöhnt hatten, so wie man das Schlagen einer Kirchturmuhr nach geraumer Zeit oder die besänftigende Musik in einem Supermarkt nicht mehr wahrnimmt. Hinter dem Ort versperrte uns ein heruntergelassener Schlagbaum den Zugang zu einer breiten Wiese. Auf einem gelben dreieckigen Schild war ein Ausrufezeichen abgebildet. Ein Wagen zog ein Flugzeug hinter sich her. Über das gespannte Seil dazwischen stolperte ein Mensch. Auf einem runden, rot umrandeten Schild hielt uns ein Strichmännchen eine schwarze Hand entgegen. Auf dem dritten rechteckigen Schild stand »Achtung Flugbetrieb – Lebensgefahr – Steht kein Sicherungsposten am Weg, ist die Durchfahrt frei.«

Tatsächlich stand ein alter Bulli ohne Nummernschilder am Wegesrand. Zwei junge Männer hinderten uns am Weitergehen. Plötzlich zischte ein Drahtseil in die Höhe, an dessen Ende ein Segelflugzeug hing. Als der Pilot die richtige Höhe erreicht hatte, koppelte er ab und das Seil knallte pfeifend auf die Wiese zurück. Erst als die ganze Prozedur vollbracht war, ließ uns der Sicherungsposten unsere Wanderung fortsetzen. Wir überschritten mit dem Gedanken das dicke nun ruhende Seil, dass die Posten heute wirklich ihre Daseinsberechtigung unter Beweis stellen konnten, um Menschen nicht in Lebensgefahr zu bringen. Nach der Durchquerung eines Waldstückes tauchte über Ackerlandschaft in der Ferne rechts von uns Groß Helen auf. Dahinter leitete uns ein asphaltierter Feldweg auf die B3 zu, der Einfallsstraße nach Celle. Diese Bundesstraße führt zurück nach Soltau. Zur anderen Richtung würde man auf ihr Hannover erreichen. Die Füße brannten bereits in den Stiefeln. Eine Schlehenhecke ließ ihr weißes Kleid wallen. Prächtige Buchensolitäre unterbrachen mit ihren gleichförmig vom Stamm abstehenden Ästen und Zweigen die schaumige Blütenwelle. Wie eine Fontäne sprühte die Krone des Baumes wohlgestalt aus dem Streifen der Schneebüsche.

Dieser Feldweg endete als Unterführung des Dammes der Bundesstraße 3. Auf der anderen Seite standen einzelne alte, mehrstöckige Wohnhäuser, die bereits zu Celle zu gehören schienen. Eine historische Kopfsteinpflasterstraße verlief vor den Häusern parallel zur neuen Trasse. Sie stellte bestimmt die einstige Bundesstraße dar, aus einer Zeit, zu der nur ab und zu ein Auto fuhr. Jetzt brausten in hohem Tempo die schnellen Autos in großer Zahl über unsere

Köpfe hinweg. Diese Fernstraße kommt von Buxtehude, führt über Soltau, Celle, Hannover, Einbeck, der alten niedersächsischen Studentenstadt Göttingen, nach Hannoversch Münden an der Weser entlang, und später an der Fulda bis nach Kassel, schließlich über Marburg, Frankfurt, Heidelberg, Freiburg nach Basel. Eine Treppe führte uns auf den Damm, der für die Überquerung der Eisenbahnstrecken angelegt wurde. Wenig später tauchte das gelbe Ortsschild auf. Mit schwarzer Schrift kündigte sich die Stadt Celle darauf an. Für Autofahrer ein kurzer Weg bis zum Zentrum, für uns noch eine lange mühevolle Strecke bis in die Altstadt. Staubig kommen einem die Häuser und Vorgärten vor, die an solchen vierspurigen Einfallsstraßen liegen. Hier fanden nur Einkaufszentren, Autowerkstätten und -händler, Sanitärfachgeschäfte, Versicherungsbüros oder erste Dönerbuden Platz. Die B3 bekam hier den Namen Harburgerstraße. Sie führte in einem Bogen stark abwärts ins Allertal hinab. Mauern hielten das Erdreich davon ab, auf die Straße zu rutschen. Plötzlich bekam ich eine starke Kindheitserinnerung, weil diese Stelle sich von der übrigen Landschaft schon immer abgehoben hatte. Oft waren wir hier auf Radtouren durch die Heide als Jugendliche nach Celle eingefahren. Man konnte hier mit Leichtigkeit ohne zu treten auf den Fluss zurollen. Hinter dem Torplatz überquerten wir nun die relativ mächtige Aller. Sie ist flussaufwärts durch den Zufluss der Oker aus dem Harz so stark geworden. Während die Oker über Braunschweig zufließt, entspringt die Aller am nördlichen Fuß des Lappwaldes östlich oberhalb von Helmstedt, knapp in Sachsen-Anhalt an der früheren Deutsch-Deutschen Grenze. Sie ist als Bundeswasserstraße eingestuft und in den 1960er Jahren weitgehend ausgebaut, in unterschiedlichen Maße begradigt und größtenteils zum Hochwasserschutz eingedeicht worden. In einem knapp 30 Kilometer langen Abschnitt bei Gifhorn mäandert der Fluss noch in seinem natürlichen Bett. Für die Herkunft des Namens gibt es mehrere Deutungen. Die heutige Aller hieß 781 Alera, 803 Elera und 1096 Alara. Bei der Namensgebung schien die Verkürzung von Eleraha von Bedeutung gewesen, wobei Eler, auf urgermanisch olisa oder altslawisch olsa, polnisch olsza, auf die Erle zurückzuführen wäre. Aha wurde oft in alten Flussnamen verwendet und stand für Wasser. Der Sprachwissenschaftler will das lateinische Wort aqua mit aha, ausgesprochen »Acha«, vergliechen wissen. Aller würde also soviel wie Erlenwasser bedeuten, was sich daraus herleiten könnte, dass der ursprüngliche Fluss durch viele Überschwemmungen nass gehaltene Talboden größtenteils mit Erlen bewachsen war. Oberhalb von Wolfsburg trifft die Aller auf die Abflussrinne der vorletzten Eiszeit, die vor rund 200000 Jahren entstanden ist. Diese bis zu 20 Kilometer breite Rinne gehört zum Breslau-Magdeburg-Bremer Urstromtal, worin Schmelzwasser der Saaleeiszeit in die Nordsee abfloss. Die Oker und die Leine entspringen beide ebenfalls aus dem damaligen DDR-Teil des Harzes.

Das Flussbett wurde hier am Stadtrand von Celle künstlich kultiviert. Seeähnlich verbreitet sich die Wasserfläche, an der Mühlen und Speicher stehen. Der Verlauf teilt sich und kommt nach geraumer Zeit wieder zusammen. Etwas abgewandt, in die Insel geschnitten, bildet ein Becken den historischen Flusshafen. Auf der Insel befindet sich heute der Schützenplatz. Genau an dieser Stelle, wo heute ebenso ein Wehr den Fluss kontrollieren will, machten Stromschnellen den Schiffen Schwierigkeiten, so dass die Ladung hier im Mittelalter abgeladen und, nach Überwindung der Schnellen, wieder aufgeladen werden musste. Wir verließen das mit Trauerweiden gesäumte Ufer der Aller. Auf der anderen Straßenseite begann sogleich sichtbar die Altstadt. Celle schmückt sich neben der Tatsache einer einstigen Residenzstadt damit, die größte zusammenhängende Fachwerkstadt Europas zu sein. Tatsächlich sollen sich über 500 Häuser aus fünf Jahrhunderten in der Stadt befinden. So überspannen die Fachwerkverzierungen die Gotik, die Renaissance, den Barock und schließlich den Klassizismus in ihren Spielarten. Der niederdeutsche, bäuerliche Ständerbau diente als Wiege des Fachwerks überhaupt. Aus dem anfänglich schlichten Bau der Bauern, wurden Prunkbauten in der Stadt, die den gleichen statischen Gesetzen folgen mussten, aber sich mit Verziehrungen immer mehr übertrafen. Sie dienten in erster Linie der Repräsentation und Selbstdarstellung des Bauherrn, sowie der Demonstration seiner gesellschaftlichen Stellung, seiner wirtschaftlichen Situation, seiner Weltanschauung und seines Bildungsstandes. In der Außendarstellung wurde aber auch versucht, den Nachbarn zu überbieten oder aktuelle örtliche Situationen spöttisch zu verhöhnen. Hierzu lassen sich gut die Symbolbilder der Maler Breugel als zusätzliches Beispiel aus dem späten Mittelalter, die Welt in Sprichwörtern zu sehen, heranziehen. Aber so wie jeder Phase einer Übertreibung eine Phase der Ernüchterung folgt, werden im Zeitalter der Aufklärung am Ende des 17. Jahrhunderts auch die Fachwerkverzierungen wieder zurückgenommen und ein klarer Gerüstbau ohne jede Verzierung favorisiert. Schließlich wird der Fachwerkbau überhaupt geleugnet, durch Verputzen oder nur Übertünchen versteckt und so dem Ideal des Zeitgeschmacks, dem Steinbau, angepasst. Der Städter spaltet sich somit dem Land vollends ab, bis er sich nostalgisch an das Wohlbefinden in Holz und Lehm zu leben erneut in der Moderne erinnert.

Im Zentrum der Stadt ließen wir uns an einem der zahlreichen Seitenplätze in einem Café nieder. Da die Luft noch herrlich warm war, nahmen wir draußen Platz. Ich hätte am liebsten die Stiefel von den Füßen gerissen, aber dazu war nicht mehr genug Kraft da. Der Körper drückte sich entspannt in das Flechtwerk des Korbstuhles. Durchatmen, nichts denken, nur die Bestellung aufgeben, das Dasein genießen, wunderbar. Ulla geriet in Stress, weil sie eine neue Chipkarte für ihre Kamera benötigte. Sie versuchte es beim Rossmann am anderen Ende des Platzes. Der Erfolg blieb jedoch aus. Die modere Technik mit ihrer angeblichen Einfachheit scheiterte immer wieder an der nötigen Kompatibilität. Ich schlug ihr vor, meinen Vater anzurufen, den wir übermorgen treffen würden. Der könnte eine geeignete Speicherkarte besorgen und beim Zusammentreffen mitbringen. So viele Umstände sollte ich mir und ihm nicht machen. Vielleicht würde die Karte noch eine Weile halten, wenn sie am Abend misslungene Fotos löschen würde. Das Thema war damit erst einmal beendet. Zum Kaffee und Kuchen gesellten sich plötzlich zwei junge Frauen, von denen jeder einen Präsentkorb im Arm verklemmt trug. Die Körbe waren mit kleinen Süßigkeiten und Miniflaschen bunter Liköre gefüllt. Jedes Stück sollte zwei Euro kosten. Sie strahlten über beide Wangen und hatten eine künstliche Blumenkette in den Farben Schwarz, Rot, Gold um den Hals. Eine Blüte steckte im wallenden Haar. Schließlich kamen wir auf Befragung hinter diese kuriose Inszenierung. Die Aktion sollte symbolisch den Abschied vom Jungfrauendasein darstellen und ebenso sollte der Erlös der Dinge die Hochzeit unterstützen. Eine der beiden war die Braut selber. Frauenrechtlerinnen und besonders Alice Schwarzer müssen die nächsten Sätze überlesen, denn sie wären um ihrer Früchte Arbeit gebracht. Auf dem Rücken ihres eigens dafür angefertigten weißem T-Shirt stand nämlich mit leichter Eigenironie: »Sei immer brav und schlau, werde niemals

Ehefrau! Vor der Ehe kriegst du Rosen, nach der Ehe stopfst du Hosen.« geschrieben. Das eng anliegende Shirt verriet jedoch ihren wirklichen Zustand, wobei das wieder Aufleben des Rituals in vielen Landstrichen von Deutschland, in ihrem Fall nichts mehr mit der Verabschiedung der Jungfräulichkeit gemein hatte. Wir waren über soviel Offenheit und Freude gerührt, sodass von uns ohne den Kauf eines süßen Schnapses Pecunia zur Hochzeit beigesteuert wurde. Mit vielen Glückwünschen für die Zukunft der Braut, verschwanden die jungen Damen wieder in die Gassen, flankiert vom schwarzen Fachwerkgewirr ihrer Stadt.

Der Zeitpunkt Ursulas Eintreffen näherte sich. Bernhard wollte ihr entgegen gehen, um zu versuchen sich an einer Straßenkreuzung zu treffen, an der sie vom Bahnhof aus, auf jeden Fall entlang kommen musste. Der von mir aus dem Fremdenzimmerverzeichnis herausgetrennte Stadtplan erwies sich bei dieser Planung als hilfreich. So wie wir von Norden mit der B3 eingelaufen waren, mussten wir sie im Süden wieder verlassen. Außergewöhnlich nah am Stadtkern, tauchte das Schloss auf. Es stand auf einer künstlich, angelegten, grünen Insel, dem Schlosspark, umgeben mit einem Graben. Zwischen Aller und Fuhse bot das Urstromtal schon seit Jahrtausenden besonders gute Siedlungsbedingungen, wie archäologische Funde bewiesen. Im Jahre 990 tauchte in der Geschichtsschreibung das Dorf Kellu auf, was auf »tom Kiele«, übersetzt »die Stadt am Fluss«, zurückzuführen war. Um diese Zeit herum musste der Graf Liudolf aus Braunschweig, aus dem Geschlecht der Brunonen, eine Burg zum Schutz einer Furt über die Aller errichtet haben. Der Stammesvater Brun von Sachsen starb 880. Dieses sächsische Adelshaus bewarb sich sogar einmal nach dem Tod von Kaiser Otto III. im Jahre 1002 um die Krone. Dieser Versuch blieb erfolglos. 1067 wurde Ekbert I. mit dem Lehn von Meißen versehen. Schon eine Generation weiter verlor dieses Geschlecht seine Lehen in Meißen und die friesischen Grafschaften wieder, weil Ekbert II. gegen Heinrich IV. opponierte. Ein Fürstengericht fällte dieses Urteil. Mit Ekbert II. starb auch der Mannesstamm und somit der Stamm der Brunonen aus. Seine Schwester Gertrud von Braunschweig war in zweiter Ehe mit Heinrich dem Fetten von Northeim verheiratet. Ihre gemeinsame Tochter Richenza heiratete in der Mitte des 12. Jahrhunderts den Herzog von Sachsen Lothar von Süpplingenburg. Er wurde später auch Kaiser. Ihre gemeinsame Tochter Gertrud von Sachsen heiratete Herzog Heinrich den Stolzen von Sachsen und Bayern, wodurch der braunschweigerische Besitz für Jahrhunderte an die Welfen gelangte.

Die besagte Furt war ein frühmittelalterlicher Handelsknotenpunkt. Hier kreuzten sich die Route Hannover Hamburg und auf dem Wasserwege Magdeburg Bremen über die Oker, Aller und Weser. Mit Schiffen wurde hauptsächlich Korn aus der Magdeburger Börde nach Bremen transportiert und Holz in die waldarme Küstenregion geflößt. Der Welfe Herzog Heinrich der Löwe, den wir bereits in Ratzeburg geschichtlich kennen gelernt hatten, profitierte vom Stammesabbruch der Brunonen. Er bestimmte 1150, dass Celle als einziger Stapelplatz, Umschlag- und Zollstätte für von Braunschweig auf dem Wasserweg talwärts ausgeführte Güter galt. Der Enkel Heinrichs, Otto das Kind, Herzog von Braunschweig-Lüneburg, verlieh 1248 Kellu das Stadtrecht. Nach dessen Tod wurde der Besitz aufgeteilt. Herzog Johann der Gute erhielt Lüneburg, wozu auch Celle und Hannover gehörten. 1277 übernahm nach Johanns Ableben sein Sohn Otto der Strenge die Regentschaft. Die obere Aller versandete und verschlammte immer mehr, sodass zu dieser Zeit die Güter von Magdeburg und Braunschweig auf dem Landweg zu den Stromschnellen gebracht wurden. Erst dort wurden sie auf Schiffe verladen. Die Zahl der Flussschiffer nahm zu. Fischer siedelten sich an und Mühlen entstanden an diesem Umschlagplatz. Durch eine vorangegangene Verlagerung des Flussbettes und die damit verbundenen Verschiebung der Geschäftigkeiten, baute Otto 1290 dort eine Burg, wo heute das Schloss steht und forderte die Bewohner der alten Stadt unter Versprechen von Vergünstigungen auf, mit ihm dort zu siedeln. Dies ist mit der Gründung der neuen Stadt Celle am 25. Mai 1292 beurkundet. Celle erhielt darauf hin 1301 das Lüneburger Stadtrecht, wenig später das Braunschweiger dazu. Fünf Jahre später erhielt die Stadt das Recht einen Wochenmarkt und drei Jahrmärkte abhalten zu dürfen. 1325 wurde die erste Brücke über die Aller erwähnt. In dem bereits beschriebenen Lüneburger Erbschaftskrieg von 1369-1388, in dem sächsische mit welfischen Herzöge um die Nachfolge des sogenannten älteren Hauses Lüneburg rangen, schlug sich die Stadt Lüneburg auf die Seite der Sachsen, während Welfenherzog Magnus seine Macht von Celle aus verteidigte. Als Magnus 1373 starb und es zur kurzzeitigen Aussöhnung zwischen Sachsen und

Welfen kam, wurde Herzog Albrecht von Sachsen die Regierung in Lüneburg übertragen. Er heiratete die Witwe des Herzog Magnus und verlegte 1378 die Residenz von Lüneburg nach Celle. Nach dem Tod Albrechts flammte die Auseinandersetzung 1385 wieder auf. In der bereits bei der Geschichtsbeschreibung von Soltau erwähnten entscheidenden Schlacht in der Nähe von Winsen an der Aller, schlugen die Söhne von Magnus mit Unterstützung der Braunschweiger Bürger die Sachsen. Damit endete 1388 die Vorherrschaft der Sachsen in der Lüneburger Heide und die Welfen bauten die Residenz in Celle aus.

Celle erlebte einen Aufschwung des Kornhandels von Braunschweig nach Bremen in Mitte des 15. Jahrhunderts. Die Oker und die Aller wurden im oberen Verlauf wieder schiffbar gemacht. Otto der Großmütige verlieh der Stadt 1464 als Umschlagplatz das Kornschifffahrtsmonopol, was einigen Bürgern zu viel Reichtum verhalf. Herzog Heinrich der Mittlere, der von 1486 bis 1522 regierte, wollte Celle besonders schützen, indem er es mit einer Festung umbauen wollte. Sein Sohn, Ernst der Bekenner, erbte nicht nur das Projekt des Vaters, sondern auch viele Schulden. Er schaffte es trotzdem, die Wallanlage fertig zu stellen, wobei er Celle auch noch vergrößerte. In seiner Regentzeit vollzog sich auch die Reformation. Ernst starb 1546. Herzog Wilhelm der Jüngere, einer der Söhne von Ernst, baute noch fleißig und verschönerte das Schloss sowie das Rathaus im damals modernen Weserrenaissancestil. Die näher am Meer gelegenen Städte wurden bekanntlich durch den Welthandel von See aus immer mächtiger. Hamburg und Bremen wuchsen unaufhörlich. So wurde die Seestraße auf der Elbe von Magdeburg nach Hamburg immer mehr ausgebaut und Bremen rang schließlich Celle das Schifffahrtsrecht auf der Aller ab. Der Dreißigjährige Krieg blieb auch nicht vor den Toren dieser Stadt stehen. Vielleicht war es der Weitblick von Heinrich dem Mittleren, der Celle aufwendig befestigte, vielleicht war es auch derzeitiger Größenwahn, denn der Krieg richtete tatsächlich nicht so viel Schaden an wie anderswo. Bis in die Enkelgeneration von Ernst dem Bekenner wurde in Celle im Netz von Lüneburg, Braunschweig und Hannover solide regiert. Herzog Friedrich von Lüneburg starb jedoch 1648 kinderlos. Christian Ludwig von Calenberg übernahm das für ihn attraktive Celle als Erbschaft und übergab seinem Bruder Georg Wilhelm sein vorheriges Landgebiet, der aber nach dem Tod von Christian auch Celle beherrschte. Der andere Bruder Ernst August regierte in Hannover.

Die Frau von Georg Wilhelm, die aus französisch-hugenottischem Adel stammende Eleonore d'Olbreuse, war maßgeblich am zweiten Aufschwung der Stadt beteiligt. Wie es zur barocken Zeit modern war, führte auch dieses Paar ein ausgedehntes Hofleben mit dem Aufleben der Künste verbunden. Eleonore ließ durch ihre Verbindungen zum Süden italienische und französische Künstler, sowie Bauhandwerker nach Celle kommen. Ein Schlosstheater wurde gebaut, sowie ein italienischer und ein französischer Garten angelegt. Das Theater wird heute noch bespielt und gilt als älteste deutsche Bühne. 1684 erlaubte Georg Wilhelm per Erlass den französischen Glaubensflüchtlingen, den Hugenotten, die Ansiedlung. Neben Handwerkern kamen auch zahlreiche Adelige nach Celle. Es entstanden außerhalb der Stadtmauern einige barocke Prunkbauten im Landhausstil für sie. Die loyalen Hugenotten, die sich einen katholischen Glauben nicht aufzwingen lassen wollten, fanden nicht nur in Celle eine Heimat.

Viele protestantischen Herzöge nutzten diese Flucht - oder besser Vertreibungswelle aus Frankreich, um die Verluste aus dem Dreißigjährigen Krieg wieder gut zu machen. Sie besiedelten leerstehende Höfe wieder und belebten das Handwerk aufs Neue und brachten sogar die eine oder andere Errungenschaft mit, wie zum Beispiel den Anbau von Tabak und das damit verbundene Zigarrenrollen. Zumindest kam auch die französische Lebensart an den Hof, was insgesamt die Stadt südländisch belebte.

So schwungvoll wie alles begann, endete das schöne Leben in Celle mit dem Tod von Georg Wilhelm 1705. Seine einzige Tochter Sophie-Dorothea wurde mit ihrem Vetter Georg Ludwig von Hannover verheiratet. Somit fiel das Fürstentum Lüneburg an das inzwischen zum Kurfürstentum gewordene Haus Hannover. Damit war das Ende der Residenzstadt Celle besiegelt, womit viele höhere Beamte, Offiziere und Kaufleute nach Hannover umsiedelten. Um die schnelle Verarmung Celles zu verlangsamen, erhielt die Stadt Ausgleichszahlungen, 1710 das Zucht- und Irrenhaus, 1711 das Oberappellationsgericht und 1735 das Landgestüt, aus dem die berühmten Hannoveraner hervorgingen. Nach einer Liebesaffäre mit dem Grafen Königsmark wurde Sophie-Dorothea von Georg-Ludwig geschieden und in das Schloss Ahlden verbannt. Ihr Sohn wurde als Georg II. später König von England und ihre Tochter, ebenfalls mit dem Namen Sophie-Dorothea, heiratete Friedrich Wilhelm I. von Preußen. So wurde die Celler Herzogstochter die Stammmutter sowohl des nachfolgenden englischen als auch des preußischen Königshauses.

1757 wurde Celle im Siebenjährigen Krieg kampflos den Franzosen übergeben. Durch einen drohenden Angriff hannoverscher Truppen, brannten diese an die 80 Häuser nieder, um ein freies Schlachtfeld zu erhalten. Die Kernstadt blieb jedoch von Verwüstungen verschont. Die Fischersiedlung Fritzenwiese wurde aber in Schutt und Asche gelegt. Der Siebenjährige Krieg, der ein Jahr zuvor begann, bevor er Celle erreicht hatte, wird auch Dritter Schlesischer Krieg genannt. Betrachtet man jedoch die Ausmaße, Veränderungen in Europa, Verluste und den Schaden in der Bevölkerung, würde ich ihn zumindest territorial den ersten Weltkrieg nennen, denn kämpften nicht minder alle europäischen Großmächte, einschließlich kleinerer Staaten, um die damalige Vorherrschaft. Hauptsächlich waren es Preußen und Großbritannien nebst Kurhannover auf der einen Seite, sowie Österreich nebst Sachsen, Frankreich und Russland auf der anderen Seite, die sich bis zu den Friedensverträgen 1763 im Krieg befanden. Die Auseinandersetzungen wurden in ganz Mitteleuropa, Portugal, Nordamerika, Indien, der Karibik sowie auf den Weltmeeren geführt.

Einmal noch verschaffte der Umstand einer Verbannung den Celler Bürgern die Hoffnung auf ein Aufflammen des höfischen Lebens in der Stadt im Jahre 1772. Die Schwester des englischen Königs Georg III., Königin Karoline-Mathilde von Dänemark, soll ein Verhältnis zu einem Minister Struensee gehabt haben, was sie zur Strafe nach Celle brachte. Die Hoffnung der Bürger währte nur drei Jahre, denn Karoline-Mathilde starb 1775.

Albrecht Thaer, Celles größter Sohn, gründete 1786 die erste deutsche landwirtschaftliche Versuchsanstalt in den Dammasch-Wiesen. Er gilt somit als Begründer der Agrarwissenschaft. Der 1752 in Celle geborene Albrecht Daniel, Sohn des Hofmedicus, studierte erst in Göttingen und wollte wie sein Vater Arzt werden, verschrieb sich dann aber der Erforschung der Landwirtschaft, wobei die Verbesserung der landwirtschaftlichen Erträge im Vordergrund standen. Er führte damit erneuerte Ackerbausysteme ein, in welchem die Fruchtwechselwirtschaft am meisten hervorstach. 400

Publikationen auf der Basis der Studien vor allem englischer landwirtschaftlicher Schriften stammen aus seiner Feder. Obwohl sich schon 1764 die Königliche Landwirtschaftsgesellschaft zur Beförderung von »Landwirtschaft, Manufakturen, Künsten und Handel« gegründet hatte, und Albrecht einen guten Grund zum Bleiben in Celle gehabt hätte, konnte das Kurfürstentum Hannover das von ihm 1802 gegründete erste Lehrinstitut nicht halten. Er folgte dem Ruf des preußischen Königs und unterrichtete fortan als Professor an der Humboldt Universität in Berlin. Albrecht Daniel Thaer starb 1828 auf seinem Gut Möglin im Land Brandenburg.

Wie andere Städte des Nordens unter Napoleon, wurde 1810 auch Celle dem Königreich Westphalen zugeordnet. Celle entwickelte sich weiter zu einer Pferdestadt. 1834 wird der »Verein zur Beförderung der hannoverschen Pferdezucht« gegründet. Es wurden Pferderennen abgehalten, die sich zu Großereignissen formten, wozu sogar Könige anreisten und die vorhandene, standesgemäße Bausubstanz wieder als Residenzstätte nutzen konnten. So bewohnte der Vizekönig Herzog Adolf Friedrich von Cambridge das Schloss eine zeitlang mit seinem Gefolge. Hannover zog dieses Celler Pferderennen schließlich an sich. Bis heute finden auf der Kleinen Bult in der niedersächsischen Landeshauptstadt Veranstaltungen dieser Art statt. Drei Jahre nach Gründung des Vereins erhob König Ernst August von Hannover Celle immerhin wieder zur zweiten Residenz.

Ernst August und Herzog Wilhelm von Braunschweig saßen am 9. Oktober 1845 mit in dem Zug, um die Bahnstrecke von Hannover, über Lehrte nach Celle einzuweihen. Damit war für die Stadt der Anschluss für die industrielle Entwicklung gesichert. Später kam die Strecke nach Hamburg-Harburg dazu. Diese Linie ist bis heute die Hauptverbindung von Nord nach Süd. 1885 wurde Celle ein eigener Stadtkreis. In der Stadt entstanden die Zwiebackfabrik von Harry Trüller, die Filterwerke von Wilhelm Berkefeld sowie die Kieselguhrunternehmen der Gebrüder Rheinhold, die für die Wasserfilteranlagen den Rohstoff direkt an die Inhaber namens Berkefelds liefern konnten. Bedeutung erlang die Tabakverarbeitung und die Schirmfabrik Hugo. Das Unternehmen lieferte vor ihrer Schließung 1900 täglich bis zu 2000 Regen- und Sonnenschirme in die ganze Welt. Das die Stadt am Aufschwung der Gründerjahre nachhaltig teilhaben konnte, verdankte sie der Entdeckung von Erdöl-, Kali- und Kieselguhrvorkommen in den 1880er Jahren. Bis heute arbeiten die Ölförderpumpen in der Celler Umgebung. Die Wasserfilter mit dem Kieselguhr aus Unterlüß wurden bis 1978 im Familiebetrieb Firma Berkefeld produziert, bevor es als Teil eines noch größerem Unternehmens aufging. 1965 bekam die Zwieback- und Kecksfirma Trüller Konkurrenz von der schwedischen Firma Wasa, die bekanntlich Knäckebrot herstellt. Die Marke Wasa gehört heute zum Barilla-Konzern und die alte Zwiebackfabrik gibt es seit 1977 nicht mehr. 1966 siedelte sich Telefunken mit bis zu 2800 Arbeitsplätzen als Neuling neben Wasa Bröd in Celle an. Telefunken stellte den Betrieb 1997 wieder ein. Das trockene Brot wird immer noch hergestellt. Harry Trüller war nicht nur ein Fabrikbesitzer, sondern engagierte sich auch als Kommunalpolitiker. Er und ein anderer Fabrikant Albert Haacke waren maßgeblich daran beteiligt, dass Celle eine Straßenbahn erhielt, die 1907 ihren Betrieb aufnahm.

1938 wird die Inneneinrichtung der Synagoge zerstört. Das Gebäude blieb erhalten. Ähnlich wie in Soltau, wurde am 8. April 1945 ein mit KZ-Häftlingen vollbesetzter Zug bombardiert. Den Entkommenen stellte man nach und es kam zu Erschießungen. Ein Mahnmal in der Trift erinnert auch hier an diese Gräueltat. Nach 1945 wurden immer mehr Busse zum innerstädtischen Transport der Celler Bewohner eingesetzt, was zur Folge hatte, dass ab 1956 nur noch die wendigeren Busse in den schmalen Gassen der Altstadt benutzt wurden. Das Aus für die Celler Straßenbahn. Gleich nach dem zweiten Weltkrieg lebte die verbliebene jüdische Gemeinde mit dazugekommenen Mitgliedern wieder auf, die in der nicht verbrannten Synagoge wieder Gottesdienste feiern konnte.

Bernhard hatten wir kurzer Hand aus dem Blick verloren. Unsere Schritte verlangsamten sich auf der Hannoverschen Straße. Rechts von uns lag der von Eleonore angelegte französische Garten und links standen einzelne große Wohnhäuser aus der Jahrhundertwende, als Prachtbauten, passend zum Schloss und zu den Gärten. In einem Vorgarten zog eine mit Blüten übersäte Magnolie Ulla in ihren Bann. Als sie glaubte, genügend prachtvolle Exemplare mit ihrem Fotoapparat abgelichtet zu haben, tauchte Bernhard in der Ferne an der nach Westen führenden Straße wieder auf. Er war alleine. Mir brannten die Füße, die Rucksackriemen schnitten mir in die Schultern. Das verzögerte Gehen war kein großes Vergnügen. In der Hoffnung, dass Ursula allein den Weg zur Unterkunft finden würde, setzten wir das Finden der Straße fort, in der unsere Unterkunft liegen sollte. Eine Brücke führte uns über die Fuhse, einem bereits erwähnten Zufluss der Aller. Rechts tauchte dann die Landgestütstraße auf. Um die Nummer 41 zu erreichen, mussten wir sie ein langes Stück Richtung Südwesten, immer weiter weg von unserem morgigen Wiedereinstieg, gehen. Zu dieser schmachvollen Lage kam noch dazu, dass die Querstraßen in ihrem Verlauf durchnummeriert waren und nicht die Landgestütstraße. Das hatte zur Folge, dass an jeder der zahlreichen Kreuzungen zwei Einfamilienhäuser mit ihren Grundstücken in der Zahlenfolge abzuziehen waren. Wir zählten wie beim Start einer Rakete jedes Haus mit, um der fast vollständigen Durchkreuzung von Celle entgültig ein Ende zu setzen. Längst über 30 Kilometer steckten in unseren Knochen, wovon die letzten vier auf hartem, städtischen Pflaster zurück gelegt werden mussten. Aber dann war die unscheinbare Pension »Barbara« erreicht. Das schmucklose, graugeputzte Einfamilienhaus stammte aus den fünfziger Jahren. Ich klingelte, wartete lange. Ich klingelte ein zweites Mal. Kein Laut war zu hören. Nichts regte sich im Haus. Dann wurde mir klar, dass niemand im Haus war. Die Sonne ging gerade unter. Es wurde kühler. Ursula war noch nicht erschienen. Aber wir waren da, am Ziel, unserem Ziel, unserem Treffpunkt. Unser Ziel und unsere Zeit. Aber war das auch das Ziel und die Zeit der anderen, die nicht zu Fuß unterwegs waren? Wir hatten keine Lust mehr, noch einen Schritt zu gehen. Sollten wir eine andere Unterkunft suchen müssen? Nein! Lieber hätte ich hier im Garten unter freiem Himmel geschlafen. Der Griff zum Handy war unerlässlich. Mit dem ersten Knacken als Indiz der Entgegennahme des Anrufes, war ich schlagartig erleichtert. Die anderen bemerkten an den blitzartig nach oben gezogenen Mundwinkeln, dass mein Versuch Erfolg hatte und wir nicht eine neue Unterkunft suchen oder im Freien nächtigen mussten. Am anderen Ende der Leitung freute sich eine lebhafte Frauenstimme mit slawischem Akzent ebenso über unser Erscheinen. Sie versicherte mir, in ein paar Minuten bei uns zu sein. Zwischenzeitlich tauchte eine kleine Figur in der Ferne auf, an deren Gang wir Ursula erkannten. Die Begrüßung war herzlich. Alle freuten sich. Die Gruppe war komplett. An ihrem Gesicht konnte ich jedoch etwas Bedrückendes erkennen. Die Freude dabei sein zu können, mitwandern, weiter machen, oblag der Ambivalenz der Situation, sich eigentlich um die Mutter im Krankenhaus kümmern zu müssen. Ich fand ihr Entscheidung richtig, sich losgerissen zu haben, um ihren Weg weiter zu beschreiten. Die Mutter war im Krankenhaus unter professioneller Hilfe sicherlich gut aufgehoben. Sollten die Umstände sich verschlechtern, wäre sie innerhalb eines halben Tages an Ort und Stelle.

Ein roter Kleinwagen stoppte vor dem Haus. Aus dem Wagen stieg eine elegant gekleidete Frau höherem Alters mit Dauerwelle, viel Schmuck und knall roten Lippen. Sie empfing uns überschwänglich, freundlich, wobei ihr Redefluss nicht abzureisen schien. Die Frau verbarg etwas. Sie versuchte uns zu umgarnen. Der Grund war schnell gefunden. Während sie uns einließ, flocht sie mit gekonnten Sätzen fast beiläufig ein, dass dieses Haus nur für zwei Personen gedacht war. Die anderen Betten befänden sich in anderen Häusern. Ganz in der Nähe. Wenn sie gewusst hätte, dass wir in solch einer Situation eher erleichtert, denn verärgert gewesen wären, hätte sie entspannter sein können. Wir freuten uns über jedes Bett und über ihr bloßes Erscheinen. Margarete und ich überließen Ursula und Bernhard jenes gezeigte Haus. Im Flur mussten wir noch einen Treffpunkt ausmachen sowie entscheiden, wo wir essen wollten. Eines war klar, in die Innenstadt wollte keiner mehr zurück laufen. Frau »Barbara« konnte uns einen Griechen ganz in der Nähe empfehlen, der es auch für uns sein sollte. Sie beschrieb uns, wo sich das andere Haus befand, an dem wir uns alle in einer halben Stunde treffen wollten. Margarete, Ulla und ich machten uns, nachdem wir freundlich den Transport mit dem Wagen abgelehnt hatten, auf den Weg. Die slawische Dame kam uns schon entgegen, um unseren Lauf zu stoppen, denn das zweite Haus lag drei Grundstücke vor der dritten Unterkunftsmöglichkeit, das aber nur für eine Person gedacht war. Das stand nicht leer, sondern war von einer noch älteren Dame, als Frau »Barbara« war, bewohnt, die uns im Garten südländisch, freudig empfing. Ulla fühlte sich angesprochen, oder besser sie war die Auserwählte für die Einzelunterkunft. Für Margarete und mich war dann das dritte Haus bestimmt. Im alten Schlafzimmer der früheren Besitzer fanden wir Einkehr. Sonst hatte das Haus nichts zu bieten. In den fünfziger Jahren waren die Hausbauer mit weniger Innenplatz zufrieden, als Heute. Auf der unteren Etage befand sich neben dem Schlafzimmer die schmale Küche, das kleine verwohnte Bad und ein etwas größeres Wohnzimmer mit Zugang zum Garten. Der Garten war verhältnismäßig groß. Auch typisch für die Zeit, wo noch Gemüse angebaut wurde. Vier Obstbäume mussten auch noch Platz finden. Heute ist das Verhältnis genau umgedreht. Großes Haus mit Garage und winziger Garten für ein paar Blumen und ein Stück Wiese.

Die slawische Dame erklärte uns den Weg zum Griechen abermals, um die Bemühungen nicht abreisen zu lassen, uns bei Laune zu halten. Wir sagten jedoch kein Ton über das Zerreißen der Gruppe. Danach wurden wir uns bis morgen zum Frühstück endlich in unserem Haus uns selber überlassen. Erholsame Ruhe erfüllte nun für kurze Zeit unseren gemieteten Raum.

Margarete und ich waren die ersten an der verabredeten Kreuzung. Es dauerte lange, bis Bernhard und Ursula erschienen. Während ich das verschnörkelte Wachstum des uralten Hainbuchenholzes einer Hecke bewunderte und die verschiedenen Steinbrechgewächse vor einer Natursteinmauer zählte, tauchte Ulla auf. Sie war deshalb etwas später, weil ihr ihre Vermieterin nach dem Einzug den Garten gezeigt hatte. Keine Pflanze wurde dabei ausgelassen. Als die Straßenlaternen von magischer Hand ferngesteuert angeschaltet wurden, tauchten die beiden Verspäteten auf. Ursula hatte lange mit ihrer kranken Mutter gesprochen. Wir überquerten die breite B3 mit Hilfe einer Ampel. Zu beiden Seiten erstreckten sich Autohändler, Outletcenter und andere elektronische Konsumtempel. Beim »Poseidon« war unsere Odyssee noch nicht vorbei. Alle Tische waren in dem relativ kleinen Lokal besetzt. Die Kellnerin empfahl uns jedoch zu warten. Wir würden den nächsten Platz bekommen. Geschlossen war unsere Lust an der Bewegung im Freien für heute gestillt. Zum Glück dauerte das Warten nicht zu lange. Denn schließlich nahm uns die griechische Gottheit in seinem warmen Tempel doch auf. Wir bestellten viele Kleinigkeiten, um sie - wie das in Griechenland so üblich ist – miteinander zu teilen. Ursula bekam von uns erzählt, was wir inzwischen auf der letzten Strecke von Hermannsburg gesehen und erlebt hatten. Sie erzählte jedoch nichts von ihrer Mutter im Krankenhaus. Sie versuchte mit uns zu lachen und bemühte sich, locker zu werden. Vielleicht war sie einfach nur froh bei unserer Gruppe zu sein, auf andere Gedanken zu kommen und die Verantwortung für einen Moment abgestreift zu haben. Wir ließen Ursula in Ruhe und fragten sie daher auch nicht nach ihr, um dem Bemühen, in gute Stimmung zu kommen, keinen Abbruch zu erlauben. Ursula würde von selber darüber reden, wenn sie es für nötig halten würde.

Die hellen Straßenlaternen verhinderten den vollen Blick auf alle Sterne des Himmelszeltes. Die Nacht war milder als ich dachte und nicht frostig. Nur noch wenige Jugendliche bewegten zu dieser späten Stunde ihre Autos auf der Landstraße nach Hannover in die Diskotheken. Wir bewegten uns Richtung verstreuter Unterkünfte, um unsere Muskeln sich für die morgige Etappe erholen zu lassen.

Celle – Fuhrberg, 17. April 2011, Sonntag

Bevor ich es wagte, mehr von mir zu regen, als nur meine Augenlieder, versuchte ich irgend einen Sinn in den Gemälden zu finden, womit das Zimmer wahllos ausgestattet war. Fettfarbige Popart, laienhaftes Austoben mit viel Farbe ohne eigentliches Motiv auf Leinwänden, Rot dominierender Liebesrausch oder plakatives Nachmalen von Meisterfragmenten aus der Erinnerung blieben als frühmorgendlicher Deutungsversuch auf leerem Magen übrig. In unserem Haus sollte das Frühstück statt finden. Ob die Wirtin aus Gdansk, dem früheren Danzig, mit im Haus übernachtet hatte, blieb mir verborgen. Wir hörten sie in der Küche das Frühstück bereiten. Ich dachte bei mir, dass bei den Preisen nicht viel für die Vermieter hängen bleiben wird, wenn die Wäsche, die Arbeit und das Frühstück abgezogen würde. Sie war so freundlich, lächelnd wie gestern Abend. Die anderen kamen zur verabredeten Zeit dazu. Wir zwängten uns in die kleine Küche. Das Frühstück war eher spartanisch. Für mich reichte es, aber Bernhard rollte ernsthaft mit den Augen. Er scheint wirklich viel Essen für sein Wohlempfinden zu benötigen. Ursula hatte ihn nicht zum ersten Mal immer noch lächelnd zur Mäßigung seiner Äußerungen über den Mangel gemahnt. Ulla erzählte uns eine schockierende Geschichte von ihrer 85-jährigen Vermieterin. Sie hatten sechs Kinder, zwei sind bereits gestorben. Ein Sohn auf natürliche Weise. Eine Tochter von ihr wurde jedoch hier in Celle ermordet. Sie war beim assoziierten Reiseveranstalter TUI im Karstadtgebäude im Stadtzentrum angestellt. Der Kaufhausdetektiv war verliebt in sie. Er verkraftete ihre Zurückweisung nicht und brachte sie, nach einigen Versuchen ihre Liebe zu gewinnen, um. Es entstand eine bedächtige Pause im Raum, denn schließlich war diese Begebenheit der erste Mord auf unserer Tour seit dänischer Grenze, von dem wir unmittelbar von einer Betroffenen erfahren haben. Die Vermieterin von Ullas Zimmer hatte unser Mitgefühl.

Das Foto im schlichten Vorgarten vor dem Haus machte Frau »Barbara« für mich. Einzelne zum Karo aufgestellte Glasbausteine waren in einer Reihe übereinander in der ab Kellergeschoss weiß verputzten Mauer eingelassen. Sie beleuchteten den inneren Treppenaufgang des Gebäudes. Das Kellergeschoss und der Lichtschachtsturz waren mit rotem Klinker gemauert. Ein graues Fensterrollo verdeckte zur Hälfte das Küchenfenster. Drei spärlich bepflanzte Terracottatöpfe sollten den Eingangsbereich verschönern und Waschbetonplatten führten zum veralterten Gartentor. Unsere Vermieterin begleitete uns bis zum Gartenzaun der 85 Jährigen. Sie begrüßten sich herzlich. Frau »Barbara« ging nach unserer Verabschiedung zurück, während die alte Dame in Mantel und umgehängter Perlenkette mit uns ging. Sie führte einen in die Tage gekommenen Rauhaardackel mit sich. Nachdem wir endgültig losgegangen waren meinte Margarete wie immer, wenn ihr rüstige alte Menschen begegnet waren: »Mein Gott, so fit möchte ich auch noch sein, wenn ich 85 bin!«

Wir beteuerten die Struktur, die man sich selber geben muss, um sich nicht gehen zu lassen. Die Freude am Garten wird sie auch weit gebracht haben. Vielleicht war aber auch ein gesundes Maß an Abspaltung der schlechten Seite der Welt von Vorteil gegen Gram.

Im Stil unserer Unterkunft setzte sich der erste Teil durch Celles Vorstadt fort. In der Nähe des Zentrums nahm die Zahl der mehrstöckigen Wohnhäuser zu. Ein altes, leerstehendes Fabrikgebäude aus Backstein nahm einen ganzen Block ein. Graffiti verschönerte den architektonischen Leichnam. Überhaupt war dieser Stadtteil verschandelt, verkommen, überaltert und ohne Sinn verbaut. Wenn die Strecke nicht eine Abkürzung zum E1 dargestellt hätte, wären Fremde hier niemals entlanggekommen. So zeigt eine Stadt nur immer das, was sie auch den Touristen zeigen möchte. Das Hässliche bleibt stets verborgen. Die Straße Alte Grenze mündete in die Wiesenstraße, die auf einen relativ neu gebauten Kreisverkehr stieß. Vom Kreisel aus war der ebenso nagelneue Supermarkt zu erreichen. Autos standen vor der Eingangstür auf dem riesigen Parkplatz. Menschen gingen ein und aus. Es war doch Sonntag! Sie hatten Papiertüten in der Hand, als wären sie gerade vom Bäcker gekommen. Bernhard erkannte seine einzige Chance schnell, an süße Teilchen zu kommen. Er ließ uns am Kreisel stehen, kurz vor der Eisenbahnunterführung, und lief zum Laden über die davor liegende Brachfläche. Wir konnten nicht vorlaufen, mussten warten, waren festgenagelt, weil noch kein Zeichen des E1 zu sehen war, das uns ermöglichen würde, auseinander zu gehen.

Nachdem er erfolgreich mit seiner Beute wieder zu uns gestoßen war, unterquerten wir die breite Brücke. Mehrere Trassen mussten hier nebeneinander über unseren Köpfen verlaufen. Schließlich war es die Strecke, die Hannover mit Hamburg per Zug verband. Die Unterführung war grausam dunkel. Zehn fette Eisenträger auf jeder Fahrbahnseite stützten die Brücke. Eine hüfthohe Barrikade zum Schutz der Fußgänger trennte den Fußweg von der Straße. Hinter der Finsternis betraten wir mit dem wieder gewonnenen Morgenlicht die sogenannte Neustadt, die ihrem Namen aber nicht mehr entsprach. Irgendwie ohne Plan mussten wir die westliche Ausfallsstraße erreichen, die die Verlängerung der Bahnhofstraße sein musste. Auf ihr würde der E1 zu finden sein.

»Herberge der fremden und einheimischen rechtschaffenen Gesellen – Celle« war die gemeißelte Inschrift auf einem Sandsteinschild. Dieses hing an einem schmuck renovierten Nobelhotel mit einer Speisekarte, die den erhöhten Anspruch erkennen ließ. Unter dem Schriftzug war ein Maßdreieck mit zwei Hammer und einem Zirkel abgebildet. Durch weitere Straßen und an Wohnhäusern vorbei, erreichten wir endlich wieder den E1. Die Ausfallsstraße hatte einen speziellen angenehmen Charme. Sie bestand aus einer zweispurigen Fahrbahn mit einem autobreiten Parkstreifen, einer Baumreihe und dem Fußweg auf jeder Seite. Dieser Umstand machte noch nicht das Besondere aus. Zur außergewöhnliche Atmosphäre trugen einzig und allein die meist zweistöckigen Häuser bei. Sie waren in der Bauweise alle individuell gestaltet, aber in der Mehrzahl mit Auslagenfenstern in Parterre versehen. Ich erkannte das frühere Geschäfts- und Handwerksviertel der Neustadt um die Jahrhundertwende. Manche Häuser dienten noch heute als Läden. Sie gaben Raum für einen Blumenladen, Holzspielzeugladen, einen Schuster und eine alte Schneiderei. Ich sah im Geiste die Leute mit ihren persönlichen Anliegen mit viel Zeit beim Schuhmacher, Brillenmacher, Apotheker, Juwelier, Gold- und Silberschmied,

Schlachter, Bäcker, Meier, Hutmacher, Drucker und Schildermacher, Glaser und Fenstermacher, Schreiner und Rahmenmacher, Eisenschmied, Schlosser und Steinmetz, Uhrenmacher und Frisör einkehren. In jedem Geschäft wurde auf Sonderwünsche eingegangen. Spezielle Einzelanfertigungen waren sogar willkommen, bei individueller Wertschätzung versus Massenabfertigung. Wahrscheinlich so gemütlich musste das Leben in vielen Städten dieser Zeit zugegangen sein, bevor sie im zweiten Weltkrieg weitest gehend zerstört wurden.

Hinter der Neustadt wies ein Schild für Fahrradwanderer auf das 96 Kilometer entfernte Verden an der Aller hin, wo Karl der Große unter den Sachsen ein Blutbad angerichtet haben soll. Es hieß, die Aller färbte sich purpurn vom Blut der Sachsen. Nach Hambühren, unserem Zwischenziel sollten es 5 - und zurück nach Celle 4,1 - Kilometer sein. Die Bundesstraße hatte die Nummer 214. Wir bogen hinter der Umgehungsstraßenbrücke und dem Sportplatz in den Staatsforst Wiehenhausen, der hauptsächlich aus Kiefern bestand und hier Neustädter Holz genannt wurde. Dieser Forst lag leicht erhöht auf sandigem Boden zwischen Aller und Fuhse, die sich nördlich kurz hinter Hambühren vereinen sollten. Seine Waldfläche reichte über dem Wietzen Bruch 10 Kilometer nach Wietze im Westen und ebenso weit nach Süden.

Das Wetter war sonnig, etwas diesig, aber warm. Heute schien das seichte Grün der Büsche und Laubbäume noch stärker zu wirken, als hätte der Frühling über Nacht einen weiteren Schritt nach Vorne vollzogen. Die Wege waren breit. Jogger drehten ihre morgendlichen Runden. Ein frischer, weiter Teppich aus Heidelbeerbüschen lag den Kieferstämmen zu Füßen. Sie passten sich den leichten Sandhügelwellen in ihrem Verlauf an. In manchen Kuhlen konnte sich das Regenwasser halten, so dass winzige Weiher entstanden. Nur selten tauchte ein weißer Stamm einer Birke im rot braunem Kiefernmeer auf. Das schöne Gefühl, der Stadt auf jetzt schmalen Waldpfaden entkommen zu sein und sich der freien, luftigen Landschaft zu ergeben, wurde von einem gelben Schild gestört, das irgendwelche engstirnigen Wanderfanatiker an eine fette Kiefer geheftet hatten. Als oberstes waren die beiden abstrahierten Wandermännchen abgebildet, die man auch auf dem weiß blauem Verkehrszeichen mit Hinweiß auf einen Wanderparkplatz findet. Dann stand in schwarzen, dicken Lettern geschrieben: »Dies ist ein Europa – Wanderweg.« Diese Feststellung, die uns schon seit der dänischen Grenze bekannt sein sollte, war unterstrichen. Dann weiter: »Liebe Reiter« – und jetzt respektvoll für die Frauen – »(innen), reitet bitte woanders.« – dabei hatten wir doch gelernt, dass Celle eine Pferdestadt war – »Eure Pferde zertrampeln den Weg und koten ihn so zu, dass man hier nicht mehr unbeschwert wandern kann.«

Nach kaum gewonnener Freiheit, kam sogleich ein Bote, in Form eines Schildes, deutscher Intoleranz daher. Deshalb mein Lanzenbruch als Europäischer Fernwanderer für die Reiter: »Bitte reitet weiter auf diesen wundervollen Wegen durch das weiche Sandmeer aus Wellen von Kiefern. Euren Tieren macht das Gehen auf dem weichen Untergrund besonders Spaß. Da der Untergrund ausschließlich aus losem Schwemmsand und Gletschergeschiebe besteht, kann der Weg gar nicht zertrampelt werden. Soweit das Koten der Pferde in des Reiters Macht steht, lasst ihn kiloweise fallen, oder bringt noch welchen mit, damit er als zusätzlicher Dünger für die Heidelbeeren dienen kann. Wir sind seit Flensburg schon an so viel Scheiße vorbei gekommen, da machen die wenigen wohlriechenden Äpfel wirklich nichts aus. Wenn es sein muss, fliegen wir über die meterhohen Haufen, oder umrunden sie einfach, denn auf ein paar Kilometer mehr auf den Weg zum Bodensee kommt es nun wirklich nicht an. Viel Spaß und Freude an alle Reiter!«

Der Pfad bog wieder zur B214 um, die weiter nach Hambühren und Wietze führte, dem Ort, der der Gegend den Namen gegeben hatte. Wietze lebte eine zeitlang vom Erdöl, das hier auch ohne menschliches Zutun zutage trat. Die schwarze Substanz wurde im Mittelalter Wietzer Teer oder Satanspech genannt. Es diente für die Bauern in erster Linie als Wagenschmiere, wurde aber auch als Heilmittel für Mensch und Tier angewendet. Obstbaumschnitte wurden damit als Wundschutz behandelt, Holz wurde imprägniert, Schiffe und Fässer abgedichtet und das fette Rohöl fand Verwendung in der Wegbefestigung. Wietze hat bis heute einen Bohrbetrieb, der einzigartig in der Welt für Probebohrungen auf schweres Erdöl spezialisiert ist.

Wir querten die schnelle Trasse der Bundesstraße bei dem Café-Restaurant Bocksbrücke an der Fuhse, die hier die Straße in Richtung Aller unterfloss. Eine Bank zwischen Bundesstraße und Hambühren lud uns zu einer Trinkpause ein. Alle aßen etwas, außer mir.

Ich habe außer in der Mittagspause kein Hungergefühl. Mir reichen ein paar Schluck Wasser, dann könnte ich weiter gehen. Margarete entdeckte plötzlich ein Gewöhnliches Stiefmütterchen. Eine einzige winzige hellgelbe bis dunkelgelbe Blüte steckte ihren Kopf zwischen abgefallenen Ästen, Kiefernzapfen und –nadeln in die Höhe. Margarete konnte sich vor Rührung kaum mehr unter Kontrolle bekommen. Sie hatte sich gerade vor einigen Wochen sehr intensiv mit dieser Blume auseinander gesetzt, weil sie als Auftragsarbeit einen Veilchenstrauß malen musste. Als Modell dienten ihr Topfveilchen vom Toommarkt. Dieses hier wuchs unscheinbar ganz allein in der wilden Natur. Ich suchte in der nahen Umgebung nach Geschwistern und fand nach kurzer Zeit auch einige wenige. Damit war die Einsamkeit der verweißt geglaubten Blume gebrochen. Von nun an tauften wir diese Tour die Veilchentour.

Am Rand von Hambühren, ein kleiner Ort, der sicherlich zum Speckgürtel von Celle gehörte, befand sich eine Biogasanlage. Dort standen drei runde Bauten mit einem Dach aus grüner dicker Folie. Um sie herum war der Boden brach und aufgewühlt, unstrukturiert, was vom Beladen der Anlage durch Traktoren und Lastwagen her stammen könnte. Diese Anlagen verschlucken Unmengen an Biomasse, die wie im Vorfeld angedacht ausschließlich durch Produktionsabfälle gar nicht gedeckt werden können, um effizient zu arbeiten. So muss eigens angepflanztes Biomaterial dazu gegeben werden. Mais scheint dafür besonders geeignet zu sein. Der benötigt wieder viel zu viel Dünger, oder die stark belasteten Biogasanlagenreste, die mit konzentrierten, schädlichen Stoffen aus der Schweinemastgülle kontaminiert sind. Rechnet man alles gegeneinander auf, inklusive der Trinkwasserbelastung durch übermäßige Düngung beim Maisanbau und den CO_2 Ausstoß bei der pausenlosen Anfahrt der Biomasse, war das Millionen schwere Förderprogramm für erneuerbare Energiegewinnung ein Reinfall in Bezug auf Biogasanlagen. Neuerdings ist durch Messungen bekannt geworden, dass die Folien undicht sind und erhebliche Mengen des klimaschädlichen Methangases entweicht.

Die Peripherie des Ortes bildete eine Wohnhauszeile. Wir konnten vom hinteren Teil des großen Gartens zu den einzelnen Häusern blicken. Zu den üppigen Waldrandgrundstücken passten auch die villenartigen Häuser, die wir in allen Bauweisen bewundern konnten. Mal überwog der Glasanteil und mal der Natursteinanteil des Gebäudes in der Aufteilung der Flächen. Es gab Flachdächer, Spitz- und Gaubendächer, weiße Klinker und glatt verputzte Außenwände. Würden die riesigen Fenster kleiner gebaut, könnte Hambühren auf eine Biogasanlage verzichten. Heute wird aber dem Licht im Haus gegenüber dem höheren Energieverbrauch den Vorzug gegeben. Wir verließen Hambührens Randgebiet und liefen auf einem schnurgraden Waldweg südwestlich beim Fahlen Gehege unserem heutigen Ziel Fuhrberg entgegen.

Zunehmender brannte die Sonne auf der Haut wie im Hochsommer. Der Weg schien unendlich ohne Biegung vor uns in der Ferne zu verschwinden. Paare bildeten sich, Gruppen formierten sich, Unterhaltungen schienen die Eintönigkeit des Weges zu verkürzen. Endlich eine Biegung, eine Bank, Trinkpause. Hinter der Bank erhoben sich betagte Kieferstämme mit einigem Abstand zueinander aus einer dicken, ockerfarbigen Farnlaubdecke. Als Ulla und Ursula uns nach dem Weitergehen eingeholt hatten, erzählten sie ganz entzückt von einer Blume in der Nähe der Pausenstelle, die sie nur selten davor gesehen hätten. Nach ihrer Beschreibung musste es sich um eine Schachblume handeln. Ich meinte so ernst ich nur konnte, warum sie diese Variation der göttlichen Schöpfung nicht abgeflückt haben, dann könnten wir sie leichter bestimmen. Erst fielen sie auf mein ernstes Schauspiel herein. »Du kannst diese seltene Blume doch nicht pflücken, die steht doch bestimmt unter Naturschutz!« Schnell merkten sie an meinem Lächeln, dass ich nur Spaß gemacht hatte, denn nur wenige Tage vor unserer Wanderung las ich in der Zeitung einen Artikel über den Frühlingswald, in dem Veilchen, Bärlauch, Waldmeister und eben die Schachblume beschrieben waren. »Um Schachblumen wirklich kennen zu lernen,« – hieß es »- sollte man vor ihrer einzigartigen Erscheinung niederknien. Wer dann noch genau hinsieht, wer empfänglich ist für die verborgene Sensation des Naheliegenden, der muss sie einfach lieben. Eine Wiese voll Individualisten. Es gibt keine zwei Blüten, die sich wirklich ähneln. Die eleganten Glocken an den silbriggrünen Stängeln wirken fragil und exotisch, wie einem japanischen Farbholzschnitt entwachsen. Die Farben gehen von Weiß über Rosa bis hin zum dunklen Purpur.«

Das Schachbrettmuster soll dabei mal leger, chaotisch bis ganz akkurat gradlinig sein. Warum jede Blüte in ihrer Erscheinung anders ausfällt, gibt der Wissenschaft Rätsel auf. Dann heißt es weiter:

»Dass man dieses Wunder überhaupt noch in freier Natur besuchen kann, grenzt an ein weiteres Wunder: Fritillaria meleagris ist vom Aussterben bedroht. Trockenlegungen zerstören die meisten ihrer Standorte. Auf stickstoffüberdüngten Hochertragsgrünland kann sie nicht leben. Und wer sie pflückt, tötet sie ebenfalls. Dann stirbt die Zwiebel ab. So gibt es in ganz Europa nur noch wenige ausgedehnte Bestände.«

Der Waldweg war mit zwanzig bis dreißigjährigen, geraden Kieferstämmen flankiert, die auf ein Maß von zwei Meter gebracht waren. Die meterhohen Stapel mit den vielen runden Schnittflächen rochen nicht nur nach frischem Pinienharz, sondern waren auch durch ihre bildnerische Aussage an Perfektion ein Foto wert. Wir überquerten die Landstraße nach dem nördlich gelegenen Südwinsen von uns aus gesehen und betraten in westlicher Richtung die Zufahrt zum Gut Rixförde. Zunächst erschienen die Fachwerkgesindehäuser und Stallungen. Hinter ihnen befand sich das breite und lange Eingangsgebäude mit rechteckiger Durchfahrt zum eigentlichen Gutshaus. Es war seit Jahren unbewohnt und machte einen traurigen, aber imposanten Eindruck. Der Hamburger Schiffsreeder Friedrich »Fritz« Leopold Loesener, verheiratet mit Crisca Sloman, legte das Gut als Jagdresidenz an. 1883 war das Jagdhaus als Kern des Gutshauses errichtet, 1888 erweitert worden. 1922 erhielt das Haus einen Anbau. Früher gehörten die Wälder auf dem Gut zu den Hochwildjagden der Hannoverschen Könige. Ab 1866 wurde es dann Teil des königlich-preußischen Reviers. So war auch für Loesener 1882 die Jagd der Grund für den Zukauf von immer mehr Flächen, bis schließlich 500 Hektar erreicht waren. So setzte er Kreuzungen vom Rothirsch, Cervus elaphus, und dem Wapiti aus. Später waren es zwölf sibirische Hirsche, die sich prächtig vermehrten, aber nach Loeseners Tod abgeschossen wurden. Ebenfalls erschossen wurden sechs ausgesetzte Perlhühner, weil sie zu sehr lärmten. Nach Loeseners Tod 1903 erwarb ein Ölspekulant das Gut, welches er aber nach erfolglosen Bohrungen bereits ein Jahr später wieder verkaufte. Oskar Barackhausen als nächster Eigentümer vergrößerte den landwirtschaftlichen Betrieb und fuhr mit der Kultivierung der Gutsflächen fort. Aus seiner Zeit stammte das Teehaus im Park, worin sich nach der Jagd, oder zu anderen Anlässen die Gesellschaft zurückziehen konnte. Der Kamin, dessen Vorbild im Heidelberger Schloss steht, prasselte dabei, wenn nicht nur über

Erfolge und Misserfolge auf der Jagd gesprochen wurde, sondern auch über Themen aus Wirtschaft, Kultur und Politik. Dieses ungewöhnliche Gebäude, das eher einer umgekippten Wanne mit abgerundetem Dach ähnelte, wurde vom bekannten Architekten Paul Eduard Schulze-Naumburg erst um 1910 errichtet. 1916 erwarb der Generaldirektor der Continental Reifen AG in Hannover das Gut. Tischbein führte eine intensive Bewirtschaftung ein. Sein Hauptaugenmerk war aber immer noch auf die Jagd gerichtet. Er wurde 1871 in Sarstedt bei Hannover geboren und begann eine Rennfahrerkarriere 1888 auf dem Hochrad mit zahlreichen Siegen. Nach einem Sturz, bei dem er sich das Schlüsselbein brach, wechselte er 1899 auf das Dreirad, mit dem er Meister von Deutschland, Preußen und England wurde. Nur wenige Rennen fuhr Tischbein noch auf dem Niederrad, bevor der gelernte Kaufmann 1894 das Rennfahren aufgab und als kaufmännischer Angestellter in die Continental-Caoutchouc- und Guttapercha-Compagnie in Hannover eintrat. Nach 1900 bestritt Willy Tischbein auch Automobil-Fernfahrten, von denen er einige gewinnen konnte, wie etwa Mannheim – Pforzheim – Mannheim auf dem »de Dietrich«. 1901 gehörte er zu den Gründungsmitgliedern des Verbandes der Automobilindustrie. Zu seinen engsten Freunden gehörte Ernst Sachs, Mitbegründer der Schweinfurter Firma Fichtel und Sachs. 1907 wurde Tischbein kaufmännischer Vorstandsmitglied, später Vorstandsvorsitzender und ab 1926 Generaldirektor des Unternehmens. Wegen gesundheitlicher Probleme und Meinungsverschiedenheiten mit dem Aufsichtsratsvorsitzenden Dr. Fritz Opel schied Tischbein Ende 1934 aus der Continental aus. Einer seiner Enkel war der Unternehmer Hermann Bahlsen junior. Er ist bis heute besser wegen seiner Butterkekse bekannt. Butterkekse von Bahlsen und Autoausflüge am Wochenende gehörten in meiner Kindheit zusammen. Nach Tischbeins Tod 1946 führte seine Frau den Betrieb zunächst weiter. Mitte der 1950er Jahre waren auf dem Gut fast 50 Menschen beschäftigt. Später wurden die landwirtschaftlichen Flächen verpachtet. Nach dem zweiten Weltkrieg wurde das idyllische Teehaus im Park nicht mehr genutzt und verfällt bis heute, ohne dass sich jemand darum kümmert. Neben dem Gebäude verwildert der Park und der künstliche Teich. So mancher Traum von großherrschaftlichem Leben, auf den Ursprung von Gut Rixförde bezogen, währt manchmal nur eine Generation lang.

Wahrscheinlich hielt uns der langhaarige ältere Mann mit Bart aus Hilfsbereitschaft unabsichtlich ab, durch die Einfahrt zu schauen, denn bereits vor dem Betreten des Geländes sollte der E1 nach Süden abbiegen. Überhaupt machte das Gut einen Eindruck, als sei es nicht mehr in einer Hand, sondern zerfleddert und an unterschiedliche Mieter verpachtet. Mein erster Eindruck bestätigte sich später. Die jetzigen Erben aus der Familie Tischbein sollen sich über die Besitzverhältnisse nicht einig sein, wobei niemand die Verantwortung für den Erhalt der Gebäude übernehmen möchte. Der Mann sprach uns mit Latzhose und kariertem Hemd auf englisch an. Unser langsames Herantasten am Eingang zum Gut deutete er wahrscheinlich so, als suchten wir den Weg. Daraufhin zeigte er zuvorkommend in Richtung Fuhrberg und wir folgten seinen Anweisungen freundlich mit einem »Thank you, bye, bye.« Pferde hielten ihre Köpfe über den Zaun. Unter ihnen standen auch etliche der bereits erwähnten Hannoveraner. Jugendliche machten sich zum Reiten fertig. Das Umland des Gutes bestand aus freien Weiden und Ackerland, das in allen Himmelsrichtungen mit dem Winsener Bruch gesäumt war. Diese Kulturlandschaft war auf ästhetisch, englische Art, der Natur am nächsten angelehnt, belassen worden. In der Mitte der Weiden lag der künstliche »Dreckgraben« zur Entwässerung des Bodens, der hier im Südwesten von Celle immer feuchter zu werden schien. Über dem Graben führte eine Brücke, die am Geländer mit einem Sockel versehen war. Auf dem Sockel ruhten jeweils zwei mächtige Granitkugeln als gutzugehöriger Schmuck, die sich berührten. Eine Kugel als Zierform hatte ich schon öfters auf Pfosten, Begrenzungen an Eingängen und auf Sockeln gesehen. Zwei gleiche Kugeln war außergewöhnlich. Der erhöhte Feldweg mit in die Jahre gekommenen Bäumen und Büschen strahlte mit seinem Wiesenbelag eine wohlige, anheimelnde Stimmung aus. An einem vom Sturm abgedrehten Baumstammrest schlugen wir uns auf die frisch begraste Weide zur Mittagspause. Am unteren Stammansatz, der vom Sturm gepeinigten Pappel, schlug ein neuer mannshoher Ast seine frischen Blätter in den Frühling. Bernhard ging zum Schlafen etwas abseits, damit er sich durch unser Reden nicht gestört fühlen würde, wenn er versuche, ein Auge oder auch zwei Augen zuzudrücken. Ich komme nie zum Schlafen, sondern döse immer nur, weil ich viel zu viel Adrenalin im Körper habe und überhaupt nicht müde bin. Das zweite labbrige

Käsebrot aus Hermannsburg schmeckte vorzüglich. Während ich die Aufbewahrungsdose wieder zudrehte und das Brötchen aus Celle als Notfallbissen übrig ließ, radelten zwei ältere Damen auf dem Feldweg heran. Als die eine uns entdeckt hatte, meinte sie voller Bewunderung zur anderen: »Guck mal, richtige Wanderer!«

Ein Teppich Gemeines Hornkraut auf dem Mittelstreifen des Weges ließ mich auf den Boden gehen, um eine Nahaufnahme zu machen. Die nasse Hose im Kniebereich war es Wert, diesen winzigen Blumen im Makrobereich zu begegnen. Der wunderschöne Feldweg endete an der Landstraße von Celle nach Fuhrberg. Er endete gleichwohl an einem kräftigen Eisentor, dem ehemaligen Haupteingang des Gutgeländes. Das Tor war mit jetzt verrosteten Platteisen ausgestattet, von denen die Vertikalen mit jeweils einer mächtigen Pfeilspitze ausliefen, die in den Himmel zeigten. Es stand offen. Laub und Äste hatten das Bewegen der Flügel schon vor Jahren unmöglich gemacht. Die Scharniere waren in Granitpfosten verankert, die eine Zierkugel trugen. Ulla fotografierte das schnörkelige, verrostete Schloss und die Torgriffe. Das riesige Schlüsselloch verriet die gewaltige Größe des dazu passenden Schlüssels. Im Hintergrund stand ein Backsteinhaus mit einladenden grünen Fensterläden auf der anderen Straßenseite. Bei dem Gebäude handelte es sich um ein Ausflugslokal an der nördlichen Kreisgrenze zwischen Celle und Hannover. Laut Karte gehörte das Lokal bereits zum Kreis Hannover, den wir soeben betreten hatten. Es war ein Geisterhaus. Ein kniehoher Laubhaufen hatte sich im Eingangsbereich durch vergangene Winde verwirbelt. In den Ritzen der Wegplatten wuchs ungehindert das Gras. Im Schaukasten, wo sonst die Speisekarte hing, war ein leicht in sich gerollter, vergilbter Zettel zu finden. »Aus wirtschaftlichen und gesundheitlichen Gründen haben wir das Geschäft ab 01.01.2008 geschlossen. Ihr Heidjers Einkehr Team«

Der Ort hieß Allerhop, zu dem ein oder zwei Häuser gehörten, die im Wurzelbruch lagen. Ausgedehnte Weiden schlossen sich an den Staatsforst Fuhrberg an und somit bereits dem Kreis Hannover. Der E1 war hier jedoch komplett verwildert. Wir mussten zum Teil in den aufgeweichten tiefen Rinnen eines letzten Tractors wandeln, uns durchs Dickicht schlagen und über umgestürzte Bäume klettern. Niemand hatte sich hier an der Kreisgrenze um die Passierbarkeit des Weges gekümmert. Nach Westen wuchs Wald und nach Osten öffneten sich wunderbare Pferdeweiden. Lockere Kiefernränder gaben ein luftiges Bild ab. Der wilde Wuchs von Stämmen und Ästen ließ bei mir ein Gefühl von Freiheit aufkommen. Manchmal tauchte ein Hain von fünf bis zehn Kiefern auf. Er stand malerisch auf dem kahlen, braunen Boden der Weiden wie eine Insel und unterbrach die Eintönigkeit im Landschaftsmeer. Dieses Bild der einsamen Kiefernhaine erinnerte mich stark an meine Kindheit, die ich schließlich in dieser Gegend verbracht hatte. Dieses Bild muss rein niedersächsisch oder sogar speziell hannoveranisch sein. Mischt sich Sandboden zu dieser Szene wird mein Wohlempfinden nur noch gesteigert. Vielleicht erinnert mich diese Komposition an Sommer, Wärme, Meer und Urlaub. Im Zaunbereich zwischen Weg und Weide lag ein komplett bemooster Haufen alter Stämme. Margarete hielt mich an, ein Foto für die Serie »Vergessene Holzhaufen« zu machen. Das Moos hatte sich wie ein zusammenhängendes Tuch über die Baumstämme gelegt, sodass ihre ursprüngliche, runde Form nur noch zu erahnen war.

Nach geraumer Zeit stießen wir auf einen weiteren schnurgeraden, wieder leichter begehbaren Waldweg. Er verlief zwischen Thönserberg und Quaenwiese. Bis zu einer bestimmten Wuchshöhe war das Unterholz mit frischem, satten Grün ausgestattet, das auch in den Weg hineinhing. Die höheren Bäume waren ihrerseits gerade dabei, jungfräuliche Blätter zu entfalten. Die Strecke verlief dermaßen gerade, dass am Horizont kein Ende in Sicht schien und in einem grünen Punkt im Lindhorster Wald verschwand. Schließlich war das südliche Ende des großen Gebietes Wietzenbruch erreicht. Der weiche Graswaldweg wechselte zu Asphalt. Die Fuhrberger Felderwüste nahm ihren Anfang mit dem Namen Grasbruch. Braune Flächen soweit das Auge reichte. Manche waren mit weißen Planen als Gedeihhilfe bespannt. Zu beiden Seiten des Grasbruchdammes lag ein tiefer, breiter Entwässerungsgraben, der manchmal Sumpfdotterblumen beherbergte. Die bildeten aber fast die einzige Abwechselung in der Flora dieser Gegend. Brauner Schaum sammelte sich an Grasstellen am Rand der Moderbrühe. Zwei Rehe flüchteten über dem Acker Richtung Waldrand in der Ferne. Der Boden war so ausgetrocknet, dass sie eine Staubwolke hinter sich ließen, die langsam über die triste Gegend davon schwebte. Manchmal tauchte eine verlassene Kopfweide auf. Einzelne Büsche und eine Birke versuchten einen Bruch in die überwiegend horizontalen Linien zu unternehmen. Die Stimmung wirkte steril und überdüngt. Wir durchliefen sinnbildlich ein unbedachtes, gigantisches Gewächshaus. Der rudimentierte Boden diente nur noch als abgestorbene Substanz zum Halten der Wurzeln der angebauten Pflanzen. Die Luft war chemisch geschwängert. Ein trauriges Bild hoch technologisierter Landwirtschaft. In diesem Gefühl erreichten wir den Ort Fuhrberg, der in Mitten dieser Landflächenwüste wie eine Oase lag.

Aus drei überfüllten Glascontainern quollen Flaschen aus der runden Öffnung, als ob ein Hefeteig im Innern der Behälter aufginge. Dabei war die Prozedur anders herum. An den seitlich mit dem Hals hineingesteckten Flaschen, konnte die Verzweiflung der Fuhrberger fest gemacht werden, ihr Leergut trotz der Überfüllung ordnungsgemäß loswerden zu wollen. Neben den Containern stand kistenweise der Recyclingstoff. Ein Scherbenteppich zeugte von kindlichem Zerstörungsspaß. Während wir die Mellendorferstraße suchten, sondierten wir die Restaurants im Ort, obwohl die Zeit zum Abend hin noch nicht fortgeschritten war. Diese Etappe war nicht so lang gewählt, weil wir gestern über dreißig Kilometer gegangen waren. Das Dorf setzte sich aus Bauernhäusern, aufgegebenen restaurierten Fachwerkhöfen und neuen Einfamilienhäusern zusammen. Fuhrberg war ein Schmuckdorf für die Hannoveraner geworden. Wenn die Urbewohner nicht die Felder bewirtschaften, fahren sie in die nahe Hauptstadt zum Arbeiten oder machen beides. Hier wird ein Interessent wahrscheinlich kein Grundstück ohne tiefgreifende Beziehungen bekommen. Durch seine geopolitische Lage und schon immer von Wäldern umgeben, blieb Fuhrberg geschichtlich weitestgehend unberührt. Als die Edelleute Hugo und Johannes von Escherde mit Einverständnis ihrer Erben dem Propsten des Klosters Walsrode für 20 Mark Bremischen Silbers ihr Landgut Villa in Wuhrbergen 1223 verkauften, wurde der Ort ein erstes Mal erwähnt. Der goldene Schlüssel der Herren von Escherde als ehemalige Guts-, Gerichts- und Zehntherren schmückt heute noch neben dem Zehnendergeweih mit Grind, dem Schädelteil, das Wappen des Ortes. Das Hirschgeweih symbolisiert die Tradition Fuhrbergs als Sitz eines Forstamtes. In einem Dokument von 1377 tauchte der Name Fuhrbergen auf, in dem die Schäden von Soldaten des Herzogs Otto von Braunschweig dem Herzog Albrecht von

Lüneburg zufügten. Das Wort Fuhr bezieht sich auf die niederdeutsche Bezeichnung für die Kiefer, der Fuhre.

Am 6. April 1945, kurz vor Kriegsende, trafen in Fuhrberg drei »Todesmärsche« aus KZ-Außenstellen Hannovers ein. Die entkräfteten Gefangenen mussten in mehreren Scheunen in Fuhrberg übernachten und wurden am nächsten Tag zum Konzentrationslager Bergen-Belsen weitergetrieben. Bis zum Jahre 1939 zählte der Ort 707 Einwohner. Durch die Heimatvertriebenen aus den ehemaligen deutschen Ostgebieten verdoppelte sich die Einwohnerzahl bis 1952.

Bei Fuhrberg, das nur 42 Meter über Null liegt, befindet sich mit dem 300 Quadratkilometer großem Fuhrberger Feld das größte Wasserschutzgebiet Niedersachsens. Das Wasserwerk Fuhrberg förderte 2001 20.900.00 Kubikmeter Wasser und deckte somit 45,7 % des Wasserbedarfs der Region Hannover.

Nur mit Mühe fanden wir unsere Herberge für die Nacht. Die Schwierigkeit war nicht die Straße zu finden, sondern die Hausnummer 1. Wir fragten sogar Bewohner des renovierten Ständerhauses im Dorfzentrum, die uns aber auch keine genügende Antwort gaben. Dieses schöne Bauernhaus war zu mehreren Mietseinheiten aufgeteilt worden. Aufgrund des Alters und der Einfachheit der Baustruktur konnte der Besitzer für die Einheit nicht viel Miete verlangen. Auf einem gutähnlichen Backsteinhof in der Nachbarschaft mit riesigem Garten, worin der Hausherr mit einem Wasserschlauch stand, um die Rabatten zu gießen, bekamen wir auch keine eindeutige Antwort. Vielleicht befinden sich die Bewohner des ehemaligen Hofes noch nicht lange in Fuhrberg. Ich fing an meiner Planung zu zweifeln. Waren wir im richtigen Ort, oder war der Ort nur mit Fremden untereinander bewohnt, die keine Ahnung hatten, wer in ihrer unmittelbaren Umgebung lebt? Waren das die ersten Abstrahlungen einer anonymen Großstadt?

Endlich fand ich an der Ausfallsstraße ein Schild neben einem kleinen Fachwerkhaus, auf dem der Name unserer Unterkunft stand: »Schmetjens Hof«.

Das Gästehaus war eine ehemalige Scheune auf einem Wirtschaftshof. Jetzt steht es im umgebauten Glanz vor uns. Keine Klingel, keine Namen, keine Hausnummer. Wie sollten wir uns bemerkbar machen? Wir gerieten in Bewegung um das Haus herum. Eine wohlgekleidete und – frisierte, chicke Dame, dezent geschminkt mit einem dünnen Wollpullover über die Schultern gelegt kam uns durch die angrenzende, mit bedacht angelegter Grünanlage, entgegen. In ihrem Rücken ließ sie ihr gepflegtes, niveauvolles Wohnhaus stehen, aus dem sie gekommen war. Nach einer recht distanzierten Begrüßung führte sie uns ins Innere des Gästehauses. Im Eingang lagen keine Plastikeier. In einer Schale waren lose Toneier zur Zierde trapiert. Das geschmackvolle Interieur setzte sich in den Zimmern fort. In Parterre lag das Schlafzimmer, was Ursula und Bernhard bezogen, daneben befanden sich Bad und Küche. Eine mit transparenter Lasur versehene Holztreppe führte in die nächste Etage, die über vierzig oder fünfzig Quadratmeter ohne Wände ein Raum bildete. Ulla, Margarete und ich verteilten uns auf die vorbereiteten Schlafmöglichkeiten. Die Einrichtung war gehoben, überwiegend in Holz gehalten. Hier steckte Kapital dahinter. Trotzdem war diese Unterkunft mit Frühstück die kostengünstigste seit Flensburg. Nachdem wir die nötigen Einzelheiten mit unserer Wirtin besprochen hatten, ließ sie uns allein. Etwas durcheinander über den Zustand der vielen freien Zeit, beschlossen wir erst ein Café aufzusuchen, um später essen zu gehen. Diese Idee fand die Mehrheit von uns hervorragend.

An unserem kleinen Fachwerkhaus stand eine wirklich dicke Eiche aus grauen Urzeiten. Gegenüber auf der anderen Straßenseite lang eine Weide. Ponys fraßen gemächlich ihr Gras darauf. Als wir die Mellendorferstraße ortseinwerts gingen, bekam ich einen Erinnerungsrausch. Plötzlich saß ich wieder auf meinem Rennrad und fuhr die Landstraße Richtung Celle, um mit Freunden dem Alltag zu entkommen. Diese Haarnadelkurve vor dem Dorf war mir bestens bekannt. An dieser Stelle mussten wir uns immer nach öder, langer, geraden Fahrt durchs Flachland forsch mit hoher Geschwindigkeit auf die Seite legen. Nur aus Spaß drehten wir manchmal am Wochenenden von zu hause aus unsere kleinen sportlichen Rundtouren. Getränke, Brötchen und Regenzeug waren dabei in karierten Satteltaschen verstaut. In der nahen Fremde wurde im Schatten der Bäume mit einer Fanta in der Hand von weiteren Touren, Unternehmungen und der fernen Welt geträumt.

Nicht weit vom erwähnten Mietsfachwerkhaus entfernt, lag am Anfang der Dorfstraße das Café »Adam«. Stühle und Tische standen im Vorgarten in der Sonne. Wir nahmen Platz. Schnell hatte uns die wohlige Stimmung umgarnt. Je länger wir saßen, um so bewusster wurde uns die Exklusivität dieses Lokals. Der Kuchen war selber gemacht, der junge, ausländisch aussehende Kellner zuvorkommend und herrlich langsam, die Bäckerin war gar keine Bäckerin, sondern Autodidaktin und hatte sich mit diesem Café selbstverwirklicht. Bernhard und Ursula verabschiedeten sich zum Ausruhen ins Gästehaus. Ulla ging auf Motivjagd. Margarete und ich blieben im Café alleine zurück und setzten uns in der Wärme fest. Margarete ließ sich die Sonne ins Gesicht scheinen, während ich an meinen Aufzeichnungen arbeitete und noch ein drittes Bier bestellte. Margarete schloss sich mit einem zweiten an. Ein Zweites war selten, aber wenn, dann ging es ihr gut. Als ich gerade im Oktavheft festhielt, dass Fuhrberg zum Speckgürtel von Hannover gehört und dass fünf türkische Männer auf der anderen Seite der Dorfstraße sich unterhaltend entlang schlenderten, nahm Margarete den Stift in die Hand und schrieb belustigt in das Heft: »Verwandte von dem netten Lehrling Ibo (eher kein Türke). Unverkrampftes, unspießiges Café.«

Mit dem Lehrling meinte Margarete den Kellner. Das er Ibo heißt, wussten wir, weil einer der Männer, der mit der runden Mütze und dem Tesbih in den auf dem Rücken verschränkten Händen, zum Café grüßte und dabei den Namen des Jungen rief. Der Tesbih drehte sich in einem Endloskreis, indem der Mann die Perlen einzeln mit dem Daumen nacheinander in die selbe Richtung, durch das Band gehalten über den Zeigefinger schob. Ein außerhalb des Kreises hängender Zipfel, an denen wiederum ein paar Perlen hängen, signalisiert ohne Blickkontakt zu haben, das Ende des Kreises. Während der Rosenkranz bei den Christen ausschließlich zum Beten verwendet wird, hat der Tesbih, wörtlich übersetzt Perlenschnur, in der arabischen Kultur mehrere Verwendungen. Er wird zum Beten, aber auch als Handschmeichler zum Spielen und dem Vertreiben von langer Weile eingesetzt. In manchen Gegenden ist er auch ein umgewandeltes Schlagwerkzeug bei handfesten Auseinandersetzungen.

Der Alkohol fing an zu wirken. Er steigerte die wohlige Stimmung der Gelassenheit. Endlich bezahlte das Paar am Nachbartisch, von dem wir unweigerlich mitbekamen, dass sie eine unterdrückte Auseinandersetzung geführt hatten. Nur der öffentliche Raum verhinderte, dass sie sich angeschrieen hätten. Dabei ging es um so was schönes wie eine Urlaubsreise, wer mit wem und überhaupt wann wohin. Auf jeden Fall waren sie sich zu tiefst uneinig. Als sie aus der Szene verschwunden waren, setzte sich die nette Inhaberin des Cafés auf eine Bank in die Sonne mit einem Buch. Der Titel lautete: »Die Kunst zu verlieren«.

Wie passend zur Szene mit den Streitpaar, dachte ich. Die Sonne versank hinter dem Bauernhof in der Nachbarschaft. Der Himmel färbte sich gelblich, dann orange. Die Welt um uns wurde immer friedlicher. Voller Dankbarkeit, diese Tour körperlich, sowie geistig machen zu können, tauchte die Farbe des Abendrotes das Ende des Tages in eine sanfte buddhistische Stimmung. In diesem Gefühl brachen wir auf. Im Gespräch mit der Buchleserin erzählten wir knapp von einander. Sie war nicht von hier, sondern aus Hannover. Ein langgehegter Wunschtraum war für sie in Erfüllung gegangen. Mit welcher Entschlossenheit sie erzählte blieb mir im Gedächtnis: »ich bin angekommen«, meinte sie am Ende ihrer Ausführungen und strahlte über das ganze Gesicht.

In unserem kleinen Fachwerkhaus stießen wir wieder auf den Rest der Gruppe. Eine große Auswahl für das Abendessen hatten wir nicht. Uns blieb das Heide Hotel Klütz. Wo heute Nachmittag ausgeprägte Ruhe geherrscht hatte, bestimmte nun Hektik das Restaurant. Doch wo viele Gäste sind, kann das Essen nicht schlecht sein. Es sei denn, das Lokal war das einzige weit und breit, was hier in der Peripherie von Hannover nicht zutreffen dürfte. Die Kellnerin war am Anfang etwas sperrig, taute dann aber auf. Sie brauchte aber ewig, bis sie zu uns kam, um die Bestellung aufzunehmen. Derweil studierte ich das abgehobene Paar am Nachbartisch im feinen Anzug und Kostüm. Ich konnte nicht erkennen, in welcher Beziehung sich die beiden befanden. Sie machten den Eindruck, als seien sie Chef und Sekretärin oder Politiker und Beraterin, aber verheiratet schienen sie nicht zu sein, trotz vertrauter gegenseitiger Zuwendung. Als sie ihr Rotweinglas erneut zum Klingen brachten, gaben wir unsere Bestellung auf. Ich nahm zur Freude von Ursula wieder lauter kleine Gerichte. Die Karte verriet mir, dass der Koch traditionelle, lokale Küche mit die der mediterranen Moderne zu vermischen versuchte. Es gab sogar »Handkäse mit Musik«. Das war eingelegter Harzkäse mit Zwiebeln. Eine niedersächsische Delikatesse für Käseliebhaber. Handkäse ist bis Leipzig verbreitete, der dort mit Blauschimmel reift. Mein Schwiegervater aus Chemnitz stammend, hatte dieser länglichen Herstellungsvariation den delikaten Namen »Leichenfinger« gegeben. Aussehen und Geruch laden nicht zum Essen ein. Unwissentlich würde sich niemand trauen, sich dieses Produkt einzuverleiben.

Die Stimmung stieg am Tisch, das Essen war hervorragend. Die gebratenen Pilze waren wirklich frisch, krustig und endlich einmal ohne Sahne. Der Harzkäse gewann aus unserer Wandergruppe neue Liebhaber. Die Sauce zum Salat war klar und dezent. Die Kellnerin verriet uns, dass der Sohn des Hauses sich seit Neuestem in der Küche versuche. Wir gratulierten ihr und ließen unseren Zuspruch durch sie in die Küche transportieren. Der junge Koch kam später an unseren Tisch, um sich persönlich für das Lob zu bedanken. Die Kombination von Tradition und Moderne war ihm gelungen. Er hatte unser Kompliment für dieses Konzept in seiner Tasche.

Die Kühle der Nacht hatte sich über Fuhrberg gelegt. Gut so, einmal mehr Zeit in einem Ort zu verbringen. Ob das Aufsaugen und Erkennen der Geflogenheiten eines Ortes an der Offenheit der Seele durch das Wandern begründet lag, wusste ich nicht. Zumindest hatte ich ein Gefühl des nach Hauskommens, als wir auf die betagte Eiche an unserem Fachwerkhaus zuliefen.

Fuhrberg – Otternhagen, 18. April 2011 Montag

Heute war ein besonderer Tag. Wir sollten in Otternhagen auf meinen Vater treffen, der uns gemeinsam mit seiner Freundin entgegenlaufen wollte. Ein lustiges Unterfangen, was die Beziehung zu meiner Kindheit nicht nur landschaftlich untermauerte, sondern auch eine personenbetonte Komponente bekam. Mein Vater lebt in Altgarbsen, dem Ursprungsdorf der mächtigen Trabantenstadt Garbsen, wo ich die längste Zeit meiner Kindheit verbracht hatte. Von Otternhagen betrug die Distanz vielleicht zwanzig Kilometer bis dorthin. Neuerdings führt eine Straßenbahn von Hannover bis Garbsen. Als Jugendliche mussten wir immer bis Stöcken mit dem Bus fahren, um dann mit der Straßenbahn weiter in die Innenstadt der Landeshauptstadt zu kommen. In Stöcken befand sich das Continentalwerk und die riesige VW Fabrik, wo früher die jetzt wieder beliebten Bullis und heute die Transporter dieser Automarke hergestellt werden. Ich war auf das Gefühl des Zusammentreffens mit meinem Vater gespannt, aber bis dahin war es noch ein langer Weg.

Von unserem Dachgeschoss aus konnten wir in den besagten gepflegten Garten gucken. Eine japanische Zierkirsche gab unter dem blauen Himmel bereits ihre ganze Pracht preis. Alle Blüten streckte sie der Sonne entgegen. Auf der Wiese stand eine Schaukel und Plastikspielzeug lag herum. Hinter dem Spielbereich reihten sich Stachelbeer- und Johannesbeerbüsche in loser Folge hintereinander. Zwei rustikale Holzsitzbänke mit einem dazugehörigen Tisch in der Mitte waren neben einem Hochbeet platziert. Von da aus konnten die Großeltern ihre Enkel beim Spielen beaufsichtigen. Da sah ich die Wirtin mit zwei Körben aus ihrem Backsteinfachwerkhaus treten. Sie trug unser Frühstück durch den Garten, wie die Hummel an den Hinterbeinen die zwei Pollenknäuele bei den Waben abliefern wird. In den Körben befand sich ein gutes Frühstück mit hochwertigen Zutaten. Brötchen, Brote zum Schmieren, Butter, Eier, Obst, Marmeladen, Heidehonig, ausreichend Käse und Wurst, Orangensaft und genügend Kaffee. Die Wirtin hatte das Frühstück vor unserem Erscheinen im Esszimmer aufgebaut und wart nicht mehr gesehen. Sie tauchte nur kurz zum Abkassieren auf, blieb jedoch auch hierbei reserviert bis zum Schluss.

Die Stimmung unter uns war bestens. Das Wetter konnte durch nichts mehr übertroffen werden. Sein Hoch wuchs sich aus. Immer wärmere Luft strömte aus dem Süden nach. Die Malerin Natur quetschte mehr und mehr Grün aus der Tube, um ihr Frühlingsbild fertig zu stellen. Meine körperliche Regeneration durch die gestrige kurze Strecke war voll gelungen. Heute und Morgen sollten die Weglängen knapp an die 25 Kilometer betragen, die wir entspannt mit Leichtigkeit entgegen gingen. Unser heutiges Ziel war die einzige Möglichkeit zwischen Fuhrberg und Steinhude direkt am E1 zu übernachten. Kartentechnisch gingen wir fast im Niemandsland, weil hinter Fuhrberg nur eine Fahrradkarte zu bekommen war, die mit 1 : 75 000 und ohne Wanderwegeinzeichnung gedruckt war. Wenn die Wanderlust sich in der Moderne nur noch auf spektakuläre Strecken beschränkten würde, war sie in dieser Gegend wahrscheinlich ganz erloschen. Das Alter fährt Fahrrad, wenn es sein muss, mit Hilfsmotor. Es scheint viel weniger zu Fuß zu gehen. Die Jugend braucht spektakuläre Events und kein einschläferndes Leinetal. Durch den Missstand der Karten waren wir auf die wirkliche Kennzeichnung in der Landschaft angewiesen. Eine zusätzliche Verwirrung war unser eigenwilliges Unterbrechen der im Wanderführer vorgegeben Etappen von jeweils zwei Strecken, weit über 30 Kilometer. Wir machten jedoch drei Übernachtungen daraus, mit komfortableren Abschnitten. Aber keine Planung ohne Fehler, die erst in der Umsetzung schmerzlich deutlich werden würden.

Mit neuer Kraft liefen wir in den frischen Tag hinein, in die Sonne, tiefer in den Frühling. Ein kleiner beabsichtigter Umweg führte uns über die Straße »An der Schule«, die weiter außerhalb in der anderen Richtung bei den Feldern in den Heudamm überging, an schmucken, aufwendig renovierten Backsteinfachwerkhäusern vorbei, die zu einer früheren Zeit einmal einfache Bauernhöfe waren. Ich wurde den Eindruck nicht los, dass Fuhrberg runddorfartig aufgebaut wurde. Zumindest bildete die Straße im Kern ein Kreis. In einem renovierten, tief nach hinten, von der Straße aus gesehen, auf das Grundstück gebaute Bauernhaus, war eine »Praxis für Gesundheit« eingerichtet. Auf dem Schild waren zwei rote stilisierte, geschwungene Hände übereinander gelegt dargestellt. Die mit deutschem Namen versehene Praxisbetreiberin bot Ayurvedische Massage, Fastenbegleitung und traditionelle chinesische Medizin an. Ein Haus weiter kam die Fachwerkkirche ins Blickfeld. Sie bot der überwiegend evangelisch-lutherischen Bürgern mit ihrem Bekenntnis ein zu Hause. Hinter der Kirche war unsere kurze Dorfbesichtigung bereits beendet und das Rondell stieß wieder auf den uns bekannten Übergang von der Mellendorfer zur Celler Straße, wo sich auch das Spritzenhaus befand. »Gott zur Ehr, dem Nächsten zur Wehr«, stand in altdeutschen Lettern über den beiden krisselig verglasten, automatischen Hebetüren, hinter denen das leuchtende Rot der Feuerwehrautos durchschimmerte. Kurz hinter der Wache schwenkten wir in die Dorfstraße, an der sich das erinnerungsträchtige Café Adam von gestern befand, um uns auf das Feld hinaus zu leiten. Vorbei an Bauernhöfen neueren Datums, die noch in Betrieb waren, und der Schützenhalle, betraten wir zunächst aber ein Neubaugebiet, in dem geräumige Familienhäuser standen. Eines befand sich gerade in Bau und zog die Aufmerksamkeit von Bernhard und mir auf uns. Mehrere Zimmermänner in Kluft waren damit beschäftigt die letzten Arbeiten an diesem Fachwerkbau zu bewerkstelligen. Uns bot sich ein sehr ästhetisches Bild von frischem Holz in Form eines Ständerhauses, noch ohne

Fächerfüllung. Der Bauherr leistete sich sogar Fächerrosetten mit Akanthusblättern oberhalb der Stockwerkschwelle und ein gewundenes Füllholz. Die Rosette war ursprünglich eine ausschließlich niederdeutsche Verzierungsform aus der Renaissance. Sie kommt im ganzen niedersächsischen Bereich, Westfalen-Lippe, Sachsen-Anhalt sowie nördlich und östlich der Elbe vor. Überwiegend tritt sie wie hier in Halbkreisen auf. Alle Balken waren mit Holz verzapft. Ich fragte den Zimmermann von der Fuhrberger Zimmerei, ob viele Hausbauer diese Nachbauten bestellen, weil das Erstellen eines Ständerhauses doch ein Traum eines jeden Zimmermannes sein müsste. Er meinte, dass seine Zimmerei gut davon leben könnte, weil viele Städter mittlerweile auf alte Traditionen zurück greifen wollen. In den letzten Jahren sei dieser Trend stärker geworden.
»Stellen Sie auch die Rosetten und Verzierungen hehr?«, wollte ich wissen.
»Nein. Die werden in enger Zusammenarbeit mit einer Schnitzerei hergestellt. Wir bringen die fertigen Teile dann an oder verbauen die Balken dem entsprechend.«
»Für so ein Fachwerk mit Verziehrungen muss man bestimmt eine ganze Menge hinblättern?«
»Jo! Das kann man wohl sagen. Aber die Leute, die so ein Einzelstück im Speckgürtel von Hannover in Auftrag geben, haben das Geld und sind leidenschaftlich dabei.«
»Braucht so ein Fachwerkhaus mit den ganzen Details länger im Aufbau, als ein konventionelles Haus?«
»Eigentlich nicht, aber wir bekommen mehr Zeit, weil wir vorsichtiger mit dem Material umgehen müssen. Alles, was wir verbauen, hat auch eine sichtbare Außenfläche, die nicht beschädigt werden darf. Die Bauherrn haben dafür Verständnis.«
Diese Bedächtigkeit war regelrecht mental zu spüren. Die Baustelle strahlte Ruhe aus und durch das viele Holz eine angenehme Atmosphäre. Wir konnten uns kaum losreißen. Durch unser aufrichtiges Interesse, erlaubte uns der Zimmermann sogar, den Rohbau zu betreten. Innen waren bereits Wände gezogen, die verhinderten, dass man durch das Haus hindurch blicken konnte. Von drinnen aber war der Blick durch die Außenwandfächer frei, was ein luftiges Gefühl verursachte.
Während wir Männer uns der Baukunst hingaben hatten die Frauen Fuhrberg schon längst verlassen. Landschaftlich verließen

wir den Ort wie wir ihn betreten hatten. Auf einem Kartoffelacker waren die frisch vom Pflug angehäufelten Hügel noch kantig. Einzelne Schollen glänzten wie Goldklumpen durch die Morgensonnenstrahlen. Die exakt parallel verlaufenden Furchen nahmen bis zum Horizont die leichte Welle des Ackerrandes kunstvoll wie eine Bodenskulptur auf. In der Ferne bildete sich der Baumstreifen des Fuhrberger Staatsforstes ab, den wir durchqueren mussten.

Die Frauen waren auch die ersten, die das mehrere Quadratmeter große Veilchenfeld am Wegesrand entdeckt hatten. Wir sahen sie von weitem auf den Boden blicken und vor Entzücken tänzeln, ohne dass wir eine Ahnung hatten, was sie so in Aufregung versetzt hatte. Sie schauten für uns ins Nichts. Das war ein amüsantes Schauspiel. Dann sahen wir auch das Pflanzenwunder der Frühblüher. Je konzentrierter der Blick war, um so mehr von den Märzveilchen konnten in einem Bild wahrgenommen werden. Kurz nach Eintritt in den Staatsforst, der überwiegend aus Buchen bestand und in den Feuchtgebieten einen Erlenbestand aufwies, stand ein Schild »Grundwasserschutzgebiet«. Tatsächlich wurde der Untergrund hier sumpfiger, so als ob im nächsten Moment Wasser aus dem Boden ausgedrückt werden würde. Die Stadtwerke Hannover hatten in diesem Areal ein Pilotprojekt gestartet. So sollte hier ein Laubmischwald zum Grundwasserschutz entstehen. »Folgende Ziele werden hiermit erreicht: Verbesserung der Grundwasserneubildung durch Qualität und Menge, Förderung der Lebensraum- und Artenvielfalt im Wald, Erhöhung der Widerstandsfähigkeit des Waldes gegen Schädlinge, Sturmschäden und Umwelteinflüsse sowie Verminderung des Treibhauseffektes durch Steigerung der CO–Speicherung im Holz.« Im Wald tauchten ausgedehnte Sumpfflächen auf, aus denen Erlen und frische Blätter der Wasserlilie stachen. Das Gebiet wurde von der Hengstbeeke durchflossen, die nicht weit von hier im Norden in die Wietze mündete. Wir mussten uns also noch auf der Seite der Wasserscheide befunden haben, auf der die Vorfluter in die Aller abflossen und nicht in die Leine, die wir morgen erreichen sollten. An dem kleinen Steilufer der Hengstbeeke quoll ein Teppich von Kriechendem Hahnenfuss zum Wasser hinunter. Die frische grüne Fläche mit den gelben Blütenpunkten kontrastierte als einzige junge Pflanze in ihrer Umgebung stark zum dunklen Ocker des Laubbodens. Das helle Lila eines Märzveilchenbüschels schmückte die andere Uferböschung. Diese verhinderte das vollständige Ablaufen des Wassers, was zur Folge hatte, dass der Wanderweg ohne Brücke überflutet war. Nur mit Hilfe des Böschungsrandes konnte ein Sprung über den schmalen auslaufenden Teil des kleinen Sees gewagt werden, um trockenen Fußes voran zu kommen.

Der Wechsel von einer Wander- auf die Fahrradkarte mit einem dreimal so großen Maßstab löste Beklemmungen aus, aber uns blieb nichts anderes übrig, als demütig weiter zu laufen. Hinter dem Forst liefen wir teils an Feldern entlang auf das gigantische Autobahndreieck Hannover Nord zu. Zwei Bahnen bogen von der A7 Richtung Süd - Westen ab. Die relativ neue Tangente A352 mündete von hier aus auf die A1 von Berlin nach Oberhausen im Ruhrgebiet. Vor Bau der Tangente musste der E1 weiter Richtung Süd-Westen verlaufen sein und direkt nach Wennebostel zwischen Bissendorf und Mellendorf liegend geführt haben. Jetzt brachten uns die Zeichen zunächst unabwendbar Richtung Norden, was zur ersten großen Verunsicherung führte. An einem Waldstück bog der Weg sogar Richtung Osten, also zurück, von wo wir kamen, was mir fast den Magen umdrehte. Dann endlich nahm er wieder die richtige Richtung ein und stieß auf eine ungemähte Wiese mit Fahrspuren von Treckern, die direkt an der zweispurigen Auffahrt des Kreuzes, auf einer Rampe leicht erhöht, von Westen kommend entlang führte. 1000 Mal benutzten wir diese Auffahrt Richtung Norden, wenn wir vom Sauerland aus Margaretes Heimat in Schleswig-Holstein besucht hatten. Nie hätte ich mir vorstellen können, dass genau unter mir auf der sechsspurigen Bahn ein mindestens 200 Meter langer Tunnel von der einen Seite zur nächsten führt. Das viereckige Loch war nicht breiter als zwei Menschen und vielleicht zwei Meter dreißig hoch. Auf der einen Seite fühlte ich mich von der Macht des Europäischen Fernwanderweges berührt, sich gegen Deutschlands liebstes Kind durch zu setzen. Auf der anderen Seite machte der lichtlose Tunnel mir einmal mehr deutlich, welche krasse Barriere die Autobahn für Mensch und besonders Wildtiere, ja sogar Pflanzen bedeutete. Diese Betonbahn schnitt alles ab, was rechts und links von ihr lag. Im weiteren Sinne bedeutete das, dass Kultur, Landschaft, Flora und Fauna aus ihren jahrtausend währendem Zusammenhang gerissen wurden. Die Autobahnbauer hatten sich für diese Stelle des Tunnels entschieden, weil er auf der ursprünglichen Route hätte über oder unter zwei Bahnen statt einer geführt werden müssen. Aus diesem immensen Kostengrund war der E1 wahrscheinlich umgeleitet worden.

Auf der anderen Seite normalisierte sich das Chaos, was dieses Bauwerk anrichten konnte, schnell wieder zur gewohnten Ordnung einer gewachsenen Kulturlandschaft mit weniger einschneidenden Ereignissen. Flüsse wie die Wietze trotzten jedoch den Gesetzen der modernen Zeit. Sie müssen abfließen, sonst gibt es einen unheilvollen Stau. Sie müssen auf unaufhaltsame Weise strömen können, wie das Blut in unseren Adern. Wir überqueren die Witze mit einem letzten Blick auf die dahinsausenden LKW in der Ferne. Ihre Quelle liegt nur wenige Kilometer südlich beim Hohenhorster Bauernstift. Dieser Bauernstift gehört zu einer Vielzahl kleinerer Dörfer, die um Mellendorf liegen, und als größere Orte mit Bissendorf, Brelingen, Negenborn, Resse und Kaltenweide zur moorigen Wedemark gehören. Kaltenweide kann man bereits als einen nördlichen Vorort von Hannover bezeichnen. Hinter einigen Äckern mussten wir den Mühlengraben queren, der auf gleicher Höhe wie die Wietze, nur westlicher entsteht und sich mit ihr bei der Autobahn vereint. Bei der Brücke floss der Graben mit dem tiefbraunen Wasser über ein steinernes Wehr, was ein ordentliches Plätschern in dieser reizarmen, stillen Gegend verursachte. Dieses kleine alpenländliche Gefühl war wohl der Anlass, an der dahinter liegenden Kreuzung eine Wiese mit Bank anzulegen und Forsythienbüsche zu pflanzen. Wir nahmen die Einladung zu einer Trinkpause an. Die Büsche strahlten in ihrem üppigen Gelb im Einklang der warmen Sonne. Pullover wurden in die Rucksäcke verstaut. Die Temperatur war nun so hoch geklettert, dass ein T-Shirt als Bekleidung jetzt ausreichte.

An der Kreuzung vor einem kleinen Wäldchen war eine verwitterte weiße Pyramide auf dem Boden befestigt, deren Spitze abgeflacht war. Dieses Plastikteil diente als Wegweiser für alle vier Richtungen. Nach Bissendorf sollten es 2,5, nach Hannover 22 und nördlich nach Lüneburg immerhin 137 Kilometer sein. Hinter dem Wäldchen liefen wir durch eine Allee auf das Dorf Wennebostel zu, das von der Bebauung in den größeren Ort Bissendorf überging. An einer mächtigen Kiefer am Rand der Dorfstraße war ein Schild befestigt, auf dem die Änderung der Wegführung durch den Autobahnneubau gekennzeichnet war. Von hier aus sollten es 9,5 Kilometer zurück nach Fuhrberg sein. Bei einem Vergleich auf der Karte mit der Kilometerangabe auf dem Schild, dachte ich mir, dass etwas nicht in Ordnung sei, schenkte aber zunächst diesem Gefühl keine weitere Aufmerksamkeit. Im weiteren Verlauf der Dorfstraße steckte ein zweites, geschnitztes, über die Jahre dunkel gewordenes Schild an einem Pfahl befestigt in einem Vorgarten. Die ins Holz vertieften Buchstaben beschrieben, dass sich hier der »E1 – Europäischer Wanderweg – Flensburg – Genua« befindet. Das Schild war merklich älter, als der Autobahnausbau und machte deutlich, dass wir wieder auf der ursprünglichen Route angelangt waren. Das Bild des Dorfes war durch kleinere und größere Fachwerkkaten geprägt. Das Grün der Tennentore war einheitlich. Sie lagen stets zur Straße hin. Später wurden die Wohnhaustüren auch ohne Bauernhaus nach vorne hin ausgerichtet gebaut. Wieder später kamen die Garagentore, ähnlich der Tennentore, ins Erscheinungsbild. Eine verlassene kleine Kate von 1835 mit weißgetünchten Fächern stand etwas verwaist da. Mit ihrem Restscharm schien sie uns auffordernd anzulächeln, als ob wir uns um den leicht verwilderten Garten und um das Gebäude kümmern sollten. Mich wunderte, dass sie so nah an Hannover noch keinen Käufer gefunden hatte. Aber vielleicht waren Erbschaftsverhältnisse nicht geklärt oder die Lage so nah an der Ausfallsstraße von Hannover mit viel Pendelverkehr, nebst der nahen Bahntrasse, die einen Kauf verhinderte. Etwas weiter versetzt stand ein jüngerer Fachwerkhof in vollem Betrieb. Die Tenne mit angrenzendem Wohnhaus war mit 14 Fächern an der Giebelfront breit und 11 Fächern hoch angelegt. Der Bauer bewegte seinen Traktor mit einer Rolle Stroh am Heck gerade über den Hof. Eine lose Reihe junger schwatzender Männer kam uns Wanderern entgegen. Manche trugen noch ihre feinen Anzugjacken, andere hatten sie leger am Zeigefinger hängend über ihre Schulter geworfen. Noch andere hatten ihrer Empfindung zur Temperatur soweit vertraut, dass sie ihre Jacken über dem Stuhl im Kongresshotel hängen ließen. Fast alle trugen weiße Hemden und Krawatten. Ein Lehrgang, Weiterbildung oder Schulung, dachte ich. Mittagspausenspaziergang an der frischen Luft. Lange blieb mir der männliche Duft von Aftershave, Parfüm von Boss oder einfach nur Deo von Tabac in der Nase und ich war froh, heute nicht an einer Reihe Tischen in U-Formation zu sitzen, um mir die monotonen Ausführungen des Dozenten an der Flipchart anzuhören. Dagegen genoss ich das Gefühl, meinen Rucksack zu spüren. Die Kleidung war durch den Schweiß zu einer erweiterten Hautschicht geworden und die Enden meines improvisierten Hüftgürtels wehten lustig im seichten Wind vor meinem Bauch herum, als käme ich gerade vom Woodstock Konzert.

Wir stießen auf eine komplizierte sechsfache Kreuzungssituation. Die Nord-Süd Bahnlinie kreuzte hier die leicht abgewinkelte, stark befahrene Landstraße von Hannover zu den Speckgürteldörfern. An selber Stelle kreuzte unsere Dorfstraße von Osten nach Westen. Metallbarrieren sollten in plötzlicher Konfrontation dieser Verkehrssituation vor Unfällen schützen. Uns schützten sie nicht vor dem Verlust des X-Zeichens. Bernhard war mit Ursula schon weit an der breiten Landstraße Richtung Hannover nach Bissendorf unterwegs. An der mächtig ausgebauten Trasse befanden sich auf beiden Seiten Fußwege mit einem Fahrradstreifen. Ampeln sollten den Querverkehr aus den Wohnviertelstraßen regeln. Die an dieser Straße liegenden Wohnhäuser waren entweder unter einer dicken Staubschicht begraben oder durch eine hohe Hecke geschützt, die den Dreck und Lärm abhalten sollte. Ich fand schon lange kein Zeichen mehr, was mich hadern ließ, denn eigentlich war es an fast jeder Kreuzung angebracht. Niemand hätte Bernhard auch einholen können. Er lief immer tiefer in das vorstädtische Gefilde hinein, ohne offenbar zu merken, dass wir uns in der Irre befanden. Etwas schien ihn magisch anzuziehen. Ursula bemerkte unsere Zurückhaltung und blieb an einer Parkplatzeinfahrt zu einem Rewemarkt stehen, knapp einen Kilometer hinter unserer Sechserkreuzung. Bernhard hatte den Rucksack bei ihr zurückgelassen. Er war bei unserem Eintreffen bereits über den Parkplatz im Markt verschwunden. Ursula schien das Verhalten von Bernhard zu kennen. Fast entschuldigend meinte sie: »Immer, wenn er eine Gelegenheit hat, muss Bernhard Kuchen und Joghurt kaufen. Das nervt irgendwann!«

Wir fanden das Warten nicht so schlimm. Viel schlimmer war der Gau, der nicht eintreten durfte. Wir hatten die Zeichen verloren, die in der Fahrradkarte nicht eingetragen waren. Hilflos standen wir am Rand von Bissendorf mit Vorstadtstimmung. Die Autos und Geschäftigkeit sausten uns um die Ohren. Unsere Stimmen mussten sich erheben, damit wir uns Gehör verschaffen konnten.

Während Bernhard seinen Genüssen nachging, war für uns klar, dass eine Umkehr bis zum letzten Zeichen an der Metallbrüstung bei der Sechserkreuzung unvermeidbar war. Bernhard nahm unseren Entschluss ohne Veto mit dem Wissen, einen vollen Rucksack zu haben, entgegen. Rückwertsgänge sind öde und sinnlos. Besonders, wenn sie an einer unattraktiven Hauptstraße liegen. So schleppten wir uns bis zum Bahnübergang zurück, schwärmten aus und fanden bei der Fortsetzung in einer weitläufigen Windung unserer Dorfstraße das X an einem Baum wieder. Das Andreaskreuz wird öfters an die Bäume gemalt, als das E1-Zeichen und steht uns deshalb genauso sicher zur Verfügung. Nur wechseln die Kennzahlen auch öfters, so dass wir die Strecke immer mit der Karte vergleichen müssen.

Erleichterung machte sich breit. Wieder zu Hause in der Spur. Die Zeit machte jetzt aber richtig Probleme. Es war bereits nach Mittag und Otternhagen noch lange nicht in Sicht. Bernhard hatte auch noch keine Pause gemacht, die wir so schnell wie möglich einläuten wollten. Ein Wirtschaftsweg brachte uns in die freie Landschaft hinaus. Der Raum wurde wieder stiller, obwohl am Ende des Feldweges sich die nächste Landstraße befand. Wildkirschen blühten am Wiesenrand. Die Sonne leuchtete strahlend durch ihre weißen, transparenten Blätter, die sich zu Knäule an den Zweigen bündelten. Wie ein Wegweiser zeigten sie auf die Wiese, auf der wir ausruhen sollten. Bernhard machte sich neben den geschmierten Broten über den frisch erworbenen Jogurt her. Er drehte sich danach zwischen jungen Disteln auf die Seite. Ein Verkehrsflugzeug donnerte tief über uns hinweg. Es setzte zur Landung auf dem nahen Internationalen Flughafen Langenhagen an. Langenhagen ist zwar ein Vorort von Hannover, aber wegen des Flughafens wie anfangs erwähnt nicht eingemeindet, um die Steuern im eigenen Ort zu behalten. Ich studierte wie in jeder Pause die Karte und ging meinem Gefühl nach, dass an meinen Planungen etwas nicht stimmte. Wenn wir bis hier nördlich von Scherenbostel über 10 Kilometer gegangen sind, waren es bis Otternhagen niemals insgesamt 25 laut meiner Berechnung. Die Karte zeigte jetzt eher noch 20 Kilometer an, wenn nicht mehr. Wo war der Fehler, wo ich doch mit zwei Etappen knapp über 20 Kilometer gerechnet hatte? Die Fotokopien der Strecken, aus dem Kosmos Wanderführer, gaben dann die bittere Wahrheit kund. Ich hatte mich bei der Addition der Etappen schlicht verrechnet. Aus 33 plus 29 machte ich auf dem Sofa 52 und nicht 62, was zur Folge hatte, dass wir 10 Kilometer auf zwei Etappen verteilt zusätzlich bewältigen mussten. Heute waren es bestimmt sechs und morgen vier. Ich ließ die anderen erst einmal ruhen, bevor ich ihnen die schlechte Nachricht unterbreiten wollte.

Für Margarete war es eine Genugtuung, dass selbst ich einmal einen Fehler machte. Ulla meinte großherzig »comme si comme sa«. Bernhard raunte ein freundliches »och nö« und hob zu seinem beleibten Lachen an, nicht ohne an die für ihn magnetische Wirkung des Supermarktes von vor einer Stunde zu denken. Ursula stieß ein tolerantes »na ja« aus, »das werden wir auch noch schaffen«. In dieser Stimmung betraten wir die flache, moorige Wedemark. Bei Friedrichshöhe wurde der Untergrund schon deutlich feuchter. Im Wald breitete sich der Morast bis zum Weg aus. In Kuhlen blieb das Wasser stehen. Aus dem Fahrweg, der an zum Teil überschwemmte Wiesen entlang führte, wurde ein Pfad, der sich durch ein Laubwald schlängelte. Immer wieder mussten pechschwarze Matschlöcher, in denen Wasser stand, auf dem ein regenbogenartiger Film schwamm, überwunden werden. Dieses Spiel der Farben war mit dem Schimmern von Benzin auf einer Wasseroberfläche zu vergleichen. War aber in diesem Fall ein Produkt der moorigen Gärung. Der Waldweg wurde immer abenteuerlicher. Abgefallene Kiefernäste waren von Einheimischen über die nassen Löcher und Rinnen gelegt worden. Nur mit einigem Geschick und Balance-Akten konnten wir die Strecke bewältigen. Oberhalb von uns ließen wir unbesichtigt den Lönssee liegen und ebenso im Süden das riesige Bissendorfer Moor. Ein grüner Teppich mit winzigen blauen Blüten zwischen den relativ großen Blättern, breitete sich auf dem Waldboden aus. Vergissmeinnicht waren es nicht. Keiner konnte spontan den Namen benennen. Später identifizierte ich sie als Ehrenpreis. Hinter der Überquerung der kleinen Straße von Wiechendorf nach Brelingen, war es Zeit meinen Vater auf Handy anzurufen, um ihm zu sagen, dass wir später als die vereinbarte Zeit eintreffen würden. Sie wollten nämlich vom Hotel aus auf uns zu laufen, bis sie auf uns träfen. Diese Idee funktionierte unter den neuen Umständen nicht, weil sie dann zu weit hätten laufen müssen. Die Lebensgefährtin meines Vaters hatte eine verschlossene Beinader, die ihr ein langes Wandern unmöglich machte. Mit Verständnis nahm er die Botschaft entgegen.

Beim Eintritt in die »Große Heide«, so hieß hier der Landstrich der Wedemark, begegneten uns ausgedehnte Felder, sumpfige Wiesen, kleine Wäldchen auf trocken gelegten Flurstücken und die passenden Entwässerungsgräben dazu, die fast stehend in den nächsten Vorfluter langsam abflossen. Das Wasser der Gräben war durch den hohen Anteil von Eisenoxyd im Boden rostbraun gefärbt. Einzelne Höfe ließen in der Kargheit der flachen Gegend nicht ganz das Gefühl von Öde aufkommen. Ein längst vergessenes gelbes Schild war fast von einem Baum verschluckt worden. Das Holz mit der Rinde quoll um die volle Länge der Schildkanten und bedeckte zur Hälfte die Wörter der Inschrift. Der Baumsaft hatte das Blech derart dauerhaft stark überflossen, dass die verrosteten Erosionsstreifen nur noch wenig von der Botschaft des Schildes übrig gelassen haben: »Jagdgebiet – Betreten ab ... Uhr auf eigene Gefahr. Die Pächter.« Gerade die überlebenswichtige Urzeit war leider nicht mehr zu entziffern.

Der Weg zog sich. Die Temperatur war eher sommerlich geworden. Keine Abkühlung war in Sicht. Kein Vorankommen war spürbar. Die Gruppe zerriss immer wieder weit auseinander, weil jeder sein Tempo suchte, mit sich beschäftigt war. Das Treffen mit meinem Vater brachte die Vorstellung von Ankommen durcheinander. Jeder wird eine andere Art haben, wie er mit dem Einhalten von Verabredungen und der Pünktlichkeit umgeht. Die nach hinten angekündigte Zeit, konnten wir nun auch nicht mehr einhalten. Ich geriet unter Druck, der eher unangenehm war, weil ich zu denen gehöre, die Verabredungen einhalten. Die Ungewissheit über den Verlauf der Strecke dämpfte die Erwartung einer gelungenen Begegnung. Wie dem auch sei, ich musste loslassen, ruhig bleiben und gelassen. Mitten auf der unendlichen Ebene der Mark, stellten die Frauen fest, dass sie kein Wasser mehr hatten. An einer Wegkreuzung bei Schadehop hielten wir inne. Die Durstigen wollten den nächsten Hof dieser kleinen Ansammlung von Häusern besuchen, um die Bewohner nach Wasser zu fragen. Sie kamen mit vollen Flaschen wieder und sogar mit einigen Schokoladeneiern, die ihnen die nette Bäuerin in die Hand gegeben hatte. Nach dieser kurzen Trinkpause setzten wir den Weg immer auf der Suche nach dem »X« fort. An einer anderen Kreuzung ging das weiße Andreaskreuz verloren. Nur mit dem mühseligen Abgehen der möglichen Wege fanden wir es wieder. Bernhard wollte ein zweites Mal ruhen. Sein Bedürfnis stieß nicht bei allen auf Gegenliebe, weil die gegenteilige Stimmung eher auf ein Ankommen konzentriert war. Wir liefen vorerst weiter, knickten Richtung Gruenbostel nach Norden ab und liefen auf einer Geraden an viereckigen Birkenplantagen entlang, die von Gräben unterbrochen wurden, auf eine Landstraße zu, an der laut Karte ein Café oder eine Kneipe sein sollte. Bis hier hin wollten wir Bernhard noch schleifen. Der weiße Trinkpokal in der Karte erwies sich aber als ein geschlossenes, griechisches Restaurant. Die Bebauung schien privat genutzt zu werden. Nur das typische Transparent mit den blau-weißen Buchstaben in eckiger Form erinnerte an die ausländischen Köstlichkeiten, die hier einst zubereitet wurden. Enttäuscht zogen wir weiter.

Nach der Überquerung der Landstraße von Resse nach Negenborn hatten wir bald die beiden größten Moore der gesamten Gegend erreicht, die viele Einheimische der näheren Umgebung als Ausflugsziele nutzten. Während das Helstorfer Moor sich schmal nach Norden ausbreitete, lag das Otternhagener Moor in Form eines Eies südlich von unserem Standort. Beide Moore hatten eine ungefähre Ausbreitung von 974 Hektar und bildeten gemeinsam mit dem Schwarzen Moor bei Resse seit 1995 ein Naturschutzgebiet. Es stellt ein Hochmoorgebiet unter Schutz, das sich in einer flachen, nach Nordwesten geneigten Senke zwischen Ablagerungen aus der Saale-Eiszeit gebildet hat. Die Moorbildung begann vor zirka 3000 Jahren. Das bis zu vier Meter mächtige Moor wurde in der Vergangenheit entwässert und durch bäuerliche Handtorfstiche teilabgetorft. Es wird von Moor- und Bruchwald geprägt. Daneben sind offene Moorflächen mit Moorheide, Wollgras und Torfmoosen zu finden. Insbesondere im Zentralbereich des Moores ist unzerstochenes Hochmoor erhalten. In den ehemaligen Torfstichen haben sich ausgedehnte Torfmoos- und Schwingrasengesellschaften entwickelt. Einige ehemalige Torfstiche sind zu Stillgewässern zusammengelegt worden. Im Norden und Westen sind überwiegend feuchte Grünlandflächen in das Naturschutzgebiet einbezogen, die eine Pufferzone zu den angrenzenden landwirtschaftlichen Nutzflächen übernehmen. Genau in diesem Bereich wollte sich Bernhard ins trockene Gras legen. Wir machten erst mit. Dann bekam ich aber das Gefühl von Unruhe in die Beine. Ich musste weiter gehen. Margarete und Ulla schlossen sich an. Durch die Überquerung der Neuen Auter wusste ich plötzlich auf der Karte, wo wir uns genau befanden. Ein schwerer Sack fiel mir vom Magen, weil die Strecke nach Otternhagen auf der anderen Seite des Moores nicht mehr all zu lang sein sollte. Ich rief meinen Vater noch einmal an, um ihm zu sagen, dass wir jetzt das Moor erreicht hätten. Wir würden uns aber noch einmal laut Karte um eine Stunde verspäten. Jetzt hatten sie schon drei Stunden in der Natur verbracht, ohne auf uns getroffen zu sein.

Irgendwo zwischen der Wietze und der Neuen Auter mussten wir über die Wasserscheide von Aller und Leine gegangen sein. Die Neue Auter fließt nämlich in die Alte Auter, die sich wiederum in die Leine ergießt. Die Leine verliert ihren Namen später im Norden in der Aller. Bernhard hatte sich von unserem Aufbruch nicht irritieren lassen und war liegen geblieben. Links von mir traf ich die entwässerten Wiesen vom Moorrand an. In der Ferne war die Kette der nicht hohen Birken und Erlen des Sumpfgebietes auszumachen, dem wir endlich immer näher kamen. Später steckten die Baumstämme in einer lustigen Fläche aus noch abgestorbenen ockerfarbenden Grashügel, die dem moorigen Untergrund erhaben trotzten. Margarete blieb bei Ulla zurück, die erst fotografierte und später in die Büsche musste. Ich ging ganz langsam weiter, immer weiter, bis ich allein war. Plötzlich erfasste mich Einsamkeit, herrliche Einsamkeit. Mich hauchte das geheimnisvolle Moor an. Geschichten wollten mich erreichen, alte Geschichten der grauen Vorzeit. Im Moor konnte sich versteckt werden, wie in tiefen Wäldern, wenn man den Mut dazu hatte. Mir kamen Bilder von Moorleichen in den Sinn. Auf einer Bank in der Sonne unter einer knorrigen Kiefer am Rand des riesigen Feuchtgebietes genoss ich die Stille. Meinen Vater werden wir nie erreichen, dachte ich. In diesem momentanen Schwebezustand war mir das auch egal. Hätte ich dem Sog des schaurig, schönen Sumpfes nachgegeben, wäre mein Körper in ihm wie das erneute Hineinschlüpfen in den Uterus verschwunden. Ich hörte Margarete und Ulla noch meinen Namen rufen. Metallern durch eine Nebelwand tönten ihre Stimmen zu mir, die nach kurzer Zeit allmählich verstummten. In der Tiefe nahm ich fremde Stimmen wahr, ganz helle wie von kleinen Wesen. Ein Geklapper, Geschnatter, Papierflügelschlagen neben mir, vor mir. Die Wesen entpuppten sich als Elfen. Kobolde demontierten mit winzigen Werkzeugen versunkene römische Streitwagen. Hexen benutzten die blanken Schwerter der Normannen als Messer zum Schneiden der Verwandlungskräuter. Die sonst so zänkische Fryer tanzte mit Thor um das Mittsommernachtsfeuer. Thors Hammer lehnte an einer knorrigen Eiche. Eine Handvoll Wallküren in durchsichtigen

Kleidern reihten sich Barfuss in den Tanz ein. Hexen warfen Zauberkräuter ins Feuer, das danach auflodderte, heller wurde und die Umgebung noch stärker erhitzte. Das helle Fackeln schien in den Rüstungen der näher rückenden Römer wider. Flirrend vibrierte das Blech an ihren Körpern. Doch kein Soldat erreichte die Tanzenden auf ihrer Moorinsel. Das ganze Bataillion versank im Modder des Sumpfes vor den Augen von Thor, ohne das der auch nur einmal mit seinem Hammer schwingen musste. Der lehnte unbenutzt an der Eiche, während Thor Fryer fest an sich drückte und unter Jubel der Wallküren ihr einen Hirschkuss schenkte.

Während die Hitze des Feuers auf meinem Gesicht fast unerträglich brannte, sprach mich eine vertraute Stimme von der Seite an: »Hier in der Sonne kann man es aushalten!«

Es war Margarete, die mich als Erste erreicht hatte. Ulla war zurückgeblieben. Von Bernhard und Ursula war noch keine Spur. Margarete gesellte sich zu mir auf die Bank und genoss die letzten Strahlen der schon tief stehenden Sonne. »Wir haben es nicht mehr weit. Vielleicht noch eine Stunde. Dann reicht es aber auch für heute. Bin ganz schön erledigt. Meine Füße brennen.«

»Mir geht's ganz gut.«, meinte Margarete.

»Dass man jemanden Treffen muss, macht ganz schön Druck. Hätte nicht gedacht, wie schwer eine genaue Zeitangabe sein kann. Eigentlich kann man gar keine zeitliche Verabredung treffen, weil immer etwas dazwischen kommen kann. Außerdem bestimmt das Ankommen den ganzen Tag, was ein spontanes Entscheiden unmöglich macht. Das Gehen von A nach B bekommt einen anderen Charakter. Das Laufen dient dann nur noch der Überwindung der Strecke, nicht mehr dem Erleben der Welt zum füttern seiner Seele.«, meinte ich im Aufstehen. Ulla war gekommen.

Auf der Höhe von Scharrel, einen Kilometer südlich des kleinen Dorfes, bog unser Weg Richtung Süden ab. Er verlief immer noch am Rand des Moores entlang, hatte aber in geraumer Entfernung schon Tuchfühlung mit den fünf Kilometer langem Straßendorf Otternhagen parallel aufgenommen. Mit dem Ort Scharrel verband ich sofort einen großen Teil meiner Kindheit. Hier wohnte eine befreundete Familie meiner Eltern, die ebenso zwei Kinder hatten. Der Sohn war damals mein bester Freund und wir wuchsen wie Brüder auf. Meine Schwester spielte mit seiner Schwester mit Puppen. An eine Begebenheit konnte ich mich besonders erinnern. Eines Tages gingen mein Freund und ich wieder einmal auf Erkundungstour. Dabei kamen wir auf die Idee, die toten Tiere am Straßenrand zu zählen, die von Autos überrollt worden waren. Es waren ungemein viele. Auf kurzer Strecke, wir konnten ja mit den noch kurzen Beinen nicht weit gegangen sein, zählten wir fünf Kaninchen, zwei Hasen, 18 Mäuse, ein Fuchs, ein Dachs und noch mehr Vögel aller Art. Aus heutiger Sicht konnte die hohe Zahl nicht von der Anzahl der Autos kommen, denn die waren in den sechziger Jahren noch schwindend gering. Ich glaube, dass die Tierpopulation im Verhältnis zu der Autozahl riesig gewesen sein musste.

Rechts von uns tauchten immer wieder Höfe und Einfamilienhäuser von Otternhagen am Wiesenrand hinter einer Wand von Büschen auf. Ursula und Bernhard gehörten nun auch wieder zu unsere Wandergruppe. Das Gras vom Weg wurde feucht. Unsere Füße versanken deutlich bei jedem Schritt auf dem weichen Untergrund um einige Zentimeter. Die Sonne war bereits hinter der besagten grünen Dorfbegrenzung verschwunden. Links von uns präsentierte sich das Moor von der fotografischsten Seite. Zum Greifen nah waren Weiden und Birken chaotisch in einander gefallen. Schwarzes Wasser reichte direkt bis an den Weg heran und umspülte Grasinseln im Sumpf, auf denen Erlen wuchsen. Buschige Weiden standen im Zwischenbereich von Wasser und Moor. Moosflöße bedeckten den Sumpfsaum. Linien abgebrochener Äste gestalten die Wasseroberfläche zum abstrakten Kunstwerk. Vor einem Damm, der ins Moor führte, stand ein rotes Schild, auf dem ein Spaziergänger in einem Kreis durchgestrichen war: »Betreten verboten – Region Hannover – Untere Naturschutzbehörde.«

Im Meer aus frischem Grün tauchten vor uns zwei rote Punkte auf, die sich beim Näherkommen als Menschen erwiesen. Helga und mein Vater. Sie verharrten aber auf einem Fleck. Mein Vater hatte mitten auf dem Grasweg ein Stativ aufgebaut, auf dem ein Camcorder geschraubt war. Er machte die ersten beweglichen Aufnahmen von uns auf dem Fernweg. Aus diesem Teil der Wanderung wurde also eine Showeinlage. Je näher ich dem Aufzeichnungsgerät kam, um so stärker wurde das Gefühl der Kontrolle und Verstellung. Bernhard und Ursula waren schon vorbei gezogen. Danach umarmte Margarete erst die Freundin meines Vaters und dann meinen Vater selbst. Schließlich war ich an der Reihe. Durch die Kamera und der freudigen Begrüßung war die Szene mit dem Eintreten in das Basecamp vom Mount Everest nach einer erfolgreichen Gipfelbesteigung zu vergleichen. Für sie war diese Begegnung wahrscheinlich einzigartig. Noch nie hatten sie Wanderer nach fast 30 Kilometern Strecke gesehen, geschweige denn begleitet. Wie in einem Sog zogen wir sie mit, ohne eine Pause zu machen. Mein Vater erzählte von ihrer Wanderung auf uns zu, dem Zurückgehen und dem Kaffeetrinken im Hotel nach unserem ersten Anruf. Beim zweiten Anruf waren sie das zweite Mal losgegangen. Ich erzählte vom Verlaufen und vom Verrechnen. Margarete unterhielt sich angeregt mit der Freundin meines Vaters. Ganz entspannt konnten wir uns den bereits Ortskundigen anvertrauen. Ich registrierte die X-Zeichen zwar automatisch, aber jetzt nur noch nebenbei und schloss mich den Wissenden bedenkenlos an.

An der Abzweigung zum Ort stand eine uralte Weide mit hoch erhabener, geschwungener Rinde, von der ich eine Nahaufnahme machen musste. Wie eingefrorene Wellen klebten die Rindenkämme vertikal am Stamm. Die Dazugekommenen blieben mit mir stehen. Sie wunderten sich leicht über mein Verhalten, einen Baumstamm zu fotografieren. Nicht auf die Frage wartend, antwortete ich in die kleine Runde: »Das ist ein ganz besonderer Baum! Der hat schon viel gesehen. Dies ist wirklich ein ganz besonderer Baum!«

Später vertieften wir im Gehen unsere Erfahrungen über die Wahrnehmungssteigerung der Außenwelt, wenn man stundenlang mit offenen Augen durch die Welt geht. Ich war erstaunt, was wir am Ende eines langen Tages, nach über 30 Kilometern, für eine Geschwindigkeit und Zug im Gang hatten. Mein Vater und seine Freundin mussten sichtlich ihr Schritttempo steigern, um mit uns mitzuhalten. Nach einigen Wiesen und Feldern erreichten wir auf einem befestigten Damm die einzige Querstraße des Straßendorfes Otternhagen, an der einige Einfamilienhäuser standen. Hier war der Wagen meines Vaters geparkt. Er lud in die Runde ein, das Gepäck oder auch Personen mit zum Hotel zu nehmen. Margarete und Ursula wollten fahren. Das Angebot brachte mich in eine Entscheidungsgeschwindigkeit hinein, die meinem momentan kontemplativen Zustand nicht entsprach. Ich verglich den Aufwand, den Rucksack abzuschnallen, mich in das Auto zu quetschen, erneut auszusteigen und den Rucksack wieder an mich zu nehmen, mit dem einfachen Weitergehen. Das Gehen gewann die kurze Zwietracht, obwohl die Beine schmerzten und die Schritte robotergleich voreinander gesetzt werden mussten. Während der Wagen mit den winkenden Fahrgästen an mir vorbei fuhr, blieb ich mit Ulla bei einem Schild für Wanderer mit einem langen Text in Versform versehen stehen. Der Inhalt verbarg eine nette Geste.

»Seid gegrüßt ihr Wandersleut. Die Sonne scheint, es ist so schön, Herr Lehrer, wir wollen spazieren geh'n! So hieß es früher, vielleicht zuweilen, auch noch heut; drum seid gegrüßt von uns, Ihr lieben Leut, die Ihr dem Alltag nur zu gern entflieht und nun auf Schusters Rappen hier vorüberzieht. Euch sieht man an, dass Ihr noch wisst, wie schön die Welt um uns herum noch ist. Wir, die hier wohnen, wissen auch, wir fühlen uns mit ihr verbunden. Uns fiel was ein, wir haben einen Weg gefunden, der nicht alltäglich ist und der zudem auch angenehm; denn von den Bäumen, die am Wege stehn, ist Euch erlaubt, wenn jedes Jahr die Früchte reifen, und wenn's Euch schmeckt mal zuzugreifen. Wir gönnen's Euch, esst sie ruhig mit Behagen, das wünschen Euch die Leut aus Otternhagen!«

Die Querstraße stieß auf einen kleinen Platz mit Eiche und Bank in dem fast vier Kilometer langen Straßendorf ohne Mitte. Das Hagenhufendorf wurde 1215 erstmalig unter den Namen Oterenhagen, dann Uterenhagen und schließlich Auterenhagen, eben nach dem Fluss Auter, erwähnt. Wie der Fischotter in den Namen kam, blieb mir verhüllt. 1530 wurde die Johanneskirche noch als Kapelle gebaut und 1712 zur Kirche erweitert. Wir bekamen sie jedoch an dieser Stelle des langen Dorfes nicht zu Gesicht. Heute leben in Otternhagen etwa 1600 Menschen.

Nach wenigen Metern hinter dem kleinen Platz tauchte das Hotel »Perl« auf. Das einzige weit und breit hier direkt auf dem Europaweg. Aus einer Dorfkneipe wurde mit mehrfachen Erweiterungsbauten um das Kernhaus herum nach und nach ein stattliches Hotel, das mit seinem exklusiven Standort auch seinen Preis hatte. Die Erweiterung zum gläsernen Eingang mit glänzenden Messingbeschlägen und Klinken gab dem Dorf eine städtische Note. Das Innere suggerierte eine geräumige Empfangshalle mit Rezeptionstheke, in der eine gewundene Treppe im Glasanbau zu den Zimmern in die nächste Etage führte. Unter der Treppe war ein österlich geschmückter Kasten mit Rotlicht auf dem Boden deponiert. Aus ihm klangen helle quiekende Stimmchen. Bei näherem Hinschauen bewegten sich gelbe Federknäuele auf einem mit Stroh belegten Boden im Käfig, der mit einem Kaninchendrahtgeflecht bedeckt war.

Einige der lebendigen Dekorküken saßen leicht zitternd, apathisch in der Ecke und atmeten flach vor sich hin. Der sensible Wanderer, gerade der wunderbaren Freiheit entstiegen, wurde beim Empfinden dieses Interieurs mit trüber Melancholie umhüllt. Wir checkten ein, warfen die Rucksäcke ins Zimmer und gesellten uns an den großen Tisch in der Ecke der Fachwerkstube im Restaurant zu meinem Vater und seiner Freundin.

Dieser Abend war gegenüber den anderen eine Steigerung an Gemütlichkeit. Die Unterhaltung stoppte nie und die Familie am Nachbartisch, mit ebenso vielen Personen wie wir, waren herzerfrischend lebendig im Erzählen von Geschichten. Sie passte nicht in mein Bild von leisen, zurückhaltenden Hannoveranern in Restaurants, wie ich sie in Erinnerung hatte, was ich damit korrigieren durfte. Perl zapfte Herrenhäuser Bier, welches mich an meine Studentenzeit in Hannover an der Werkkunstschule erinnerte. Die Hochschule befand sich unweit des Welfenschlosses, an den sich der Herrenhäuser Garten anlehnte. Im Studium hatte ich Margarete kennen gelernt. Wir wohnten an der Lutherkirche in der sogenannten Nordstadt, die an Stöcken und Herrenhausen angrenzte. Im Stadtteil Herrenhausen stand die gleichnamige Brauerei. Sie produzierten ein herberes Bier, als die Gilde und die Lindener Brauerei, zwei weitere große Brauereien von Hannover. Das Herbe traf eher meinen Geschmack.

Nur an einer Stelle der Konversation gefror uns der Atem, als es wieder um das Moor ging. Ich fragte die Freundin meines Vaters, ob man das ganze Moor nicht betreten darf, was sie bejahte. Nicht nur aus Naturschutzgründen, sondern eben auch aus Lebensgefahr, blieb das Gebiet für Spaziergänger gesperrt. Nur in einem strengen Winter, wenn das Moor zu Eis erstarrt sein sollte, ist das Gebiet ungefährlich und begehbar wie ein See. In solch einer Zeit treffen sich dann auch viele Fotografen zu jeder Tagesstunde, um einzigartige Winterbilder in einer Moorlandschaft zu machen. Als unser bestelltes Essen gebracht wurde, zogen die beiden fröhlich nach Hause. Wir werden sie morgen am Steinhunder Meer wieder treffen.

Das Essen war von eher angehobener Klasse. Es wurde von emsigen Kellnerinnen in schicken Schürzenkleidern serviert. Durch die hohe Frequentierung des Lokals schienen die Zutaten allesamt frisch zu sein. Zumindest konnte ich das von meiner Gemüsepfanne behaupten. Etwas errötet von den Strapazen, der frischen Luft und nicht zuletzt von der Sonne am ganzen Tag, legte sich nach dem Essen eine gewisse Schwere auf die Gruppe, der wir bald nachkamen. Vorbei an der melancholisch piepsenden Kiste, schleppte ich mich die breite Wendeltreppe nach oben ins Zimmer und verwandelte mich in einen stillen Stein.

Otternhagen – Steinhude, 19. April 2011, Dienstag

Von unserem Zimmer aus blickten wir direkt in einen seicht grünen Frühlingsbaum. Dahinter schlossen sich sogleich Felder und in der Ferne ein Waldsaum an. Unsere Verfassung konnte nicht besser sein. Die Sonne strahlte bereits von einem wolkenlosen Himmel. Die Wärme der letzten Tage trug als äußerlichen Einfluss sicherlich zu der guten Kondition bei. Unsere Muskeln und Knochen der Beine dankten dem Zustand des Wetters. Das Frühstück war einem Hotel entsprechend buffetmäßig aufgebaut.

Bernhard nahm diesen Morgen den Fotoaperrat in die Hand. Wir reihten uns unter dem hängenden Vordach vor der elektrischen Schiebetür des Einganges auf. Neben uns standen Terrakottatöpfe mit zu Kugeln geschnittenen Buchsbäumchen. Jedes mal wenn sich einer von uns bewegte, öffnete sich wie von Geisterhand die Tür und das nach Hilfe schreiende Piepsen der Dekoküken drang aus der Eingangshalle nach draußen. Dann drückte Bernhard endlich auf den Auslöser. Das helle Rufen nach der von Menschenhand getrennten Glucke blieb mir im Laufe des Tages noch lange im Ohr.

Die Jacken konnten abermals im Rucksack bleiben. Das Hoch hatte den Frühling in eine sommerliche Stimmung verwandelt. Ganz unkompliziert rasteten wir hinter dem Hotel wieder in das Band des E1 ein und liefen auf den größten Binnensee von Niedersachsen zu. Am Ortsrand stand eine Ansammlung stämmiger Eichen. In ihrer Mitte war ein Rondell mit Bänken aufgestellt. Ein neuzeitlicher, normannischer Thinkplatz, dachte ich bei mir. Hier standen die höchsten Bäume weit und breit. Archaische Gepflogenheiten ändern sich scheinbar über Jahrtausende nicht. Das zu durchquerende kleine Waldstück, dessen Anfang wir schon von unserem Zimmer aus sehen konnten, hieß Mecklenhorst. Auf der anderen Seite begrenzte die Bundesstraße 6 das Wäldchen. Ein Landgasthof namens Dammkrug lag direkt an unserem Weg. Die B6 und der Dammkrug waren beides Begriffe, die oft in meiner Kindheit gefallen waren. Die nach Bremen führende Bundesstraße galt es zu überqueren, wenn wir auf der anderen Seite wohnende Freunde besuchen wollten. Die Strecke galt auch als Zubringerstraße für viele Orte, die wir mit dem Fahrrad und später mit dem Auto ansteuerten. Anders herum wurde die B6 zur Fahrt ins Zentrum von Hannover benutzt. So hatte ich immer wieder die Erweiterungsbauten der Trasse miterlebt. Aus der zweispurigen Kopfsteinpflasterstraße wurde ein vierspuriger Zubringer. Aus dem Zubringer eine Schnellstraße und aus der Schnellstraße eine autobahnähnliche Hochgeschwindigkeitsstrecke mit Abfahrten und Parkplätze. Früher konnte man mit dem Fahrrad nach Nienburg an der B6 entlang fahren. Heute war das nicht mehr möglich. Unser Weg stieß auf einen dieser Parkplätze am Dammkrug, wo er sich verlor. Ein Doppelstrang Leitplanke verhinderte das Betreten des mit Lastwagen besetzten Parkplatzes. Müll schmückte die Szene. Ein Plastikklo stank unaufhörlich vor sich hin. Der Lärm der Autos bestimmte mit Macht die Musik des Ortes. Wir erreichten eine Treppe, die uns hoch zur Brücke über die Trasse führte. Auf der anderen Seite setzte sich der Mecklenhorst in einem Zipfel fort. Mit der mächtigen B6 im Rücken stand ich vor einem grünen Schild an einer Buche am Waldrand, auf dem ein sitzendes Rehkitz abgebildet war. In Sechziger-Jahre-Schreibschrift stand geschrieben: »Wanderer«, mit Ausrufezeichen und unterstrichen. »Hier ist die Kinderstube des Wildes. Halte deinen Hund an der Leine und bleib auf den Wegen«, noch mal Ausrufezeichen. Sicherlich könnte ein freilaufender Hund oder ein Wanderer das aufgeschreckte Wild auf die B6 treiben, wo es vielleicht einen Unfall verursachen würde. Stellt sich hier nur die Frage, was zu erst da war; die Henne oder das Ei. Wild stößt hier auf Einengung durch das Großraumgebiet der Hauptstadt. Die begrenzte Freiheit fing an, mir die Kehle zuzuschnüren. Erinnerungen an meine Kinderstube werden in mir wach. Zum Glück brachen meine Eltern immer wieder mit meiner Schwester und mir zu weiteren Räumen auf, in denen unsere zwei Seelen wachsen konnten.

Kinder brachen lauthals durch das Unterholz. Lehrkräfte versuchten dem Treiben durch eine Waldralley eine Struktur zu geben. Einsame Filmdosen auf einem Baumstumpf sollten die nächste Station mit einer Geruchsprüfung markieren. Ich hielt meine kindliche Neugier im Zaum und öffnete die Dosen nicht, um in Erfahrung zu bringen, welche Gerüche sich in ihnen verbergen. Der E1 wendete sich mit einem Grasweg dem Horst ab und tauchte in eine Pappelplantage. Die jungen Bäume bildeten mit regelmäßigen Abständen gerade Reihen, die sich im Vorbeigehen im Augenwinkel im rhythmischen Wechsel zur Reihe formierten und wieder vergingen. Zwei Frauen tauchten mit ihren Hunden vor uns in der Plantage auf. Mir fiel sofort auf, dass sie nun weit entfernt von jeglichen Straßen angeleint geführt wurden. Das Rehkitzschild hatte hier auch keine Bedeutung mehr. Margarete sprach sie darauf an und teilte mir später mit, dass in ganz Niedersachsen Leinenzwang bestand, was für mich bedeutet hätte, sich keinen Hund anzuschaffen.

Der Grasweg endete. Er stieß auf einen verschlungenen Pfad, der durch loses, lichtes Gehölz führte, das nicht tief zu sein schien. Ein noch schmalerer Pfad wich rechts vom Hauptweg ab. Ich kannte diese Art Abstecher in den Bergen, wenn es eine schöne Aussicht von einer Klippe oder ein besonderes Kleinod, nicht weit von der eigentlichen Strecke, zu besichtigen gab. Ich folgte meinem Instinkt und schwenkte in den Fußpfad hinein. Was ich dann nach wenigen Schritten zu Gesicht bekam, übertraf meine Erwartungen und überraschte mich wirklich. Vor mir breitete sich das Leinetal aus. Der Fluss aus dem Eichsfeld mäanderte hier durch eine breite naturbelassene Auenlandschaft. Ich stand auf dem relativ steilen Rand aus der eiszeitlichen Tauphase, der sich parallel dem Verlauf des Wassers mit schlängelte. Der Blick über dieses Tal in der sonst so flachen Welt, nicht weit von meiner Kinderstube entfernt, erfüllte mich mit Versöhnung. Es gab sie doch, die schönen Stellen in einer vorstädtisch verbrauchten Landschaft. Unbelastete Blicke in freie Welten mit luftigen Berührungen des Herzens. Aber soweit waren wir als Jugendliche nicht gekommen. Im nächsten Dorf hatten wir zwar eine Fete gefeiert, doch keiner befasste sich wirklich mit der Schönheit der nahen Umgebung. Wir waren verständlicher Weise stärker mit unserer eigenen Eitelkeit beschäftigt. Die Schönheit des anderen Geschlechtes hatte vor der Landschaft größere Bedeutung. Sie wurde im nötigen Falle im verliebten Mondschein für romantische Betrachtungen missbraucht, um an sein eigentliches, ersehntes Ziel zu kommen.

Die Leine entspringt im thüringischen Eichsfeld in Leinefelde. Aus dem katholisch, frommen Eichsfeld stammten unsere früheren Nachbarn, die uns viel über die Kirche zu Zeiten Honeckers erzählen konnten. Selbst Ullas Wurzeln liegen im Eichsfeld. Ihre Mutter stammte aus dem Ort Niederorschel im Landkreis Worbis. Über die genaue Anzahl der Leinequellen ist man sich unschlüssig. Sie werden mit sieben bis zwölf angegeben. Zunächst fließt die Leine im Leinetal durch Heiligenstadt. Dort hatte ich das noch nicht breite Bächlein einmal überschritten, als wir einem Teilnehmer unserer Weiterbildung in einem nahen Hotel eine Abschlussarbeit abnahmen. Heiligenstadt hat einen außergewöhnlich großen Dom. In fränkischer Zeit hatte der Ort eine Bedeutung als Herrenhof. Das Gebiet um Heiligenstadt wurde an den Erzbischof von Mainz übereignet und 973 und 990 mit Kaiser Otto den Zweiten und Dritten, sowie 1153 und 1169 mit Friedrich den Ersten Barbarossa als Königspfalz in Verbindung gebracht. Interessant ist, dass in der Stadt reichsweit 1933 das schlechteste Ergebnis für die NSDAP erzielt wurde. Gegenüber dem Zentrum mit 66% der Stimmen, fielen nur 19% auf die Nazis. Die Ablehnung setzte sich auch in der DDR-Zeit gegenüber der SED durch. Zunächst wurden kaum Anhänger gefunden. Das Eichsfeld insgesamt galt auch weiterhin als katholische Trutzburg gegenüber dem sozialistischen Regime. Im Oktober 1989 begannen dann auch in Heiligenstadt die Demonstrationen im Rahmen der friedlichen Revolution in der DDR.

Hinter Arenshausen wechselt der Fluss nach Niedersachsen und passiert damit auch die frühere Innerdeutsche Grenze. Weiter geht es nach Friedland, wo sich einst nach dem zweiten Weltkrieg und heute noch ein Auffanglager für Flüchtlinge befindet. Dahinter liegt Göttingen, meine vielbesuchte Studentenstadt, in der wir oft am Leinedamm spazieren gegangen waren. Danach verläuft die Leine nach Nörten-Hardenberg, das durch den Korn mit dem Keilerkopf deutschlandweit bekannt sein dürfte und weiter nach Einbeck, wo bereits seit Mitte des 14. Jahrhunderts Bier gebraut wurde. Die Einbecker Brauerei gilt auch als Erfinder des Maiurbocks, das nur um die Maizeit herum gebraut wird. Weiter geht's nach Alfeld und Gronau, das nicht zu verwechseln ist mit dem Gronau in Westfalen, wo sich die einzige Urananreicherungsanlage Deutschlands befindet. Zwischen dem Hildesheimer Wald und dem Osterwald tritt die Leine aus dem Bergland in die Norddeutsche Tiefebene bei Nordstemmen, wo meine Mutter und meine Schwester leben. Im weiteren Verlauf passiert die Leine die Vororte von Hannover Laatzen, wo die alljährliche Industriemesse statt findet und Hemmingen. Vorbei am Maschsee, dem alten Stadtkern Am Hohem Ufer, wo jeden Samstag der riesige Flohmarkt statt findet und in seinem Flussbett unzählige, nicht mehr begehrte Gegenstände liegen müssten, und den Herrenhäuser Gärten, zweigt beim Stadtteil Limmer ein Verbindungskanal zum Stichkanal Hannover-Linden und zum Lindener Hafen von der Leine ab. Diese künstlichen Wasserstraßen sind wiederum mit dem Mittellandkanal verbunden. Wo heute der Flohmarkt abgehalten wird, kreuzten zwei Fernstraßen und die Händler konnten über eine seichte Furt den Fluss mit ihren Waren überqueren. Archeologen fanden nach dem zweiten Weltkrieg in einem Seitenarm ein Denar des römischen Kaisers Serverus Alexander, der von 222 bis 232 regierte. Der Ausgrabungsleiter Helmut Plath, langjähriger Chef des Historischen Museums, ging davon aus, dass zu dieser Zeit bereits eine Siedlung am Ufer der Leine bestanden hat, die im Zusammenhang mit römischem Handel gestanden haben muss. Gestützt wurden seine Thesen durch Tonscherbenfunde unter einer Kirche. Die dazugehörigen Bewohner aus dem 1. Jahrhundert nach Christus gehörten dem Stamm der Cherusker an, von denen wir im Laufe der Wanderung noch mehr zu berichten haben werden. Die Römer nannten diese Siedlung auf ihrer 150 nach Christus vom Geographen Claudius Ptolemäus gezeichneten Karte »Germania Magna« Tulifurdum. Sprachgeschichtlich kann dies als Zusammensetzung der lateinischen Wörtern tuli für »ich habe getragen« und furdum für Furt, welches auf den Leineübergang hinweist, gedeutet werden. Der eigentliche Name der heutigen Stadt Hannover kommt aus dem Mittelalter und bezeichnet die hochwassergeschützte Stelle am Leinufer mit Honovere, übersetzt »Hohes Ufer«. Hinweise auf eine Marktsiedlung an dieser Stelle gibt es bereits aus der Zeit um das Jahr 950. Der Vicus Hanovere, vicus steht führ Marktflecken, wurde erstmals um 1150 im Hildesheimer Miracula Sancti Bemwardi erwähnt. Kein geringerer als Heinrich der Löwe ließ diesen Marktflecken an der Leine im 12. Jahrhundert ausbauen und belehnte die Grafen von Roden damit, welche von der Burg Lauenrode, einer Wasserburg in der Leineniederung bei Limmer, aus herrschten. 1241 erhielt Hannover das Stadtrecht. Nach dem Lüneburger Erbfolgekrieg bekam die Stadt 1371 weitere Privilegien, was ihr weitere Rechte einräumte, wie Zoll- und Mühlenrechte und die Befestigung der Stadt.

Der Großstadt entkommen fließt der Fluss zwischen Seelze und Garbsen, meinem Kindheitsort, zu unserem jetzigen Standort nach Bordenau. Bevor sie hinter Schwarmstedt in die Aller übergeht, durchfließt sie hinter Bordenau als nächsten größten Ort Neustadt am Rübengebirge. Hydrografisch gesehen bleibt die Leine der Hauptfluss, da sie meistens mehr Wasser führt, als die Aller. Verliert hier aber geographisch gesehen ihren Namen. Flüsse verändern auch über gemächliche Landschaftsveränderungen ihre Läufe. Bis zur Elsterkaltzeit floss die Weser nämlich in einem Zeitraum von anderthalb Millionen Jahren zwischen Adensen und Wülfingen aus dem Halletal in die Leine. Durch Fundstätten von Weserkies lässt sich der damalige gemeinsame Lauf von Leine und Weser rekonstruieren. Im Jahre 954 wurde die Leine mit dem Namen Laginga erstmalig erwähnt. 997 hieß sie Lainegha und 1029 pagus Lagina. Dokumentiert wurde auch im Jahr 1592 der Fluss als Nutzung für die Holzflößerei. Zunächst wurden die Bäume aus dem Harz transportiert und später ab 1680 auch aus dem Solling, der im Süden auch an die größere Schwester Weser grenzt. 1734 entsandten Göttinger Wissenschaftler eine Expedition zur Erforschung der Leinequellen aus, »....deren Kraft und Sauberkeit die Gewerbetreibenden ihrer Stadt Wohlstand und Gesundheit verdankten«.

Wir gingen Flussaufwärts Richtung Hannover nach Bordenau. Zu dem der Trabantenstadt Garbsen vorgelagerten Dorf gehörte der Bordenauer See, der mir ebenso wie das schöne Leinetal in der Jugendzeit nicht gewahr wurde. Sein Auslauf erinnerte an ein Sumpfgebiet mit feucht stehenden Erlen und Birken. Teichlilien trieben ihre frischen, spitzen Bogenblätter aus dem Schwarz der Wasseroberfläche. Ein Wegweiser für Fahrradfahrer deutete auf die entsprechende Entfernung zu den nächsten Ort hin. Nach Hannover sollten es 28 Kilometer sein, womit mit Sicherheit das Stadtzentrum gemeint war. Bordenau sollten wir in 1,4 Kilometern erreichen. Zurück nach Otternhagen waren es 6,7 , nach Neustadt am Rübengebirge 4,9 und nach Schloss Ricklingen 5,9 Kilometer. Als ich Schloss Ricklingen las, erinnerte ich mich an noch mehr Partys und Besuche von Freunden in diesem Ort. Dort lebte auch meine erste Freundin, mit der ich in der Schulzeit zusammen ging. Sie war Bauerntochter und es blieb nicht aus, dass sie mich einmal zum Hausschweinschlachten eingeladen hatte. Ich wohnte der Zeremonie vom Bolzenschuss, über Blutrühren und dem Einkochen von Wurst bei. Am Abend wurden die ersten Wurstsorten auf einer Schlachtplatte in der Küche serviert. Diese gemeinsame zum Ritual gewordene Prozedur der Bauern hatte mich nicht abgeschreckt Fleisch zu essen. Ich wurde aus anderen Gründen erst Jahre später Vegetarier.

Neustadt am Rübengebirge war die nächste größere Stadt hinter Bordenau flussabwärts. Als Kind wunderte mich das Gebirge im Namenszug der Stadt, weil hier doch alles so flach erscheint. Tatsächlich wurde die Stadt und das Schloss Landestrost auf einem kleinen Rücken des Deistersandsteins vom Herzog Erich II. zu Braunschweig–Lüneburg und Regent des Fürstentums Calenberg erbaut. Neben dem repräsentativen Wohnbau im Baustil der Weserrenaissance, entstand auch durch Erich II. ein Schloss in Uslar im Solling und Hannoversch Münden an der Weser. Die Weserrenaissance als eigener Baustil entstand zwischen 1520 und 1620 als Zeitgeist der wirtschaftlichen und kulturellen Blütezeit. Mit Anfang des Dreißigjährigen Krieges 1618 war auch dieser Phase vorerst ein Ende bereitet.

Neben dem Sandstein, der auch in Steinbrüchen auf der rechten Seite der Leine abgebaut und größtenteils lokal genutzt wurde, befinden sich im Untergrund der sogenannten Wealdenformation, Meeresablagerungen der älteren Kreidezeit, die an ein paar Stellen auch überirdisch zu finden sind, da sich die Leine im Verlauf ihrer Geschichte in diese Formation eingeschnitten hatte. Neustadt am Rübengebirge lag nicht mehr im Vereisungsgebiet der letzten Eiszeit. Daher ist das Gebiet nur indirekt durch Wind und Schmelzwasser beeinflusst worden. Die Wealdenformation führte jedoch kleinere Kohleflöze, die in den 1870er Jahren in drei Schächten gefördert wurde, aber zu keinen großen Mengen gelangte. Aus dieser Zeit hält sich immer noch der Mythos, dass der damalige Betreiber der Eisenhütte sein Erz mit Torf aus dem Toten Moor verhütten wollte, was aber letztlich fehlschlug. Zumindest tauchen hier die ersten natürlich geschlagenen Steine seit Flensburg auf. Neben Funde aus der Trichterbecherkultur wurden auch Großsteingräber und Grabhügel aus der Bronzezeit gefunden. Frühe Spuren einer Besiedlung zeigen sich anhand der Lüningsburg südlich der Stadt. Es handelte sich um die Reste einer frühmittelalterlichen Ringwallanlage um das 10. Jahrhundert. Bernhard II. von Wölpe gründete 1200 die neue Stadt, nova civitas. Er ließ neben dem weltlichen

Zentrum seiner Macht auch das Zisterzienserinnenkloster Mariensee errichten. 1302 wurde die Grafschaft an den Welfenherzog Otto den Strengen von Braunschweig und Lüneburg veräußert. Die Mittelalterliche Burg neben dem Ort wurde 1493 als Castrum Rouvenberg bezeichnet. Dieser Name wurde im Laufe der Zeit zu Rübenberg umgeformt. Es wird vermutet, dass der Rouvenberg eine raue, steinbedeckte Erhebung im umgebenden flachen Land war. Ein Zusammenhang mit der Pflanze Rübe ist unwahrscheinlich, denn die wirtschaftlich bedeutsame Zuckerrübe war zu dieser Zeit noch nicht eingeführt. Erst 1747 wies der Chemiker Andreas Sigismund Marggraf den Zuckergehalt der Runkelrübe nach. Rüben gehören zu der Familie der Fuchsschwanzgewächse. 1801 selektierte der Chemiker Franz Carl Achard die Weiße Schlesische Rübe und schuf die Grundlage für die industrielle Zuckerproduktion. Die erste Fabrik der Welt entstand im schlesischen Cunern. 1850 erleichterte den Zuckerrübenanbau der Wanzleber Pflug, ein Tiefkulturpflug, und eine besondere Drillmaschine.

Nach kurzer Wegstrecke hinter dem See, tauchte ein Waldparkplatz auf, an dem sich eine Wohnstraße anschloss. Auf der eine Seite der Straße standen ältere Einfamilienhäuser, auf der anderen größere Mietshäuser für sechs bis acht Parteien, so um die sechziger Jahre errichtet. Hier wohnten wahrscheinlich viele Pendler, die ein Landleben bevorzugten, aber in der Stadt ihrer Arbeit nachgingen. Dieser Umstand machte die entsprechenden Bauern nicht ärmer, aber das abgeschiedene, konservative Dorfleben nicht reicher. Ob alle Bordenauer mit dieser toleranten Öffnung für viele Fremde einverstanden gewesen waren, vage ich zu bezweifeln. Die lauten Diskussionen aus der Dorfschänke schienen noch immer nachzuhallen. Die Wohnstraße stieß auf die Dorfstraße, an der ursprüngliche Fachwerkhöfe lagen. Die Vorgärten versanken in der Blütenpracht von Apfelbäumen, Zierkirschen und Forsythien. Eine Kastanie hatte schon voll ausgebildete Blätter. Noch hingen sie leuchtend grün mit ihren Fingern träge, gelassen an den Zweigen, die sich mit zunehmendem Gewicht ebenfalls Richtung Boden bogen. Eine Bronzebüste auf einem runden Marmorsockel schmückte einen kleinen Platz. Dahinter markierten zwei Pfosten mit einem Eisentor die Einfahrt zum Geburtshaus des Gerhard von Scharnhorst. Es lag in einem parkähnlichen Garten und bestand im Grunde genommen nur aus einem größeres Fachwerkbauernhaus.

Gerhard Johann David stammte nämlich nicht aus adeligen Verhältnissen, als er 1755 geboren wurde. Noch lange musste sich der aufstrebende Militär von Gardeoffizieren anhören, dass er aus einer »Klitsche« stammte. Seine Großeltern waren Kleinbauern, zumal noch an einem Ort, der nie wirklich viel Ertrag abwarf. Gerhards Vater war jedoch Quartiermeister, der später das Gut Bordenau erbte, als das Adelsprädikat aufgehoben wurde. Sein Sohn besuchte 18 jährig die Militärschule von Graf Schaumburg–Lippe auf der Insel Wilhelmstein, von der ich noch ausführlich berichten werde, wenn wir am Steinhuder Meer angekommen sind. Mein Ziel war es auch, die Insel heute noch mit dem Boot zu erreichen. Wird das Vorhaben gelingen?

Zurück zu Scharnhorst, der mit dem Besuch der Schule vom Grafen seine militärische Karriere begann. Fünf Jahre später trat Gerhard beim General von Estorff als Fähnrich ins Regiment ein. Da er in der Nähe zur Studentenstadt Göttingen in Northeim stationiert war, trat er 1779 in die Freimaurerloge »Zum goldenen Zirkel« ein. Drei Jahre später wurde Scharnhorst Leutnant und an der neu gegründeten Kriegsschule in Hannover auf eigenen Wunsch Lehrer. Seiner Neigung der theoretischen Überlegungen nachzukommen, was sich später in den Entwürfen der umfangreichen Reformen niederschlug, übernahm er zusätzlich den Posten des leitenden Bibliothekars. Er begann Studienreisen nach Bayern, Sachsen, Baden, Österreich und Preußen. In seinen Schriften schnitt das Bayrische Militär nicht gut ab. 1792 wurde Gerhard Stabskapitän. Ein Jahr später nahm er bis 1795 an Feldzüge in Holland teil, wo er sich durch eine besondere Rückzugstaktik aus Hondschoote und bei der Verteidigung Menens auszeichnen konnte. So wurde er vom Gereral von Hammerstein zum Major befördert. Danach, zum Oberstleutnand aufgestiegen, wurde Scharnhorst nicht träge und arbeitete die Schlachten theoretisch auf, wobei er für die kurhannoversche Armee in seinen Augen dringende Reformen entwarf, die er seinen Vorgesetzten vorlegte. Enttäuscht von der Unbeachtung seiner Vorschläge, zog es den Visionär nach Berlin, wo er 1801 in den preußischen Dienst trat. Durch seine Schulerfahrung wurde er dort zum Direktor der Lehranstalt für junge Infanterie– und Kavallerieoffiziere ernannt. Dort blühte er auf und übte auf viele Schüler großen Einfluss aus. Später konnte er aus dieser Zeit Freunde und Mitarbeiter wie von Clausewitz, von Boyen, von Grolman und von

Müffling für seine bedeutende Heeresreform gewinnen. Schon ein Jahr später gründete er die Militärische Gesellschaft in Berlin, der General Ernst von Rüchel als Präses vorstand. 1804 bekam Gerhard dann auch das »von« vor seinen Familiennamen Scharnhorst, wurde zum Oberst ernannt und Chef des Stabes von Rüchel, später dem Herzog Karl Wilhelm Ferdinand von Braunschweig zugeteilt. Ferdinand spiele, wie auf der Wanderung im hohen Norden beschrieben, an den Befreiungskriegen von den Franzosen eine entscheidende Rolle. Ununterbrochen schrieb von Scharnhorst in dieser Zeit Denkschriften über Reformen zur Mobilmachung und über eine Einführung einer Nationalmiliz.

Gleich hinter dem Scharnhorstgrundstück, das an das Ufer der Leine grenzte, verlief die Ausfallsstraße über eine Brücke. Von hier aus hatten wir einen weiten Blick über das grüne Flusstal. Die Leine floss relativ schnell in Richtung Meer. Kleine Wirbel und Wasserkringel schwebten, sich drehend, Tal abwärts. Trotz der hohen Fließgeschwindigkeit schob sich das trübe Band seltsam leise die Mäander entlang. Fast überschritten, bezeichnete ein Schild mit schwarzer Fraktur auf weißem Grund das Bauwerk als Scharnhorst Brücke. Im weiteren Verlauf formte sich die Landstraße in eine Haarnadelkurve. Über die ganze Länge war ein Laufsteg aus Metall angebracht, der bei Hochwasser die Fußgänger sicher über die Fluten bringen sollte. Für Autos war dieser Streckenabschnitt dann gesperrt. Auch diese Stelle ließ unverhofft Erinnerungsbilder in mir aufflackern. Bei einem Leinehochwasser musste ich an dieser Stelle meinen roten Käfer wenden. Ein anderer Weg brachte uns dann zum Steinhuder Meer, wo einst eine Freundin von uns mit ihrem damaligen Partner wohnte. Unmittelbar in der Kurve steht ein Haus, das regelmäßig vom Tauwasser aus dem Harz im Frühjahr umspült wird. Die vielen Fluten schienen ihm nichts ausgemacht zu haben. Denn es stand zu meiner Jugendzeit auch schon auf dieser mittlerweile kultivierten Sandbank.

Ein Meer aus blühendem Löwenzahn schmückte den Grünstreifen zwischen Radweg und Fahrbahn. Eine zweite Brücke führte über einen langgezogenen Teich, der wahrscheinlich eine Mulde füllt, die nach Hochwasser nicht gänzlich leer floss. So konnte sich über die Jahrzehnte ein Biotop bilden. An einer Trauerweide am Ufer, die wir über eine Wiese erreichten, wollten wir eine Trinkpause einlegen. Anders als auf freier Flur, hatte ich hier durch die vielen Autos und Fahrradfahrer das Gefühl beobachtet zu werden. Selbst hier draußen, in fast dreißig Kilometern Entfernung von der Hauptstadt, schienen städtische Ordnungsprinzipien zu greifen. Das Abgehen vom Weg, um sich auf eine Wiese zu legen, mutete als eine verrückte Handlung an. Immer da, wo wir nicht hinter die Büsche gehen konnten, war die Freiheit zu Ende. Ulla fotografierte Seerosenblätter. Ich setzte mich zwischen junge Disteln und atmete die Luft meiner Kindheit ein.

Nach kurzer Wegstrecke stießen wir auf die B442, die Wunstorf mit Neustadt verband. In Wunstorf hatte ich kurze Zeit zwischen Jungend und dem Gang in die Welt gewohnt, bevor ich in eine Landwohngemeinschaft am Ith, einem Mittelgebirgszug im Süden von Hannover, gezogen bin. An der Kreuzung stand ein schrecklich zerzauster Buchenstamm, der als Kranzständer diente. Kleine Osterglocken schmückten sein Wurzelgebiet und in seinem abgestorbenen Teil waren Blumentöpfe mit Stiefmütterchen untergebracht. Die zum dazu gehörigen Haus gewandte Seite, trieb erste Blätter aus den restlichen Zweigen der übriggebliebenen Äste. Wahrscheinlich hatten Unfälle diesem Straßenbaum zugesetzt, denn der Verkehr wurde deutlich stärker. Zeitweise strömte er ohne Lücke in beide Richtungen.

Nach kurzem Suchen des Andreaskreuzes in dieser ausgedehnten Kreuzungssituation, setzten wir den Weg Richtung Neustadt fort. Ulla hatte Mühe auf die andere Straßenseite wegen des starken Verkehrsaufkommens zu gelangen. Sie wollte ein altes Torschloss ablichten, dessen Eisenflügel einsam an Steinpfosten im Wald hingen. Umwuchert von Buchen des südlichen Teils des Niederholzes und ohne Zufahrt, konnten wir dieses Tor zu keiner Bebauung mehr zuordnen. Hinter dem Waldstück im Westen befand sich bereits der Fliegerhorst Wunstorf, der heute noch in Betrieb ist. Erste Grundstücke von Poggenhagen tauchten auf. Die Anwohner versuchten sich durch Sichtschutzwände oder dichte Hecken vor der Bundesstraße zu schützen. Als der E1 nach Steinhude Richtung Westen abbog, wurde der Autolärm etwas geringer. Eine Kette von Einfamilienhäusern aus den Fünfzigern begleitete uns zur Bahnüberführung der Trasse Hannover-Bremen. Die Vorgärten waren mit Blumen aus den Baumärkten bestückt. Ein Garten bildete mit Erika und Gräsern die Lüneburger Heide als Mikrokosmos ab. Eine Krüppelkiefer vervollkommnte diese Illusion. In einem anderen fanden wir zu unserer Freude Schachblumen wieder, die ihre einzigartigen Kelche in der Sonne wiegten. Schattenornamente der unterschiedlichen Zäune bildeten sich auf den Gehwegplatten aus Gussbeton ab, die sich an manchen Stellen durch die Wurzeln der alten Straßenbäume anhoben. Fege- und Harkspuren waren die einzigen Abbildungen auf den längst abgestorbenen, mit Kantsteinen eingefassten Bodenflächen um die Bäume herum. Nicht einmal ein Grasbüschel bevölkerte diese sterile Restwildnis.

Ein nicht enden wollender Güterzug stoppte unseren Lauf. Gezwungener Stillstand zum Durchatmen. Autofahrer hatten ihre Motoren ausgeschaltet. Fahrradfahrer waren abgestiegen und Fußgänger verharrten in einigem Abstand zur Schranke. Der letzte Waggon passierte. Das Geklapper verschwand in der Ferne und wurde vom Glöckchen der Schranke abgelöst. Die Wagen sprangen wieder an, Qualm stieg aus dem Auspuffloch eines veralteten Mopeds auf. Unsere Schritte vereinten sich mit den Schritten der anderen Fußgänger. Die unfreiwillige Gruppierung löste sich so schnell wieder in alle Himmelsrichtungen mit unterschiedlichen Geschwindigkeiten auf, wie sie zu einander gefunden hatte. Hinter Poggenhagen betraten wir einen schnurgeraden Betonweg, der neben Bahnschienen angelegt war. Als dritte Schnur verlief die Straße. Die Schienen führten am Horizont in das Gelände des Fliegerhorstes, der jetzt rechter Hand von uns lag. Dazu gehörte eine unter Kiefern verborgene, durch einen Zaun gesicherte Siedlung namens Am Flugplatz. Darin lagen die Unterkünfte der Soldaten und Bediensteten der Bundeswehr. Links von uns öffnete sich die Landschaft zum Wunstorfer Moor. Häuser in der Ferne gehörten zu Moordorf. Weiter im Norden schloss das riesige Tote Moor an, dessen Torf noch heute gestochen wird. Dann versperrte ein mit Kiefern bepflanzter Wall wieder die Sicht ins Freie.

Die eintönige Strecke wollte nicht enden. Unsere Schritte schienen immer kleiner zu werden, bis sich irgendwann der Stillstand eingestellt hätte. Die Sonne fing an, den Beton übermäßig zu erhitzen. Aus der Frühlingsfrische wurde trockene Hochsommerwärme, die bewegungslos zwischen Wald und Wall stand und sich immer mehr aufheizte. Ein Grünstreifen vor uns deutete auf den erwarteten Wald hin, in den der E1 einbiegen sollte. Vorher wollten wir aber eine Mittagspause machen, weil der Tag schon voran geschritten war. Eine Wiese mit Buschwerk nahm uns auf. Das Gras war bereits sehr hoch gewachsen. Drei Rehe flüchteten vor uns aus einem Hain, um uns für kurze Zeit ihr Revier zu überlassen. Als ich gerade die Schale meines Eies brach, sprangen unsichtbar auf dem Gelände des Fliegerhorstes die Motoren einer Transall an. Ich dachte bei mir, wenn die Maschine gestartet sein würde, wäre wieder Stille im Gras. Schnell musste ich erkennen, dass ich Opfer meines Wunsches wurde. Die vier Triebwerke dröhnten unaufhörlich, unsichtbar hinter einem Waldstreifen verborgen, vor sich hin, fuhren mit der Drehzahl nach oben, entfernten sich und kamen zurück, ohne das die Transportmaschine, die ganze Panzer laden konnte, in die Luft abhob. Dieses Hörspiel ereignete sich mehrmals hinter einander durch die ganze Pause hindurch. Wahrscheinlich machte mit dem Flieger ein angehender Pilot Bodenübungen, in denen ein Start nur bis zu einem bestimmten Punkt der Bahn simuliert, dann aber abgebrochen wurde. Der Fliegerhorst Wunstorf wurde im Zuge der Aufrüstung des NS-Regimes im Jahre 1935 angelegt. Viele Bauern mussten dafür Land opfern. Flieger des Stützpunktes gehörten schon bald darauf der Legion Condor an, die im Spanischen Bürgerkrieg zur Unterstützung der Truppen des späteren Diktators Franco Bobenangriffe flog. Unter anderem wurde dabei die baskische Stadt Guernica zerstört. Dieses grausame Ereignis wurde vom Maler Picasso auf einer riesigen Leinwand später festgehalten. Während des Zweiten Weltkrieges beherbergte der Fliegerhorst vor allem Jagt- und Zerstörerverbände, die von hier aus die Bombenströme der Alliierten angriffen. 1945 wurde der Fliegerhorst von der britischen Luftwaffe übernommen und sogar weiter ausgebaut. Die Luftbrücke zur Versorgung der Berliner Bevölkerung während der sowjetischen Blockade Berlins hatte ihren eigentlichen Beginn mit dem Start einer C-47, im Volksmund Rosinenbomber genannt, am 28. Juni 1948 in Wunstorf. 1958 erfolgte die Übergabe des Fliegerhorstes an die Luftwaffe der drei Jahre zuvor gegründeten Bundeswehr, die zunächst ihre Flugzeugführerschule S hier stationierte. Die Verabschiedung von Bundeskanzler Adenauer 1963 fand hier auf dem Fluggelände statt. Die Flugzeugführerschule S wurde 1978 umgewandelt in das Lufttransportgeschwader LTG 62. In den Jahren davor war das Transportflugzeug Transall eingeführt worden, das seither bis heute ständig im Luftraum über Wunstorf präsent ist. Verstärkt seit den 1990er Jahren und den verschiedenen Beteiligungen der Bundeswehr an

UN-Missionen sind die Transall-Maschinen auch im UN-Weiß vor den Hallen des Fliegerhorstes aufgereiht. Zuletzt sollte der Fliegerhorst im Zuge der Strukturumwandlung der Bundeswehr aufgelöst werden. Wunstorfer Politiker, zusammen mit dem Lufttransportkommando in Münster und Bundestagsabgeordnete, wussten dies zu verhindern. Stellt doch dieser Fliegerhorst für Wunstorf den größten Arbeitgeber dar.

Endlich bog der E1 vor dem Hohen Holz von der Straße ab. Hauptsächlich Buchen wuchsen auf dem 45 Meter hohen Hügel. Labbrige, frische Blätter flatterten wie hellgrünes Seidenpapier an den Zweigen. Etwas mehr als fünf Kilometer müssten wir noch laufen, bis wir an das Ufer des Sees gelangten. Ich rief meinen Vater an und verabredete mich mit ihm in anderthalb Stunden an der Promenade in Steinhude. Der breite Sandschotterweg verlief nun weiter am nördlichen Waldrand in einem Bogen dem Ort zu. So hatten wir zur anderen Seite einen herrlichen Blick über die Moorlandschaft. Gerade Gräben mit Buschwerk durchbrachen die horizontalen Linien. Nahe und ferne Kopfweiden trieben aus ihrem Kronenball die ersten Blätter wie Haarstoppel aus einer Glatze nach draußen. Ein Fohlen verließ seine Eltern und lief verspielt auf uns zu. Prächtige Fleischrinder kauten entspannt wieder. Kälber hatten es sich im Stroh gemütlich gemacht. Margarete hatte wahrscheinlich Hunger, als sie mir sagte, dass Rinder fast immer Bio aufwachsen würden. Diese schienen besonders Bio zu leben, wenn die Kälber lange Zeit bei der Mutter lebten und deren Milch bekommen würden. Die Zahl der mit beige gefärbten Wüstenwesten ausgestatteten Fahrradfahrer nahm zu. Die meisten von ihnen waren rüstige Rentnerpaare, die ebenso wie wir die Sonne genossen.

Steinhude betraten wir über die Strandstraße, die später in den Schlesierweg überging. Die Sonne brannte immer gnadenloser. Bereits etwas stumpf und erschöpft schleppten wir uns an den unendlich vielen Einfamilienhäusern entlang. Die Strecke zum See nahm kein Ende. Wenn wir auf andere unserer Gruppe warteten, bevorzugten wir schattige Plätze, um aus der Sonne zu kommen. Die Häuser hatten meist den Charakter von Wochenendhäusern. Was Travemünde für die Hamburger war, ist Steinhude für die Hannoveraner. Je näher wir dem Zentrum kamen und somit dem Wasser, um so stärker wimmelte es von Menschen. Die mondänen Fußgängerzonen waren mit schlendernden Touristen bevölkert. An einem Zugang zur Promenade lag unsere Pension Tiedemann. Die freundliche Wirtin begrüße uns mit rauchiger Stimme und führte uns über eine jüngst angebaute Wendeltreppe aus Eisen von Außen in unsere Zimmer. Ich machte Druck, weil mein Traum, auf die Insel im See zu kommen, nicht zerplatzen sollte. Außerdem galt es meinen Vater und seine Freundin zu finden. Im Vorfeld hatten meine Erkundigungen ergeben, dass die Boote ab sieben Personen und spätestens um siebzehn Uhr das letzte Mal ablegen würden. Alle Bedingungen könnten wir erreichen. Ulla wollte sich kurz erfrischen und nachkommen. Ursula musste erst ein Gespräch mit ihrer Mutter führen. Bernhard blieb bei ihr. Margarete schloss sich mir an. Die Lage unserer Unterkunft stimmte mich heiter. Sie lag gegenüber eines Buchenhains und keine fünf Minuten vom Ufer des großen Sees entfernt. Durch einen kleinen Park betraten wir den geräumigen Platz vor der Promenade. Da lag er vor uns. Die Wasserfläche breitete sich zu allen Seiten derart aus, dass kaum Land auszumachen war. Der Eindruck entstand, als trete man vor ein Meer. Das war der Grund, warum die Menschen dem größten Binnensee Nordwestdeutschlands mit seinen 32 Quadratkilometern Fläche den Namen das Steinhuder Meer gaben. Er ist sogar der größte Flachsee Deutschlands mit einer durchschnittlichen Tiefe von 1,5 Meter. Eine ruhige, gedämpfte Stimmung kroch über seine fast wellenlose Oberfläche über den offenen Platz zu den Lustwandlern an diesem frühen Abend. Möwen kreischten ohne Gezänk mit anderen Artgenossen ab und zu ausgedehnt, entspannt vor sich hin. Masten von Segelbooten tauchten im Blickfeld auf. Nur mein Vater war nicht da. Wir warteten unter den vielen Besuchern auf dem Platz, wobei eine Sitzgelegenheit nicht schlecht gewesen wäre. Die einzigen Bänke rochen nach frischer Farbe und waren mit dem entsprechenden Schild versehen. Langsames Gehen war besser als stehen. Kinder kämpften mit ihrem ersten Softeis. Das Schmelzen der gefrorenen Milchschaummasse mit Geschmack zwang ihnen die Schleckgeschwindigkeit auf. Die Zunge war hauptsächlich damit beschäftigt, über die Waffel zu fahren, um sich die flüssig gewordenen Rinnsale einzuverleiben, bevor sie erst über die Hand liefen und dann auf die Platzplatten tropften. Kein Vater in Sicht. Zwischen einer Souvenirbude und dem Café Strandterrassen schrie ein Mann in Kapitänskluft: »Boote zur Insel! Boote zur Insel! Letzte Fahrt zur Insel.«

Ich ging auf ihn zu und machte eine Passage klar, unter der Voraussetzung, wir fänden alle zusammen. Mein Vater tauchte allein aus der Menschenmasse auf. Seine helle Outdoorjacke war geöffnet und sein Stoffhut verschaffte ihm etwas Schatten im Gesicht, dessen Ausdruck mir bekannt war, wenn etwas nicht nach seiner Vorstellung gelaufen war. Er trug dann eine Welle der unberechtigten Schuldzuweisung vor sich her. Im letzten Moment schien er zu bemerken, dass Margarete und ich keine Kinder mehr waren. Etwas aufgeregt rang er nach einem netten Tonfall. Ich kannte dieses Ringen aus der engen Hilflosigkeit, Tausend Missverständnisse innerlich als nichtig erklären zu müssen, um die Stimmung nicht in Vorwürfe kippen zu lassen, wer jetzt wen um den Treffpunkt nicht richtig verstanden zu haben scheint. Froh über unser Treffen, wollte er seine Freundin nachholen, die an einem anderen Ort der ausgedehnten Promenade wartete. Wir hätten uns nie ohne eine genaue Ortsbestimmung auf Anhieb treffen können. In der Zwischenzeit tauchte Ulla geduscht auf. Sie meinte völlig schweißdurchnässt gewesen zu sein. Ullas Augen schweiften beeindruckt über das Meer. Das Schreien des Kapitäns war schon lange verstummt. Mein Verlangen auf die Insel Wilhelmstein zu kommen schwand von Minute zu Minute. Noch hätte ich Energie gehabt, den Kapitän zu überreden, etwas zu warten. Ulla tankte jedoch vorerst die angenehme Stimmung des Ortes, während mein Vater mit seiner Freundin wieder auftauchte. Ursula und Bernhard blieben verschollen. Wir tänzelten unschlüssig um einander herum, ohne zu wissen, was wir jetzt mit uns anfangen sollten. Die Freundin meines Vaters empfand eine Bootsfahrt als zu spät, womit meine letzten Träume zerplatzten, auf das Wasser zu kommen. Bevor wir den Ort Steinhunde genauer erkunden sollten, war uns nach einer Erfrischung in den Strandterrassen, direkt neben uns, zu mute. Zwei abgestufte Terrassen luden die Besucher ein. Wir wollten gerade die höher gelegene über eine Freitreppe erreichen, als die beiden Nachzügler erschienen. Ursula war sichtlich vom Telefonat gezeichnet. Es ging ihr nicht gut. Manchmal braucht das Verlangen sich von den Eltern zu lösen mehr, als nur älter zu werden. Bernhard versuchte mit seiner guten Laune die Stimmung zu heben. Ein Tisch unter einer fetten Buche mit weitem Blick über den See bot uns Platz. Manche von uns genossen Kuchen und Kaffee, manche ein Eis, manche ein gezapftes Bier. Endlich kehrte die Ruhe ein, die uns der See bereit war zu schenken. Durch meinen Vater verstärkt, wandelte ich jedoch immer wieder in Bildern meiner Kindheit. Steinhude war für mich ein Ort mit besonderer Bedeutung. Nach der Trennung meiner Eltern, verschwand ich spurlos mit einem anderen Ausreißer von meiner Schule für ein halbes Jahr in Europa, um meine Würde zu behalten. Es verschlug uns nach Spanien, London, Israel, Griechenland und Paris. Keiner wusste wo wir uns befanden. Die Schule war abgebrochen. Abgemagert und ohne Geld landeten wir wieder in Steinhude. Hier wohnte der Lehrer unseres Vertrauens. Bei ihm konnten wir schlafen, essen und langsam wieder in die »normale« Welt kommen. Er war es auch, der uns den Weg zurück in die Schule ermöglicht hatte. Er leitete eine Theatergruppe zu der wir gehörten. Bevor wir verschwanden, hatte unser Deutschkurs mit einem Stück, das mein anderer Freund und ich entwickelt hatten, im Ballhof in Hannover vor 500 Zuschauern den ersten Preis von ganz Niedersachsen gewonnen. Eine Kommission von »Jugend spielt für Jugend« hatte uns bei der ersten Aufführung an der Schule für die Teilnahme des Wettbewerbes unter noch weiteren 11 Schulen nominiert. Als ich verschwunden war, musste meine Hauptrolle von jemanden anderen gespielt werden, um die Schule für Niedersachsen bundesweit zu vertreten. Wir interpretierten das Stück »The lamb lays down on Broadway« von Genesis, als Bewegungstheater mit der Originalmusik. Ich interpretierte den einen Teil vom schizophrenen Sohn Rael, den wir zu zweit als Heroinsüchtigen spielten. Irgendwann im Laufe des Stücks teilt sich die Person und findet sich in verschiedenen Welten wieder. Das Stück war ein voller Erfolg in der Zeit um 1980. Meine Kindheit und Jugend war eine gute Zeit. Ich war dankbar. Die selbe Sonne brannte nach den vergangenen Tagen nun zur selben Zeit an diesem Ort auf die Wangen meines Vaters und auf meine eigenen.

Als die Rötung unserer Gesichter zunahm und wir bemerken mussten, dass wir nicht die einzigen Besucher dieses Lokals waren, weil der Ober nur nach langen Warten auftauchte, setzte sich unsere Gruppe zur Erkundung von Steinhude in Bewegung. Eine Holzbrücke führte von dem Promenadenplatz zu einem Damm, der Seewasser zu einen kleinen Hafen abtrennte. Alte Holzsegelboote lagen malerisch in einer Reihe vor Anker. Dazwischen dümpelten moderne Motorboote an Pfähle gebunden auf den kleinen Wellen. Die für das Steinhuder Meer typischen Holzboote wurden früher

»Auswanderer« genannt, weil durch das Gewässer früher eine Staatsgrenze verlief. Steinhude gehörte zur Grafschaft Schaumburg-Lippe und Mardorf im Norden zum Königreich Hannover. Gärten von Fischerhäusern ragten bis an das Ufer und die Boote heran. Stockenten ruhten sich zwischen Osterglocken und Stiefmütterchen aus. Aus manchen Fischerkaten waren Restaurants geworden, von denen die Sitzgelegenheiten bis an die besagte Wasserkante reichten. Reichlich Ausflugsgäste bevölkerten dieses urige Ambiente mit freudiger Gelassenheit. Der Damm endete wieder mit einer Brücke. Der Weg setzte sich als bekannte, typische Fußgängerzone fort, die sich dem Meer abwendete. Bog man an ihrem Ende rechts um, kam man zu der Vorderseite der Häuser und Restaurants, die wir eben von der Seeseite her sehen konnten. Auf einer Klapptafel stand mit Kreide geschrieben: »Frisch aus dem Steinhuder Meer! Aal und Barschfilet gebraten ab 9,50 Euro«.

Ich erinnerte Margarete an das Fischbrötchen, was sie auf dem Markt am Kai in Flensburg genossen und in Hamburg nicht bekommen hatte. Vielleicht war es in Deutschland die letzte Gelegenheit in maritimer Atmosphäre ein Brötchen dieser Art zu verspeisen. Mein Vater stimmte mit ein, dem Schild zu folgen und den Verkauf aufzusuchen. Der mit einem weiß-blauen Hemd gekleidete Verkäufer wies auf das letzte Heringbrötchen in der Auslage hin, während er weiter den Lappen zum Putzen schwang. Mein Vater nahm es, nachdem Margarete höflich auf den Gedanken, Fisch zum Abendbrot zu nehmen, verzichtete. Zum Verzehr trieb das einzige Brötchen auf der Faust meines Vaters uns in den Biergarten am kleinen Hafen vor dem Wall. Eine Bootattrappe bot uns Platz. Fröhlich kaute mein Vater sein Fisch und störte sich nicht daran, dass die anderen als orale Befriedigung nur über ihren Speichel verfügten.

Irgendwann war dann Abschied von den beiden Gästen angesagt, die wir morgen in Bad Nenndorf wieder treffen sollten. Ohne lange Umschweife, machten wir uns auf, in der Nachbarschaft unser Abendbrot einzunehmen. Unsere Wahl fiel auf den Alten Winkel, ein Restaurant mit Friesenstuben. Beim Betreten wehte uns noch der Hauch der Hektik des Tages mit Hunderten von Gästen entgegen. Ebenso schnell bewegten sich die Kellnerinnen, die nicht so leicht von enormer Geschäftigkeit auf gemütliche Abendkundschaft umstellen konnten. Wir versuchten erst draußen hinterm Haus zum

Hafen hin zu sitzen, genug Platz am Wasser wäre gewesen, doch schlich sich langsam die Kühle der Dämmerung ein. Also platzierten wir uns in die Friesenecke, umgeben von blanken Fachwerkbalken und maritimen Utensilien. Margarete wollte und musste einen Aal probieren.

In den 1920ern lebte in der Nähe von Steinhude der Schriftsteller Frank Thiess und schrieb damals: »Wenn der Hannoveraner an Steinhude denkt, bekommt er Appetit auf die fetten Aale.« Heute denkt der Tourist an seine Linie und gönnt sich einmal den Luxus von zu viel Fett. Er bekommt dann trotzdem Schweißausbrüche vor schlechtem Gewissen, wobei ein langer Gang um das Meer den Abbau von zu viel Kalorien wieder begünstigen würde. Wie dem auch sei, nahm der Aalverkauf mit dem sprunghaft anwachsenden Tourismus stark zu. Der »echte Steinhuder Räucheraal« wird heute noch überregional geschätzt. Die starke Nachfrage lässt jedoch die Räucherkammern nicht nur mit dem Steinhuder Aal füllen. Der angebotene Fisch kommt hauptsächlich aus Polen, um hier weiter verarbeitet zu werden. Der Lebenszyklus des Aals beginnt, ob hier im Steinhuder Meer oder anderswo gefangen, für alle Fische im tausende Kilometer entfernten Sargassomeer des Westatlantiks. Der dort abgelegte Laich entwickelt sich zu Larven, die von der Strömung nach Osten getragen werden und als durchsichtige Glasaale vor den Mündungen der europäischen Flüsse ankommen. Von dort steigen sie flussaufwärts ins Binnenland und über Bäche oder Gräben auch in die Binnenseen. Erst hier wird er, tagsüber im Schlamm verborgen, zum sogenannten Fressaal, der sich nachts von Fischlaich, Fröschen, Schnecken, Muscheln, Krebsen und unappetitlicher Weise auch von Aas ernährt. Wir denken an die Bilder in der Verfilmung der Blechtrommel, wo ein an einem Seil befestigter Pferdekopf aus der Ostsee gezogen wurde und sich dann am Strand lauter Aale aus den diversen Löchern schlängelten. Wird er nicht gefangen, wandert er erst nach mehreren Jahren ins Sargassomeer zurück, um sich dort zu vermehren. Eine erstaunliche Leistung, wie ich finde, ist auch die Tatsache, dass ihm dabei die Umstellung von Süßwasser auf Salzwasser nichts auszumachen scheint.

Von der fischreichen Atmosphäre angesteckt, nahm Ursula eine Scholle und Ulla einen Brathering, um Margarete. zu unterstützen. An einen Aal trauten sie sich aber nicht heran. Flink wie selten wurden uns die Speisen gebracht. Beim Aufteilen des Aals bemerkte Margarete, dass sich das Fleisch schlecht vom Rückrat löste und überhaupt eine rötliche Färbung aufwies. War das Tier nicht ganz durchgeräuchert und halb roh? Die Kellnerin gab zögerlich den tadellosen Zustand des Fisches als Auskunft. Margarete kaute sich skeptisch durch den Aal, wobei sie die rohesten Stellen auf dem Teller ließ. Ein Aquavit sollte die Verdauung anregen. Wir leisteten ihr beim Anstoßen Gesellschaft.

Als wir aus dem Alten Winkel traten, waren die Tagestouristen verschwunden. Die Welt war still in ein oranges Licht getaucht. Einen Fingerbreit schwebte die Sonne über dem See. Zurück auf dem Damm lud uns eine Bank ein, an diesem dreidimensionalen Kalenderblattschauspiel einer untergehenden Sonne teilzuhaben. Mit Wehmut nahmen wir von dem licht- und wärmespendenden Stern Abschied, dem Stern, der uns als einziger wirklich etwas angeht.

Überwältigt von der erhabenen Stimmung, die Szene fast für sich alleine genießen zu können, machten Ulla und ich noch mehr Kalenderfotos. Andere Fotografen mit Stativen und größeren Objektiven gesellten sich zu uns. Als die Sonne hinter dem Horizontstreifen abgetaucht war, oder anders, die Erde sich von ihr weggedreht hatte, mischte sich ein seichtes Lila zum Orange auf der Wasseroberfläche. Möwen kreischten müde ihr letztes Lied. Enten schnatterten brummelig in ihr Gefieder hinein, wobei sie ihren Kopf schnell hin und her bewegten, um es für den nächsten Tag einzufetten. Segelboote lagen ruhig in der Ferne vor Anker. Die Windstille ließ die Seefläche wie ein Spiegel erscheinen. Das tote Schilf raschelte nicht.

Vergnügt brachen wir in unsere Pension auf. Der frühe Abend ließ mich nicht zur Ruhe kommen. Ulla wollte mir im Vorgarten, gegenüber des frisch wallenden Buchenhains, Gesellschaft leisten. Ein letztes Kaltgetränk aus dem Gästekühlschrank im Aufenthaltsraum geleitete uns in die Nacht. Wir lobten den Tag und kamen zu dem Schluss, dass eine Steigerung der positiven Umstände nicht mehr zu überbieten wäre. Andächtig, glücklich versuchten wir Sätze zu formulieren, aber die Worte reichten als Beschreibungsform nicht mehr aus, um den runden seelisch, körperlichen Zustand auszumalen. Vielleicht kam das Gefühl einem buddhistischen Mönch gleich, der mit sich und der Welt im Einklang zu sein scheint.

Steinhude – Bad Nenndorf, 20. April 2011, Mittwoch

Hell drang das Morgenlicht durch die Maschen der Gardine. Als ich diese zur Seite schob, sprang mir das grelle Grün der Buchen des nahen Haines entgegen. Mit jedem Schritt durch das Zimmer, wurde die erhärtete Muskulatur wieder geschmeidiger. Der Druck der Schuhe auf die Füße war erst unangenehm, dann aber aushaltbar. Auf dem Gang stand eine dreieckige Schale, in die Vogelsand gefüllt war. Zwei Holzschiffchen lagen darin vor Anker, sowie ein Seelöwe mit Seemannskappe und weiß-blau-gestreiften Pullover machte sich in einem Liegestuhl bequem. Miesmuscheln vervollkommnten diese winzige maritime Szene. Auf der Zierdecke lag eine Jakobsmuschel neben der Schale. Ein Zeichen für unsere Wanderschaft. Ein Wink unser etwaiges Ziel betreffend.

Frau Mertz war die Tochter des ersten Betreibers der Pension »Herr Tiedemann«. Sie war im Herbst ihres Lebens angekommen. Die vielen gerauchten Zigaretten und die unzähligen Unterhaltungen mit Gästen hatten ihre Stimme geschunden. Sie war aber nett und redete offen. Mit der Lage ihrer Pension direkt am Meer konnte sie sich nicht beklagen. Anders als an manchen Orten der Ostsee und in der Heide, kämen die Gäste noch regelmäßig zu ihr, meinte sie. Wäre aber insgesamt zurückgegangen. Viele Stammgäste blieben ihr aber treu, wie die beiden älteren Paare im Frühstücksraum. Das Haus war im Ursprung eine Fischerkate. Neben Fischern wohnten in Steinhude Leinenweber und Torfstecher. Heute hat der Ort 4900 Einwohner.

Ulla kam als letzte in den Aufenthaltsraum. Sie hatte den frühen Morgen mit einem Spaziergang durch den Ort verbracht. Neben schönen Motiven, hatte sie auch das legendäre Scheunenviertel entdeckt, was wir unbedingt noch besichtigen müssten, meinte sie. Das Frühstück war von mittlerer Qualität, aber mit allen Dingen ausgestattet, die ein Wanderer so benötigt, um durch den Tag zu kommen. Da Margarete und ich bereit zum Aufbruch die ersten waren und die anderen bekanntlich etwas mehr Zeit benötigten, machten wir uns durch den gegenüber liegenden Hain Richtung einer Reihe von Häusern auf. Nach nur 100 Metern erreichten wir das Rondell mit den Scheunen, die in dieser Form zur Weltausstellung 2000 in Hannover aufgebaut wurden. In ihnen sind mehrere gastronomische Betriebe, das Spielzeugmuseum, der Kunstverein und die Naturparkinfostelle untergebracht. Auf dem Platz davor sollen viele Veranstaltungen statt finden. Überhaupt bietet Steinhude in den Sommermonaten fast jedes Wochenende Veranstaltungen auf Land und auf dem Wasser an.

Auf dem Rückweg konnten wir uns von der Schönheit und der wunderbaren Lage unserer Fachwerkunterkunft überzeugen. Nur leicht verdecken die frischen Blätter der Buchen das Rot der Ziegel des Walmdaches. Mittlerweile waren alle im Eingangsbereich versammelt. Ich bat die Haushaltshilfe, die gerade zum ersten Mal dieses Jahr als Frühjahrsputz die Stühle abwusch, auf denen Ulla und ich gestern Abend gesessen hatten, ob sie nicht ein Foto von uns machen könne. Sie hatte nichts dagegen, ließ den Lappen fallen und drückte auf den Auslöser. Ursula war wieder bester Dinge und trug einen geflochtenen Sonnenhut mit sich, wohl in Hinsicht auf die zu erwartende Wärme des fortschreitenden Tages. Die Temperatur war jetzt schon so hoch wie an einem Julimorgen.

Wenige Schritte, schräg unserer Pension gegenüber, befand sich eine alte Villa oder Ausstellungsgebäude, in der eine Schmetterlingsfarm untergebracht war. Neben den armen Schönheiten aus den Tropen, gab es hier auch Spinnen, Ameisen und Mineralien zu sehen. Zehn Jahre soll diese Farm hier schon stehen, betrieben von einer Familie, die sich bereits in der vierten Generation mit Insekten beschäftigt. Auf Usedom sollen sie das größte Schmetterlingshaus von ganz Europa betreiben. Mir tun die Schmetterlinge leid, weil sie eigentlich Zugwesen sind. So saugen sie hier eingesperrt von aufgeschnittenen Orangen auf bunten Tellern den Saft zum Überleben. Der plakative Schönheitsgedanke lässt die Menschen verführerisch erstaunen. Schnell sind die Umstände der Käfighaltung vergessen, betritt der Unterhaltungsmensch ein vermeidbares Paradies. Den Schmetterlingen vermag der Aufmerksame keine Qual anzusehen. Sie sind stumm und haben keine Mimik, um sich mitzuteilen. Hier sind wohlmöglich tiefere Zugänge zum Schöpfungsgedanken gefragt, der in seiner kritischen Auseinandersetzung mit dem Umgang damit, und andere Formen der Tierhaltung, nicht für gut heißen wird. Im kleinen Park, vor dem Promenadenplatz, stand eine fast lebensgroße Mischung aus einem Triceratop, Oviraptor und Pentaceratops zwischen Osterglocken. Seine detaillierte Darstellung ohne die beiden Hörner auf dem Kopf der vorhin aufgeführten Dinos, gaben dem Tier etwas Echtes. Natürlich war ein Schild vor seinen Füßen aufgestellt, das das Klettern auf dem Dino untersagte. Von hier aus konnten wir das bizarre und verwinkelte Gebäude der Strandterrassen sehen, wo wir gestern unseren Begrüßungskaffee eingenommen hatten. Das frühere Strandhotel wurde 1899 errichtet und wechselte schon 15 Jahre später den Besitzer. 1922 wurde es um die Strandhalle erweitert und von einer Frau Bredthauer 1932 neu erworben, die das Objekt nur sieben Jahre betrieb, bevor es wieder den Besitzer wechselte. Nach dem zweiten Weltkrieg beschlagnahmten die Briten das Hotel, das ein Jahr später niederbrannte. 1952 wurde die Beschlagnahmung aufgehoben und die Strandterrasse wurde ohne Hotel wieder aufgebaut. 1967 kaufte der Verband Großraum Hannover das Gebäude, die Halle wurde abgerissen. Anfang der 70er Jahre kam der Parkplatz und der Ausbau des heutigen großen Platzes am Meer dazu. 1980 ging das Café durch Verkauf des Grundstückes an die Stadt Wunstorf zurück.

Auf dem See lag ein wunderbarer, seidener Morgennebel, der das andere Ufer nicht mehr wahrnehmbar machte. So verlief die glatte Wasseroberfläche ohne Horizont ins Nichts. Das Steinhuder Meer war ebenso wie die nördlicher gelegenen Seenplatten beim Abschmelzen der letzten Eiszeit vor etwa 14000 Jahren entstanden. Die Fläche war nach der Weichseleiszeit dreimal so groß. Direkt nach dem Abtauen des Eises setzte auch wegen der geringen Wassertiefe eine baldige Verlandung der Uferzonen ein. Moore, Sümpfe und Meerbruchwiesen entstanden so umfangreich in diese Hannoverschen Moorgeest als Großlandschaft. Heute stehen diese weitläufigen Flächen den vielen selten gewordenen Vögeln als Brut- und Lebensraum zur Verfügung. Untersuchungen in den 1960er ergaben, das in der Mitte des Sees Anzeichen eines ursprünglichen Sees aus der Warmzeit vor 100 000 Jahren zu finden sind. Trotz seiner großen Verdunstungsfläche hält der See seine Wassertiefe konstant. Er wird augenscheinlich nur vom Winzlarer Grenzgraben aus den Rehburger Bergen gespeist. Der Hauptteil der Wasserzufuhr bekommt er durch Grundwasser und einem geringeren Teil durch Regen. Reguliert wird der Wasserstand durch ein Wehr im Westen. Durch den sogenannten Meerbach kann das überschüssige Wasser in die Weser abfließen. Um den See herum wurden Gräber aus der Altsteinzeit gefunden, was auf eine Besiedelung am fischreichen Gewässer hindeuten könnte. Seit dem 12. Jahrhundert gehört der See zur Grafschaft Schaumburg. Nahe Steinhude werden die Reste der Kranenburg vermutet, die 1320 bei einer Fehde zerstört wurde. Taucher ertasteten 1982 Steinreste. 2009 wurde die Stelle mit modernsten archäologischen Methoden weiter erforscht. Am Ende des 19. Jahrhunderts gab es Überlegungen den See trocken zu legen, damit so Ackerland gewonnen werden sollte. Nach dem zweiten Weltkrieg entschieden sich die Schaumburg-Lipper zu Niedersachsen zu gehören. So wurde der See 1973 im Zuge der Gebietsreform dem Land Niedersachsen zugesprochen. Ideell wurde er aber nach der alten gräflich-königlichen Grenze geteilt, womit der südliche Teil mit der Insel Wilhelmstein weiterhin den Schaumburg-Lippern gehört. Geschichtlich gesehen bewegten wir uns nun schon auf dem Boden der in Bückeburg beheimateten Schaumburger Grafen. Mit dem Namen Lippe hatten wir Kontakt zum Fluss bekommen der in Nordrhein Westfalen entspringt und in den Rhein mündet. Aber davon viel später mehr, wenn wir diese Mittelgebirgsgegend erreichen sollten.

An einem Laternenpfahl direkt an der Wasserkante fanden wir unser vertrautes X-Zeichen mit einem kleinen E1 zwischen den unteren zwei Kreuzbalken. Darunter war ein weiteres Schild angebracht, das den Pilgerweg Loccum - Volkenroda in Ostdeutschland kennzeichnen sollte. Das Kloster Loccum liegt an der Westseite des Steinhuder Meeres. Es gehört in die vierte Generation der Zisterzienserklöster nach Gründung des ersten Ordens im burgundischen Citeaux nahe Dijon im Jahre 1098. Dieser Reformorden wollte die Klosterordnung von Benedikt von Nursia aus dem Jahre 528 wieder aufleben lassen, der sich nicht zuletzt aus Protest gegen eine sich zu prachtvoll darstellende Kirche, zu Askese und Bescheidenheit verpflichtet fühlte, um so die Nachfolge Christi in neuer Weise zu verwirklichen. Die Kirchen sollten keine Kathedralen sein, sondern ein schlichteres Bauwerk, ein Oratorium und ein Bethaus. Loccum wurde 1163 nach Morimond, Altencamp und Volkenroda für zunächst 20 Mönche errichtet und soll heute noch ein Bild aus dem Mittelalter bieten, das es sonst nördlich der Alpen nur noch im Kloster Maulbronn in Württemberg zu finden ist. Die Zisterzienser erlebten im 12. Jahrhundert eine starke Ausbreitung. Es entstanden 1500 Männer- und Frauenklöster, die jene Zeit geistlich prägten. Interessant ist, dass die Reformationszeit am Kloster Loccum erstaunlich folgenlos vorübergegangen war. Antonius Corvinus, der Reformator der späteren Hannoverschen Gebiete und erste Bischof mit dem Titel »Generalsuperintendent«, war wohl in der Frühzeit der Reformation Mönch in Loccum gewesen und soll davon gejagt worden sein. Die Dörfer des Stiftsbezirks, in dem das Kloster Obrigkeit war, sind schon sehr bald lutherisch geworden. Erst um 1600 wurde das Kloster selbst lutherisch, indem es das Augsburger Bekenntnis übernahm. Die Äbte nahmen noch einige Zeit an den jährlichen Generalkapiteln teil, bis ihnen das verwehrt wurde. Gleichwohl hat sich Loccum weiterhin dem Orden verbunden gewusst. Im Jahre 2000 wurde vor dem Hintergrund des ökumenischen Klimas diese Verbindung wieder aufgenommen mit einer Einladung des Loccumer Abtes zur regelmäßigen gastweisen Teilnahme am Generalkapitel der Äbte und Äbtissinnen des Zisterzienserordens in Rom. Auch drei Marienabbildungen sollen in der evangelischen Klosterkirche vorhanden sein. Eine befindet sich im Laienaltar von 1500 als Schutzherrin aller Zisterzienserklöster, die andere aus der Mitte des 15. Jahrhunderts stellt eine Mondsichel Madonna dar, mit Motiven aus der Offenbarung des Johannes und die letzte schmückt einen spätgotischen, originellen Marienaltar, in dem die Maria im 19. Jahrhundert wieder hinzu gefügt wurde.

Unser Uferweg führte zunächst nach Westen Richtung Loccumer Kloster. Ein Holzsteg ragte in den Seenebel hinein. Hoffnung, Erwartung, Ankunft und Abschied zugleich, ein Weg nach nirgendwo, Ende und Anfang, Alfa und Omega verbunden, waren nur einige Empfindungen, die dieses melancholische Bild in mir auslöste. Bevor uns Steinhude freigab, versperrten uns eine Reihe gewöhnlicher, aber ebenso protziger Häuser mit Seegrundstück, den Blick auf das Wasser. Dahinter verlief der gut ausgebaute Fuß- und Radweg ländlich am Ufer entlang. Die fantastische Morgenstimmung drückte sich nicht nur im offenen, erwartungsvollen Licht aus, sondern wurde auch durch den gedämpften Ton aller Geräusche gespeist. Selbst das Donnern einer Transall, die soeben vom Fliegerhorst gestartet war, wurde vom stillen Raum des Meeres geschluckt. Die Maschine verschwand mit träger Geschwindigkeit zwischen dem Blau des Himmels und der Dunstschicht des Sees in die Ferne. Das Ufer war teilweise mit einem mehr oder weniger dicken Schilfrand bewachsen, der eine sichere Brutstätte für manche Wasservögel bot. Eine Tafel dokumentierte vor einer kleinen Grasbucht die Vielzahl der Vogelarten, die hier einheimisch waren. Die Vielfalt reichte vom Seeadler über den Fischadler zur Rohrweihe,

Graugans, Mantelmöwe, Heringsmöwe, Eisvogel, Höckerschwan, Gänsesäger, Tafelente, Reiherente, Löffelente, Haubentaucher, Kormoran, Zwergsäger, Spießente, Krickente bis zur Stockente und viele Arten mehr. Manchmal war das Ufer schilflos. Eine kleine Anzahl von Kiefern auf dem schmalen Grasstreifen zwischen Wasser und Weg säumte stellenweise die Seekante. Eine Reihe Stöcker stach Richtung Seemitte aus der Wasseroberfläche. Ich nahm an, dass daran die Aalreusen befestigt wurden. Zwei Stockentenerpel ließen sich durch uns nicht stören und schlummerten im Gras weiter, ohne ihre Köpfe aus dem Gefieder zu bewegen. Einzelne Fahrradfahrer rauschten an uns vorbei. Kein Wanderer, außer uns, war an diesem göttlichen Morgen auf den Beinen.

Irgendwie waren wir der Insel geografisch näher gekommen. Ihre Silhouette wurde zunehmend kräftiger. Bauwerke waren aber noch nicht von den Baumumrissen zu unterscheiden. 1761 fing Graf Wilhelm zu Schaunburg-Lippe an, eine viersternförmige Erhebung aufschütten zu lassen. Vier Jahre dauerte diese Unternehmung, um im Anschluss mit dem Bau einer Festung in Form eines zweiten, gedrehten Viersterns zu beginnen. Graf Wilhelms Vision war im eigenen Land einen uneinnehmbaren Fluchtpunkt zu besitzen. Zudem besaß er für sein relativ kleines Reich eine 1000 Mann starke Armee. Heute ist das 12500 Quadratmeter große Eiland von einem Inselvogt und seiner Frau bewohnt. Sie betreiben ein Restaurant und ein Hotel.

Der militärbegeisterte Graf Wilhelm, welcher im Jahre 1724 in London geboren wurde, war der zweite Sohn des Grafen Albrecht Wolfgang und der Margarete Gertrut, Gräfin von Oeyn Hausen. Der junge Wilhelm erhielt seine Schulausbildung in Genf, studierte dann in Leiden und Montpellier und trat danach in Großbritannien als Fähnrich in die Königliche Leibgarde ein.

Nachdem sein älterer Bruder Georg 1742 bei einem Duell ums Leben gekommen war, kehrte Wilhelm als nachfolgender Erbprinz nach Bückeburg zurück. An der Seite seines Vaters, der damals General in holländischen Diensten war, nahm er an der Schlacht gegen Frankreich bei Dettingen 1743 teil. Mit Auszeichnungen aus dieser Schlacht, beteiligte er sich als Freiwilliger im Kaiserlichen Herr bei einem Feldzug gegen Italien. 1748 starb sein Vater und Wilhelm erbte die Grafschaft Schaumburg-Lippe als Regent. Alsgleich wurde der frische Regent in Konflikte mit der

Landgrafschaft Hessen-Kassel hineingezogen, die bereits auf eine Gelegenheit gewartet hatten die Grafschaft Schaumburg-Lippe zu annektieren.

Wilhelms frühen Erfahrungen in der Militärpolitik half ihm eine schnelle Annektion des Landes zu verhindern. Um seine militärischen Erfahrungen zu erweitern machte er sich nach Berlin auf, zu Friedrich dem Großen. Seine umfangreichen Sprachkenntnisse in Französisch, Englisch, Lateinisch, Italienisch und Portugiesisch waren es zu verdanken, dass er dort zum engeren Kreis um Voltaire gehörte. Beim Ausbruch des sieben jährigen Krieges stellte Wilhelm ein eigenes Kontingent zur Alliierten Armee, wurde kurbraunschweig-lüneburgischer Generalfeldzeugmeister und kämpfte mehrfach mit Auszeichnung. Nachdem er in der Schlacht bei Minden 1759 einen französischen Angriff erfolgreich abgewehrte hatte, erhielt er im selben Jahr den Oberbefehl über die gesamte Artillerie der verbündeten Heere. 1761 griffen Frankreich und Spanien, Portugal an. Grund genug für den Minister, dem großen Reformer Marques de Pombal, Wilhelm den Oberbefehl der Verbündeten britischen und portugiesischen Truppen zu übertragen. Ein Jahr später folgte er dem Ruf und wehrte in dem sogenannten fantastischen Krieg einen spanischen Inversionsversuch ab und bewahrte damit die portugiesische Unabhängigkeit. Sein Ruhm half ihm dort eine Kriegs- und Artillerieschule zu gründen und reformierte das portugiesische Heer. Außerdem baute er ein Fort, das der König ihm zu ehren „Fort Lippe« nannte. Vorbild war seine Inselfestung Wilhelmstein, hier im Steinhuder Meer. 1764 kehrte Wilhelm nach dem Friedensschluss von Fontainebleau nach Deutschland zurück. In Annerkennung seiner überragenden militärischen Führungskunst und seiner Verdienste als Kommandeur der britischen Truppen in Portugal wurde er von der britischen Krone zu Feldmarschall ernannt. Graf Wilhelm entwickelte eine Polemologische Teorie des reinen Verteidigungskrieges, den er aus ethischen Gründen für den einzig vertretbaren hielt: „Kein anderes als der Defensivkrieg ist rechtsmäßig!« Mit der Festung Wilhelmstein und einer Armee von immerhin 1000 Soldaten bewahrte sich der Graf als kleiner Staat, einen fast ebenbürtigen Partner wie das Kurfürstentum Brauenschweig-Lüneburg und das Königreich Preußen, seinen reinen Satellitenstatus. In der Tat konnte 1787 bei der von Hessen-Kassel versuchen Okkupation des Landes der Wilhelmstein von schaumburg-lippischen Truppen gegen die hessischen gehalten werden. Damit wurde die notwendige Zeit für einen Rechtsstreit gewonnen, bei dem Hannover und Preußen sich erfolgreich für die weitere Selbstständigkeit Schaumburg-Lippes einsetzten, die faktisch erst 1933 endete. Auch in der Grafschaft erwarb sich Wilhelm große Verdienste. Er förderte das Gewerbe und den Ackerbau. So entstanden Webereien, Spinnereien, Zeigeleinen, ein Eisenhammer und eine Papiermühle an der Ahrensburg und eine Gießerei in Bückeburg. Aus Portugal brachte er das Wissen über die Herstellung von Schokolade mit. In Steinhude entstand auf diese Weise die erste Schokoladenfabrik in Deutschland. Er ließ neue Siedlungen entstehen und warb Siedler mit Abgabenfreiheit, kostenlosem Häuserbau und freiem Saatgut an. Wilhelm bemühte sich, bedeutende Personen an seinen Hof zu berufen, darunter waren Thomas Abbt und Johann Gottfried Herder. 1767 gründete er auf der Inselfestung Wilhelmstein eine Kriegsschule für Artillerie und Geniewesen, die großen Ruf erlangte. Zu den eingeführten Reformen gehörte die Abschaffung der Prügelstrafe für Rekruten. Der bekannteste Absolvent der Schule war Gerhard von Scharnhorst, dessen Geschichte ich bereits im Zusammengang mit dem Ort Bordenau ausführlich beschrieben hatte. Auf der Insel wurde in Wilhelms Auftrag das erste Unterseeboot der Welt gebaut, das als Steinhuder Hecht bekannt wurde. So wie Graf Wilhelm nach Außen hin glorreich erschien und sich mit vielen Titeln schmücken konnte, rumorte es in seinem Land. Herder, als Konsistorialrat und Hofprediger angestellt klagte 1772 über seine Position und die Zustände in der Grafschaft, in einem Brief an seine Verlobte Caroline Flachsland: „Ein Pastor ohne Gemeinde! Ein Patron der Schulen ohne Schulen! Einen Mittelstand gibt es hier nicht. Als Republik betrachtet ein Häufchen äußerst verdorbener und der größten, Größenzahl nach armer und elender Menschen, in einem so glücklichen Lande. Möchte uns der liebe Gott nicht so überflüssig viel und gutes Brot wachsen lassen, so konnten wir von Soldaten und befestigten Inseln leben."

Graf Wilhelm heiratete erst sehr spät die 20 Jahre jüngere Marie Barbara Elionore Gräfin zu Lippe-Biesterfeld. Die einzige Tochter der beiden starb bereits mit drei Jahren, die Gräfin zwei Jahre später. Nach diesen Schicksalsschlägen zog er sich in sein Jagdhaus zurück, wo er 1777 nun mehr kinderlos starb. Sein Vetter Philipp-Ernst zu Lippe-Alverdissen übernahm die Regentschaft. Er versuchte die innerlichen, politischen Spannungen durch die überproportionierten Rüstungsausgaben seines Vorgängers zu lindern, indem er die Truppen stark reduzierte und die Festung Wilhelmstein in ein Gefängnis umwandelte.

Unser Gang am Ufer entlang wurde von einem großflächigen Meerbruch unterbrochen. Alle Wanderer und Fahrradfahrer, die sich auf die 35 Kilometer lange Umrundung des Steinhuder Meeres begaben, mussten hier um den Bruch herum. Er wird von dem 1760 künstlich angelegten Hagenburger Kanal durchzogen, der bis zum gleichnamigen Schloss führt. Der 1,2 Kilometer lange Kanal diente als Transportstraße für das Baumaterial der Insel Wilhelmstein. Der Bruch, indem auch der Kanal verläuft, bildet gleichermaßen vorerst eine unüberwindbare Barriere. Vom Weg aus blickte ich in ein schier undurchdringliches Gestrüpp aus Weiden und anderen Büschen, die im Sumpf wuchsen. Ein außergewöhnlich verwunschenes Gefühl empfing mich bei dem Anblick dieser wilden Natur umgeben von kultivierter Flächen. Teppiche von gelben Sumpfdotterblumen durchbrachen das schwarze Wasser. Unsichtbare Tiere brachten die abgestorbenen Schilfhalme zum Rascheln. Amphibien platschten flüchtend ins Nass und verschwanden sicher in den mangrovenartigen Verwurzelungen der Erlen.

Wir mussten uns zunehmend vom Kanal abwenden. Segelbootmasten lugten aus einer Wiese hervor, was erahnen ließ, dass der Kanal auch als kleiner Hafen für Sportkapitäne genutzt wurde. Rechteckige Zuchtteiche tauchten im Bild auf, zwischen denen der Wanderweg wieder auf den Kanal zuführte. Ein völlig verwittertes Schild wies auf den Grund dieser Teiche hin: »Hier entsteht ein Fischereibetrieb zur nachhaltigen ökologischen Bewirtschaftung und Hege des Steinhuder Meeres.«

Es folgten die Adressen des Fischereibetriebes, des Bauherrn, des Entwurfverfassers und der Objektbetreuung. An der Stelle, wo noch Platz auf dem Schild war, schlängelte sich ein Aal. Bald war eine Holzbrücke über den Kanal erreicht, von der das Schloss Hagenburg zu sehen war. Vor seinen Mauern endete das künstliche Gewässer mit direktem Zugang zum Meer. Wir liefen nicht darauf zu, sondern umrundeten das Gebäude in einiger Entfernung. Ein wild gewordener Park trennte uns vom Anblick des Schlosses. Ein Pärchen, das mit Fahrrädern unterwegs war, musste vor der Brücke anhalten, absteigen und das Gefährt zu Fuß hinüberschieben. Büsche der Amelanchier säumten den vergessenen Park. Ihre schneeweißen Blütenstauden leuchteten in der Vormittagsluft. Dieses Ziergehölz war auch unter dem Namen Felsenbirne oder Schneemispel bekannt. Richtung Süden, dem Flecken Hagenburg zugewandt, lagen ausgedehnte Feuchtwiesen, die zum Teil entwässert schienen und als Weide dienten. Auf einer der Wiesen breitete sich ein Meer von rosa Blüten aus. Wiesenschaumkraut. Erst dachte ich, dass die Pflanze den Namen seiner wolkenartigen Fülle zu verdanken hat. Doch schäumen die Stängel wirklich. Die Schaumzirpe, eine Zikadenart, beißt in den Stängel, um sich von dem austretenden, gehaltvollen Saft zu ernähren. Die so entstandenen Schaumballen gaben der Pflanze seinen Namen. Eine andere Merkwürdigkeit zog uns in unseren Bann. In einem neuen, schmucken Holzschild waren die Worte »Fürst Wolrad – Pyramiden Eichen Allee« geschnitzt. Die Allee führte auf das Schloss zu. Eine Bank unter lichten Birken ließ uns eine Trinkpause einläuten. Ulla zog mit ihrem Fotoapparat los, um Bilder vom Gebäude einzufangen. Die Anlage sah verlassen und vergessen aus, obwohl das Gebäude selber seit 2005 als Kunst- und Auktionshaus privat genutzt wird. Lange diente das Schloss dem Haus Schaumburg-Lippe als Sommersitz, nachdem sie ihren Hauptsitz nach Bückeburg verlegt hatten. Es wurde um die Burganlage aus der Ansiedlungszeit der Schaumburger Grafen im 14. Jahrhundert immer wieder durch Erweiterungs- und Umbauten zeitgerecht verändert. 14 Jahre nach Wilhelms Tod muss das Schlösschen 1791 an Fürstin Juilane von Hessen-Philippsthal zeitweilig gegangen sein. Sie ließ den Bau jedoch zu einem »Lustschloss mit Bequemlichkeit« ausbauen. Der finanzielle Aufwand muss zu groß gewesen sein, das Schloss weiter zu erhalten. So beschloss die Familie Schaumburg-Lippe es im letzten Jahrzehnt 2005 zu veräußern. Als Wohnsitz wurde es zuletzt von Fürst Wolrad, nach dem die Pyramideneiche fantasievoll nachbenannt wurde, benutzt. Wolrad, Sohn des Fürsten Georg und der Prinzessin Marie Anna von Sachsen-Altenburg, wurde Chef des Hauses Schaumburg-Lippe, nachdem sein älterer Bruder 1936 bei einem Flugzeugunglück in Mexiko ums Leben kam. Die Geschichtsschreiber verwendeten mit Bedacht das Wort Chef, da sich Fürst Wolrad im Todesjahr seines Bruders mit der Bitte an den damaligen Ministerpräsidenten Hermann Göring wendete, sich entgegen den Bestimmungen der Weimarer Reichsverfassung zur Abschaffung der Vorrechte des Adels, seinen Titel Fürst zu behalten. Göring verwies ihn an den Reichs und preußischen Minister des Inneren Wilhelm Frick. Der Titel Fürst tauchte jedoch in seinem Namenszug nicht wieder auf. Um so unverständlicher bleibt der vier Monate später gestellte zweite Antrag auf Rückdatierung für die Aufnahme in der NSDAP, die Ende 1936 von Rudolf Heß befürwortet wurde. Der Eintritt in die NSDAP wurde auf das Jahr 1928 rückdatiert. Ab 1937 wurde er Sturmführer der Reiterstandarte SA in Detmold. Ab 1940 sicherte er das Generalgouvernement in Krakau und Lemberg mit der Division Nachschubführer 365. Zwei Jahre später wurde er Kommandeur des Nachschubstabes. Wolrad zu Schaumburg-Lippe wurde 1949 in die Kategorie IV im Entnazifizierungsverfahren eingestuft, was so viel heißt, dass er den Nationalsozialismus unterstützt hat. Er starb im Alter von 75 Jahren an einem Schlaganfall. Die Frage drängte sich nun auf, von wem und zu welchem Anlass das nagelneue Schild an der Allee aufgestellt wurde.

Bernhard kannte die Ursprünge der Pyramideneiche. Er hielt uns einen Vortrag über die Züchtung und deren Verwendung in Parkanlagen. In der Grünanlage des Schlosses soll sich auch ein Findlings- und Moorgarten befinden. Beides waren Themen, die kurz vor dem Bergland noch eine wichtige eiszeitliche Rolle spielten. Findlinge und Moorlandschaften hatten uns von Flensburg bis zum Steinhuder Meer immer wieder begleitet.

Der Flecken Hagenburg besaß einen alten Straßenzug mit Fachwerkkaten, vor denen gerade Magnolien und Apfelbäume blühten. Verzierte altrosa und taubenblau abgesetzte Tennentüren ergänzten sich aufs Vortreffliche mit den Farben der Blüten im Vorgarten. »Wer Gott vertraut, fest auf ihn baut, den wird er nicht verlassen.« Dieser hoffnungsvolle Spruch war in den Querbalken über dem Tor in weiß untermalten Frakturlettern geschnitzt. Der Ort gehörte zur vom Volksmund sogenannten »Seeprovinz«. Damit waren alle Dörfer und Flecken südlich des Steinhuder Meeres gemeint. Tatsächlich gehörte das Amt Hagenburg vor 1647 zu Schaumburg, dann zu Schaumburg-Lippe. 1879 wurde das Dorf mit dem weiter im Süden liegendem Amt Stadthagen vereinigt. Nach der besagten Gebietsreform 1974 ging Hagenburg zusammen mit dem gesamten Steinhuder Meer zum Landkreis Hannover über.

Eine Stichstraße führte uns in ein jüngeres Viertel, schätzungsweise aus den 50er Jahren, das aus gepflegten, renovierten Backsteinhäusern mit sauber strukturierten Vorgärten bestand. Davor lag der Dorfteich. Kinder teilten ihren Eltern mit, dass sie Wanderer gesehen hatten. Das eine Kind meinte altklug in die Gruppe hinein: »Das sind Auswanderer!«, was mich zum Schmunzeln brachte. Das wir für manche verwegen aussehen mussten, war mir klar. Doch, dass unsere Erscheinung derartige Phantasien auslösen konnte, erfreute mich. Eine Gruppe Rentner kam mit uns sogar ins Gespräch. Die Neugierigste von ihnen wollte mehr in Erfahrung bringen und wir erzählten ihr, woher wir kamen und wohin wir wollten. Für sie war die Entfernung von Hermannsburg in der Heide bis Hagenburg schier unvorstellbar zu Fuß zu laufen. Auf der gegenüberliegenden Seite des Teiches schrie ein Kind grell auf. Es schien in einen Trotzkrampf geraten zu sein. Die junge Mutter entfernte sich mit der Elterngruppe und anderen Kindern von ihm, was sein Schreien nicht abmilderte. Der Junge saß auf der Wiese, wobei er um sein Leben kreischte. »Wie schön, dass wir uns nicht mehr darum kümmern müssen«, meinte ich zu Margarete, während ich dabei die vergangene Erziehung unserer jetzt großen Kinder im Hinterkopf hatte.

Doch für manche Tatbestände hört das Erziehen der Menschenkinder nie auf. »BITTE NICHT FÜTTERN – Liebe Tierfreunde! – Unsere wildlebenden Tiere finden genügend Nahrung. Unsachgemäßes Füttern schadet den Tieren mehr als gar nicht füttern und hat viele unbeabsichtigte Folgen. Das natürliche Verhalten der Tiere geht verloren, sie werden abhängig. Es kommt zu Massenansammlungen weniger besonders vitaler Arten wie Ratten, Marder, Lachmöwen, Rabenkrähen. Die mit hohem Aufwand erreichte Wasserqualität des Sees wird erheblich verschlechtert, weil der Kot der Tiere und die überschüssige Nahrung das Wasser verschmutzen und zum Wachsen unerwünschter Bakterien führen. – WIR BITTEN SIE DESHALB, DAS FÜTTERN VÖLLIG ZU UNTERLASSEN! – Der Bürgermeister«, stand auf einem schwarzen Schild, direkt am Ufer des Teiches. Der Text war zwar lang, wird aber zum Verständnis der Dorfbewohner beitragen, ihre vertrockneten Brote woanders sinnbringend zu entsorgen. Früher gab es den bekannten Schweineeimer, der heute aus hygienischen Gründen verboten ist. Die grüne Tonne ist, was bleibt. Wertvolle Essenreste verschwinden so in der Biogasanlage oder in der Verbrennung, um Energie zu erzeugen.

Beim Verlassen des Dorfes betraten wir sogleich den zertifizierten Qualitätswald Hagenburger Holz. Neuer und alter Buchenbestand sorgte für ein wildes Bild. Hell durchflutete das Sonnenlicht das frische Blätterdach, wodurch bis jetzt noch genügend Licht zum Boden dringen konnte, um das Gras und die kleinen Pflanzen sprießen zu lassen. Dunkle immergrüne Blätter riesiger Stechpalmen veränderten die Stimmung in einem Hain zum fiktiven Hochsommergefühl. Unmerklich floss ein namenloser Waldgraben in den benachbarten Forst ab. Am südlichen Rand des Waldgebietes brach mit heftiger Helligkeit das Licht des freien Feldes durch die letzten Stämme des Schiers. Der Blätterteppich von Buschwindröschen bereitete sich auf seine Blütenexplosion vor.

Als die Bäume uns entließen, tauchte unerwartet ein mächtiger weißer Berg auf. Schnell identifizierte ich ihn als Abraumhalde eines Kalibergwerkes. Die Einwohner nennen ihn auf nette Weise Kalimandscharo, in Anlehnung des Kilimandscharo in Tansania. Kommt der Wanderer aus dem flachen Norden, ist der Berg wirklich eine imposante Erhebung. Das Weiß der Kalirückstände erinnert dabei zusätzlich an die weiße Schneekappe des Berges in Afrika. Die Lagerstätte des Kaliwerkes Sigmundshall ist der Salzstock Bokeloh, der sich entlang der Steinhuder-Meer-Linie etwa 12 Kilometer in Nordwest Richtung erstreckt und zwischen 500 und 1000 Meter breit ist. Er entstand vor etwa 140 Milionen Jahren durch den Aufstieg der etwa 255 Milionen Jahre alten Zechsteinschichten. Seine Basis liegt in einer Tiefe von mehr als 3 Kilometern. Im Nordosten begrenzt ein seiger einfallender Buntsandstein den Salzstock. Der Bankier aus Hannover Sigmund Meyer, zugleich Namensgeber des Bergwerkes, nahm sich als erster der jungen Kalisalzindustrie in der Provinz an. 1898 erwarb die Gewerkschaft Mathias das Bergwerkseigentum. Schon vier Jahre später übernahm die Alkaliwerke Sigmundshall Aktiengesellschaft das Werk. Danach folgten bis in die Neuzeit zahlreiche Fusionen mit anderen Kalibergwerken, wie zum Beispiel Salzdetfurth, zu größeren Aktiengesellschaften. Das Bergwerk ist wasserfrei, da bis heute keine Lauge bei geologischen Erkundungen festgestellt werden konnte. Bei Bohrarbeiten wurden 2012 unerwartet Schwefelwasserstoff angetroffen, eine bisher einmalige Erscheinung im deutschen Kalibergbau. Dabei kam in 1200 Meter Tiefe ein Bergmann durch das giftige Gas ums Leben und drei wurden verletzt.

Ein Pflug hatte den Wanderweg am Feldrand unter sich begraben. Wir ahnten nur, in welche Richtung wir gehen mussten. In dieser leicht entrückt, bedrückten Atmosphäre im Schatten des Berges, machten wir mit dem Wald im Rücken und der Halde vor uns eine Trinkpause im schon hohen Gras. Erste Blätter der Rüben machten den Acker lebendig. Die Brennnessel war so hoch geschossen, dass wir uns beim Platzsuchen nicht verbrannten, indem wir die Berührung vermeiden konnten. Waren die Pflanzen am Ackerrand wegen des vielen Düngers auf den Feldern so prächtig in ihrer Entwicklung?

Hinter unserem Rücken knackte das Unterholz. Ein in sich gekehrter Mann brach aus dem Wald und lief weiter am Feldrand entlang. Er bemerkte seinen Irrweg. Das X war an der einzigen Eiche nicht sichtbar vom Wald aus am Stamm angebracht. Ein kurzes Hallo kam aus ihm raus. Seine Jacke war wegen der Wärme um die Hüfte gebunden. Die Ärmel baumelten vor seinem Bauch. Bestimmt lief er auf dem X-Weg dem weißen Ungetüm zu.

Ein zweispuriger Feldweg bahnte sich seinen Weg durch die unendliche Weite der Zuckerrübensteppe. Die Halde baute sich immer mächtiger vor uns auf. Am Rand des Plateaus stand ein Förderband, von dem aus der Abraum in die Tiefe rieselte. Vor dem Berg waren die Silhouetten einzelner Bäume zu sehen, die zur Dimensionsbildung der Höhe zur Umgebung beitrugen. Unsichtbar blieben die Verarbeitungsgebäude, die Schachtanlagen und die Arbeitersiedlung hinter dem Tienberg vor uns verborgen. Über einen Asphaltweg betraten wir Mesmerode, das Dorf im Schatten der Halde. Eine Friedhofskapelle begleitete unseren Eintritt. Ein Findling neben einer mächtigen Eiche, umgeben von einem Jägerzaun, deutete mit aufgeschraubten Metallziffern auf den Ort und die erste Erwähnung um 1055 hin. Die zweite Zahl 2005 war Ausdruck der 950 Jahre-Feier von Mesmerodern, die auf die 1000 Jahre-Feier nicht warten wollten.

Schnell hatten wir den Ort hinter uns gelassen. Ein Fahrradweg neben einer Landstraße brachte uns weiter. Nach kurzer Zeit überquerte die Straße die relativ breite Westaue, die südlich von Bordenau in die Leine floss. Die Westaue war ein Zusammenfluss der Sachsenhäger Aue und dem Ziegenbach, wobei der erstgenannte Bach aus dem Schaumburger Wald entsprang und der zweite jetzt ein Abfluss des nahen Mittellandkanals darstellte, der einst durch sein Bett gebaut wurde. Die Aue durchbrach mit Blick auf das Dorf den schnöden Gang von fast zwei Kilometern Länge bis Idensen. In diesem Dorf glaubten wir ein Café zu finden, indem wir rasten wollten. Auf dem Glockenturmdach der Sigwardskirche bot sich uns ein seltenes Schauspiel. Störche begrüßten sich klappernd auf ihrem Nest. Grund genug, um sich dem alten Gemäuer etwas Abseits von der Hauptstraße anzunähern. Ich war entzückt von der Tatsache, dass zwei Tiere eine große positive Wirkung auf die Ausstrahlung eines Ortes besitzen können. Die schlichte Kirche selber besaß aber auch ihren ganz eigenen romanischen Charme, wobei sie sich als kleine, frühe Perle entpuppte. Sie wurde vom Bischof Sigward in den Jahren 1129 bis 1134 errichtet. Er weihte sie der heiligen Ursula von Köln und ihren elftausend Jungfrauen, da das Bistum Minden zur Kirchenprovinz Köln gehörte. Bischof Sigward, der die Kirche mit vermuteten Anbauten als Sommerresidenz nutzte, wurde hier 1140 beigesetzt. Von innen zeigte der von außen nüchtern wirkende Bau seine wahre Pracht. Die Kirche besaß durchgemalte romanische Deckenfresken und Ausmalungen, die im 17. Jahrhundert weiß übertüncht wurden. Schon 1858 wurden sie teilweise wiederentdeckt und offen gehalten. In den Jahren 1930 bis 1934 wurden die Ausmalungen dann ganz frei gelegt. Die Gewölbebilder der drei Langhausjoche gelten als die ältesten seiner Art auf deutschen Boden. Sie setzen alttestamentliche mit neutestamentlichen Ereignissen in Beziehung, wie Sodom und Gomorra zum Jüngsten Gericht, Turmbau zu Babel zur Ausgießung des Heiligen Geistes und die Sintflut zur Taufe. Idensen, in einer Urkunde von Sigward als Ydanhusen erwähnt, wurde 1974 mit der Gemeinde Idensermoor-Niengraben, die vorher zum Landkreis Grafschaft Schaumburg gehörte, in die Stadt Wunsdorf eingegliedert. Dieses Ereignis, ähnlich der früheren Zweiteilung des Steinhuder Meeres, beschert dem Ort bis heute zwei verschiede Vorwahlnummern im Telefonnetz.

In Idensen gab es Cafés. Nur hatte das eine geschlossen, das andere war still gelegt und das dritte sollte sich an einem Jachthafen am Kanal befinden. Das wollten wir anpeilen. Wir durchliefen den Ort mit vielen Einfamilienhäusern. Auf dem dazugehörigen Spielplatz durften die Kinder nur von 8.00 bis 13.00 Uhr und von 15.00 bis 20.00 Uhr spielen. Von 13.00 bis 15.00 war »Ruhezeit« und ab 20.00 Uhr war »Spielende«. Die Kinder durften kein Radio hören, kein Fußball spielen, keine Flaschen zertrümmern, nicht Fahrradfahren und keine Hunde laufen lassen. Auf einem zweiten Schild war vermerkt, wo sich das nächste Nottelefon und das nächste Krankenhaus befindet. Für Schäden an den Spielgeräten war auch eine bestimmte Nummer anzurufen. Für uns war das gegenüberstehende Schild für Fahrradwanderer von Bedeutung. Es gab nämlich darüber Aufschluss, wie viel Kilometer wir wirklich bis Bad Nenndorf zurück zu legen haben. Bei meinen Vorbereitungen auf diese Etappe stieß ich wieder auf eine Produktionsgrenze der Kartenhersteller. Alle Karten endeten im südlichen Bereich des Steinhuder Meeres vom Hannoverraum aus gesehen und die anderen begannen vom Weser Bergland ausgehend im Norden bei Bad Nenndorf am Deister. Dazwischen gab es kein Kartenmaterial, womit wir wieder einmal mehr von den X-Zeichen abhängig waren. Noch waren wir auf der Karte und rechneten die 13 Kilometer nach Steinhude mit den 14 Kilometern nach Bad Nenndorf zusammen. Das Ergebnis ließ unsere Hoffnungen auf eine kürzere Etappe schrumpfen, aber wir konnten nichts dagegen tun. Mit einer großen Portion Demut mussten wir weiter machen. Manch einer hatte wahrscheinlich schon die mörderische Teiletappe von Morgen im Kopf, die auf der Karte schier unendlich schien. Keiner wusste, wie sich das Bergland auf seine Konstitution auswirken und wie viel Zeit das bergauf und bergab brauchen wird. Aber das waren nur Gedanken, die auch schnell wieder vergingen, weil das Hier- und Jetztsein sofort neuen Raum bekam.

Eine merkwürdige Stille legte sich über die Landschaft. Der Schnitt durch eine künstliche Wasserstraße verursacht, hatte viele Wege zu Sackgassen gemacht und vorher errichtete Wohnhäuser hatten einen Inselstatus bekommen. Zuchtrotwild graste eingezäunt für den nächsten Bräter. Eine stille Autobahnstimmung bestimmte die Gegend. Eine Leitplanke in der Kurve sollte das Abstürzen von Autos in den Mittellandkanal verhindern. An dieser Stelle, direkt am Wegesrand, warfen Bäume ihre Schatten und es wuchs weiches Gras. Mit einem maritimen Gefühl machten wir Mittag. Tatsächlich näherte sich bald das erste Binnenschiff. Das dumpfe, langsame Klopfen des starken Dieselmotors wurde lauter. Sein rhythmisches Tuckern war regelrecht physisch auf dem Boden wahrzunehmen. Ich biss in das Käsebrot von gestern und trank sparsam Wasser. Der Mann vom Waldrand schritt auf unsere überwiegend liegende Gruppe zu. Ulla und ich saßen aufrecht. Wir grüßten ihn. Er grüßte knapp zurück, machte den Bogen zum Weg am Kanal entlang und verschwand etwas humpelnd in der Ferne. Ich meinte zu Ulla in ihm einen E1-Wanderer erkannt zu haben, aber wo hatte er seinen Rucksack?

Fahrradfahrer überfuhren fast unsere ausgestreckten Beine. Sie durchbrachen immer wieder unsere Mittagsruhe. Bremsen quietschten und beim Abbiegen sprangen kleine Steinchen knirschend vom Radgummi beschleunigt zur Seite. Irgendwie war mir die Raststelle zu hektisch. Ich ging frühzeitig los, ganz gemächlich an der langen Wasserstraße entlang. Der Kanal ist mit seinen 325 Kilometern der längste in Deutschland. Mit seinen Verbindungs- und Stichkanälen kommt er auf fast 400 Kilometer. In europäischer Dimension gesprochen, stellt er Verbindungen zwischen den Niederlanden, Belgien, Luxemburg, Frankreich, Schweiz, Polen und Tschechien her. Bereits 1856 gab es erste Pläne und Ideen unter Mitwirkung des Kreisbaumeisters von Hartmann, den Rhein mit der Elbe im Osten über die norddeutsche Tiefebene, vor den Mittelgebirgen, zu verbinden. Da die ostelbischen Agrarier befürchteten, mit billigeren Produkten aus dem Westen überschwemmt zu werden, versuchten sie durch erbitterte Debatten die Realisation zu verhindern und gingen als die Kanalrebellen in die Geschichte ein. Mit dem Inkrafttreten des preußischen Wassergesetzes vom 1. April 1905, wurde der Bau dann beschlossen. Ein Jahr später begann der erste Bauabschnitt von Bergeshövede nach Hannover. Der erste Weltkrieg verzögerte den Weiterbau. Trotzdem wurde der Abschnitt bis Minden 1915 fertiggestellt. Ein Jahr Bauzeit benötigte die Überquerung des Wesertales durch eine Wasserbrücke. Schließlich wurde der Kanal bis Hannover zum Misburger Hafen vorangetrieben und damit die sogenannte Kompromisslösung vollendet. 1928 wurde die Schleuse Anderten in Hannover durch den Reichspräsidenten Paul von Hindenburg eingeweiht und der Kanalbau Richtung Osten fortgesetzt. Ein Jahr später wurde der Ort Peine angeschlossen, der auch als großes Eisenbahndrehkreuz bekannt wurde. 1933 konnte Braunschweig angeschlossen werden. Hildesheim und Salzgitter wurden durch Stichkanäle erreicht. Die im Aufbau befindliche Volkswagenstadt Wolfsburg konnte per Schiff wieder direkt angefahren werden. Der zweite Krieg stoppte den Bau dann gänzlich. 1942 wurden die Arbeiten an der Kanalbrücke über die Elbe und am Schiffshebewerk Hohenwarthe eingestellt. Während der Deutschen Teilung wurde der Weiterbau über die Elbe nicht mehr verfolgt. Stattdessen beschloss die Bundesregierung 1965 den Ausbau des bestehenden Kanals, um größere Schiffe aufzunehmen. Damit konnten sich 85 Meter lange Schlepper mit einer Nutzlast von 1350 Tonnen durch den Kanal schieben. Schon während des Ausbaus entwickelten sich die früheren Europaschiffe weiter zu Großmotorgüterschiffe mit einer Tragkraft von 2300 Tonnen. In den ersten Jahren des Ausbaus wurden lange Strecken im Rechteckprofil mit Spundwänden erstellt. Aus Gründen des Tierschutzes mussten diese Strecken nachträglich eingezäunt werden, um Tiere vor dem Ertrinken zu bewahren. Heute wird deshalb das Trapezprofil bevorzugt, um Kleintieren zu ermöglichen, das Wasser wieder ungehindert verlassen zu können. Die DDR setzte ihrerseits ab 1976 den Ausbau in Teilstücken auf ihrem Gebiet fort. Nach der Wiedervereinigung 1993 wurde an der Vollendung der Strecke bis in den Elbe-Havel-Kanal gearbeitet. Das Elbtal wurde 1998 überwunden, dass der Anschluss zur Havel und damit nach Berlin hergestellt werden konnte. 2003 fand die Einweihung des Wasserstraßenkreuzes bei Magdeburg statt.

Das Gehen für mich allein war angenehm. Mein individuelles Tempo wäre insgesamt langsamer, aber beständiger, als vom Sog der Gruppe beeinflusst, die eine schnellere Geschwindigkeit abverlangte. Meine Pausen wären kürzer, aber von der Anzahl mehr. Die Selbstbestimmung würde durch kein Warten auf Andere, oder dem Hinterherjagen, um den Sichtkontakt nicht zu verlieren, unterbrochen. Das Nachgehen von Impulsen durch äußere Eindrücke wäre nicht gestört. In der Mitte der fast zwei Kilometer langen Geraden bewegten sich erste Punkte in meinem Rücken zum Aufbruch. In selber Entfernung lag die Brücke, über die wir gehen mussten, um dem Kanal wieder zu entkommen. Dort wollte ich auf die anderen warten, weil dann der Weg bald von der Landkarte ins Unbeschriebene verschwinden sollte. Lange Kutter überholten mich in etwas mehr als Schritttempo. Die meisten hatten Kohle aus den Bergwerken im Ruhrgebiet geladen. Manche hatten ihre Laderäume mit Wellblechdeckeln zugedeckt. Kurz bevor der Bug mich erreicht hatte, druckte die Verdrängung des Schiffes das trübe Wasser von den Befestigungssteinen am Ufer weg. Dieses Phänomen hielt die ganze Schiffslänge hin an. Hatte das Heck mich passiert, zog eine Welle an der Uferkante entlang und ließ bei der Brechung an den Steinblöcken das Wasser aufspritzen, bis sich nach einer Zeit der normale Pegel des Kanals wieder eingestellt hatte. Der schmale Uferböschungsbereich war kaum mit Schilf bewachsen. Anders als beim schmaleren Elbe-Lübeck Kanal, der über die gesamte Länge auf gleichem Abstand mit Bäumen bepflanzt wurde, war hier der abschüssige Kanaldamm mit wildem Buschwerk bewachsen. Wo der Damm am tiefsten verlief, bildeten sich feuchte Mulden mit Weiden und Schilf. War das Hinterland auf gleichem Niveau wie die Kanaloberfläche und höher, breiteten sich Wiesen aus, worauf sich Spaziergänger und Radfahrer sonnten. Als Kinder zog es uns auch an den Kanal, der fußläufig von unserem Wohnhaus zu erreichen war. Wasser scheint Menschen immer magnetisch anzuziehen. Sie wirken dann gelöster, freier, insgesamt zufriedener. Vielleicht werden wir vom Nass in der Erinnerung archaisch berührt, einst neun Monate darin verbracht zu haben, bevor wir an die trockene Luft entlassen wurden.

Wenn ich an den Mittellandkanal in meiner Kindheit denke, fallen mir dazugehörige Brachflächen ein, die vor der »Grünen« Revolution und dem danach steigendem Umweltbewusstsein von Autobesitzern genutzt wurden, um ihre Ölwechsel zu erledigen. Sie ließen dabei das Altöl ungeniert in den hannoverschen Heidesand ablaufen. Ölfilter, gebrauchte Luftfilter, verkohlte Zündkerzen, abgeriebene Verteilerdosen, verrostete Blechteile, durchsiebte Auspuffrohre und abgewetzte Fußmatten lagen verstreut in den Büschen um die freien Nischen der Brachfläche. »Selbst ist der Mann« hießen die weißen Paperbackbücher, die zu jedem damaligen Model erschienen waren. Laut Buch konnte der selbständige Mann damals tatsächlich alles am Wagen reparieren, was kaputt gehen konnte oder gewartet werden musste. Mit dem Wort »Umweltverschmutzung« endete schlagartig die Möglichkeit durch die eigenständige Wiederherstellung der Mobilität seine Männlichkeit unter Beweiß zu stellen. Die alten Zigarettenmarken aus verstaubt deutschen Zeiten wurden durch amerikanische ersetzt, mit denen der Raucher sich wenigstens die verloren gegangene Freiheit, am Wochenende Öl in den Sand sickern zu lassen, sich in die Lungen ziehen konnte.

Die Kanalbrücke erinnerte mich ebenfalls an Ereignisse meiner Kindheit. Ich gehörte nicht zu den Mutigen, die ganz über den Bogen krabbeln konnten. Die lebensmüden Knaben gingen komplett aufrecht über den halben Meter breiten Stahlstreifen ohne Geländer. Im Sommer sprangen sie als Initiationsritus vom Bogen 14 Meter in die Tiefe. Viele schafften den Sprung nur vom Brückenboden aus, nachdem sie über das Geländer geklettert waren. Ich versuchte überhaupt nicht in die undurchsichtige Brühe zu springen. Meine Phantasie war damals schon gewaltig, um mir vorzustellen, was da alles auf mich unter der Wasseroberfläche warten könnte. Versenkte Fahrräder, ausgediente Fässer, durchtränkte Holzbohlen, Betonblöcke und anderes schwimmendes Kleinkram mit verletzungspotential.

Gedankenversunken legte ich in der Mitte dieser einspurigen Bogenbrücke die Unterarme auf das Geländer und stellte einen Fuß zur Entlastung verschränkt hinter dem anderen Bein auf die Schuhspitze. Weit auseinander gerissen kamen die anderen unserer kleinen Wandergruppe der Überquerung dieser Wasserstraße näher. Ein Kahn tuckerte geradewegs unter mir Richtung Hannover. Die Kapitänsfrau hing in diesem Moment hinter der Kapitänsbrücke saubere Wäsche auf eine dafür gespannte Leine. Ein Kleinwagen parkte an Deck und eine Deutschlandfahne flatterte am Heck über dem braunen Schaum der Schraubenverwirbelung. Ulla und Margarete waren die ersten Überquerer des Kanals. Auf der anderen Seite wurde der unbeschriebene Wald zwischen Haste und Wunstorf dichter. Wir liefen in ihm erst in südlicher Richtung auf Haste zu. Dann drehte der Weg leider Richtung Osten und zu unserer Verwunderung an einem Schild, auf dem die Fahrradfahrer weiter Richtung Süden nach wenigen Kilometern in Bad Nenndorf sein sollten, sogar ganz nach Norden. Etwas von der Wegführung gedemütigt, beugten wir uns aber dem X-Zeichen, weil wir bald ohne Karte laufen mussten. Hinter Haste war Schluss mit dem Vergleich auf dem Papier. Die Wegführung sollte uns östlich vom Ort in den weiter nach Süden verlaufenden Wald bringen. Zunächst überschritten wir hinter der engen Zugunterführung die B442 von Bad Nenndorf nach Neustadt, die wir beim Fliegerhorst schon einmal gekreuzt hatten. Der Verkehr drückte sich mit hoher Frequenz nahe an unseren Rucksäcken entlang. Die Hektik und das Treiben einer nahen Großstadt gab uns an dieser Stelle einen Kuss. Über uns donnerte ein Personenzug Richtung Wunstorf auf selber Trasse, die uns in Poggenhagen an der Schranke zum Stehen brachte, als der nicht enden wollende Güterzug passieren musste. Direkt hinter der Landstraßenüberquerung begann der Ort Haste, den wir in der nördlichen Peripherie in einer Einfamilienhaussiedlung durchschritten. Der Ort ist erst nach der Reformation entstanden. Im Evangelischen Kirchenbuch von 1612 wurde diese Ansiedlung »auf der Hast« genannt. Trotz der Nähe zur Bahnstrecke nach Minden im Jahr 1847 und der Deisterstrecke 1872 bis Hannover sowie durch den Bau des Mittellandkanals und dem Bau der Autobahn 2 1939 nach Dortmund, konnte Haste im Aufschwung nicht so profitieren. Gewinner der modernen wirtschaftlichen Trassen war Wunstorf und Bad Nenndorf. Seit 1977 gehört der Ort zum neu gebildeten Landkreis Schaumburg mit Sitz in Stadthagen.

Ein blaues Polizeiauto überholte uns sehr langsam in der mit versetzten Grünflächen beruhigten Spielstraße. Ich spürte, wie sie uns vom Wagen aus beäugten, um uns zu identifizieren. »Was sind das denn für welche?«

»Wanderer!«

»Aber die haben doch so große Rucksäcke!«

»Vielleicht gehen die weiter, als nur einen Tag.«

»Geht hier nicht der Fernwanderweg durch?«

»Kann sein.«

Die Beamten stoppten ihren Wagen aber nicht und fuhren mit deutlich größerer Geschwindigkeit weiter, als in der Identifikationsphase. Wir waren also keine Diebe, oder eine Gruppe von Landstreichern in ihren Augen, die hätten überprüft werden müssen.

In der Reihe der normalen Häuser stach ein rotes Backsteinhaus ins Auge. Das Fallrohr der Dachrinne war wie ein Korkenzieher ungleichmäßig gekräuselt, der lichte Zaun bestand aus dünnen ungeraden Stäben, die auf drei horizontalen ebenso schmalen Latten genagelt waren und der zehn Meter lange Bodenstreifen zwischen Zaun und Haus war mit einer Schicht bunter Glasscherben belegt. Im Garten, sowie in den Fenstern standen skurrile Skulpturen aus allen Materialien, die weder künstlerisch ernst noch kitschig naiv aussahen. Die Bewohner dieses Hauses hatten in jeder Form die konventionellen Stellen eines Gebäudes gebrochen. Die Mauer und die Fenster blieben jedoch unangetastet. Soweit wie Hundertwasser wollten sie dann wohl doch nicht gehen.

Am östlichen Ende der Siedlung mündete die Wohnstraße in einen Wanderparkplatz. In einem verfallenem Schutzhüttchen hing eine verwitterte Übersichtskarte des Haster Waldgebietes. Sie gab uns in etwa einen Überblick der Strecke, die wir jetzt ohne Wanderkarte bestreiten mussten. Wieder waren die X-Zeichen unsere einzige Orientierung. Der Mischwald schien noch grüner als gestern zu sein. Ein tief eingefressener Bach schlängelte sich durch den Waldboden. Der immer weiter nach Osten verlaufende Weg versetzte uns in Betrübnis. Die Beine wollten dem Widersinn nicht mehr lange folgen. Wir wollten gefühlt nach Süden und nur nach Süden. Unsere Geduld war auf die Probe gestellt. Wir begannen aus Verzweiflung Witze zu machen, indem wir das Wandern aufgeben und ab morgen mit dem Auto zum Bodensee fahren wollten. So übten wir! So übten wir uns in Geduld und vertrauten den Zeichen. Eine verfallene Bank gab Anlass mit einer Trinkpause inne zu halten. Mit unserer Durchquerung belebten wir nicht wirklich diesen verlassenen Ort und genossen aber die Kühle des Schattens, die uns der Forst spendete.

Dann endlich knickte die Strecke gen Süden ab. Licht am Ende des Tunnels läutete wenig später den Waldsaum ein. Ein Feld mit aufgegangenem Winterweizen breitete sich leicht erhöht vor uns aus. Dahinter, kaum sichtbar im Dunst, lag er. Ein bislang unbekanntes, unbeschreibliches Gefühl ging durch mein Herz, dann setzte es sich bis zum Magen fort und schließlich wurde der ganze Körper davon erfasst. Der Deister! Die Endmoräne der Eiszeiten. Das erste Geschiebe, das an echte Steine eines Mittelgebirges vom Gletscher gedrückt und schließlich in seinem Fluss gestoppt wurde. Der Anfang eines Mittelgebirges. Der Beginn einer anderen Welt. Wir hatten das Ende der norddeutschen, abgeschliffenen Tiefebene erreicht. So mussten sich Seefahrer fühlen, die nach monatelanger Reise auf See endlich Land sehen. Beim Austritt des Waldes erhob sich die gesamte Landschaft mit viel Weitblick in ausgedehnte Wellen, die vom Inneren eines Autos aus nicht wahrzunehmen waren, wenn ich hier von Hannover aus auf der A2 Richtung Dortmund unzählige Male auf den Deister zu gefahren war.

Die Wanderkarte hatte uns wieder aufgenommen. Ein schattenloser Feldweg des Suthfeldes führte nun unerbittlich gerade Richtung Autobahn. Kleine Spielzeugautos sausten lautlos in der Ferne auf einem unsichtbaren Band dahin. Bald würde für die Fahrer die Abfahrt nach Bad Nenndorf und Barsinghausen am Deister auftauchen. Hinter der Bahn lag der leicht erhabene Waldstreifen der Munzeler Mark. Windräderblätter durchschnitten die Luft. Die Sonne fing an, auf dem Kopf zu brennen. Hitze machte den Körper taub und langsam. Bernhard war wenigstens mit einer weißen Stoffkappe behütet. Wir bekamen ein Gefühl dafür, wie das Wandern im Hochsommer strapaziös sein musste, wenn unter anderem das Schwitzen den mitzutragenden Wasservorrat verdoppeln würde. Die Gruppe sprengte sich auseinander. Jeder konzentrierte sich auf seine Art, die mühselige, lange, gerade Strecke zwischen den Feldern zu bewältigen.

Der Bach »Das Rad« hatte beim Durchfluss des Feldweges einige Bäume zu einem Hain versammelt, der die einzige Abwechslung für das Auge in der Felderwüste darstellte. Das Rad und der Haster Bach entsprangen beide nördlich von Bad Nenndorf. Nicht nur die Autos auf der A2 wurden immer größer, sondern auch der Deister erhob sich höher aus dem Horizont. Als wir die Autobahn fast berührten, bog der Feldweg nach Westen ab und führte schnurgerade auf Waltringhausen zu. Ulla und Margarete hatten ihren Wasservorrat aufgebraucht. Sie wünschten sich in dem Vordorf von Bad Nenndorf aufzutanken, sonst wären sie vertrocknet. Margarete trug die Flasche beim Gehen in der Hand, damit sie schnell trinken konnte, wenn der Durst plötzlich nahte, während sie sich durch die Sonne schleppte wie durch den Sand der Sahara. Margarete meinte dazu ernsthaft:»Nee, im Sommer wandern wäre nichts für mich.«, und schüttelte heftig mit dem Kopf.

Waltringhausen erwies sich als ein Straßendorf, das über die letzten Jahre in zweiter Reihe neuere Einfamilienhäuser angebaut hatte. Die Hauptstraße wandte sich in zwei Bögen durch den Ort. Im letzen Bogen rettete ein Edeka-Schild die Frauen vor dem Verdursten. Eine Freitreppe führte in den Tante-Emma-Laden. Bernhard besorgte sich wieder seinen obligatorischen Yoghurt. Vielleicht war es auch ein halber Liter Buttermilch. Ich hatte noch genug Wasser im Rucksack und trank einen kleinen ersten Schluck nach der verrotteten Bank im Wald bei Haste. Nach der Erfrischung setzten wir unverzüglich mit letztem Antrieb die Tagesetappe fort. Zum letzen Mal sollten wir auf meinen Vater treffen, der uns mit Helga entgegen kommen wollte. Er war aber noch nicht zu sehen, was nur bedeuten konnte, dass die Strecke in die Innenstadt von Bad Nenndorf noch weit entfernt lag. Die Bahnlinie Hannover-Bad Nenndorf trennte Waltringhausen vom nächsten Ortsteil Bückethaler Landwehr ab. An der Schranke bot sich uns ein trauriges Bild. Ein Foto eines Jungen, Kreuze, Stofftiere, Kindergemälde, Blumen und Grableuchten deuteten auf ein schreckliches Ereignis hin.

In Landwehr stieg die Straße bemerkbar in die Höhe, ganz leicht, aber stetig. Die Steigung reichte aus, um den Pulsschlag zu steigern und Schweiß aus den Poren zu drücken. Oberhalb der Siedlung standen Gebäude stiller Industrie. In Höhe einer Laderampe für ein Möbelgeschäft kamen uns Helga und mein Vater entgegen. Sie waren schon früh nach Bad Nenndorf gekommen, hatten unsere Pension bereits ausfindig gemacht und Kaffee getrunken. Die Gruppe vertraute sich meinem Vater an, der nun die Führung übernommen hatte. Heitere Redegrüppchen entstanden auf dem Weg zum Galenberg auf der Buchenallee hinter Bückethaler Landwehr. Von diesem Punkt aus war uns der Deister am nächsten gekommen. Sanft lag der morgige Einstieg in den Hügeln der Endmoräne neben uns in der Ferne. Hinter einem Friedhof führte uns mein Vater wieder den Hügel hinab, was uns wundern ließ. Seine eigenwillige Abweichung war nur gut gemeint. Er wollte uns den Anfang des E1 zeigen und über den Park in die Innenstadt führen. Bekanntlich waren aber nach 28 Kilometern jeder einzelne Meter zu viel in den brennenden Füßen und krachenden Knochen. Der Galenberg war teils bebaut, während die andere Hälfte aus Freigelände bestand, von dem der Spaziergänger den Deister sehen konnte. Die Bebauung bestand aus alten Villen aus den Anfängen der Kurstadt. Die andere Hälfte des Berges ging in den gestalteten Kurpark über. Mit dem Ort betraten wir zum ersten Mal das Einzugsgebiet des einst mächtigen Klosters Corvey an der Weser bei Höxter. Es wurde unter dem Namen Nyanthorpe, was soviel heißt wie Neues Dorf, 936 in einer Urkunde erwähnt. 1136 wurde die erste Kirche errichtet und 1150 wurde der Ort Niendorpe genannt. Seit der Teilung der Grafschaft Schaumburg unter dem Haus Braunschweig-Lüneburg 1647, gehörte Nenndorf zu den Landgrafen Hessen-Kassel. Der andere Teil fiel an den Grafen zur Lippe. Es kam zu der Teilung, weil der 1640 verstorbene Otto V. kinderlos blieb, was in einer Zeit, wo noch kein Nationalstaat bestand, verheerende Folgen hatte. Die festgelegten Verträge wurden im Oktober 1648 im Westfälischen Friedensvertrag bestätigt. Die vertraglichen Verbindungen dieser verschiedenen Häuser machte die Existenz des kleinen Territoriums nicht leicht. Die Landgrafschaft Hessen-Kassel war durch eine Personalunion mit der Grafschaft Schaumburg hessischen Anteils, sowie mit der Grafschaft Schaumburg lippischen Anteils verbunden. Regiert wurde die so entstandene territoriale Bezeichnung Schaumburg-Lippe aus einer Nebenlinie des lippischen Grafenhauses, dem Graf Philipp I. von Lippe-Alverdissen vorstand. Weil jedoch die Landgrafen von Hessen-Kassel weiterhin Lehnsherren des ertragreichen Bergbaus in den Bückebergen blieben und Graf Wilhelm die Unabhängigkeit des kleinen Staates immer gefährdet sah, rüstete er wie schon beschrieben sein Land überproportional auf. Als der besagte Nachfolger Philipp Ernst starb, machten Hessen-Kassel Ansprüche geltend und besetzten im Bückeburger Streit 1787 das Land. Sie konnten aber durch hannoversches und preußisches Eingreifen zum Rückzug gezwungen werden. Zwei Jahre später sprach das Reichskammergericht in diesem Gebietskonflikt das Amt Schieder Detmold zu, während die Ämter Alverdissen und Blomberg offen blieben. Nachdem Graf Georg Wilhelm mit dem Fürstentum Lippe-Detmold 1807 dem Rheinbund beigetreten waren, erhob Napoleon Bonaparte und Fürstin Pauline aus Detmold die Grafschaft Schaumburg-Lippe zum Fürstentum. Vorangegangen waren Verhandlungen zwischen dem französischen Außenminister Charles Maurice Talleyrand und dem herzoglich nassauischen Staatsminister Hans Christoph Ernst von Gagern. Unter der Gnade Napoleons soll Graf Georg Wilhelm nur mit Widerwillen den Titel Fürst angenommen haben. Ein paar Monate später wurde das Gebiet dem Königreich Westphalen einverleibt. Die Gebietskonflikte waren dadurch aber noch lange nicht beendet. Fürstin Pauline ließ verdrossen die strittigen Ämter militärisch besetzen und die schaumburg-lippischen Verwaltungsbeamten unter Fürst Georg Wilhelm verhaften. Er lenkte schließlich unter Vorbehalt späterer schiedsgerichtlichen Entscheidungen ein. Nach dem Untergang Napoleons in Waterloo 1815, und somit dem Verfall des nur kurz währenden Königreich Westphalen, trat das Fürstentum sogleich im Zusammenhang des Wiener Kongresses dem Deutschen Bund bei. 1871 wurde es Bundesstaat des Deutschen Reiches.

Nach dieser kurzen Tuchfühlung mit einem nassauischen Adeligen, der uns im weiteren Verlauf des E1 geschichtlich an der Lahn sicherlich noch genauer begegnen wird, kamen wir zurück zu unserem Bad Nenndorf. Groß- und Klein Nenndorf wurde 1546 die Heilkraft einer entdeckten Schwefelquelle beurkundet, die dem Ort von nun an Bedeutung verlieh. Nach der anfänglichen Nutzung durch die Landbevölkerung, ließ sie nach einem Gutachten der damals noch existierenden Universität Rinteln der Landgraf Friedrich II. einfassen. Die Universität in Rinteln wurde 1610 von Graf Ernst gegründet und basierte auf die seit 1330 bestehende lateinische Stadtschule in Stadthagen. Dieses Gymnasium illustre verfügte bereits über vier Fakultäten und einem vollakademischen Unterrichtsbetrieb. Das vollwertige kaiserliche Privileg, das das Promotionsrecht sicher stellte, erwarb Graf Ernst zu Holstein-Schaumburg beim Kaiser Ferdinand II. für 100 000 Gulden als Darlehen. Die Universität zog in das durch die Reformation verlassene, katholische Jakobskloster. 1621 fand die Einweihung statt. Zwei Jahre später überfiel Herzog Christian von Braunschweig-Lüneburg die Stadt und plünderte sie. Die meisten Studenten und Professoren verließen die Stadt. Nach der Gegenreformation ab 1629 übernahmen Benediktinermönche aus Hildesheim und Corvey den noch mühselig aufrecht gehaltenen Universitätsbetrieb, die daraus eine katholisch-theologische Fakultät machten. Zur selben Zeit kam in Rinteln ein anonymes Buch heraus, das den Beginn des Kampfes gegen die Hexenprozesse markierte. Später vermutete man den Paderborner Theologen Friedrich Spee von Langfeld hinter diesem Werk mit dem Namen Cautio criminalis. Vor dessen Erscheinen bestimmte das Standardwerk zur Theorie der Hexenlehre seines Rintelner Kollegen Hermann Goehausen die Gutachten zu Hexenprozessen, denn die Unis in Rinteln, Rostock und Wittenberg waren die führenden akademischen Autoritäten gutachterlicher Begleitung während dieser Prozesse. Rinteln galt leider neben der Universität Helmstedt als sehr hart in Sachen Hexenverfolgung. Nach der schon beschriebenen Aufteilung der Grafschaft Schaumburg fiel die Uni an Landgraf Wilhelm VI. von Hessen-Kassel, der wiederum ein Konfessionswechsel vollzog. Die Universität Rinteln wurde wieder lutherisch. Nach dem Untergang Napoleons und somit auch dem Königreich Westphalens, fiel die Uni 1810 durch den gesteigerten Studentenzulauf in Marburg, Göttingen und Halle, sowie der Verwaltungsreform unter Minister Johannes von Müller zum Opfer.

Doch zurück nach Bad Nenndorf. Landgraf Wilhelm IX. ließ 1787 um die Heilquelle einen Kurpark errichten, indem sich dementsprechende Badeeinrichtungen befanden. Erster Brunnenarzt wurde der Rintelner Medizinprofessor Ludwig Philipp Schröter. Wem der Müßiggang neben der körperlichen Erholung zu viel wurde, vertrieb sich die Zeit um 1740 unter anderem in den Räumen einer Apotheke, wo auch Kaffee und Kakao ausgeschenkt wurde. Ganz nebenbei wurde hauptsächlich Pharao um Geld gespielt, worauf erst 1787 eine Konzession zum Abhalten von Glücksspielen erteilt wurde. Nach dem die Apotheke zu klein wurde, zogen die Spieler in einen Raum des Arkadengebäudes und später in die Galerie um. Als diese wiederum nicht mehr ausreichte, wurden die Tische in den Theatersaal verlegt, wo zusätzlich einmal die Woche getanzt wurde. Neben Pharao wurde das neue Trente et Quarante gespielt, was mit einem 10 Silbergroschen eröffnet werden musste. Schon zwei Jahre nach Erteilung der Konzession und wechselnden Pächtern, die an den Einnahmen der Bank kräftig verdienen wollten, wurde das Spiel wegen Unregelmäßigkeiten bis 1852 unterbrochen. 1863 schloss der Kurfürst, neben einiger anderer »kleinen Anordnungen« auch die Spielbank endgültig. Nach der Entdeckung der Schwefelquelle, die mittlerweile als die stärkste in ganz Europa galt und vorzüglich zur Heilung von Rheuma, Gicht und Hautleiden diente, ging nach der Expansion Preußens 1866 Nenndorf an den König, worauf der Ort die Bezeichnung Staatsbad führte. Durch Gelder aus Berlin konnten Nenndorf als Erholungsort weiter expandieren. Nicht ganz von Uninteresse dabei war eben auch die Lage des Ortes direkt an einem Hellweg. Dieser war ein Abzweig der Elbe-Rheinverbindung, die die Pfalzen Aachen und Goslar auf dem Weg über Corvey verband. Dabei wurde der Rhein bei Duisburg überschritten. Es folgte Essen, Dortmund, Unna und weiter der Lippe empor Werl, Soest, Erwitte, Geseke, Salzkotten, die Pader hinauf bis Paderborn und schließlich, das Eggegebirge überwunden, die Weser mit dem Kloster Corvey. Dieser Abschnitt soll bereits über 5000 Jahre bestehen und diente vor den Römern auch den »normannischen« Stämmen als Handelsweg. Diese historischen Wege sind frühe Autobahnen. Sie wurden als Königs-, Herr- und wichtige Durchgangsstraßen für den Fernhandel benutzt. Markenzeichen war das dauerhafte Freihalten von Pflanzenbewuchs auf einer Breite von etwa drei Metern, was einer damaligen Lanzenlänge entsprach, damit ein zügiges Vorankommen gewährleistet war. Sie wurden im Mittelalter als lichte, breite Wege bezeichnet, eben als Hellwege.

Wieder im 20. Jahrhundert angekommen, wurde nach dem zweiten Weltkrieg das Wincklerbad und angrenzende Gebäude von der britischen Rheinarmee als Internierungslager hoher Funktionäre der NSDAP, Diplomaten und Offiziere der Abwehr genutzt. Von den 372 Männer und 44 Frauen, die zwischen 1945 und 1947 inhaftiert und verhört wurden, bekam die Bevölkerung fast nichts mit, da das Gebäude unter Geheimhaltung seiner Nutzung streng abgeschirmt wurde. Im Frühjahr 1947 drang jedoch nach draußen, dass im Inneren der Einrichtung katastrophale Zustände herrschen mussten, so dass sie nach deutscher und britischer Intervention geschlossen wurde. Seit 2006 führt die Neonaziszene jeweils im August eines Jahres in Bad Nenndorf sogenannte Trauermärsche zum Wincklerbad durch. Sie sollen an die »Opfer des alliierten Folterlagers im Wincklerbad« erinnern. Diese Aufmärsche sind bis in das Jahr 2030 angekündigt. Besorgte Bad Nenndorfer Bürger befürchteten, dass sich aus ihrer Stadt ein Treffpunkt der rechten Szene entwickeln würde. Sie gründeten ein Bündnis mit dem Namen »Bad Nenndorf ist bunt«. So wird zu jedem Aufmarsch der Neonazis im August eine Gegendemonstration abgehalten. Zum Schutz der Versammlungen müssen mehrere 1000 Polizeibeamte eingesetzt werden. In Bad Nenndorf herrscht dann der Ausnahmezustand.

Erst Anfang 2000 erhielt das Bad Stadtrechte. Die Rückläufigen Kurgastzahlen lassen Bad Nenndorf jedoch in eine ungewisse Zukunft blicken. Durch die schöne Landschaft und die Nähe zum Deister zieht es jedoch viele Hannoveraner zum Wohnen an diesen Ort.

Ein Teil der Flanke des Galenberges war mit der Süntelbuchenallee bepflanzt. Die verkrüppelten Bäume besaßen so gut wie keinen Stamm. Ihre Äste wanden sich in alle Richtungen, aber hauptsächlich horizontal in geringem Abstand zum Boden. Neben den hier fast an die 100 Exemplaren, stehen noch einzelne an verschiedenen Orten wie im Berggarten von Hannover, in Lauenau am Deister und in Gremsheim bei Bad Gandersheim. Dort soll die weltweit größte und älteste mit über 200 Jahren stehen. Das Alter wird durch die knorrige Wuchsform meist überschätzt. Genau durch diese Wuchsform brechen viele alte Bäume auseinander und erreichen keine 300 Jahre. Den Grund dieser einzigartigen Form ist man immer noch nicht nachkommen können. Für die Wuchsform wurden die Bodenbeschaffenheit, Bodeninhaltsstoffe, radioaktives Grundwasser, das Klima, strahlende Meteore, Form und Stellung der Knospen, unterirdische Hohlräume mit Luftströmungen oder »Erdstrahlen« verantwortlich gemacht. Auch vorrübergehender

Wasserentzug bei Jungpflanzen wurde als Erklärung für den Krüppelwuchs in Erwägung gezogen, doch beweisen ließen sich all diese Spekulationen bisher nicht. Eins steht fest, die Fortpflanzung geschieht durch Vererbung. Neben den vielen Namen, die diesen individuell auftretenden Bäumen noch gegeben wurden, hießen sie auch Hexenholz oder Teufels-Buche, weil man sie als verwunschen oder vom Teufel verdorben ansah. Der Ursprung dieser Varietät der Rotbuche liegt tatsächlich im Süntel, den wir auch noch durchqueren müssen. Dort stand bis Mitte des 19. Jahrhunderts der größte Süntelbuchenbestand Europas. 1843 wurde die gesamte Fläche zwischen Hülsede und Raden gerodet. Die Zahl der Süntelbuchen in Deutschland sank von einigen 1000 auf wenige einhundert. Eine Ortsgruppe in Bad Münder des Heimatbundes Niedersachsen legte 1990 ein rund 11 000 Quadratmeter großes Süntelbuchenreservat an. Das mittlerweile gekaufte Grundstück soll diese seltene Baumart vor ihrer Ausrottung bewahren. Die Abgeschiedene Lage dieses Reservates soll die genetische Vermischung mit »gesunden« Buchen verhindern. Mir klingen jetzt noch die Stammtischdiskussionen bei der Vorstellung des Projektes »Süntelbuchenreservat« des Heimatbundes im Ohr, obwohl ich nicht daran teilgenommen habe. Manche Waldbauern sind wahrscheinlich immer noch vom Aberglauben verzaubert, indem sie denken, dass diesen Bäumen der Teufel inne wohnt. Das gedrehte und gebogene Holz entzieht sich nämlich jeder wirtschaftlichen Nutzung. Keine Axt oder Spaltmaschine schafft es durch die eigentümliche Faserrichtung gerade hindurch zu kommen. So eignet sich das Holz der Süntelbuche noch nicht einmal als Kaminholz, da es auch nicht stapelbar ist. Ein Wert entwickelt diese Buchenart nur als Zierbaum in Parks, Gärten und öffentlichen Anlagen.

Der Weg führte uns um die Bäume, zwischendurch und drunter her. Mit Konzentration mussten Platzwunden vermieden werden. Am Ende der Allee saß ein Mann im Campingstuhl. Er hatte eine Zeitrafferkamera auf einer Schiene vor sich aufgebaut. Sie machte im stark wechselnden Abendlicht einzelne Bilder und bewegte sich dabei Millimeter für Millimeter. Ulla fragte ihn, was er da mache. Der Mann erklärte uns die Technik und meinte, dass er den Auftrag für eine Werbeaktion von der Stadt bekommen habe.

Über die Kurparkwiesen an den viereckigen Springbrunnen vorbei, steuerten wir geradewegs auf das Landgrafenhaus im Stil der

Renaissance zu. Cafés und Gastronomie waren auf diesem Platz untergebracht. Breite Freitreppen führten zu dem etwas tiefer gelegenen Verwaltungsgebäude des Staatsbades Nenndorf und zu der Landgrafentherme. Nach der Überquerung der Bahnhofstraße von der Poststraße aus, hatten wir unsere Pension »Charlotte« in der Hindenburgstraße erreicht. Dieses über hundert Jahre alten Gebäude hatte schon viele Besucher gesehen. Im engen Flur standen Sessel, kleine gelbliche Lampen sorgten für ein gemütliches Licht, Zeitschriften lagen auf dem Beistelltisch und der Boden dämpfte mit Teppichen den Schall. Die entspannte, dennoch geschäftige Wirtin wickelte das Einchecken an einem alten, winzigen Klappsekretär ab. Sie gab uns unsere Schlüssel und die Zeit, ab wann morgen das Frühstück frühestens beginnen sollte. Im benachbarten Frühstücks- und Aufenthaltsraum saßen sechs Geschäftsleute in Anzug und Krawatte. Eine belebte Stimmung strahlte aus dem Raum heraus. Margarete und ich legten die Rucksäcke im geräumigen Zimmer ab, schnauften kurz durch, wuschen uns den Staub aus dem Gesicht und machten uns nach Absprache mit den anderen zum vereinbarten Treffpunkt zu meinem Vater auf.

Ich merkte jeden Schritt auf den Gehwegplatten. Weit wollte ich nicht mehr gehen. Das in die Tage gekommene Parkhotel lag zum Glück schräg gegenüber der Hindenburgstraße. Die milden Temperaturen ließen es zu, noch draußen zu sitzen. Hinter dem Hotel war ein Biergarten untergebracht. Auf Gussbetonplatten und zwischen Kübelpflanzen waren weiße Tische und Stühle aufgestellt. Eine winzige Bühne zeugte vom ehemaligen Tanzgarten. Vom Bühnengeländer hingen Instrumentenattrappen aus Holz aus den fünfziger Jahren. Grünspan hatte ihren einstigen Glanz überzogen. Eine junge Frau in Kellnerinnenkluft brachte uns Schaumburger Bier, was ziemlich schnell durch meine vertrocknete Kehle rann. Während wir uns unterhielten, konnte ich nicht widerstehen, meine Wanderschuhe endlich etwas zu öffnen. Eine unbeschreibliche Erleichterung strömte durch meinen ganzen Körper. Die Füße pulten sich fast von selber immer mehr aus den Schuhen, bis sie sich ganz befreit hatten. Die Tatsache, dass wir draußen saßen, beschleunigte erheblich diesen Vorgang der Befreiung.

Ulla war die erste, die zu uns an den Tisch kam. Sie meinte, ob wir nicht um 19.00 Uhr zum Tanzen gehen wollten, hier im Parkhotel. Sie hatte beim Durchschreiten der Innenräume ein Schild mit diesem Hinweis gesehen. Ich antwortete ebenso scherzhaft zurück: »Gute Idee! Wir hatten heute wirklich noch zu wenig Bewegung.« Bevor sich mein Vater und seine Freundin zum letzten Mal von uns verabschiedeten, bekamen ihre Gesichter Züge einer Mischung aus Besorgnis und Unverständnis. Sie konnten offenbar sich nicht vorstellen, wie jemand nach 28 Kilometern scherzend und lachend den Abend verbrachte und morgen über 30 Kilometer nach Bad Münder durch die Berge laufen wollte. Vor ihrem geistigen Auge war dies eine enorme Anforderung, weil sie die Entfernungen in Teilstrecken kannten und auf sich übertragen einschätzen konnten. Zu ihrer Besorgnis mischte sich Mitleid oder Bewunderung, was ich nicht klar deuten konnte. Auf jeden Fall wünschten sie uns alles Gute und Gelingen dafür. Unser Treffen war eine gute Idee. Es hatte mich in einer höheren Intensität an meine Kindheit erinnern lassen. Hannover und das Garbsener Umland war mir dadurch noch näher gekommen. Mit dem Abschied von meinem Vater, verabschiedete ich mich gleichzeitig von der Tiefebene meiner Jugend. Der morgige Kammweg auf dem langen Deister wird wieder einmal das Tor in eine andere, erwachsenere Welt werden. Alle Ausbildungen hatte ich in Hannover an der Leine gemacht. Das wichtige einjährige Praktikum absolvierte ich in Königslutter am Elm, die Aller hinauf an Braunschweig vorbei. Alle Orte lagen nördlich vom ersten Mittelgebirge, an dessen Fuß wir jetzt saßen. Erst mit meinem Käfer kamen wir auf Spritztouren in das südliche Land der Berge jenseits der Endmoräne. Zu meiner ersten Stelle musste ich von Hannover die westliche Deisterflanke nach Bad Oeynhausen, nahe der Weser, jeden Tag auf der A2 überfahren. Für mich war diese Landschaft schon immer reizvoller, als das flache Hannover. Wie dem auch sei, bestimmte der Abschied vom Vater, von der Jugend, von den Ausbildungen und von Hannover diese Stimmung. Ich war nicht traurig, ich war heiter. Der schöpferische Teil der Melancholie trieb mich in solchen Momenten an. Das war ein wunderbares Lebensgefühl der rechten Geschwindigkeit im Vorankommen. Dieser Moment war die richtige Stelle, um sich zu fragen, warum wir uns diese Strapazen auferlegen. Ich hatte keine Antwort.

Eigentlich hätten wir hier im Hotel essen können, aber wir wollten zum uns empfohlenen Italiener gehen, weil Margarete wahrscheinlich noch genug von der gestrigen heimischen Küche hatte. Wir hatten Lust auf Bruschetta, Minestrone, Insalata Mista, sowie

Carpriccios, Pizza Magarita und Lasagne. Der Süden lockte, das Wetter passte. Der Weg zum La Viletta führte über ein nagelneu restauriertes Gelände der Kuranlage. Der glatte, schnörkellose Baustiel schien sich wirklich durchgesetzt zu haben. Wege und Begrenzungen waren in geraden Linien gefasst. Die Gehwegsteine waren hell und glatt gehalten. Edelstahlgeländer und Lampen mit ökologischen Leuchtstoffbirnen glänzten im schlichten Charme der Moderne. Halogenlampen waren in der Platzfläche stolperfrei versenkt, um die in offen gehaltenen, mit Kantsteinen begrenzten, Erdvertiefungen gepflanzten Bäume zu bestrahlen. Auf dem Platz spritzte ein Wasserspiel in regelmäßigen Abständen einen wohlgeformten Stahl aus einer Bodenöffnung. Der nasse Bogen wurde noch bevor sein Anfang wieder den Boden erreichen konnte präzise von Geisterhand abgeschnitten. Es hatte den Anschein, als schwebte für kurze Zeit ein gebogener Strahl durch die Luft. Auf der anderen Seite des Platzes erhob sich ein nicht minder schnörkelfreies Gesamtgebäude aus den siebziger Jahren. Von einer mit eckig gegossenen Betonsäulen versehenen erhöhten Kaskade konnten die einzelnen gastronomischen und geschäftlichen Räume erreicht werden. Diese Bauart setzte sich auf der anderen Seite der Kurhausstraße fort. Hier standen mehrstöckige Gebäude, die Ärztepraxen, Wohnungen, Ergotherapien, Apotheken, Drogerien und andere Geschäfte beheimaten. Der damals gewählte Backstein war verdreckt und aus dem Mörtel rann der Kalk in weiß-grauen, breiten Streifen über die Außenfassade. Was einst in einem modernen Glanz stand, wirkte heute heruntergekommen, verlassen traurig.

Unser Restaurante war aber gut mit Leben gefüllt. Wir setzten uns an große Fenster ins Licht der untergehenden Sonne. Der Innenraum wurde mit orangener Farbe überflutet. Unsere fast verbrannten Gesichter leuchteten gesund in dieser romantischen Abendstimmung auf. Die Lebendigkeit im Lokal steckte uns ebenso an, wie sie die Aktivität des Kellners beflügelte. Er war freundlich, schnell, bemüht und vergesslich. Meine fehlenden Bruschetta musste ich dann schließlich nicht bezahlen, obwohl sie mit auf der Rechnung aufgeführt waren. Wie nach einer Familienfeier zogen wir gesättigt und vergnügt zum Haus Charlotte zurück. Warmes Lampenlicht erhellte den Flur der Pension, der mit Perserteppichen ausgelegt war. Das Liegen tat so gut.

Bad Nenndorf – Bad Münder, 21. April 2011, Donnerstag

Der Körper verwundert mich immer wieder aufs Neue. Ich freue mich über die enorme Regenerationskraft in nur kurzer Zeit einer Nacht. Vielleicht saugt er sich wie ein trockener Schwamm wieder mit Energie voll. Aber woher kam diese Energie, wenn nicht aus dem Körper selbst heraus? Ich freute mich auf das Mittelgebirge, auf die andere Landschaft und die unbekannten Perspektiven. Ob wir mit der Zeit- und Entfernungseinteilung durch das Auf und Ab auskommen würden, wusste noch niemand von uns genau. So sollte diese Tagesetappe mit Ihren Unbekannten ein Abenteuer werden.

Das frische Frühlingsgrün lachte uns durch einen Ahorn als Straßenbaum durchs Zimmerfenster an. Er hatte seine Blätter bereits voll entfaltet. Sie hingen straff in der Morgensonne an seinen Zweigen. Das Frühstück war in Buffettform aufgebaut Die Geschäftsleute verbreiteten einen starken, männlichen Duft im Raum, der gerade ebenso auszuhalten war. Die zwei Wirtinnen waren mit dem Nachbringen von Kaffee sehr bemüht. Wir fragten sie aus unserer Erfahrung heraus, ob wir für Schmierbrote zuzahlen müssten, was sie freundlich verneinten. Bei der Vorbesprechung der Strecke war wohl jeder individuell mit seiner Art der Bewältigung von Höhen und Tiefen im Bergland mental beschäftigt. Die reale Situation wird den Umgang damit versus diffuser Vorstellungen und Befürchtungen noch früh genug zeigen. Ich spürte deshalb eine gewisse Unruhe in der Gruppe.

Beim Morgenfoto breitete Bernhard die Arme aus, als wolle er die Welt umgreifen. Ursula beugte sich lustig über das Schild vom »Haus Charlotte«. Margarete und Ulla strahlten in die Kamera, womit sie die Heiterkeit des Morgens dokumentierten. Alle trugen kurzärmlige T-Shirts. Bernhard hatte jetzt schon seinen weißen Schlapphut auf, Ulla und ich trugen Sonnenbrillen. Mich blendete das Licht noch viel schlimmer, als letztes Jahr. Wenn der Makel sich weiter verschlechtern würde, müsste ich zum Augenarzt gehen. Noch funktionierte meine Wahrnehmung. Die wärmende, positive Sonne verschleierte jedoch meinen sonst so scharfen Blick. Ein schwarzes, schmiedeeisernes Postkutschenmotiv mit zwei Pferden hing neben dem Treppeneingang der geräumigen Bürgervilla an der gelblich ocker gestrichenen Wand. Ein einziges Barockelement über dem mittleren Gaubenfenster veredelte unsere Übernachtungsstätte. Damit hob sich das Haus mit wenigen Mitteln von den Nachbarhäusern im baugleichen Stiel gekonnt ab.

Jetzt ging die vorletzte Etappe endlich los, vorbei an dem Parkhotel mit den zwei einsamen Holzgitarren im Biergarten. Daneben bemerkte ich heute erst den weiß-blau gestreiften Strandkorb. Das Baumwolldach war über die Jahre durch die Algen grün angelaufen. Ein letzter Gruß von der Ostsee, Eckernförde und Kiel. Am neuen Kurplatz spielte Bernhard im Vorbeigehen mit dem ewig potenten Bogenwasser, bis wir schließlich die alten Gussbetonbrunnen erreicht hatten. Zwischen weißen Kurparkbänken und Tischen bewegte sich ein Gärtner in Overall auf das fünfziger Jahre Wasserspiel zu. Er hatte ein Eimer und eine Tüte bei sich. Aus der Tüte schüttete er eine weiße Substanz in das Becken des Brunnens, was meine Aufmerksamkeit weckte. Ich fragte ihn, was er dort hinein schütten würde. Er meinte, es sei ein Chlorpräparat, damit das Wasser sauber bleiben solle. Von sich aus erzählte er weiter, dass die alten Dinger sowieso bald abgerissen würden. Im Zuge der Modernisierung des Kurparks, kämen Neue dahin. Die Süntelbuchen standen nun im Morgenlicht. Sie durften, im Gegensatz zu den Brunnenbecken, als Wahrzeichen der Stadt bleiben. Zwischen ihren Korkenzieherästen tauchte der erste Deisterhügel im Dunst wieder auf. Wiesen und das erste Grün des Winterweizens schoben sich an den von oben abfallenden Waldsaum heran. Bevor wir wieder in den E1 einklinkten, kamen wir an einem Büstenrelief vorbei, das an einem Rohling befestigt war. Das metallene Schild stellte Victor Adolf Theophil von Podbielski in Uniform dar. In Hannover gibt es eine breite Ausfallsstraße, die seinen Namen trägt. Die Hannoveraner nennen sie kurz die Podbi. Mit Hannover hatte jedoch von Podbielski weniger zu tun, als die Tatsache, das seine 25 Jahre jüngere Frau in Hannover geboren wurde. Seine Angetraute Margarete war die Tochter des preußischen Premierleutnant und Kompaniechef Fritz von Twardowski. Von Podbielski stammte aus Frankfurt an der Oder und lebte von 1844 bis 1916. Seine Laufbahn war zunächst ausschließlich militärischer Natur. Er war preußischer Offizier, machte sich im Deutsch-Französischen Krieg 1870 und 71 bewärt und war zuletzt Generalleutnant, sowie Staats- und Landwirtschaftsminister, zudem Staatssekretär des Reichspostamts.

Wenige Schritte daneben stand ein Pfeiler mit etlichen Schildern aus vergangenen Gegenden und unserer zukünftigen Strecke.

Die mit Hand beschriebenen Bleche beschrieben die nächste E1 Strecke über den Deisterkamm zum Nienstedter Pass, nach Springe und schließlich nach Bad Münder, unserem Ziel für heute. Ein vertikaler Balken auf einem Liegenden, markierte den Calenberger Weg und wies damit auf die nordöstlich vom Deister liegenden Gegend der Calenberger Fürsten hin. Er führt von hier aus über den Deisterrand nach Hohenbostel, über Barsinghausen nach Egestorf und Völksen nach Nordstemmen, den Ort, wo meine Mutter mit ihrem Mann lebt. Über den Ortsnamen auf dem Schild, hatte ich nun auch Kontakt zu dieser Seite meiner Vergangenheit, was mich zufrieden den Weg nach Süden im Abschied vom Elternhaus fortsetzten ließ.

Der Weg führte zunächst den Galenberg herunter, flankiert von einer Bubikopfallee. Diese Ahörner tragen eine zur Kugel geschnittene Krone. Jetzt im Frühling sprießen die Zweige jedoch unkontrolliert in alle Richtungen, als wenn jemandem die Haare zu Berge stünden. Nach einer kurzen Strecke durch Felder, erreichten wir die B65. Auf der gelingt man vom Westen in den Norden zur Landeshauptstadt Niedersachsens. Sie führt im Grunde genommen in die andere Richtung parallel zur A2 nach Bad Oeynhausen über Stadthagen, Bückeburg und Porta Westfalica, dem Tor nach Westfalen am Ausklang des westlichen Weser Berglandes, wo der Fluss durch die Hügel in das Flachland bricht. In Bad Oeynhausen knickt die A2 etwas nach Süden ab, Richtung Dortmund. Die B65 bleibt streng westlich Richtung Osnabrück, der südwestlichen Bastion Niedersachsens. Wir überqueren die hochfrequentierte Bundesstraße aber nach Süden folgend. Ein fast verwaister Park mit Weiher, Feuchtwiesen und Jägerzäunen nahm uns auf. Auf einem prächtigen Findling, noch aus der Gletscherzeit und letzter Zeuge der Tiefebene, stand Erlengrund gemeißelt zu lesen. Der Schall schnatternder Enten belebte die frische Morgenstimmung. Als Grundton des aufgeregten Geschnatters, war das Rauschen der Autos beider Trassen gelegt. Hinter dem Parkgelände unterliefen wir die zum Grundton gehörige Autobahn mit einer tiefliegenden Unterführung. Mindestens zwanzig Meter über unseren Köpfen schnauften sich die Lastwagen die Deisterflanke nach oben. Auf der anderen Seite der Bahn stieg sogleich ein schmaler, aber mit Bordsteinen befestigter Kopfsteinpflasterweg den Wald schlängelnd nach oben. Dieser befestigte, nostalgische Weg brachte die Kurgäste zur 198 Meter hohen Cecilienhöhe, wo sich ein Café befand. Von hier aus hatten die Kurenden einen ersten Weitblick in die Ebene. Nach dem Bungsberg in Schleswig-Holstein mit 168 Metern, war diese Höhe unsere höchste Stelle der Wanderung. Bis wir sie jedoch erreicht hatten, wussten wir das erste Mal so richtig lange steigen. Der Gang durch herrlichen Buchenwald verlangsamte sich, die Herzfrequenz stieg unweigerlich an und die Körpertemperatur nahm bis zum ersten fieberhaften Schweißausbruch ständig zu. Die Nase reichte für die nötige Luftzufuhr nicht mehr aus. Der Mund musste geöffnet werden. Rhythmische Atemgeräusche begleiteten den Aufstieg an tiefen Kuhlen, steilen Wegrändern und uralten, exzentrisch stehenden Buchen vorbei. Eine dieser Charakterbuchen hatte sich auf einem Wall niedergelassen. Geräumig verteilten sich ihre Wurzeln schlangenartig über den Wallrand. Der Höhenzug des Deisters entstand durch Sedimentationsprozesse im Jura und in der Kreidezeit. Während der saxonischen Gebirgsbildungsphase wurden diese Schichten angehoben und gekippt. Der Deister hat eine herzynisch ausgeprägte Streichrichtung. Er bildet den Nordostflügel einer großen Sattelstruktur. Streichen bedeutet in der Geologie die Längsstreckung einer flächenförmigen Gesteinseinheit. Der Begriff herzynisch ist abgeleitet vom antiken Namen Hercynia silva und bezieht sich auf das Westnordwest-Ostsüdost-Streichen der Harznordrandverwerfung. Die heutige Oberflächenform dieses Mittelgebirges hat sich jedoch während der Elster- und Saale-Eiszeit herausgebildet. Bis heute werden die nährstoffreichen Böden des Deistervorlandes bevorzugt landwirtschaftlich genutzt. Das Mittelgebirge diente auch als Steinlieferant. Zahlreiche alte Brüche zeugen vom Abbau. Des weiteren wurde Steinkohle gewonnen. Weitere Erwerbsquellen für die Bewohner der Gegend boten die Glasindustrie, Kalkwerke und die Fabrikation von Tonwaren. Im Südwesten ist der Deister sehr quellen- und gewässerreich. Hier treten die in Kalk und Sandstein versickernden Oberflächenwasser auf den Tonschichten wieder zu Tage. An den zahlreichen Bächen siedelten deshalb viele Mühlenbetriebe.

Klatschnass verschwitz auf der Höhe angekommen, machten wir auf liegenden Stämmen eine Trinkpause. Innerlich ordneten wir das unbekannte Berggehen in die bevorstehende Etappe ein. Ob wir uns für Heute zu viel vorgenommen hatten, würden wir erst am Abend wissen können. Einhellig stellten wir jedoch den Unterschied zum Flachland fest und kamen dabei ins Grübeln. Würden die Kräfte reichen? Hatten wir genug Zeit für die 30 Kilometer eingeplant? Genügte das mitgetragene Wasser? Jeder musste sich im Stillen mit der Bewältigung der neuen Anforderungen befassen.

Eine riesige Tafel des Nordic aktiv Walking Zentrums Bad Nenndorf sollte uns zumindest medizinische Begleitung, bei unserem Plan Bad Münder zu erreichen, zusichern. In einem langen Text und in unendlichen Tabellen wurde mit Hilfe eines uhrenähnlichen Instrumentes erklärt, wie die Herzfrequenz zu messen und zu deuten sei. Neben dem Text machten schwarze Figuren in mindestens zehn verschiedenen Körperhaltungen an den Walkingstöcken Übungen vor, die in statische und dynamische unterschieden wurden und mit langen Durchführungsbeschreibungen untertitelt waren.

Ein Rentnerpaar schnaufte den Berg nach oben, scherte sich nicht um die Doktorarbeit in Schildform ohne Fußnoten und hielt auf der Anhöhe vor der großen Lichtung inne, wo wir immer noch schweißnass auf Baumstämmen saßen. Das betagte, sportliche Paar hatte die fünfjährige Enkeltochter im Schlepptau. Sie ging merkwürdig breitbeinig hinter ihren Großeltern her. Ihr Gesicht war vergrämt, leicht wütend, schmollend. Ihre Großmutter bemerkte, dass wir den Zustand der Enkelin wahrgenommen hatten. Um sich zu entlasten, gab sie folgende Erklärung im Vorbeigehen ab:»Sie hat das erste Mal im Freien in der Hocke Pipi gemacht. Da ist ihr etwas am Bein langgeflossen. Wir haben gesagt, dass das bisschen Pipi doch nicht so schlimm sei und wieder trockne. Ihr ist das Ungeschick aber total peinlich. Alles will geübt sein.«

Wir verbargen das Schmunzeln und bedauerten den Vorfall hörbar für die Enkelin. Margarete bekräftigte mütterlich die Aussage der Großmutter, dass das mal passieren kann.

Das Hemd war im Rückenbereich noch nicht abgetrocknet, als ich den Rucksack zum Weitergehen aufschwang. Unweigerlich drückte er den kalten Stoff an die Rückenhaut, was ein unangenehmes Gefühl verursachte, als ob einem ein Krug mit Eiswasser in das Hemd geschüttet wurde. Der breite Waldweg führte uns in einer ausgedehnten Schlaufe durch ständigen Buchenwald mit seinem zaghaften, noch stillen Blättermeer. Am Ende eines kleinen Zwischentals erreichten wir die Mooshütte, ein beliebtes Ausflugslokal und Ausgangspunkt für zahlreiche Spaziertouren der Hannoveraner. Das Bequeme war die Erreichbarkeit mit dem Auto dieses Cafés mitten im Wald. Plötzlich erinnerte ich mich, dass Margarete und ich hier schon einmal waren. Das war jedoch im Jahre 1987, ganze 24 Lenze zurück. Unser Sohn war gerade drei Jahre. Als wir hier mit ihm Eis aßen, nachdem wir versucht hatten mit der Kinderkarre uns unseren Weg durch das Wurzelgeflecht der Wälder vom Deister zu bahnen. Es existieren Fotos wie wir hier als junge Familie sitzen und das Leben genießen. Heute bilden drei ineinander verschmolzene Holzbauten die Mooshütte. Ein menschengroßes Weinfass lag zwischen den zahlreichen Außentischen als Blickfang. Zu früh, um einzukehren, verließen wir die morgendliche Geschäftigkeit des Wirtes. Kisten wurden ausgeladen, Stühle in Position gerückt und Stoffsonnenschirme aufgeklappt. Tatsächlich kamen uns frühe Spaziergänger mit Hunden entgegen, die vom Parkplatz aus ihre Morgengassi-Runde einleiteten. Die andere Talrundseite war steiler als die, von der wir kamen. Weiter oben breitete sich der Buchenwald erneut in seiner ganzen Tiefe aus.

Dicke, ein Meter hohe Baumstücke, die bis zur Hälfte aufgeschnitten waren, trugen in der inneren Schnittkante die Wanderzeichen. Auf diese abgehobene Weise konnten wir die Markierungen immer leicht finden.

Bei diesem Anstieg mussten wir 100 Meter höher, als zuvor auf die Cecilienhöhe. Der Weg verlief auf der Südseite des Deisters. Kleine Stichpfade führten zu Aussichtspunkten, von denen der Wanderer in das Land schauen konnte, was ihm ja über weite Strecken durch den dichten Baumbestand verwehrt wurde. Die Südseite schien steiler abzufallen, als die Nordflanke der langen Moräne. Immer wieder tauchten geräumige Löcher mit sengrechten Wänden auf, die durch Holraumeinstürze entstanden sind. Nachdem wir den 260 Meter hohen Punkt erreicht hatten, aber uns immer noch nicht auf dem Kammweg befanden, ging der Pfad zu unserem Leidwesen abermals abwärts auf ein Gebäude zu. Es lag regelrecht in einem engen Talloch, in das wir von oben auf das Dach und mit steilem Winkel auf die Tische schauen konnten. Unter uns lag das Café Heisterburg, zu dem wir schweren Herzens absteigen mussten und kostbare Höhenmeter verloren. Mit Holz befestigte Stufen führten hinunter. Die Kniee und Oberschenkel wurden das erste Mal auf eine ungewohnte Weise stark beansprucht. Das Café lag urig im Wald. Ein Bächlein durchfloss malerisch das Grundstück. Der neugierige Blick ins innere des sonst so schlichten Steinhauses, ließ mich an ein Alpengasthaus erinnern, das hauptsächlich mit Holz ausgestattet war. Auch hier verschmähten wir die gastfreundlichen Angebote, weil der Tag noch nicht fortgeschritten genug war.

Nur mit Mühe fanden wir die Zeichen wieder. Ein Sturm oder die Abholzung von Menschenhand hatten an der Südflanke eine breite, lichte Schneise hinterlassen. So manche Markierung musste dabei zum Opfer gefallen sein. Als wir uns aber des Weges wieder sicher waren, stiegen wir zum dritten Mal aufwärts, um diesmal die Rodenberger Höhe zu erreichen. Das gleichnamige Dorf mit der leicht abseits gelegenen Domäne Rodenberg befindet sich am Fuße des Deisters. Der am Südhang liegende, sonnendurchflutete Waldweg stieß in Kammnähe auf eine mit viereckigen Natursteinen gepflasterte Forststraße. Diese aufwendig befestigte Kopfsteinpflasterstraße ging zum Einen in den eigentlichen Kammweg über und führte zum Anderen wieder am Nordhang nach Bad Nenndorf hinunter.

Auf einer Höhe von 332 Metern brachte uns ein schmaler Fußpfad zu den Überresten der Heisterburg, die der Ausflugsgaststätte, an der wir im tiefen Tal vorhin vorbei gekommen waren, ihren Namen gegeben hatte. Aufeinander geschichtete Steine markierten die einstige Wallanlage. Der Wald hatte sich jedoch dieses Bauwerk über die Jahrhunderte nahezu zurückgeholt. Nur noch an den steilsten Stellen des Gemäuers lugten die von Menschenhand geschichteten, teilweise behauenen Steine hervor. Ansonsten hatten Gras, Moos und das Laub der Buchen Schicht um Schicht, Jahr für Jahr den Wall zu einem runden, länglichen Haufen geformt. Auf einem Schild war die genaue Beschreibung zu lesen: »Kern der Heisterburg ist die fast quadratische Hauptburg von zirka 94 auf 105 Meter Größe (0,88 Hektar). Erhalten ist ein über 2 Meter hoher und 9,5 bis 14 Meter breiter umlaufender Wall sowie ein über 2 Meter tiefer und bis 11 Meter breiter Graben. Im Nordwesten und Südosten erfolgt der Zugang über zwei Zangentore. Die Vorburg im Norden umschließt einen Innenraum von 7,5 Hektar. Ihre Wälle sind mit fast 4 Meter Höhe und 14 Meter Breite sehr viel mächtiger als die der Hauptburg. Der Graben ist bis 12 Meter breit und bis 2,5 Meter tief. Am Ende der Vorburg liegt ein zweites Zangentor, davor die zweite Vorburg, wo ebenfalls ein Zangentor erkennbar ist. Grabungen fanden vor allem 1891/92 sowie von 1929 bis 1932 statt. Danach besteht die Befestigung der Hauptburg aus einer gemörtelten zweischaligen Blendmauer mit einer Wallhinterschüttung aus Lehm- und Schieferpackungen. Der Graben hat entgegen älteren Vermutungen ein U-förmiges Profil gehabt. Zwischen Mauer und Graben liegt die Berme, welche das Abrutschen der Mauer in den Graben verhindert. Im Inneren der Hauptburg sind mehrere Grundrisse kleiner rechteckiger eingetiefter Steinhäuser mit Eingang (Treppe), Lehmboden bzw. Steinpflaster festgestellt worden, aber auch ungeklärte Mauerzüge weiterer Gebäude. Weitere Untersuchungen erbrachten zwei als Zisternen beziehungsweise Brunnen gedeutete Schächte. Im Norden der Hauptburg fand man auf einer 24 Quadratmeter großen Fläche 20 als Herde bezeichnete Steinpackungen, Eisenschlacken, Eisenerzreste und Hufeisen, die auf intensive Eisenverhüttungs- und Schmiedetätigkeit schließen lassen. In der ersten Vorburg entdeckte man ein rechteckiges Grubenhaus mit reichlich Keramik des 10. Jahrhunderts. Drei spätrömische Münzen, die man zwischen Steinen der Frontmauer im Ostwall fand, gehören sicher zu einem Bauopfer. Die Funde aus dem Innenraum selbst gehören eher ins 11. und 12. Jahrhundert. Manche vermuten ohne klare Hinweise in der Burg den Vorgänger des 1193 gegründeten Klosters Barsinghausen. Wahrscheinlicher ist ein Zusammenhang mit Besitzungen der Billunger im nahen Deister-Süntel-Tal. Eine Datierung in die Zeit Karls des Großen scheidet nach derzeitigem Kenntnisstand aus.«

Das Auftauchen des einstigen Sachsenstammes der Billunger soweit im Süden hätte ich nicht vermutet. Sie hatten ihr Herrschaftszentrum in Lüneburg. Dieses sächsische Adelsgeschlecht soll von 936 bis 1106 über fünf Generationen Herzöge und zwischen 933 und 976 die Bischöfe von Verden gestellt haben. Der älteste Billunger soll aber als Graf Wichmann zur Zeit Karls des Großen 811 aufgetaucht sein, nachdem die Christianisierung bereits fortgeschritten war und sich Widukind unterworfen hatte. Graf Wichmann soll an den Verhandlungen über die Eider als Nordgrenze des fränkischen Reiches mit dem Abgesandten des dänischen Königs Hemming beteiligt gewesen sein. Sicher nachweisbar tauchte ein Billunger Hermann 936 auf, als er von Otto I. als Heerführer gegen die slawischen Redarier einen Feldzug führen sollte. Der letzte männliche Billunger war Herzog Magnus. Er starb 1106 ohne den Namen an einen Sohn weiter gegeben zu haben.

Nachdem der Wald uns hinter der gerodeten Fläche beim Café Heisterburg verschluckt hatte, gab er uns bei der Kreuzbuche erst wieder frei. Hier trafen fünf Wege aufeinander, wobei sie beim Zusammentreff insgesamt einen geräumigen, sonnigen Platz bildeten. Neben unserem, führte ein Weg ins südliche Lauenau hinab, während ein anderer zum nördlichen Barsinghausen abstieg. Ein vierter und fünfter Weg bildete den ersehnten Kammweg, der uns bis nach Springe geleiten wird. Die Bank im Schatten stand richtig für eine Trinkpause. Das besagte Holzkreuz ragte an die acht Meter über die jungen Fichtenspitzen empor. Von der Buche war nichts mehr zu sehen. Am Fuß des Kreuzes befand sich ein grober Gedenkfels: »Unseren Kameraden vom Forstamt Lauenau 1939 - 1945.«

Wieder vom Aufstieg erholt, setzten wir den Weg in der Hoffnung fort, dass der Kammweg in seinem Verlauf nicht so viele Unterschiede in seinen Höhenmetern für uns bereit hielt. Will sagen, dass wir hofften, er verläuft einigermaßen auf einer Höhe. Parallel der Egge erreichten wir beim Großen Hals den alles überragenden Fernsehturm auf einer Höhe von 361 Meter. Über drei mit Rechtecken durchlöcherten, horizontal schwebenden Tellern stach wie eine Nadel die weißrot gestreifte Spitze in den Himmel. Zwischen den Tellern und unterhalb der dünnen Spitze waren die einzelnen Sendeapparaturen, sowie Parabolspiegel in den unterschiedlichsten Größen montiert. Der Turm war jener, auf den ich bei jeder Autofahrt hinwies, wenn wir den Norden bereisten. Ich pflegte zu meinen Kindern zu sagen: »Seht ihr diesen Turm auf dem Deister? Der Deister ist nicht nur ein Berg, sondern auch eine Endmoräne, die der Gletscher bei der letzten Eiszeit geformt hat. Dahinter fängt das Flachland an. Soweit das Auge reicht nur Horizont. Eine völlig andere Welt liegt dahinter verborgen.«

Frische Buchenblätter, noch ganz zerknittert von der eben überstandenen Befreiung aus der Knospenhülse, malten den Wegrand gelbgrün an. Grenzsteine aus uralten Zeiten erinnerten an die Bedeutung dieses Kammweges, der auch einst eine natürliche Grenze darstellte. Auf einem Stein von 1602 war ein Wappen mit einer Rune eingemeißelt. Dieses Zeichen musste sich laut meiner Nachforschungen aus zwei Runen zusammensetzen, die aber auch unterschiedliche Bedeutungen und Aussprachen haben. So wurde dem Zeichen Nauthiz im Tarot die Bedeutung des Teufels zugesprochen und dem Eihwaz der Bedeutung des Gehängtem. Esoterische Beschreibungen sind noch verworrener. Nauthiz soll Leid, Schicksal, Not, Zwang, aber auch die Erlösung aus diesen Nöten und Beschränkungen bewirken. Das Zeichen soll den Sinn des Schicksals erkennen und dabei die Entwicklung von spirituellen Kräften fördern, sowie die Fähigkeit besitzen, Not und Qual durch Schlichtung zu überwinden. Eihwaz soll eine starke Rune für Kraft, Schutz und Weisheit sein. Sie soll Himmel und Hölle, sowie Leben und Tod vereinigen. Ferner steht das Zeichen für Erkenntnis und kraftvoller Ausdauer. Letzteres kann ein jeder Langzeitwanderer auf jeden Fall gebrauchen. Nach längerer Forschung gab ich vorerst auf, die genaue Bedeutung zu erfahren und schloss mich dem Inhalt des Vorworts der Reprint-Ausgabe von Helmut Arntz an: »Die Runenforschung leidet unter mangelnder, authentischen Überlieferungen und ist somit sehr geeignet für wagemutige Eigeninterpretationen. Runen werden daher leicht zu erfundenen Tatsachen instrumentalisiert. So werden sie in der allgemeinen Folklore des Halbwissens ausschließlich mit den Germanen und ideologisch befrachtet mit den Nazis in Verbindung gebracht. In der Esoterik sind sie bis heute genauso zu Hause, wie in der mystischen Heilkunst. Die Wissenschaft konnte sich auf eine Kernthese der Herkunft einigen. Die Runenzeichen stammen aus dem norditalienischen Raum und somit aus dem Etruskischen Zeitalter.«

Ich für meinen Teil, ließ erst einmal die Finger von der Deutung dieses Wappens, was nicht heißen soll, irgendwann bis zum Bodensee, Licht in das Dunkel über die Erfindungslust der Menschen von Zeichen zu bringen.

Aufschlussreicher als das Runenwappen waren informative Bildtafeln zu mannigfaltigen Themen der Landschaft und des Waldes: »Noch vor mehr als 5000 Jahren war Mitteleuropa nahezu waldbedeckt. In der Bronzezeit, 2000 – 1000 vor Christus, nahm der Holzverbrauch und damit die Waldrodung durch Bergbau und Köhlerei zu. Während der Eiszeit, 1000 vor Christus bis zum Beginn unserer Zeitrechnung lag die Keltenzeit mit ihrer hochentwickelten Kultur. Etwa 500 vor Christus verdrängten die Germanen die Kelten und rodeten im römisch besetzten Germanien große Teile bewaldeten Gebietes. Die Hauptrodungsperiode setzte erst etwa 1100 nach Christus ein. Im 18. Jahrhundert begann man jedoch wieder verstärkt mit Aufforstungsmaßnahmen durch geregelte Forstwirtschaft.«

Über eine lange Wegstrecke standen die Tafeln in unregelmäßigen Abständen am Rand des Weges: »Besonders Großwildarten wie Wildpferde und Wildrinder, die große, zusammenhängende Territorien benötigten, sowie deren Fressfeinde lebten damals in unseren Breiten. Die Ahnen der heutigen Pferde und Rinder zogen in Herden von Lichtung zu Lichtung. Die Herde der Wisente folgte ihrer Leitkuh durch die lichten Laub- und Mischwälder, vorsichtig grasend vor den Wolfsrudeln, die ihre Kälber gefährden konnten. Gerade Wölfe konnten durch ihre hochorganisierte Sozialstruktur im Rudel große Huftiere wie Elche, Hirsche und Wildschweine erbeuten, denen sie als Einzeltiere nicht gewachsen waren.«

Die letzte Tafel sagte etwas über die Waldwirtschaft aus. Hierbei ist die forstamtlichen Terminologie zu beachten:»Die»naturgemäße Waldwirtschaft« strebt einen Waldaufbau an, der nicht gleichaltrig, jedoch höhendifferenziert und baumartengemischt ist. Auf einer Fläche wird gleichzeitig gepflegt, geerntet sowie verjüngt. Um einen naturnahen Zustand nahezukommen, sollen Flächen bevorzugt aus natürlicher Ansamung verjüngt werden. Aus grundsätzlicher Überlegung heraus sind Nutz-, Schutz- und Erholungsfunktion des Waldes gleichrangig; bestimmte ökologisch»wertvolle« Bäume verbleiben im Waldbestand. Das Vorkommen seltener und gefährdeter Tier- und Pflanzenarten, sowie Baumarten, wird im Rahmen ökologisch und ökonomisch orientierter Waldbewirtschaftung erhalten und gefördert.«

Unser Wunsch, einen graden Kamm zu begehen, blieb unerhört. Lange Aufwärtsrampen ließen unsere Gruppe immer wieder weit auseinander fallen. Jeder entwickelte sein eigenes Tempo, musste sich auf seine Herzfrequenz einstellen und stellte daraufhin sein Schrittrhythmus ein. Manche Anstiege zogen sich erbittert lang. Wie in Zeitlupe bewältigten wir Strecken, die wir im Flachland doppelt so schnell hinter uns gebracht hätten. Ich fing an, Befürchtungen zu entwickeln, die in die Richtung gingen, dass wir nie in Bad Münder ankommen werden, wenn der Berg uns noch derart in Anspruch nehmen sollte. Wir ließen auf 352 Meter Höhe die »Alte Taufe« hinter uns, stiegen wieder etwas hinab, dann eine letzte Erhöhung wieder hinauf, bis wir schließlich den für Hannoveraner legendären Nordmannsturm in 382 Meter Höhe erreichten. Jeder Bewohner von Hannover kennt dieses Ausflugsziel und war seit seiner Kindheit mindestens einmal dort. Es war ein Leichtes, ihn vom Nienstedter Pass aus zu erreichen. Das Auto wurde auf einem riesigen Parkplatz auf dem höchsten Punkt des Passes abgestellt. Der

Ausflügler wandert dann eine kleine Strecke von nicht einmal zwei Kilometern bis zum Turm. Der Turm besteht aus fein gehauenen Natursteinen, ist 19 Meter hoch und hat im Inneren 76 Steinstufen, um ihn zu besteigen. Im oberen Teil setzt sich ein gezackter Fries ab und ein gleichmäßig im Mauerwerk mit Lücken unterbrochener Rand mit Geländer bildet die Krone. An den burgähnlichen Zylinder lehnt sich der im gleichen Stein gemauerte Restaurantbau mit großen Fenstern an. Hermann Löns aus der Heide beschrieb diese Aussichtsstelle wie folgt: »Und zauberhaft bleibt auch vom Nordmannsturm die Aussicht, ob auch die Ferne der Nebel bedeckt. Reicht auch der Blick nicht so weit wie sonst, wir freuen uns der lachenden Farbenpracht des Herbstwaldes unter uns, der wie ein Zaubermeer mit bunten Wogen unter uns rauscht und wogt, herrlich und wunderbar in seiner leuchtenden Farbenfülle.«

An vor der Schänke aufgestellten Tischen ließen wir uns im Halbschatten nieder. Ulla und Ursula bekamen sogar Appetit auf eine herzhaft aussehende Bärlauchsuppe, Flammkuchen und Philadelphiatorte. Ich war mit einem Kaltgetränk auf der Basis von Hopfen ganz zufrieden. Nachdem die Suppe gebracht wurde, rief ein Mann, den wir bereits kannten, die Kellnerin zu sich, um zu bezahlen. Er war uns gestern am »Kalimantscharo« und kurz danach am Mittellandkanal begegnet. Ulla sprach ihn endlich an, weil er von sich aus keinen Kontakt aufnahm: »Gehen Sie auch den Fernwanderweg?«

»Ja, ich gehe bis Hameln.«

»Wo kommen Sie her?«

»Ich bin in Celle gestartet, bin aber schon vom Bodensee bis Hameln gegangen und möchte das nächste Mal von Celle aus Richtung Norden gehen.«

»Wir kommen aus dem Norden, wollen auch nach Hameln und weiter bis zum Bodensee.«

»Ah, dann wartet jetzt die schönste Strecke auf Sie!«

»Gehen Sie ohne Gepäck?«

»Ich lasse es per Taxi oder vom Wirt gegen Entschädigung zum nächsten Ort bringen.«

Dann zog er los und überließ uns unserer Phantasie, weil Ulla nicht persönlicher werden wollte. War er schon immer allein? War er mit seiner Frau bis Hameln unterwegs? Fehlte sie ihm jetzt auf dem letzten Stück? Hatten sie sich getrennt oder war sie gar gestorben? Wir werden es nicht heraus finden. Er verschwand auf nimmer Wiedersehn zwischen den Stämmen der Fichten auf dem Weg zur Weser.

Bevor wir aufbrachen, warf ich noch einen Blick in die Gaststube. Aus Holz gefertigte Tische und Stühle mit gedrechselten Beinen sorgten für ein anheimelndes, gemütliches Ambiente. Neben dem Ausgang hing ein altes Holzschild mit einem aufgemalten Weinglas, dessen dicker Stiel grün geriffelt dargestellt wurde. Neben dem Glas standen die Weinsorten aufgeschrieben, die hier angeboten wurden: »Im Ausschank! Kirschwein, Brombeerwein, Holunderwein, Stachelbeerwein, Johannesbeerwein.«

Das Schild erinnerte mich jetzt noch an die fürchterlichen Kopfschmerzen, die ich am nächsten Tag bekam, nachdem meine Freunde und ich im Jünglingsalter glaubten, wir müssten eine Weinprobe hier oben machen. Diese originale Holztafel erinnerte mich an die Unvernunft der Jugend, an Zeichen, die ewig scheinen und nie vergehen.

Ein Hohlweg aus älteren Zeiten, wo Kutschen noch den Kammweg befuhren, brachte uns durch lichten, abschüssigen Buchenbestand bis hin zum legendären Nienstädter Pass. Unbehauene Granitfindlinge bildeten früher den zusammenhängenden Kammwegbelag. Unzählige Regengüsse und andere Erosionserscheinungen hatten den einst geordneten Belag völlig zerstört. Das Buchenlaub füllte die aufgerissenen Löcher, in die wir einsanken und aufpassen mussten, uns nicht die Beine zu brechen. Zumal an dieser Stelle des Weges die Strecke besonders abschüssig war. Es mussten auf kurzer Entfernung 100 Höhenmeter nach unten überbrückt werden, weil die Passhöhe gegenüber dem Turm auf nur noch 277 Meter lag. Auf ihr war ein Schild an der Straße angebracht, das die Landkreise Hannover und Hameln unterschied. Darunter war das übliche, weiße Schild mit den Passhöhenmetern ü.n.N., über normal Null, angebracht. Die Passstraße verband Egesdorf im Norden mit Nienstedt im Süden des Deisters.

Wie oft hatten wir mit dem Fahrrad oder später mit meinem roten Käfer diesen Pass befahren. Hatten wir ihn von unserem Wohnort im Flachland aus erreicht, tat sich für uns eine völlig andere, schöne, neue Welt auf. Malerisch und reizvoll lagen uns nun Berge und Hügel vor den Füßen. Eine Landschaft mit Weitblick tat sich nun auf. Näher an den Wolken zu sein, ließ uns leicht wie ein Vogel wirken. Die Luft, der Aufwind war frei und frisch. Wir fühlten uns damals wie Hermann Hesse über den Dächern von Calw. Das Dorf Nienstedt, als noch Speckgürtel von Hannover bekannt, war jedoch von hier aus nicht zu sehen. Es schmiegt sich viel weiter unten an den Bergsockel des Deisters an und war über eine wilde, gefährliche Abfahrt über mehrere Serpentinenschlaufen zu erreichen. Wir Jungens benutzten dieses lebensgefährliche Spiel wahrscheinlich als Initiationsritus, womit die großen Jungens auf ihren Motorädern bis heute noch nicht aufgehört haben.

Der Passhöhe war der besagte geräumige Parkplatz angeschlossen, der am Wochenende im Sommer bis auf den letzten Platz gefüllt ist. Jetzt war der Platz mäßig frequentiert, obwohl die Menge der Autos zu diesem Zeitpunkt auf den Ansturm zur Hochzeit als begehrtes Naherholungsziel der Hannoveraner bereits hindeuteten. Der sonnige Aufstieg auf 372 Meter zur Hohen Warte war schweißtreibend. Damit nicht genug, denn wir hatten den höchsten Punkt der Endmoräne noch lange nicht erreicht. Ein Försterdenkmal stoppte meinen Lauf zum 395 Meter hohen Höfeler Stern oberhalb des Hackenschlags.

»Im stillen Wald ein ernstes Wort, von böser Tat und Treue bis zum Tode. Hier starben im Dienste der Pflicht am 12. August 1926 der Hilfsförster Heinrich Meyer, der Haumeister Heinrich Bode.«

Unter der in den Naturstein gemeißelten Inschrift stand wieder dieses undefinierbare Runenzeichen. Aus der rechten Denkmalkante war ein Eichenblatt gehauen, das locker über dem Stein trapiert schien und dem bitteren Ernst einer tödlichen Auseinandersetzung eine leichtere Note schenkte.

Allein das Innehalten wegen des einen Fotos am Gedenksein, brachte mich um den Anschluss an die Gruppe. Jeder zog sich in seiner eigenen Geschwindigkeit den Berg hinauf. Dabei entstand eine Art von innerer Versenkung, die kein Stoppen oder keine Beachtung der anderen zuließ, weil sonst die Konzentration auf seinen Rhythmus verloren gegangen wäre, den Höhepunkt der Rampe in einem Zug zu erreichen. Selbst Ulla machte keine Fotos mehr. Sie drückte ihre Hände mit abgewinkelten Armen gegen die Rucksackriemen, wobei sie nicht mehr an kunstvolle Motive dachte. Mich stoppte jedoch ein zweiter technischer Turm, der versteckter als der Fernsehturm hinter Bäumen stand. Eine Plattform war mit einem Betonständer ausgestattet, der einen orangefarbenen Gitterparabolspiegel trug. Der riesige Spiegel drehte sich langsam um sich selbst.

Das gleichmäßige Surren des Elektromotors hörte sich in der Stille des Waldes futuristisch an. Vor dem Betonständer befand sich ein Kastenbau, wahrscheinlich für die Mitarbeiter, Gerätschaften und Auswertungscomputer bestimmt. Laut eines gelben Verbotsschildes am Sicherheitszaun konnte ich die Bestimmung dieser Anlage erfahren. Sie soll der Flugüberwachung dienen. Ob sie ziviler oder militärischer Überwachung diente, war nicht auszumachen. Das Verharren für ein weiteres Foto hatte mich gänzlich von den anderen abgekoppelt. Sie waren außer Sichtweite gelaufen.

Seit meiner Kindheit hatte sich die Gestalt des Annaturms mehrmals geändert. Bestand das Pendant zum Nordmannsturm zunächst aus einem einfachen Holzgerüst, ersetzte es später ein witterungsbeständigerer Metallbau. Jetzt präsentierte sich der Aussichtsturm in Form einer Betonröhre mit Glasfensterplateau. Viel größer und vor allem höher überragte er nun die Baumwipfel, damit der Besucher in die Weite der Landschaft blicken kann. Nur die längliche Holzhütte war in ihrem Ursprung erhalten geblieben. Das Ehepaar Angelika und Klaus Plinke brieten darin ihre legendären Bratkartoffeln in einer Riesenpfanne. Rustikale Holzbänke unter freiem Himmel luden zum Verweilen ein. Fahrradfahrer nahmen ihre Helme ab, zogen die verschwitzten Handschuhe aus und tippelten mit ihren sonderbaren Schuhen, die nicht zum Laufen geeignet waren, über die Holzbohlen der leicht erhöhten Veranda zwischen Hütte und Turm. Auch wir brauchten nicht lange, um den Rucksack fallen zu lassen, um eine weitere Pause mit einem Kaltgetränk zu nehmen. Woher wir das Gefühl nahmen, unendlich Zeit zur Verfügung zu haben, wusste wohl keiner von uns so recht. Angestiftet von der einzigen Möglichkeit, sich gemütlich nieder zu lassen, nahmen wir sie uns einfach. Neben der Selbstbedienungsklappe hing ein von Wanderern gebasteltes Schild aus Fensterbildmasse. Darauf war ein einfaches Gedicht verfasst, das den Wirten Freude bereiten sollte.

»Beim Bergaufgehen kamen wir leicht ins Schwitzen
Doch am Anna-Turm angekommen
Findet man immer ein Platz zum Sitzen
Ein kühles Getränk in der Runde
Schmeckt aller Munde
Die Bratkartoffeln heiß und speckig
Haben geschmeckt und uns gesättigt

Die Dunkelheit kommt, wir werden munter
Schade, nun müssen wir den Berg wieder runter
Wir kommen wieder ist doch klar
Am Anna-Turm war es wunderbar«

Mit dem Bratkartoffelduft in der Nase stiegen wir von diesem höchsten Punkt des Deisters nunmehr immer weiter ab. Hinter dem letzten Stück des Kammweges entlang des Bröhns, führte ein Pfad vor den sogenannten Hirschköpfen in Richtung Süden anstrengend steil nach unten. Lichtere Waldabschnitte mit dünnerem Baumbestand machte den Blick auf den Meinsberg frei, dem Teil vom Deister, der bereits aus ursprünglichen Gestein und nicht mehr mit vom Gletscher beeinflusstes Geschiebe an der Nordflanke vermischt war. Die ersten festen Formationen des Wesergebirges hatten hier das Anrollen des mächtigen Gletschers zum Stehen gebracht. So fanden wir von hier ab bis zum Teutoburger Wald eine von der Eisplatte verschonte, ursprüngliche und unabgeschliffene Hügellandschaft vor. Nur die Weser und kleinere Flüsse hatten sich in der Abtauphase als mächtige Ströme ihre Betten in das Gebirge gefressen. Die Hügel hatten eine dicke Schneekappe und die Täler waren hoch mit Schnee gefüllt, so dass sich ebenfalls auf dem Grund Eis bilden konnte, das durch sein Gewicht den Untergrund verdichtete. Beim Abschmelzen der Eiszeit blieben dann Seen oder Sümpfe im Talgrund zurück.

Mein Herz mochte diese Landschaftsbilder, die es im Flachland natürlicherweise nicht geben konnte. Zwischen dunklen Baumstämmen im Hang, werden bis zum Horizont Bergrücken sichtbar. Sie schichten sich in unterschiedlichen Blau- und Grüntönen hintereinander. Die fünfte oder sechste Reihe ist kaum noch sichtbar, weil sie sich der Farbe des Himmels am Horizont angleicht. Ein Gefühl von Weite beflügelt meine Seele beim Anblick dieses Landschaftsgemäldes und meine Brust wird weiter. Luft vom großen Raum strömt in meine Lungen. Ich fühle mich dabei gut und frei. Einmal mehr dankte ich dafür, solch eine Wanderung machen zu können. Ich musste sie mir nicht visionieren, sondern war lebendig dabei. Ich war ein Teil der Welt und die Welt ein Teil von mir. Einige würden sich an dieser Stelle Gott ganz nahe fühlen. Viele Jahre mussten wir durch die Tiefebene wandern. Jetzt war der Tag gekommen, an dem uns diese verheißungsvollen Ausblicke geschenkt wurden.

Wir waren immer noch mit dem Abstieg beschäftigt, als sich an einer anderen lichten Stelle der Süntel blicken ließ. Dieses zweite bekannte Ausflugsziel der Hannoveraner mussten wir morgen bezwingen. Kurz vor der Waldgaststätte Köllnischfeld stand ein Schild, das uns nur noch 6,4 Kilometer bis nach Bad Münder bescheinigte, was aber für den E1 nicht galt. Er wollte uns an weiter entferntere, markante Landschaftsstellen schicken, was immer mit einer erbarmungslosen Verlängerung der gesamten Wegstrecke verbunden war. In manchen Gesichtern drückte sich eine erste Anstrengung aus. Die Vorstellung, noch einmal Berge überwinden zu müssen, trübte die Aussicht auf ein bequemes Ende der Tagesetappe.

Köllnischfeld war einst ein blühendes Ausflugsrestaurant und Café. Wir selbst waren mit unserer noch kleinen Familie ein paar Mal sonntags zu Besuch. Jetzt schien es schon längere Zeit geschlossen zu haben. Nur noch die weißen Quadrate der Fächerfüllung des Ständerhauses leuchteten von der Rodung durch das Grün der Bäume zu uns. Das Blütengewölk eines Schlehenstrauches überdeckte im Vordergrund einen Teil des Daches des Restaurants. Margarete zeigte mir einen prächtigen Haufen vergessener Hölzer, der sinnbildlich den Zustand dieser vergnüglichen Anlaufstelle für Ausflügler wiedergab.

War der Abstieg mit romantischen Bildern und wechselnden Ausblicken behaftet, mussten wir nun eine öde, flache Fichtenmonokultur auf einem 2 Kilometer langen, schnurgeraden Wirtschaftsweg durchlaufen. Auf dieser ablenkungslosen Strecke bemerkte ich jeden Stein unter meinen Füßen. Meine Zehen begannen zu schmerzen. Ursula humpelte wieder, während Bernhard, mit seiner Wahl in Sandalen zu laufen, zufrieden schien. Ulla und Margarete liefen ohne zu murren, obwohl Margarete bemerkte, dass die Strecke an ihr zu nagen beginne. Den Meinsberg ließen wir an einem Teilstück seines Fußes rechts von uns liegen. Am Ende dieser ebenen Terrasse veränderte sich die Bergformation wieder in wildere Strukturen. Wir betraten eine Gegend namens Fuhrenbring. Hier standen der erste Bärlauch, weiße und gelbe Buschwindröschen. Die gelbe Form wuchs deutlich in der Minderzahl, gegenüber der weißen Schwester. War als belebender Kontrast aber bereichernd anzusehn. Bernhard meinte, dass die gelbe Art ein Indikator für kalkhaltigen Boden ist. Auf der Moräne hatten wir keine ausmachen können, was auf eine geologische Veränderung hindeutete. Auch die Buchen zeigten hier ihre Wurzeln, weil sie nicht so leicht in den Fels eindringen konnten. Auf der weichen Moräne bohrte sich der Stamm geradezu direkt in die Tiefe. Der Knoblauchgeruch des Beerlauchs aktivierte die Magensäfte. Das Hungergefühl stieg unaufhaltsam an. Nur durch den Verstand konnte der Magen davon überzeugt werden, nicht mit der Verdauung des eingebildeten italienischen Essens zu beginnen, das uns vielleicht am Abend erwartete.

Wir durchliefen eine Freifläche, die mit Obstbäumen bepflanzt war. Wieder stieg der Weg nach oben an und wir schleppten uns stärker hinauf, als in der Frische des Tages. Die Sonne schien unvermindert auf die hellen Wege. Sie brannte sich dabei in unsere Haut, mit der Hoffnung keine Schäden zu hinterlassen.

»Wildruhezone – Gem. § 31 (1) Ziff. 7 NwaldLG – Bitte nicht betreten. Nieders. Forstamt Saupark«

Der eigentliche Saupark für Besucher lag auf der anderen Seite der Deisterforte in 3,4 Kilometer Entfernung. Es existieren alte vergilbte Dias, wo ich als Knabe Aug in Aug mit einem Keiler die Kräfteverhältnisse austariere. Die zu besichtigenden Wildtiere des Waldes waren aber sicher eingezäunt. Ziegen und kleine Zwergpferde liefen auf einer Streichelwiese herum, die gerne vom Hartfutter aus der Pappschachtel naschten, die man vorher aus einem Automaten ziehen musste. Der Park mit dem Wildgehege liegt im sogenannten Kleinen Deister , der in den großflächigen Osterwald übergeht. Tatsächlich trennt hier eine natürliche Pforte den langgezogenen Deister den Kleinen Deister ab. Auf dem Boden dieser geographischen Pforte laufen alle wichtigen Verkehrsverbindungen vom Süden nach den Norden. Der Saupark ist mit einer 16 Kilometer und zwei Meter hohen Mauer umgeben. In diesem grünen Eiland frönten die Welfenkönige, der deutsche Kaiser und Europas Hochadel ihrem Jagdvergnügen. Mittendrin liegt das Jagdschloss, das nach Plänen des Hofbaumeisters Georg Ludwig Friedrich Laves von 1838 bis 1842 errichtet wurde. Heute ist das Gehege der Allgemeinheit zugänglich. Am letzten Wochenende im Oktober findet ein traditionelles Hubertusfest statt, das wahrscheinlich wegen der Tiere besonders von Familien angenommen wird.

Auf einer Bank machten wir eine letzte Trinkpause, bevor wir den finalen Antritt nach Bad Münder wagten. Die Bank quoll regelrecht aus einem Meer von Bärlauch. Wir machten Witze und glaubten uns als Bestandteil eines Salates oder Beilage in einer Bärlauchsuppe. Ich wusste aus Erzählungen von diesen riesigen Bärlauchfeldern im Deister, aber dass sie solche Ausmaße besaßen, brachte nicht nur mich ins Staunen. Unter den Buchen des Deisters gedeiht er am prächtigsten. Bärlauch liebt es feucht, kalkhaltig und nährstoffreich. Außerdem nutzt er das Licht zum Hauptteil seines Wachstums, wenn die Buche noch nicht ganz so stark im April belaubt ist. Unter Fichten wird man ihn nicht finden. Vor ein paar Jahren erlebte das Blattgemüse eine regelrechte Renaissance. Gleichzeitig stiegen auch die Schlagzeilen, dass sich Sammler vergiftet hätten, indem sie die Blätter mit Ahornstab oder Maiglöckchen verwechselt hatten.

Beim Ebersberg hatten wir immerhin noch eine Höhe von 355 Metern, als sich plötzlich eine grandiose, steile Bergkante ergab, an deren Fuß im Grund die Deisterstadt Springe ruhte. Zwischen den Baumwipfeln waren die winzigen Dachflächen der zusammenhängenden Stadtfläche zu sehen. Der E1 führte direkt auf der Höhe des Kantenrandes entlang. Immer wieder wurde nicht nur der Blick auf die Stadt frei, sonder auch auf das dahinter liegende weit ausgedehnte Flachland und dem Kleinen Deister auf der anderen Talseite. Schließlich drehte der Waldweg hinab in den Abgrund. Wir mussten unsere müden Knie und Füße mit immerhin 220 Meter Abstieg auf engstem Höhenraum belasten. Die Höhenlinien waren hier dicht an dicht in der Karte verzeichnet. In Serpentinen ging es abwärts. Rehe flüchteten durch das Bärlauchmeer, das jetzt lückenlos über den gesamten Steilhang flutete. Nur die Buchenstämme ragten aus dem geschlossenen Bild des hängenden Grüns heraus. Während der Flucht vor uns, schlugen die langen, kräftigen Blätter der Zwiebelpflanze an die Hufe des Rotwildes und verursachten ein lautes, gleichmäßiges Klatschen im hallenden Wald. Zaghafte Stängelansätze, in denen Blütenknospen heran reiften, ließen nur im entferntesten erahnen, welch prächtiger Anblick es geben könnte, wenn dieses Meer weiß aufschäumen würde.

Die dunkelgrünen Blätter der Bärlauchfläche begleiteten uns bis zum Rand des Steilhanges. Ursula schlich von Schmerzen geplagt als letzte den Weg hinunter. Mir taten die Zehen weh, weil sie sich wie bei einem Abstieg in den Alpen permanent gegen die innere Schuhkante drückten. Ein Holzschild am Waldrand zur Stadt wies auf das Deistertor hin, was wir somit erreicht hatten. Nun blieben wir eine zeitlang am Fuße des Deisters mit Blick über die Felder, des Tores und dem sich wieder in die Lüfte erhebenden Kleinen Deister auf der anderen Seite. Über das Tor führte die B217, die Hannover mit Hameln verbindet und wegen des Pendelverkehrs teilweise vierspurig ausgebaut war. Diese Strecke musste ich abermals in der Vergangenheit oft befahren, weil ich vor meinem Studium auf dem Land gelebt hatte. Kurz vor Hameln bog eine Straße zum Ith nach Coppenbrücke ab. Im Nachbarort Marienau hatten wir unseren Fachwerkbauernhof gemietet und Gemüse angebaut. Zum Studieren musste ich nach Hannover ziehen, weil das Pendeln mir zu anstrengend war und ich das wichtige studentische Nachtleben mit Kommilitonen verpasst hätte. Der Ursprung der Kreisstadt Springe geht auf das kleine Flüsschen Haller zurück. Hier bauten die Grafen von Hallermund 1282 ein burgähnliches Haus wieder auf, nachdem ihr vorheriger Stammsitz im Kleinen Deister von den Welfen erobert wurde. Durch die Befestigung des Ortes, erlangte Hallerspringe dann Stadtrechte. Über diesen leichten Pass vom Flachland aus Hannover ins Bergland nach Hameln, musste früher reges Treiben geherrscht haben, was heute noch der Tatsache entspricht.

Beim Deistertor hatte sich ein älteres Ehepaar spontan, während des Gehens, zu uns gesellt, weil die beiden Tageswanderer nach Bad Münder zurück gehen wollten. Sie waren offen, kommunikativ, so dass einer von ihnen immer mit einem von uns beim Gehen im Gespräch war. Wir erfuhren vom Beruf des Mannes. Er war in Bad Münder Richter, jetzt ist er außer Dienst. Nach den Erfahrungen in Bad Nenndorf, redeten wir über den Rückgang der Kurstädte mit ihren Schwierigkeiten des Erhaltes. Der Richter berichtete von Planungsfehlern seiner Stadt und ärgerte sich über die fragmentarischen Konzepte zur Erneuerung oder zum Erhalt. Plötzlich formierte sich neben uns eine riesige, den Hang nach oben führende Kuhle. In ihr standen prächtige Buchen wie Nadeln im Inneren eines aufgeschnittenen Balles. Eine sonderbare Stimmung entstand durch den einzigartigen Raum. Ich stoppte meinen Lauf, um ein Foto zu machen. Auf der anderen Seite bildete sich ein Zwischental. Darüber in der Ferne war nun der Osterwald in seiner ganzen Länge zu sehen. Am Talausgang lang die Domäne Dahle. Wir gingen jedoch am Waldrand sachte das Tal nach oben, an der Bühringbuche vorbei, bis die Wiese, in deren Mitte ein kleiner Bach sichtbar war, so schmal wurde, dass der Arm des Waldes sich wieder um die freie Fläche legte.

Mit dem Tal hatte sich auch meine Filmkapazität erschöpft. Wie sollte ich nun weiter dokumentieren? Nur noch große Supermärkte würden in Bad Münder geöffnet haben. Wir würden es niemals vor Ladenschluss bis in die Stadt schaffen. Morgen ist Karfreitag mit geschlossenen Geschäften. Eine Etappe stand noch aus, die bis nach Hameln! Mir würde ohne Fotos etwas fehlen. Vielleicht muss ich mich dann enger an Ulla halten, das war meine letzte Hoffnung, bis sich jedoch alles ganz anders entwickelte, als wir alle ahnten. Ein Tal wäre kein Tal, wenn es nicht von Hängen umgeben wäre. Unsere durchlaufene Rundformation mit dem Wolfstalskopf hatte steile Innenkanten. Genau diese Innenkante mussten wir zum krönenden Schluss überwinden. Nicht nur ich erlebte diese einhundert Höhenmeter mehr als reine Schikane der Geologie. Nur die Wut richtete sich nicht nach Außen, sondern nach innen, womit sie auch noch zusätzlich die letzte Kraft unnötig schmälerte. Niemand konnte für die Launen der Natur verantwortlich gemacht werden. Wir mussten für den Richter und seine Frau ein erbärmliches Bild abgegeben haben, aber sie waren jedenfalls informiert, welcher Ort der Ausgangspunkt für uns gewesen war. Kaum vorstellbar für sie, diese Etappe jemals zu gehen. Ursula humpelte stark. Alle waren an ihre Grenzen gekommen.

Endlich hatten wir die andere Seite erreicht, auf der Bad Münder im Tal unsichtbar und noch weit entfernt zu unseren Füßen lag. Der Tag war weit fortgeschritten. Bis zu unserer Pension sollten es noch einmal drei Kilometer sein. Wir erreichten über Am Schierholze die Ziegenbuche. An diesem Ausflugslokal mit Krüppelbuche aus dem Süntel, hatte der Richter sein Auto stehen. Er musste meine Not, an einen Film zu gelangen, mitbekommen haben. Unerwartet lud er mich ein, mit ihnen hinab zu fahren, einen Supermarkt zu suchen und mich wieder hier her zu fahren. Ich wusste im ersten Moment nicht, was ich machen sollte. Alles ging mir zu schnell. Nach sechs Tagen auf eigenen Beinen sich jetzt in das Auto zu setzten, schien mir so abwegig, wie in eine Apollorakete zu springen. Mir blieb nichts anderes übrig, um an einen Film zu kommen. Außerdem war seine Einladung sehr nett. Nach Absprache mit den anderen, wollte ich bald wieder bei ihnen sein, um den weiten Abstieg in die Stadt zu begehen. Sie wollten sich in die Sonne setzen und einen Kaffee trinken. Ich quetschte mich und den Rucksack auf die Rückbank des alten weißen Golfs. Der Richter fuhr und die Frau war seine Beifahrerin. Die Geschwindigkeit war so hoch, dass ich draußen keine vollständigen Bilder wahrnehmen konnte. Alle Gebäude und Bäume wischten an meinem Auge vorbei. Wie ein Schaf aus der Herde gerissen, musste ich dem Richter vertrauen, wohin er mich brachte.

Vorbei an Kliniken und Schulungsgebäuden schoss der Wagen auf der Deisterallee in die Stadt. Beiläufig bemerkte ich laut, dass es bis in den Ortskern doch noch ein Stück sei. Diese mühseligen Stadteinläufe seien wir aber schon gewohnt. Bad Münder am Deister bestand hauptsächlich aus weiß-schwarzen Fachwerkbauten. Gekonnt benutzte der Fahrer die Einbahnstraßen des Zentrums, um den Ort zu durchfahren. Auf der anderen Seite sollte ich in einem Einkaufszentrum den Laden finden, den ich brauchte. In den Flachbauten waren Lidl, Rewe, Rossmann, ein Getränkeladen und eine Apotheke untergebracht. Ich wollte es gleich in der Drogerie versuchen. Als ich den Laden betrat, gingen mir die Augen über. Meine Aufmerksamkeit galt bisher gänzlich der Landschaft, dem Wald, den Pflanzen und dem Finden des E1-Zeichens. Mit sehr viel Mühe fand ich die Filmdosen im Regal, aber noch mehr Schneid verlangte die Entscheidung von mir ab, welche Art mit welcher ASA-Zahl ich nehmen sollte. Vom Schock gebrandmarkt, keine Fotodokumentation mehr fortsetzten zu können, kaufte ich gleich drei Filmdosen.

Sichtlich erleichtert kroch ich in den Wagen zurück, verstaute die Beute und die Geldbörse wieder, wo sie im Rucksack hingehörten und bemerkte eine andere Stimmung im Wagen, als hätten die beiden während meiner Abwesenheit einen Plan gefasst. Zunächst wollte der Richter mir bei der Suche nach der Unterkunft helfen, um sicher zu gehen, ob auch alles seine Ordnung hat und um zu wissen, wo sie sich befindet. Auf der Fahrt dahin erzählte er mir seinen weiteren Plan. Er würde mich dort absetzten, seine Frau nach hause fahren, damit genügend Platz im Auto vorhanden ist, um die anderen von der Ziegenbuche nach zu holen. Ich meinte, dass das nicht nötig sei, aber wenn das sein fester Wille wäre, die anderen sicher nichts dagegen hätten. Nachdem der Richter mir erzählte, dass der Bach, den wir gerade überquert hatten, Hamel hieß, bogen wir in die Wallstraße ein, in der unsere Pension liegen sollte. Das Haus war schwierig zu finden, weil es weit von der Straße aus stand und von Neubauten umgeben war. Wie eine kleine Trutzburg strahlte das uralte Haus einer früheren Mühle zwischen den eintönigen Backsteinbauten mit Balkon. Durch ein Eisentor hindurch erreichte ich den länglichen Garten. Nachdem ich geklingelt hatte, bellte ein Hund als zweite Klingel laut auf. Am Klang erkannte ich, dass es sich nicht um einen Dackel handeln würde, sondern um ein Hund pferdähnlichen Ausmaßes. Tatsächlich sprang mich ein halbstarker Doggenrüde an, wobei er mich unwissend über seine Kraft fast umstieß. Frau Klein, so hieß unsere Wirtin, versicherte mir, dass er nichts macht und versuchte ihn in einer Ecke der überdachten Veranda neben dem Eingangsbereich zu platzieren. Mein Freundschaftsangebot bestand aus der Versicherung auch Hunde zu besitzen, woraus sich ergeben würde, mit ihrem auch umgehen zu können. Nach dem Austausch der ersten Freundlichkeiten, erklärte ich ihr den Umstand meines Soloauftrittes, stellte den Rucksack in den Flur und ging zum Richter, um ihm zu sagen, dass alles in Ordnung sei. Ich bedankte mich tausend Mal und wünschte gutes Gelingen. Er wollte nun seinen Plan weiter verfolgen.

Das Haus war sehr eng. Eine knarrende Treppe führte in den nächsten Stock, wo die Zimmer lagen. Ich bezog eines und begab mich nach draußen auf die Bank vor dem Haus. Da ich solch ein Durst hatte, nahm ich auch ein Weizenbier, statt Pils, das für meinen Geschmack frischer gewesen wäre. So wie ich durstig auf ein Bier war, war die Dogge durstig auf spielen. Zwischen ihren Zähnen wurde gerade eine Quietschente zermalmt, die er mir aber brachte. Ich schmiss sie in einige Entfernung von mir auf den Rasen. Der Hund donnerte los, die Terrasse bebte mit 4,5 auf der Richterskala und er stürzte sich auf sie, um sie weiter zu malträtieren. Zu jeder Kieferbewegung gab die Ente ein klägliches Quieken von sich. Beim dritten Apport hatten wir uns schon ins Herz geschlossen, bis die Wirtin und ihr Mann im Eingang erschienen. Der Hausherr begrüßte mich und wollte unnötig den Hund von mir fern halten. Mit aller Wucht und Strenge verfrachtete der Wirt die Dogge wieder in die Ecke der Veranda. Zur Dauer der Verabschiedung von uns reichte der Gehorsam des Hundes. Doch als das Herrchen hinter dem Eisengatter verschwunden war, drehte er völlig auf, bellte und forderte jetzt die Wirtin auf mit ihm zu spielen. Ich dachte bei mir, Rüden brauchen eine feste Hand und einen klare Rudelführung.

Der macht was er will. Die Wirtin blieb jetzt bei mir. Ihr Mann ist zum kollektiven Fußballspiel gucken. Irgend ein wichtiges Bundesligaspiel. Hannover gegen Bayern München. Er wäre natürlich für Hannover. Auf diesem leichten Niveau plätscherte die Konversation dahin, immer den Hund im Auge, der sich jetzt aber wieder beruhigt hatte.

Mein Bauchgefühl ließ mich aufstehen, um auf die Straße vorzugehen, damit ich den anderen behilflich sein könnte den erschwerten Zugang zu dieser Pension zu finden. Genau in diesem Moment fuhr der weiße Golf vor, der unter der Last, der fünf Personen fast auf dem Asphalt schliff. Wie ein Held, der alleine durch die Wüste ging oder sich mit einem winzigen Rettungsboot durch das Eismeer der Antarktis aufgemacht hatte, um Hilfe für die Zurückgelassenen zu holen, wurde ich begrüßt. Nicht minder musste der Richter gefeiert worden sein, der abermals bei der Ziegenbuche aufgetaucht war, um die anderen einzuladen. Einer nach dem anderen pellte sich aus dem engen Gefährt. Jeder verabschiedete sich mit besonderem Dank an den Fahrer.

Ulla und Margarete erzählten mir, wie sie das Warten erlebt hatten. Bei Kaffee und Kaltgetränken saßen sie in der Abendsonne. Ein älteres Wanderpärchen hatte ihren Platz am Nachbarstisch. Als der Mann mitbekam, dass die vier Fernwanderer waren, holte er seine Mundharmonika hervor und spielte bekannte Volkslieder. Der Tenor Bernhard und Margarete, die beide bekanntlich im Kammerchor Marsberg singen, stimmten mit ein. Bei dem Lied »...Unter den Linden, wo wir uns finden, zur Maienzeit...« musste Ulla schluchzend weinen. Später las ich in einem Bericht über die Auswirkungen des Fernwanderns und Treckings, dass der Adrenalin- und Endorphingehalt im Körper derart ansteigt, und somit die emotionale Empfindsamkeit enorm zunimmt. Positive und negative Eindrücke von außen werden nicht mehr so stark abgedämpft, womit sie ungefilterter in die Gefühlswelt eindringen können. Reaktionen darauf sind unsteuerbare, entlastende Gefühlsausbrüche, wie sie Ulla erlebt hatte. Wir konnten Ulla ganz gut verstehen. Ihre auch ohne Adrenalin gesteigerte Empfindsamkeit, war ein großer Gewinn für die Gruppe.

Bernhard war nicht gut zurecht. Irgendwie wollte er nichts Essen, weil er in der Ziegenbuche schon Kuchen hatte. Wir hatten aber alle Hunger. Als wir im Zentrum zwischen den Fachwerkhäusern einen

Italiener fanden, wollte er sich gar nicht recht dazu setzten. Er lief durch Bad Münder. Später kam er an unseren Tisch im Barese. Die Temperatur war so hoch, dass wir draußen sitzen konnten. Neben uns saßen mindestens fünfzehn einheimische junge Männer, die lebhaft und laut den Abend feierten. Am Gebären und ihrem selbstbewussten Verhalten identifizierte ich sie als Söhne der Stadt von Vätern, die etwas zu sagen hatten. Ihre Kleidung war gehobener Art. Immer wieder hielten protzige Autos an, Die Fahrer grüßten und schmissen mit Floskeln um sich. Ein junger Mann mit einem IPhone verfolgte das Fußballspiel. Ab und zu gab er das Ergebnis bekannt, was nicht alle gleichermaßen zu interessieren schien. Meine Portion Spagetti Dottore und ein Insalata mista waren ausreichend. Margarete nahm eine Pizza Funghi al Forno. Bernhard hatte sich wieder in der Gruppe zurecht gefunden, wobei er von Ursulas Pizza naschte. Mit der Dunkelheit verschwanden die lebendigen Jünglinge. Die Innenstadt wurde nun still. Bunte Schirme der Laternen hüllten die leere Fußgängerzone in ein illusteres Licht. Das war der Abschlussabend von unserer bislang längsten Tour. Schade, dachten wir, jetzt könnte das Wandern so weiter gehen. Wir hatten angefangen, draußen zu leben. Unvorstellbar den ganzen Tag im Haus zu verbringen, schlenderten wir durch die Nacht von Bad Münder im Farbenrausch der Lampen, um uns endlich selber in eine stabile Seitenlage zu begeben.

Bad Münder – Hameln, 22. April 2011, Freitag

Sieben Tage Sonnenschein. Hermannsburg lag ewig weit hinter uns, als ob 5 Jahre vergangen und 2000 Kilometer gegangen waren. Die Wirtin gab sich Mühe mit dem Frühstück, obwohl sie nicht genug Platz für uns hatte. Wir saßen im Flur, direkt neben dem Treppenaufgang des alten Hauses. Ich bewunderte ihre Ausdauer und ihren Einsatz, denn viel blieb von dem wenigen Geld, was sie von uns für eine Übernachtung bekam, nicht übrig. Vom Hund war weder etwas zu hören, noch zu sehen. Das Packen ging nunmehr mit einiger Routine von der Hand. Die Reihenfolge des Auftauchens zum Anfangsfoto und somit zum Start der Tagesetappe blieb immer noch gleich. Ich war der Erste, dann folgte Margarete oder Ulla, darauf tauchte Bernhard auf und Ursula markierte den Schluss. Bernhard entschloss sich diesen Morgen das Foto vor der weißen Häuserwand von uns zu machen.

Als ob ich den ersten Tag gewandert war, schmerzte mir nicht der kleinste Knochen. Die Füße verrichteten ohne Mühe ihren Dienst. Selbst die Scheuerstellen fingen an zu heilen. Jetzt könnte die Tour weiter gehen, immer weiter bis zum Bodensee. Aber zunächst mussten wir Bad Münder verlassen, diese kleine Stadt am Deister vor den Toren Hannovers. Sie wurde bereits im Jahre 840 unter den Namen Munimeri von Mönchen aus Minden erwähnt. 50 Kilometer Fußmarsch schienen ihnen nicht zu lang, um von den heilenden Quellen gesundheitlich zu profitieren. Es wurden hier Salz-, Schwefel- und Bitterquellen gefunden. Aus der anfänglichen Bezeichnung Mindener Sold könnte im Laufe der Zeit Mündener Sold geworden sein. 1306 wurde im heutigen Ortsteil Hamelspringe, bei der Quelle der Hamel, von Loccum aus ein weiteres Zisterzienserkloster gegründet. Kaiser Konrad II. fing 1033 die Salzgewinnung an, die erst 1924 eingestellt wurde. Während der Hildesheimer Stiftsfede und im Dreißigjährigen Krieg wurde die Stadt vollständig zerstört. Wie Soltau fiel Münder zwischen 1519 und 1523 bei der Fehde durch die harten und zerstörerischen Auseinandersetzungen zwischen dem Hochstift Hildesheim und dem welfischen Fürstentümern Braunschweig-Wolfenbüttel, sowie Calenberg zum Opfer. Der klamm gewordene Hildesheimer Fürstbischof Johann der IV. forderte vom Stiftsadel die verpfändeten Ländereien und wollte Steuererhöhung bewirken. Auf diese Forderungen wollte sich jedoch der Adel nicht einlassen. Anfänglich lokale Auseinandersetzungen verbreiteten sich über die Zeit zum Flächenbrand, der viele Tote kostete und wilde Zerstörung nach sich zog. Zwischen dem 17. und 19. Jahrhundert arbeitete eine Glashütte im heutigen Stadtteil Klein Süntel. Die heilenden Wasser werden heute noch für gesundheitliche Zwecke benutz. 1936 wurde Münder Kurstadt und durfte im das Bad im Namen tragen. Neben einiger Industrie lebt Bad Münder heute vom Gesundheitswesen. Im Kurpark steht eine eigentümliche bedachte, längliche Holzkonstruktion. Durch die Sole, die durch Reisigbündel herabrieselt, wird die Luft mit Salz angereichert. Für Allergiker oder Menschen mit Atemwegserkrankungen sind solche Gradierwerke, die in fast allen Bädern mit Solequellen anzufinden sind, eine gute Alternative zum Aufenthalt an der See. Seit der Gebietsreform am

1. Januar 1973 gehört die Stadt Bad Münder zum Landkreis Hameln-Pyrmont.
Die Wallstraße führte uns zur nach Westen führenden Süntelstraße. Wir überquerten die Hamel, die hier begradigt und nicht breiter als zwei Meter abfloss, überschritten die Bahnlinie und kamen an mehrstöckige Wohnhäuser aus den zwanziger oder dreißiger Jahren vorbei. Vor jedem Eingang der rauverputzten, ocker farbigen Häusern befand sich eine Freitreppe mit einer Mauer davor. Die Eingänge waren verziert umrahmt, die Türen bestanden aus drei Streifen mit Quadraten, während der mittlere Streifen mit Glasscheiben wegen der Lichtzufuhr versehen war. Das Kuriose an den Portalen waren aber die unterschiedlichen Frauengestalten über dem Sturz. Jede war in einer Art tänzelnder Gestik dargestellt, was dem ganzen Haus eine lustige, fröhliche Note verlieh. Margarete wurde durch die heiteren Gestalten angesteckt. Als ich die dritte Figur fotografieren wollte schwang sie sich vor meine Linse, um die Geste einer indischen Göttin zu interpretieren, die ihre Arme nach oben hält und die Handflächen vom Kopf her flach wegspreizt. Neben den gleichförmigen Wohnblöcken stand ein einzelnes Haus mit einem Fachwerkerker. Auf den Winkelhölzern, die mit den Ständern einen Untergrund ergaben, waren Handwerksutensilien wie Kelle und Hammer auf der einen, sowie Beitel und Axt auf der anderen Fläche geschnitzt. Die Werkzeuge befanden sich in einem Halbkreis, von dem Strahlen wie von einer Sonne nach außen abgingen. Danach öffnete sich das Gelände für Fabrikbauten. Neben dem Werkstor befand sich ein Schild mit einer alten Abbildung aus dem Jahre 1946, die das Werk zeigte, wo es noch kleiner war. 1919 errichteten hier ein Kaufmann aus Thüringen und ein Glashüttenspezialist aus Württemberg eine Glasfabrik. Nur zwei Jahre später ging ihnen die Kohle aus und die Fabrik musste wieder still gelegt werden. 1930 wurde das Unternehmen auf Abriss verkauft, der aber durch den Sägereibesitzer Friedrich Sustrate aus Bad Münder nicht folgte. Zwei Jahre später veräußerte er sie wieder an den Thüringer Rudolf Bornkessel, der sie wiederum 1938 an Friedrich Sünder verkaufte. Später beteiligte sich Günther Pöting an der Glashütte Süntelgrund, der dann ab 1963 der Besitzer war. 1971 kaufte der schwedische Verpackungskonzern PLM die Fabrik, um wie einige Firmen aus Schweden ebenso massiv in den Wirtschaftsraum der EU zu expandieren. PLM steht für Product Lifecycle Management.

Es handelt sich dabei um eine ganzheitliche Unternehmensführung. Es umfasst dabei unternehmensweite Verwaltung, Steuerung aller Produktdaten und Prozesse des gesamten Lebenszyklus. Ganz am Ende des Managementmodells, bevor sich der Kreis mit dem Faktor Markt wieder schließt, steht die Demontage und das Recycling der Produkte. 1999 übernahm ein weltweit tätiger Konzern aus England die Fabrik.

Entlang der ersten Äcker, auf denen noch deutlich die Profilabdrücke der Treckerreifen vom Pflügen zu sehen waren, zeigten sich am Horizont des braunen Hügels die letzten Einfamilienhäuser einer Vorstadtsiedlung von Bad Münder. Vor dem Acker stand eine veraltete Holzbank. Auf einem Rückenlehnenbalken war der Namenszug TINA gesprüht. Kurz flammte vor meinem geistigen Auge das Gesicht meiner Nichte mit selben Namen auf. Sie ist das älteste Kind unserer Generation aller Familien. Wenig später baute sich hinter dem nackten Feld der Süntel auf.

Auf einer relativ steilen Rampe schnauften wir in die Höhe. Mächtige Buchen spendeten uns dabei den nötigen Schatten. Auf einem umgesägten Stamm waren die Letter des Waldarbeiters HSK zu entziffern. Sie waren ein Gruß aus der Heimat und Vorankündigung unseres nächsten großen Zieles, denn HSK war das Autokennzeichen für den Hochsauerlandkreis. Eine Buche trug mit dem frischen Andreaskreuz und dem E1 ein Emailleschild, auf dem Bergschmiede, Eulenflucht und Bad Münder stand. Die Schmiede sollte unser nächster Anlaufpunkt sein. Seit dem Nordmannsturm auf dem Deister, hatte die Dichte an Ausflugslokalen, gegenüber der norddeutschen Tiefebene, enorm zugenommen. So wurde auch aus dieser alten Schmiede ein Lokal gemacht. Ein einfaches Ständerhaus lud die Wanderer nach drinnen ein. Heute früh waren schon viele Sonnenschirme unter den umstehenden Buchen aufgespannt, die den Wochenendbesucher herbei beschwören sollte. Ohne Frage war der Süntel neben dem Deister ein zweites beliebtes Wandergebiet für die nahen Anwohner. Auf dem geräumigen Parkplatz standen jetzt schon viele Autos. Eine zünftige Gruppe mit Karohemden, Knickerbocker, Filzhut inklusiver Eichelhäherfeder und bemusterten Wollstrümpfen machte sich gerade an der Heckklappe ihres Autos wanderbereit. Einer von ihnen packte ein paar Dosen Bier in seinen Rucksack, während ein anderer die Fahrradklingel an seinem Wanderstock ausprobierte. Die Klingel war natürlich ein Scherz, wogegen die genagelten Wanderabzeichen aus Metall eine ernsthafte Dokumentation darstellten, wo der Stock schon überall gewesen war und mit ihm der Besitzer. Auf den gebogenen, der Rundung des Stockes angepassten Form, waren markante Bauwerke von Orten, Türme oder Wappen mit dem Ortsnamen abgebildet.

Von der Bergschmiede mussten wir noch einmal hundert Meter auf 322 steigen. Der Laubwald wechselte zu einen dunklen Fichtenwald, der für kleine Mischwaldflächen stellenweise Platz hatte. Da fand ich das Bild, was ich mir auf der ganzen Wanderung ersehnt hatte. Ein Buchenast ragt freischwebend vom Rest der Krone, sonnendurchflutet in den Hintergrund einer schwarzen Fichtenwand. Seine grellgrünen, frischen Blätter strahlten als Kontrast gegen das Dunkel an. Durch Sturm geschuldete Brachflächen waren wieder aufgeforstet. Auf 350 Meter überschritten wir den Kleinen Steinbach, der in die Hamel fließt und setzten unseren Weg leicht steigend am Hang Richtung Hohe Egge fort.

Ein hölzerner Wegweiser verriet uns, dass schon sechs Kilometer hinter uns lagen und zehn noch vor uns. Ein Fußpfad führte ein letztes Mal stramm zum Gipfel. Schweiß drang aus allen Poren, bis zwischen Fichten im Gegenlicht die Umrisse des Süntelturms auftauchten. Endlich war der höchste Punkt mit 437 Metern erreicht, womit wir bereits 32 Meter höher als gestern gekommen waren. Vor dem Turm aus Naturstein mit einer gezackten Krone standen einladende Korbstühle an bunten, fetten Marmortischen. In dem Glauben, Hameln liege zum Greifen nahe, gönnten wir uns nach so vielen morgendlichen Höhenmetern eine Pause und nahmen in der Sonne an einem dieser massiven Steintischen Platz. Nacheinander besorgte sich jeder das Getränk, was er benötigte, aus dem Anbau des Turmes. Das Wirtspaar war nett. Sie strahlte eine positive Stimmung aus, was den Thekenraum aus Holz noch freundlicher erscheinen ließ. Er wurde erst neun Jahre später an den Turm angebaut, um einer kleinen Küche, der Theke und einem Gastraum Platz zu bieten. Der Turm selbst wurde nach einer Bauzeit von zwei Jahren 1901 unter Mitwirkung von Hermann Löns eingeweiht. Ein Vorgänger aus Holz von 1882, der Augusta-Turm, musste wegen Verrottung abgerissen werden. Ihm folgte der wesentlich standhaftere Sandstein im Sockel mit 1,45 Meter dicken Mauern, die sich nach oben auf 45 Zentimeter verjüngen. Der Süntelturm ist immerhin 25 Meter hoch und hat einen Durchmesser von 2,40 Metern.

95 Steinstufen führen den Besteiger zur Aussichtsplattform, die im oberen Teil mit 12 Metallstufen erreicht wird. Zwei Jahre nach der Einweihung erhielt die Turmschenke ein Telefon und zum 50 jährigen Bestehen wurde der Turm restauriert. Nach 21 Jahren musste man ihn dennoch komplett umrüsten, damit Risse und Lücken im Mauerwerk neu verfugt werden konnten. 1985 war die Bewirtschaftung durch neuartige ökologische Bestimmungen gefährdet, da Anschlüsse für Wasser, Abwasser und Strom fehlten. Nur durch Mittel des Landkreises Hameln-Pyrmont, sowie den Städten Hameln, Bad Münder und Hessisch Oldendorf, konnte nach zweijähriger Sanierungszeit die Gastronomie gerettet werden, wovon wir jetzt profitieren konnten.

Wir mussten aufpassen, dass der Ort nicht zu gemütlich wurde. Einige Wanderer und Fahrradfahrer, die nach uns gekommen waren, gingen schon wieder. Bernhard bekam jedoch den Impuls den Turm besteigen zu wollen. Ich zögerte erst, schloss mich dann aber an. Wir legten jeder einen Euro auf die Theke und betraten das Innere des Sandsteinzylinders. Nach der fünfzigsten Stufe fingen meine Oberschenkel an zu brennen, worauf ich meine Besteigungsgeschwindigkeit verringern musste. Die diesige Luft verhinderte ein weites Schauen ins Land. Das nahe Baumwipfelmeer versperrte ohnehin die meiste Sicht. So waren trübe die Kämme vom Deister, des südlichen Schweineberges und vom westlich gelegenen Bückeberg schwach zu sehen. Von oben wirkten die Marmortische in unterschiedlichen Farben wie polierte Halbedelsteine im Kies. Ulla und Ursula winkten von unten. Wir erwiderten das Winken. Wieder auf dem Boden angekommen, entdeckte ich alte Schilder an der Turmmauer. Auf dem einen stand »Deutscher Wanderweg, Nordsee – Bodensee X«. Ein anderes pries das Mineralwasser Pyrmonter an, das seit 1899 auf dem Markt war und mit Kohlensäure versetzt wird. Dieses natürliche Mineralwasser wurde auch Pyrmonter Säuerling genannt. Die Gebrüder Vietmeyer gründeten 1899 das privat geführte Unternehmen. Die Wasser gehören zum Typ der Sulfatwässer. Da die Quellen zum Teil auf nordrhein-westfälischem Grund liegen, mussten umfangreiche Vereinbarungen mit dem Kreis Lippe zum Wasserschutz im Einzugsgebiet getroffen werden. In den 80iger Jahren wurden vier weitere Brunnen gebohrt. Heute ist Bad Pyrmonter eine Marke der Vilsa-Brunnen-Gruppe im Eigentum der Rodekohr-Familie.

Nach dem Aufstieg folgt immer der Abstieg nach Erreichen des Gipfels. Über 300 Meter ging es wieder hinab ins Tal. Vorher kreuzten wir den E11 von den Niederlanden in die Masuren, über Coppenbrügge und dem Ithkamm, wo ich einst wohnte, nach Bad Gandersheim und weiter in den Osten. Teilweise verlief der idyllische Fußpfad durch Sturmgelände am Südhang des Süntels. Zeichen waren schwer zu finden, weil sie mit den umgestürzten Bäumen verschunden waren. Immer hinab, war im Zweifel die Divise. Bernhard hatte jedoch das Motto derart verinnerlicht, dass er ein Holzwegweiser ins Tal zum Ort namens Unsen übersah und nach Osten in die falsche Richtung lief. Nur durch Schreien holten wir ihn und Ursula zurück, um sie auf den richtigen Weg nach Süden zurück zu holen. Sonnenspotts in Bodenkuhlen im düsteren Fichtenbeständen, warme Waldwege auf Wällen und tiefe Schneisen, mit Ausblick in das Tal begleiteten uns auf dem Abstieg. Turmbesteiger kamen uns stark nach Luft ringend entgegen, wobei ich dachte, dass der nördliche, längere Aufstieg angenehmer, nicht so steil war.

Die ersten Häuser kündigten den Talgrund an. Auf der anderen Seite waren die nächsten Hügel zu sehen. Es handelte sich dabei um den 278 Meter hohen Schweineberg und den 263 Meter hohen Lengeberg. Hameln musste irgendwo dahinter liegen, was nichts anderes bedeutete, als dass wir noch einmal steigen mussten. Ich verschwieg das Thema. Vielleicht würde die Strecke nicht so hoch führen und mehr die Rundungen der Hänge nutzen, um auf die andere Seite zu gelangen. Ich war über die letzten Tage die Ruhe selbst geworden. Keine vorgeschriebene Zeit konnte mich berühren. Mir war das Ankommen in Hameln egal. Ich war mir sicher irgend einen Zug nach Celle zurück zu bekommen. Taxis fahren immer und unser Wagen wartete geduldig seit sieben Tagen auf dem Hof des Reiterhotels in der Lüneburger Heide auf uns.

Unsen war ein Straßendorf am Hecksbach. Von hier aus konnte man von der B217 kommend nach Hessisch Oldendorf, oder über eine Abzweigung im Dorf nach Holtensen und schließlich nach Hameln mit dem Auto gelangen. Im Ort selber stieß ich auf eine Sensation. Wenn auch die Hauptgebäude der Höfe immer noch aus Backstein bestanden, tauchte nun vor uns ein profanes Nebengebäude, vielleicht eine Stallung, aus behauenen Sandstein auf. Selbst die Mauer zur Straße bestand aus dem Stein. Stürze und Rahmen bildeten länglich behauene Steine. Ich nahm an, dass dieses erste naturgewachsene Baumaterial, das ich seit Flensburg auf dem E1 an Nutzbauten entdeckt hatte, in der Nähe gebrochen wurde. Die Farbe war hellgrau bis gelblich. Natursteine waren schon immer in Förderung, Herstellung und Transport teuer. So hatten wir sie in der Vergangenheit bis jetzt nur an Schlössern und Prachtbauten gesehen. Unweit dieser Besonderheit, die von nun an Richtung Süden keine mehr sein wird, ließ uns ein meisterlich gemauertes Backsteinhaus anhalten. Nicht zuletzt war auch der Hof mit der Hausherrin belebt, die gerade an Blumenkästen hantierte. Die Frauen kamen darüber mit ihr in ein Zaungespräch. Offenbar hatte sie einen kommerziellen Betrieb inne. Über der leicht nach innen versetzten, taubenblauen Eingangstür aus Holz hing ein grünes Schild mit einer gelben Sonne und den Kürzeln HWB seit 2007. Zwei hölzerne Glockenblumen schmückten links und rechts den Eingang. Während die Frauen erklären mussten, von wo wir kamen und wo wir hin wollten, bestaunte ich die halbrunden, echt gemauerten Tür- und Fensterstürze im Erdgeschoss. Die Stockwerke und Giebelseiten waren mit zwei vorstehenden Backsteinlinien als Zierde abgesetzt. Mit einem regelmäßigen Abstand aus rechtwinklig nach innen gesetzten Steinen, zwischen den parallelen Linien, bildete sich ein Zackenmuster.

Relativ zügig hatten wir das Dorf hinter uns gelassen. Am Beginn eines Feldweges lenkte uns ein an eine Linde genageltes Holzschild in die richtige Richtung durch den Acker zum Waldrand. Zum Schweineberg sollten es weniger als ein Kilometer sein, zur Heisenküche 2,1 Kilometer und nach Hameln nur noch 4,5, die es aber in sich haben sollten. Letzte rote Dächer schimmerten durch die bereits belaubten Buchen hindurch, bis sie ganz hinter unserem Rücken während des Aufstiegs verschwanden. Laub bedeckte vollständig das Areal, als gingen wir ohne sichtbaren Weg über den Waldboden. Das weiße X an den Baumstämmen zeigte uns die Richtung. Nach der Überwindung von 140 Höhenmetern tauchte am Kamm ein Tisch mit Bänken auf. Erste Pollen hatten das Holz mit einer dünnen, gelben Schicht überzogen. Einen besseren Platz für das Mittagessen wird es kaum geben, dachten wir und schmissen die Rucksäcke von uns. Ein wohlgestaltetes Schild lud die Wanderer ein, eine geführte Tour zu bekommen. Exakte Kosten und Telefonnummer des Hamelner Stadtforstamtes waren auch vermerkt. Ein Holzschild mit vier Blumenarten verbot das Pflücken der Selben.

Ich identifizierte die legendären Märzbecher und die Schlüsselblume. Die beiden anderen blieben mir durch das grobe Schnitzwerk unbekannt. Noch früher im Jahr sollen hier Teppiche von Märzbechern den noch kargen Waldboden erleuchten. Später war es mir möglich Fotos von meinem Vater und seiner Freundin zu sehen, die dieses Naturschauspiel dokumentierten. Viele Blumenliebhaber und Naturverbundene fahren aus der Umgebung hier her, um dieses Ereignis in der Blütezeit zu bestaunen.

Das Waldrestaurant Heisenküche lag tiefer als das Dorf Unsen. Der nach Süden ausgerichtete Weg hinab führte durch sonniges Buchenunterholz. Manchmal berührten wir die noch labbrigen Blätter. Herabhängende Zweige mussten zur Seite gedrückt werden. Baumriesen kündigten den Ausflugsort an. Sie waren mit aufwendigen Holztafeln versehen, in denen der Text mit einer Maschine gefräst war. Die erste Tafel beschrieb eine Waldweide, oder auch Hude genannt. Sie spielte bis weit ins 19. Jahrhundert im Hamelner Stadtwald neben der Nutzung der Buche als Brenn- und der Eiche als Bauholz eine bedeutende Rolle. »Die Altstadt war in 4 Hudebezirke aufgeteilt, denen jeweils 1 Forstrevier zugeteilt war. Wall und Stein grenzten Ost-Hude (O.H.) und West-Hude (W.H.) ab.«

Ein anderer Baum trug den Namen Europäische Lärche und war seit den 20er Jahren als Krumme Lärche bekannt geworden. Im Jahre 2000 soll sie 165 Jahre alt gewesen sein. Ihre Höhe bestand aus stolzen 39 Metern und die Holzmasse beträgt 11 Festmeter. Der nächste Baum am Weg soll mit 232 Jahren der älteste an der Heisenküche sein. Die Eiche, auf Latein quercus, diente früher als Bauholz und galt als die Mastbaumart für die im Wald herumstreifenden Schweineherden. Dieses alte Exemplar soll 30 Meter Höhe besitzen und auf ein Meter dreißig Höhe einen Durchmesser von 1,13 Metern haben. Die Holzmasse beträgt 16,9 Festmeter. Ein Festmeter ist mit einem Kubikmeter gleich zu setzen. Ein Satz auf dem Schild ragte neben den nackten Daten hervor: »Ohne waldbauliche Förderung (= Freistellung) hat die Eiche auf unseren guten Standorten gegenüber der Buche keine Chance!«

Das nächste Schild verriet warum, wenn der Wanderer bereit war, einen kleinen Vergleich in Höhe und Festmeter im Verhältnis zum Alter zu unternehmen. Die Rotbuchen an diesem Ort sollen die ältesten im ganzen Stadtforstamt Hameln sein. Vor uns stand ein circa 222 Jahre alter Riese mit einer Höhe von 41 Metern. Die

Buche, fagus silvatica, war auf der selben Messhöhe wie die Eiche 20 Zentimeter dicker und erreichte 27, 2 Festmeter. Diese Baumgiganten setzten sich als schmale, zum Basberg ansteigende Allee im Friedrichswald fort. Der Anstieg verlangte letzte Ressourcen. Mountainbiker sausten ohne Rücksicht auf uns zu nehmen den Weg von oben hinunter. Sie streiften mit ihren Lenkern fast unsere Arme. Wären sie ins Fallen gekommen, hätten die über 200 Jahre alten Bäume noch nicht einmal die Erschütterung des Aufpralls gespürt. Für mich blieb das »In Erscheinung« treten schneller Sportarten der Indikator einer nahen Stadt.

Auf der Südseite des Hausberges von Hameln angekommen, erreichten wir sogleich den recht bulligen Bismarckturm. Die dazu gehörige Gaststätte schien verwahrlost und dementsprechend am Rande einer Verwüstung. Dieser Umstand rückte die Masse des Turmes nicht gerade in ein leichteres Licht, sondern zog die gesamte Stimmung des Platzes in eine melancholische Düsternis. Eine Asphaltstraße brachte früher die Besucher mit dem Auto nach oben. Ein Jägerzaun war zerbrochen. Laub des Vorjahres bedeckte den Parkplatz. An diesem trostlosen Ort hielt uns nichts auf. Wir stiegen in die Stadt zum Rattenfänger ab.

Der Verfall eines einst illusteren Ortes im Rücken, paarte sich mit der Traurigkeit über das Ende der Tour. Bernhard stürzte nach unten, als ob ihm der Teufel im Nacken saß. Dabei war es nur die Zeit, die ihn plötzlich trieb. Er wollte einen bestimmten Zug bekommen, der ihm am Heimatort einen Termin ermöglichen sollte. Ich spürte wie ein Band zwischen dem Sein und der Zukunft zerriss. Die sieben vergangenen Tage wurden blitzschnell in die Vergangenheit verbannt. Für mich gehörte das Erleben der Stadt Hameln noch zur Wanderung dazu, wie die Bauten, die Menschen und die Ankunft am Bahnhof. So rauschten wir durch den Ort. Fehler blieben nicht aus. Ja sogar etwas Ärger konnte ich nicht mehr verbergen, derart aus meiner Mitte herausgerissen zu werden. Die gewonnene Kraft der letzten Tage trug zum Glück zu einer gewissen Gelassenheit bei. Auf diese Weise konnte ich Bernhard in seine zeitliche Welt ziehen lassen, ohne dass ich sauer auf ihn geworden wäre. Meine Vorstellung eine Unternehmung solcher Intensität gemeinsam zu beginnen und wieder gemeinsam zu beenden, war wohl nur ein innerer Wunsch von mir, der nicht von allen gleichermaßen geteilt wurde.

Der erste Fehler war beim Abstieg vom Bismarckturm aufgetreten. Das X ging uns verloren. Versuchte Abkürzungen der Serpentinen durch die Bäume, verliefen im Chaos des Unterholzes. Wir mussten immer wieder zur Straße queren, damit uns der Einstieg in die Stadt nicht ganz missglückte. Schließlich tauchten die ersten siebenstöckigen Wohnblocks am Waldrand auf. Autos der Anwohner waren in einer Reihe geparkt. Hitzig setzten wir den Gang in die Innenstadt weiter fort. Zeichen waren keine mehr zu sehen. Ein Schild für Fahrradfahrer deutete an einer Kreuzung zum Zentrum. Keiner von uns hatte je auf der Wanderkarte nach dem kürzesten Weg zum Bahnhof geschaut. Mir war das Recht, denn konnte ich wenigstens meinem Wunsch folgen, den Aufbau der Stadt nachzuempfinden und zu dokumentieren. Mein Gefühl sagte mir zwar, wir könnten einen kürzeren Weg finden, aber alle rannten Bernhard hinter her. Ich auch, mit mehr Zeit im Bauch.

Das Rennen in das Stadtinnere war der zweite Fehler. Ein späterer Blick auf die Karte zeigte klar auf, dass ein südöstlicher Schlenker durch die Oststadt eine Verkürzung um die Hälfte des Weges bedeutet hätte. Den hohen siebziger Jahre Blöcken waren weiter Richtung Zentrum drei- bis vierstöckige längliche Wohnhäuser aus den Fünfzigern vorangestellt. Sie reichten bis zu einem Freiplatz mit einem Fußballstadion, das bereits zum mit Natodraht eingezäunten Kasernenviertel gehörte. Der Draht war auf einem in V-Form abgespreiztem Gestell auf einer massiven Natursteinmauer gespannt. Die Geschichte Hamelns als Militärstandort geht auf den Ausbau der Stadt zur Hauptfestung der Welfen von 1664 bis 1684 zurück. Während des Siebenjährigen Krieges von 1756 bis 1763 wurden die Befestigungsanlagen, diesmal durch König George III. von Großbritannien-Hannover, weiter ausgebaut und durch neue Festungsbauten auf dem Berg Klüt ergänzt. Bis 1784 wurden auf dem Berg drei Forts errichtet, womit die Stadt zur stärksten Festung des Kurfürstentums Hannover aufstieg. Ein viertes Fort folgte 1806 während der Napoleonischen Kriege, nur kurz bevor die Festung kapitulierte und alle Befestigungsanlagen in und um Hameln 1808 im Zuge einer Schleifung von tausenden Arbeitern endgültig beseitigt wurden. Truppenverbände aus Hameln waren nach dem Fall der Festung zwar bei der Schlacht von Waterloo siegreich und Bataillone der Stadt durften seither ein Helmband mit dem Schriftzug Waterloo tragen, aber die Stadt hatte in den nachfolgenden

Jahrzehnten keine militärische Bedeutung mehr. Erst nachdem Hameln preußisch geworden und die Reichsgründung erfolgt war, wurde im Jahr 1897 das 164. Infanterie-Regiment in der Stadt aufgestellt und zog in die 1898 fertig gestellte Kasernenanlage an der Scharnhorststrasse ein. Diese Hamelner Einheit war vom Anfang bis zum Ende des ersten Weltkrieges an der Westfront in einem verlustreichen Einsatz und wurde nach Kriegsende aufgelöst. Im Zuge der Wiederbewaffnung unter der NS-Diktatur wurde 1937 bis 38 die Linsingenkaserne in Hameln erbaut. Unterschiedliche Infanterie-Regimenter waren dort stationiert, bevor sie nach dem Ausbruch des Zweiten Weltkrieges an West- und Ostfront eingesetzt wurden. Damit blieben die zwei Kasernen der Stadt den rund 4000 Mann starken Ersatzbataillonen überlassen, wobei auch diese kurz vor Kriegsende in den Kampf geschickt wurden. Letztlich flohen die ungefähr 500 in Hameln verbliebenen und schlecht ausgerüsteten Soldaten, als die Stadt am 7. April 1945 von britischen und US-amerikanischen Truppen besetzt wurde. Am 20. Juli 45 traf das 5. Bataillon der »Queens Own Cameron Highlanders« in Hameln ein und errichtete die bis heute aktive britische Garnison in der Stadt. Das Bataillon gehörte zur Garnison Paderborn. Insgesamt gab es fünf Garnisonen in diesem Sektor, mit den Namen Gütersloh, Hohne, Rhein und Osnabrück, die der Rheinarmee angehörten. Aus der »British Army of the Rhine«, kurz BAOR, wurde 1994 als Zusammenführung mit den anderen Garnisonen im Norden »British Forces Germany«, kurz BFG. Im Jahr 2006 waren etwa 23 000 Soldaten und 2000 Zivilangestellte beschäftigt. Dazu zählten rund 30 000 Familienmitglieder. Die Garnison Osnabrück wurde 2009 geschlossen und im Dezember 2013 wird der Standort Münster Gievenbeck mit der Oxford-Kaserne aufgegeben. Für diese Orte bedeutet ein Rückzug der Besatzung einen herben Verlust. Hameln ereilt das selbe Schicksal. Bis 2016 sollen alle Gaststreitkräfte, wie sie hier genannt werden, aus der Weserstadt abgezogen sein.

Bereits vor dem Gelände der Linsingenkaserne hätten wir zum Bahnhof abkürzen können. Nach den tristen Trabantenstadthäusern schmückten verzierte dreistöckige Wohnhäuser die Straßenzüge. Jedes Haus war mit anderen historischen Aufsätzen aus fast allen Epochen um Türen, Fenstern und Balkonen versehen. Wechselnde Formen und Farben sorgten für ein lebendiges Bild in der Flucht der langen Straßenverläufe. Letztlich durchbrachen wir die breite Ringstraße und betraten die ursprüngliche Fachwerkstadt Hameln. Die Fußgängerzone war mit Ausflüglern bevölkert. Noch dichter wirkten die Linien, pulsierten die Flächenansammlungen der kleinen Fächer der Bauten. Zahlreiche Erker durchbrachen die flüchtigen Balkenkanten. Die Verzierungen und Farben des alten Holzes wirkten wie das bunte Flackern einer modernen Einkaufzeile. Die St.-Nicolaikirche ragte über alle anderen Häuser hinaus. Ihre fünf Giebelwände aus Naturstein wirkten schlicht und massiv gegenüber der Verspieltheit des Fachwerkes in der Umgebung. Ganz im Sinne des Schutzprotons der Kaufleute, wird das Gotteshaus auch Marktkirche genannt und bildet das Zentrum der Stadt. Ihre Vorgängerin war eine kleine quadratische Kapelle aus der ersten Hälfte des 12. Jahrhunderts. In der zweiten Hälfte des 12. Jahrhunderts wurde sie zu einer dreischiffigen Basilika mit Querhaus ausgebaut. Nach einem Brand 1220 wurde eine frühgotische Gewölbebasilika errichtet und 1250 bis 60 wurde die Basilika zu einer Hallenkirche umgebaut. 1290 bis 1310 wurde die Halle nach Osten um ein fünftes Joch erweitert, eine polygonal geschlossene Apsis und eine Sakristei angebaut. Nach dem Siebenjährigen Krieg erhielt die Marktkirche 1764 bis 1768 eine barocke Innenausstattung und 1899 wurde das Innere wieder neugotisch umgestaltet. Kurz vor Kriegsende am 5. April 1945 wurde der Turm beschossen, stürzte um und setzte das Schiff, sowie das benachbarte Rathaus in Brand. 1957 wurde die evangelisch-lutherische Marktkirche nach zwei jähriger Wiederaufbauzeit am Namenstag des heiligen Nicolaus eröffnet. 1987 wurde die Kirche noch einmal renoviert und neugestaltet.

Kein Platz war mehr unter den vielen Sonnenschirmen der Cafés frei. An den Eistheken mussten ungeduldige Kinder in einer Schlange auf ihre Erfrischung warten. Bernhard und Ursula waren in diesem Getümmel verschwunden. Margarete und mir konnte dieser Umstand egal sein, weil wir in die andere Richtung mit dem Zug fahren mussten. Ulla war die leidtragende. Sie müsste alleine nach Marsberg zurück kommen. Wahrscheinlich hatte sie sich mit ihrer neuen Lage abgefunden, sonst hätte sie sich nicht von den vielen eisschleckenden Menschen anstecken lassen, um den Vorschlag zu machen, sich ebenfalls an das Ende einer Schlange zu stellen. »No sweets between« für mich. Margarete gesellte sich zu Ulla. Während ich auf sie wartete, bemerkte ich jetzt erst den berühmten

Fremden mit dem Spitzhut und Fasanenfeder in Bronze gegossen, der Hamelner Kinder mit seiner Flöte aus der Stadt entführte, weil er nicht wie abgesprochen genügend für seine Dienste von den Bürgern entlohnt wurde. Zu seinen Füßen umringten ihn eine Schar Ratten, die er mit seinem Flötenspiel in die Weser trieb, was sein eigentlicher Auftrag war. Sinnbildlich für den Fluss, ergoss sich von seinem Sockel Wasser in eine Brunnenschale unter ihm. Wohin er die Kinder aus Rache an die Betrüger entführte, sollte bis heute ein Rätsel bleiben. Er ging zumindest unvergessen als Rattenfänger von Hameln mit dem Appell in die Geschichte ein, dass ein jeder sich an Abmachungen halten soll. Ihm war es zu verdanken, dass die Stadt nun eine Mär besaß, die ihr mehr Geld einbringt, als sie je an ihm verprellt hatte. König Ludwigs damaliger Bauwahn treibt Bayern nun jährlich Millionen in die Kasse. Zwei Beispiele, die die Existenz von gegenwärtiger Unberechenbarkeit belegen.

Als ich mich umdrehte, hing über meinem Kopf das verschnörkelte Zunftschild »Gaststätte Rattenfängerhaus«, indem in einem Kreis der schreitende, auf der Flöte sein Lied spielende Tierfänger golden abgebildet war. Am Boden auf der Tafeln war mit Kreide ein Angebot geschrieben: Hausgedeck wahlweise Rattentorte, Apfelkuchen »Alt Hameln«, Käsekuchen »Omas Rezept«, Frankfurter Kranz + Pott Kaffee / Tee 4,40 Euro. Als ich Frankfurt las, dachte ich an ein weiteres Ziel unserer Reise durch Deutschland. Bald werden wir das Land der Sachsen verlassen haben und das der Franken betreten. Der vorletzte große Fluss würde dann auf uns warten, der Main.

Wir trafen im Nordwesten wieder auf die Ringstraße um die Altstadt herum und hatten nicht nur Ursula und Bernhard verloren, sondern auch die Orientierung zum Bahnhof. Uns blieb nichts anderes übrig, als Passanten zu fragen. An taubenblau und rosa roten Jugendstilhäusern vorbei betraten wir einen jüngeren Stadtteil mit gepflegten anderen Prachtbürgerhäusern. Backsteinbalkone im zweiter Stockwerk mit Säulen gestützte Dächer schlossen Ecken ab. Die Dächer waren zwiebelturmartig mit Schiefer gedeckt. Eine grüngewordene Kupferkugel mit Spitze schloss das dünne Ende der Kuppel ab. Die Hamel näherte sich in einem grünbelassenen Bett dem Stadtteil, um auf der anderen Seite der Straße unter dem Häusermeer zu verschwinden. Wahrscheinlich wird sie den restlichen Teil bis zur Weser im Dunkel gemauerter Tunnel verbringen. Nach wenigen Straßenzügen tauchte der modernisierte Bahnhof auf. Vor ihm lag ein geräumiger Platz, der auch einen Busbahnhof Raum bot.

Nach siebentägiger Gemeinschaft bekamen wir keinen entspannten Abschied hin. Bernhard und Ursula waren verschwunden. Ulla hechelte zum Gleis, nachdem sie herausgefunden hatte, auf welchem Bahnsteig ihr Zug abfuhr. Später erfuhren wir, dass sie dort wieder auf Ursula und Bernhard gestoßen war. Unser Zug nach Hannover sollte erst in einer halben Sunde starten. Gemütlich kaufte ich das Ticket und eine Ansichtskarte von Hameln im Weserbergland mit dem kurzen Abriss der Geschichte, deren Ursprung in das 800 Jahrhundert zurückreicht. Um auf den Rattenfänger zurückzukommen, soll die Geschichte aus einer Legende von 1284 hervor gegangen sein. Jeden Sonntag im Sommer wird diese Geschichte in der Innenstadt aufgeführt.

Die Rückfahrt ins flache Land, stand nicht im Verhältnis zu den sieben Tagen der Wanderung mit großen Bögen und Schlenkern. Ewig ist mir die Zeit zwischen Hermannsburg und Hameln vorgekommen. Der Wechsel von der deutschen Tiefebene ins Bergland war sensationell. Wir hatten drei interessante Ströme überquert, die Grenzen unterschiedlicher Sachsenstämme gebildet hatten und zu Adern der Christianisierung wurden. Während die Römer mit den Friesen vom Rhein aus im äußersten Westen schon lange Handel trieben, war hier nördlich und südlich der Weser das Land überwiegend in der Hand der »Normannen« geblieben. Die Römer wagten wahrscheinlich nur zögerlich mit Schiffen die Weser zur wagemutigen Erkundung herauf zu kommen. Ende des ersten Jahrhundert schrieb der römische Historiker Tacitus über die Landschaft der sogenannten Germanen, dem Teil zwischen Rhein und Elbe, den die Römer von Köln aus als die Provinz Germania vollends beherrschen wollten, was ihnen aber nur zum Teil gelang. »Wer hätte auch – abgesehen von den Gefahren des schrecklichen und unbekannten (Nord) Meeres – Asien oder Afrika oder Italien verlassen und Germanien aufsuchen wollen, landschaftlich ohne Reiz, rau im Klima, trostlos für den Bebauer wie für den Besucher, es müsste denn seine Heimat sein?« Im fünften Kapitel »Natur des Landes, Bodenerzeugnisse, Geld« lässt Tacitus sein beschriebenes Germanien unbewohnbar erscheinen. »Das Land zeigt zwar im einzelnen einige Unterschiede; doch im ganzen macht es mit seinen

Wäldern einen schaurigen, mit seinen Sümpfen einen widerwärtigen Eindruck.«

Tacitus schuf aber auch mit seinem Werk über Germanien eine folgenreiche Legende. Als hochgewachsene, blonde und blauäugige, überaus tapfere Krieger stellt der Römer die Feinde des Imperiums dar. Es sei ein Volk mit gemeinsamen Sitten und Gebräuchen. Als einheitliche Nation hat es die Germanen jedoch nicht gegeben.

Sieben Jahrhunderte später prägten die Christen vom Süden den Strom flussabwärts kommend und durch die Wucht Karl des Großen die weitere Geschichte der heidnischen Menschen in dieser Landschaft. Noch im hügeligen »Normannenland«, das wie beschrieben mit tiefen Wäldern überzogen war, hatten wir uns aber schon nahe an die Grenze zu den Römern im Westen und den Franken im Südosten heranbewegt. Wir hatten den sandigen Boden des fließenden Gletschers der letzten Eiszeit verlassen, eine seiner Endmoränen bestiegen und die unveränderte Steinlandschaft mit seinen milden Hügeln bergauf sowie bergab betreten. Ich fuhr von der ersten erklommenen geologischen Deformation wieder hinunter auf den Meeresboden meiner Kindheit. Mein Abschied von der Kindheit wurde von meinem leibhaftigen Vater begleitet. Der Gang durch die Landschaften der Vergangenheit hatte mich mit vielen unterschiedlichen Gefühlen erfüllt. In der Summe konnte ich mich versöhnlich mit der Welt meiner Jugend erweisen, auch wenn sie mir manchmal sehr platt und grau erschien. Die Kleinigkeiten am Wegrand, die Moore, Wiesen, das Leinetal, das Meer, das ein See war, und schließlich der erste Anstieg nach Bad Nenndorf hatten mich überzeugt, dass die Landschaft wie das Leben im Fluss begriffen ist. Es gibt keine starren und feste Merkmale, die Grenzen verlieren sich durch ineinander greifende Landschaftsformationen und dessen Flora. Allein die Menschen definieren Grenzen um Territorien für ihre Sippen in Anspruch zu nehmen, um das Beste für sich zum Erhalt zu gewinnen.

Margarete und ich fuhren gemächlich in die niedersächsische Hauptstadt ein, vorbei an manche bekannte Stellen aus dem Südteil, wo wir unsere Studentenzeit verbracht hatten. Das Messegelände, die Ricklinger Teiche, die Eilenriede, Hinterhöfe, alte Brücken, Kleefeld, meine Kinderstube, der Zoo, der Pferdeturm und schließlich der Hauptbahnhof. Eine Gruppe Punks hatte sich mit ihren zwei Hunden auf dem Boden in der Mitte des Bahnsteigs niedergelassen. Ich erinnerte mich an die Chaostage in den 80er Jahren, die wir von der Wohngemeinschaft aus, an der Lutherkirche hautnah miterleben konnten. In den ersten Jahren war der kleine Pennymarkt regelmäßig ausgeraubt worden. Später hatte der Pächter mit Holzbrettern den Laden vor diesen Tagen verrammelt. Ein jüngerer Punk mit einem roten Schopf kam mit einem Pappbecher voll Geld zu der Gruppe geschlappt. Sie zählten es und meinten, dass einer von ihnen noch einmal zum Betteln los müsste, damit sie sich eine Gruppenkarte kaufen könnten. Bis sich jedoch einer aus dem Sitzlager löste, dauerte eine Ewigkeit. Die Hunde hatten entspannt die Köpfe auf ihre Vorderbeine gelegt und schliefen.

Die Fahrt nach Celle dauerte nicht lange. Wir nahmen uns ein Taxi nach Hermannsburg und mussten noch weitere zwei bis drei Kilometer zum Reiterhotel laufen. Unser Wagen stand mittlerweile verstaubt zwischen Pferdeanhänger an der selben Stelle, an der wir ihn vor sieben Tagen verlassen hatten. Die erste Strecke auf der Landstraße war befremdlich schnell im Gegensatz zum dauerhaften Schritttempo der letzten Zeit. Der blaue Himmel färbte sich bereits rot. Feuchtigkeit zog über die Auen durch bizarre Kiefernhaine. Die Straße war autoleer. Vor Hamburg fuhren wir in den ersten zermürbenden Osterstau.

Dies sollte die letzte Tour vor Ostern auf dem Weg nach Süden gewesen sein. Unsere Tochter war nun groß genug geworden, dass wir uns freudiger Weise auch zu späteren, somit möglicherweise milderen Jahreszeiten auf den E1 machen konnten. Jedoch wird diese Karwochentour als schönste und wärmste Strecke in unsere Geschichte eingehen.

Tour 7
23. - 25. September 2011

Hameln – Bösingfeld, 23. September 2011, Freitag

Es hatte viele Gründe, warum wir noch einmal in diesem Jahr unsere Wanderschuhe von der Kellertreppe holten. Zum einen lag Hameln von unserem Heimatort nicht so weit entfernt, dass die Anfahrt nicht zulange dauern würde, um ein verlängertes Wochenende mit drei Tagen zu schaffen. Zum anderen sollten diese Tage eine Probetour zu sechst sein, denn schon lange hatte ich das Gefühl, dass die Schwester von Margarete mit uns das Vorhaben, zum Bodensee zu laufen, teilen wollte. Immer hatte sie mit Interesse über das Gelingen vergangener Touren nachgefragt und uns von ihren misslungenen Versuchen erzählt, eine Langstreckentour mit anderen aufzubauen. An ihr scheiterten aber die Versuche nicht. Toni war Marathonläuferin mit einer ständigen Top-Kondition. Nachdem Margarete sie gefragt hatte, musste sie nicht lange gezögert haben. Schnell sagte sie für dieses geplante Wochenende zu. Toni wollte mit dem Zug am Donnerstag von Kiel nach Hameln fahren, den Ort besichtigen und dort übernachten. Ich markierte ihr auf einem Stadtplan die Stelle, wo wir uns auf dem E1 am Rande der Stadt zu einer ausgemachten Zeit treffen wollten. Die anderen waren mit unserem Zuwachs einverstanden, womit wir nun eine stabile Zahl darstellten. Von dieser naturgöttlichen Stabilität wussten schon die Schamanen, und ordneten sie in ihr mystisches Weltbild ein. Als Konstruktion taucht die Zahl bei der Bienenwabe und im Panzer der Schildkröte auf. Das sechseckige molekulare Gerüst des Bergkristalls sorgt für unvergleichbare Durchsicht und Klarheit. Im Davidsstern vereinen sich die zwei Dreiecke, die für das Weibliche und Männliche in der Welt stehen, zur göttlichen Einheit. Die Dualität wird überwunden. Einheitliche Kräfte können sich formieren und so fruchtbarer gedeihen. Etwas Neues kann entstehen.

»Nicht der Weg ist das Ziel, es ist symbolhaft der Weg zum Ziel«, war in einem Artikel der Westfalenpost vom Juli zu lesen. Der gesamte Text war eine Einladung an der Wallfahrt zum Grabe des heiligen Liborius teilzunehmen. Diese Wallfahrt wird schon seit 163

Jahren von Brilon im Sauerland bis nach Paderborn unternommen. Sie beträgt 46 Kilometer. Gestartet wird um Mitternacht. Da wir bald den Bereich von Paderborn streifen, ist die Bedeutung des Liborius für meine Dokumentation von großer Wichtigkeit. Er weißt den Weg weit zurück in die frühe Christianisierung und damit nach Le Mans in Westfrankreich. Diese Wallfahrt soll die älteste und beschwerlichte Laienwallfahrt überhaupt und einzige zum Liborifest nach Paderborn sein. Im Jahre 836 wurden die Reliquien vom vierten Bischof von Le Mans auf Geheiß des Kaisers Ludwig des Frommen in den noch jungen Dom von Paderborn übertragen. Karl der Große hatte drei Söhne, wovon die beiden ältesten, Karl der Jüngere und Pippin der Bucklige, vor ihrem Vater starben. Damit wurde der jüngste Sohn sein Nachfolger, nämlich Ludwig der Fromme, wobei Pippin bis 810 Mitkönig seines Vaters in Italien war. Es war ein über 1000 Kilometer langer beschwerlicher Weg, bis die Gebeine des Bischofs in der Krypta zur Ruhe kamen. Die Reliquienübergabe sollte jedoch ein Zusammenschluss beider Kirchen Le Mans und Paderborn als »Bund ewiger Freundschaft« bedeuten. Dieser Bund besteht heute noch und soll einmalig in Europa sein. Die Legende besagt, dass St. Martin, der Bischof von Tours, 397 seinen Freund Liborius an seinem Sterbebett besucht hatte.

»Unsere Wallfahrt ist kein sportliches Ereignis,....«, möchte der Veranstalter und Autor des Artikels bemerken, »....kein Spitzenmarsch mit Höchstgeschwindigkeit. Es ist ein geistliches Erlebnis, das spürbar Leib und Seele erfasst. Jung und Alt, Kinder, Eltern und Senioren spüren im Gebet, im Gesang, in der Meditation und im Schweigen Schritt um Schritt auf hartem Asphalt, was Weg ist und die Sehnsucht nach dem Ziel bedeutet. Nicht der Weg ist das Ziel, es ist symbolisch der Weg zum Ziel.«

Der Verfasser scheint kritisch dem sportlichem Pilgern gegenüber zu stehen. Auf jeden Fall kann er zur Diskussion und zu meiner Art der Auseinandersetzung, warum wir zum Bodensee, vielleicht noch weiter laufen wollen, viel beitragen. Ob die Behauptung, dass der Weg zum Ziel führt tieferen, mystischen Bestand bekommt, werden wir in der Gruppe intensiv diskutieren können. Sollte der neue Ausspruch nur die Beschreibung einer Distanzüberwindung sein, würde er nicht die fernöstliche Vorstellung, dass alles im Leben im Fluss und ständiger Veränderung unterworfen ist, verdrängen können.

Die Jugend nahm es leichtfüßiger bei einer Wallfahrt nach Werl. Alle Wege führen nach Werl und mit dem Motto der Veranstaltung »Maryline – Ruf mich an« bestritten 600 Wallfahrer des Bundes der Deutschen Katholischen Jugend den Gang in die Hellwegstadt an der alten Handels- und Pilgerrute aus dem Osten nach Köln. Diese Sternwallfahrt soll einzigartig im Erzbistum Paderborn gewesen sein. Treffpunkt war der Campingplatz »Eulenspiegel« in Rüthen. Von da aus starte die Pilgerschar in das 55 Kilometer entfernte Werl. Gefeiert wurde das 350 jährige Jubiläum der Marienwallfahrt. Junge Stimmen untermalten das kirchliche Event: »Ich bin lieber hier mit anderen Menschen zusammen als in einer Internet-Gemeinschaft. Habe lieber Offline als Onlinefreunde.«, oder »Kirche ist keine Institution, die dem Zeitgeist hinterherläuft. Die aber trotzdem mit der Zeit gehen muss.«, und »Wichtig ist doch, dass jeder Teilnehmer merkt, dass er im Glauben nicht allein ist und seinen Glauben öffentlich zeigen kann.« Die moderne und kreative Form des Miteinanders wurde in diesem Artikel, ebenfalls aus der Westfalenpost, mit dem Satz beschlossen: »Pilgern ist ein Gebet mit den Füßen.«

Elf Kilometer absolvierten Bewohner und Patienten einer Sozialtherapeutischen Einrichtung des Landschaftsverbandes Westfalen Lippe auf dem historischen Jakobspilgerweg von Lengerich nach Ladbergen. Zu diesem dritten Pilgertag ist jeder mit oder ohne Handicap eingeladen gewesen. Er wurde von zahlreichen Helfern begleitet.

Die Beispiele zeigten, wie das Pilgern in unserer unmittelbaren, katholischen Gegend angekommen war. Ohne den Jakobsweg in Spanien gehen zu müssen, hatte der Pilgergeist längst seine entfernten Zubringerwege erreicht und die Menschen im Umfeld aktiviert, die Teilstrecken wieder zu beleben. So möchte der Briloner Heimatbund »Semper idem« den alten Pilgerweg Paderborn, Obermarsberg, Bredelar, Brilon revitalisieren. Er soll in das Netz der Jakobswege integriert werden. Vorausschickend sei hier erwähnt, dass der E1 ebenfalls durch Obermarsberg verläuft, durch unsere Wahlheimatstadt, die wir nächstes Jahr erreichen wollen.

Der ARD schickte vier Schauspielerinnen auf Pilgertour. Die Vorankündigung meinte dazu: »Pilgern ist zum Massenphänomen geworden. Im Ersten dürfen jetzt vier Frauen auf dem Jakobsweg ihre innere Mitte suchen. Von Freundschaft und Lebenslügen aus weiblicher Perspektive handelt diese Komödie. »Die Dienstagsfrauen« ist nicht nur ein Pilger-, sondern auch ein Frauenfilm und drückt gelegentlich etwas zu stark auf die Selbsterkenntnisdrüse.« Wird das christliche Pilgern, sowie das Wallfahren zu Fuß. nebst dem weltlichen, bewusstseinserweiterndem Pilgern mit Selbsterkenntnisgewinn verlassen und die Welt des sportlichen Wanderns betreten, findet es sich als Massenphänomen mit festem Schuhwerk und Rucksack wieder. Panoramawege bekommen das Zertifikat »Deutschland Wanderbar« nach erfolgreicher Prüfung zugesprochen. Zeitungsbeilagen und andere Werbeprospekte verbinden zahlreiche Aktivitäten, sowie geografische Orte mit dem Begriff »Wandern« wie aus einem einzigen Prospekt zu ersehen ist. Wanderspaß, Wandernd durchs Land, Wandernd das Land entdecken, Sagenhafte Wanderreise ins Märchenland, Der Mühlensteig – Wanderweg der Müllerburschen, Wandern auf der Insel Mallorca, Auf Hermannshöhen den Teuteburger Wald erwandern, Ausgezeichnet wandern, Der Drahthandelsweg – auf den Spuren alter Handelswege, Premiumwandern mit Weitblick und Das Wander-Eldorado. Mit wenigen Klicks kommt man zur Traumwanderung. Auf dem Weg der Sinne werden Wanderwünsche wahr. Der Interessierte kann einen Wanderurlaub im Reich der urigen Buchen begehen. »Auf Erkundungstour« können mit Namen versehene Pfade und Steige aller Art beschritten werden. Ich sagte zu Margarete: »Wir sind nicht mehr allein. Wir laufen im Trend!« Trotzdem konnte ich immer noch nicht sagen, ob wir im Trend pilgern oder wandern, oder einfach nur längs durch Deutschland laufen würden. Sollte die Antwort nicht am Ende zur banalen Bedeutungslosigkeit schrumpfen?

Das Älterwerden unserer jüngsten Tochter macht uns das Wegbleiben immer leichter. Drei Tage brauchten wir fast gar nicht zu planen. Sie wird das Wochenende auch mit dem alt gewordenen Hund meistern. Der Mann von Ulla und gleichwohl unser Nachbar, erklärte sich bereit, uns mit unseren Wagen nach Hameln zu fahren, so dass wir von unserem Ziel Detmold mit dem Zug nach Marsberg zurückfahren könnten. Um halb sechs in der Früh ging die Fahrt los. Richtung Norden warteten Ursula und Bernhard in ihrem Heimatdorf Wethen in der Warburger Börde, neben dem Eggegebirge, auf uns. Fröhlich und gut gelaunt suchten die beiden Platz im Wagen, dessen Scheiben durch das Warten mit ausgeschaltetem Motor bereits beschlagen waren. Die kalte Nacht war nämlich sternenklar gewesen, was uns aber einen umso schöneren Tag bringen könnte. Schon drückte sich ein grünlicher Streifen Licht von Osten in das Schwarz der Nacht, der sich später in ein dunkles Rot, dann Orange und später in lichte Dämmerung verwandelte. Wir fuhren durch Gegenden, die wir später in den Hügeln und Wäldern zurück wandern werden. Die Landstraßen waren noch frei von Autos.

Ich hatte den Treffpunkt mit Toni direkt an den E1 gelegt, im Süden der Altstadt, kurz vorm Überschreiten der Weser. Das Gefühl, die Weser zu überqueren, war mir nach der Elbe, der Aller und der Leine ein wichtiges Anliegen. Wir parkten den Wagen am Münster St.-Bonifatius, wo wir uns zum Wandern fertig machten. Die Längsfassade des stattlichen Münsters aus Naturstein hatte ein dreistufiges Seitenportal mit einer Kleeblattbogentür. Dieses Portal diente als Hintergrund unseres Anfangsfotos von Margarete und mir, das uns noch mit Pullover und Jacke zeigt. Unseren Anfangsort können wir ebenso als die Wiege der Stadt ansehen und den nunmehr frühesten christlichen Ort seit Flensburg. 802 oder 10 Jahre später baute hier ein begüterter Graf Bernhard eine Holzkirche auf einem Steinfundament, das 1955 entdeckt wurde. Diese Eigenkirche im Tilithingau sollte ihm ursprünglich für seine Gemahlin Christina zur Grablege dienen und ist aber auch Zeugnis der Unterwerfung der dreißig Jahre andauernden Konflikte um die mit Macht vorangetriebenen Christianisierung durch Karl des Großen. Nach dem Tod des sächsischen Grafen baute 851 die Reichsabtei Fulda die Kirche als Kloster aus und stattete sie zur Festigung ihrer Expansion mit den Reliquien des heiligen Romanus aus. Mit diesem Namen berühren wir sehr frühe Christengeschichte auf dem Weg nach Süden. Vor dem Romanus von Condat, der 400 im Burgund geboren und 63 Jahre alt wurde, lebten etliche Märtyrer mit dem selben Namen, der »der Römische« bedeutet. Der früheste Märtyrer Romanus von Rom tauchte 268 in der Geschichte auf. Der heilig gesprochene Romanus von Condat war zu seiner Zeit Eremit und Klostergründer. Er verließ im Alter von 35 Jahren das Kloster Ainay bei Lyon und zog in die Einsamkeit. Nach seiner Priesterweihe gründete er in Nordfrankreich ein Kloster im Ort Condat des Haut Jura.

Folgt man der Weser flussaufwärts, würde sie sich in die Zuflüsse Werra und Fulda in Hannoversch Münden aufteilen. Weiter südlich im heutigen Hessen und 40 Kilometer von der Fränkischen Grenze in Bayern entfernt, liegt die Residenzstadt Fulda. Hier gründete Bonifatius 744 sein letztes Kloster zur Festigung von Mission und Organisation in der christlichen Expansionsbestrebung, das sieben Jahre später durch Papst Zacharias mit bischöflichen Privilegien zur Ausübung bischöflicher Amtsgewalt ausgestattet wurde. So hatte Bonifatius direkten Kontakt nach Rom. Als Abt setzte er seinen Schüler Sturmi ein, von dem ich in Marsberg noch mehr erzählen werde, und die Gebräuche zum klösterlichen Leben übernahm er von Monte Cassino, dem Stammkloster der Benedektiner, um 529 von Benedikt von Nursia gegründet. Fulda stieg durch die Karolinger stark gefördert zu einem Kulturzentrum auf, das ebenso im Sinn hatte, flussabwärts der Weser die »Normannen« zu missionieren. So konnte nach der Eroberung des Sachsenlandes durch Karl den Großen sein Sohn Ludwig der Fromme im heutigen Höxter an der Weser das mächtige Benediktiner Kloster Corvey 816 aufbauen. Es wirkte später bis Schweden nach Birka und Dänemark nach Ripen, sowie nach Schleswig, als noch die Wikingerstadt Haitabu blühend existierte. Ludwig stattete das Kloster mit Mönchen aus der Westfränkischen Abtei Corbie an der Somme in Frankreich aus. So wurde der ursprünglichen Name »Nova Corbeia«, das neue Corbie, im laufe der Zeit zu »Corvey« verwandelt. Das Kloster wird auf unserer Wanderung noch wichtig werden, weil der Wirkungsbereich weit in das Sauerland hinein reicht.

In Hameln zurück, brannte die mittlerweile dreischiffige, romanische Basilika 1209 ab. Die wieder aufgebaute Kirche wurde 1241 nun dem heiligen Bonifatius geweiht. Zunächst ist die Stadtgeschichte von Hameln eng mit der Abtei in Fulda verbunden. Bis der Abt von Fulda im Jahre 1259 seine Rechte der Stadt an das Hochstift Minden verkaufte. Das Hamelner Bürgerheer widersetzte sich zunächst dieser Veräußerung, verlor aber ein Jahr später die entscheidende Schlacht gegen den Bischof von Minden. Acht Jahre schwelten weitere Auseinandersetzungen, bis der Herzog Albrecht I. von Braunschweig 1268 die Vogtei über Hameln erwarb.

1426 wurde Hameln Mitglied der Hanse, welche es bis 1572 angehörte. In dieser Zeit entstanden die prächtigen Weserrenaissancebauten der Bürger, die den Wohlstand widerspiegelten, der mit dem Dreißigjährigen Krieg endete. 1540 wurde in Hameln die Reformation eingeführt. Das Stift weigerte sich jedoch noch 38 Jahre lang, musste danach aber den Lutheranern die Kirche schließlich überlassen. Nachdem das Stift evangelisch geworden war, wurde allmählich die katholischen Einrichtung aus der Kirche entfernt. Der Bedeutung der Predigt, im evangelischen Gottesdienst entsprechend, wurden Kanzel, um die sich die Gemeinde versammelte, und der Altar in den Mittelpunkt gerückt. Im Laufe des Dreißigjährigen Krieges besetzte 1625 König Christian IV. von Dänemark als Kriegsoberst des Niedersächsischen Reichskreises die Stadt. Ein Jahr später folgte der kaiserliche Feldherr Tilly. Die kaiserliche Besatzung währte bis 1633, als Herzog von Braunschweig-Lüneburg und die schwedischen Truppen die kaiserlichen Besatzungstruppen belagerten. Nach einer Niederlage in der Schlacht bei Hessisch Oldendorf, kapitulierte Hameln vor dem Herzog. 1803 besetzen napoleonische Truppen das Münster und benutzen es als Pferdestall. Nach dem Abzug der Franzosen fehlten die Mittel in Hameln, das Münster wieder herzurichten. Es verfiel zu einer Ruine. Erst 1869 erhielt der Konsistorialbaumeister Hase aus Hannover den Auftrag, nachdem sich das Stift, die Stadt und die Landesherrschaft über die Kostenübernahme geeinigt hatten, das Kirchengebäude zum gegenwärtigen Bild wieder zu errichten. Zuvor 1866 wurde Hameln nach 700 jähriger Oberhoheit der Welfen preußisch. 1872 wurde die Bahnstrecke Hannover-Altenbeken durch die Hannover-Altenbekener Eisenbahn-Gesellschaft eröffnet, womit der alte Hellweg Richtung Südwesten modern erschlossen wurde. 1907 wurde Hameln Autostadt. Hans Hartmann gründete die Norddeutschen Automobilwerke, kurz N.A.W. Es wurden die Personenkraftwagen Colibri und Sperber produziert. Diese Modelle wurden in viele Länder exportiert, auch nach Übersee. Im ersten Weltkrieg stagnierte die Produktion und es wurden nur noch für die Rüstung LKW hergestellt. Die Firma Selve aus dem Sauerland versuchte 1917 einen Neustart, der aber an der Weltwirtschaftskrise 1929 scheiterte. Am Anfang der nationalsozialistischen Zeit wurde das Werk mit der Abkürzung DAWAG für Deutsche Automobilwerke AG weiter geführt. Robert Mederer entwickelte einen neuartigen Motor, der 2300 Reichsmark kosten sollte. Da für die Regierung dieser Motor zu teuer war, vergab sie einen Großauftrag zum Aufbau einer Automobilindustrie nach Wolfsburg. Mit dem nur 990 Reichsmark teuren KdF-Wagens wurde der Aufbau des Volkswagen-Werkes begründet. Damit waren die Anfänge einer Autoindustrie in Hameln beendet. Der VW rollt Heute noch. Zwischen 1933 und 37 fand bei Hameln auf dem Bückeberg regelmäßig das Reichserntedankfest statt. Hierzu kamen eine Millionen Menschen aus ganz Deutschland, vorwiegend aus der Bauernschaft, aber auch Goebbels und der Führer selbst. In der Nachkriegszeit diente das Hamelner Gefängnis der britischen Besatzungsmacht bis 1949 als Hinrichtungsstätte. Auch im Rahmen des Bergen-Belsen-Prozesses wurden unter anderen KZ-Aufseher, KZ-Ärzte, KZ-Kapos, SS-Aufseher und Kommandeure von SS-Einheiten exekutiert. Ingesamt wurden 156 Gefangene hingerichtet. Hameln ist durch nur wenige Bomben weitestgehend verschont geblieben. Es erholte sich relativ schnell wieder. Ende der 1960er Jahre begann die Altstadtsanierung. Die Innenstadt wurde Fußgängerzone und zur Bewältigung des stärker werdenden Verkehrs wurde eine zweite Weserbrücke errichtet.

Nachdem ich unseren Fahrer abgelichtet hatte, der mit dem Wagen zurück nach Marsberg fuhr, setzten wir uns zu unserer siebten Tour in Gang. Die Straßen füllten sich mit Berufspendlern und Schülern auf Fahrrädern. Der Münsterwall führte auf die alte Münsterbrücke, wo wir Toni Ecke Inselstraße treffen wollten. Es kam nicht dazu, denn sie lief bereits vor unserem vereinbarten Punkt auf unsere Gruppe zu. Sie freute sich. Ich fand es schön, dass wir nun in jeder Hinsicht eine grade Zahl bildeten. Sogleich zog die kleine Frauengruppe ins Gespräch vertieft über die alte Weserbrücke, ohne dass sie zu beiden Seiten Blicke auf den Strom warfen. Hier teilte sich nämlich die Weser und floss um eine Insel herum, auf der zahlreiche Speicher und Hallen standen. Durch ein Wehr gedrosselte Fließgeschwindigkeit, ließ die Wasseroberfläche spiegelglatt erscheinen. Der kristallklare, blaue Himmel ohne ein Wölkchen, verdoppelte dadurch seine Wirkung eines strahlenden Morgens. Flussaufwärts standen etliche Industriebauten am Ufer. Ladekräne waren zu sehen und ein nahezu kunstvolles Backsteinindustriegebäude aus der Gründerzeit. Aus dieser Hefefabrik wurde der Hefe-Hof mit Museen und einer Bühne, sowie Einkaufsmall. Die in die Jahre gekommene Brücke wurde gerade restauriert. Sie konnte nur einspurig befahren werden. Dementsprechend brummte hier der Verkehr unaufhörlich. Ich hatte durch mein Verweilen und dem Genießen der besonderen Stimmung bei der Weserüberquerung den Anschluss an die Gruppe verloren. Durch meinen fortgeschrittenen grauen Star, bekam ich Angst die Zeichen in diesem

Gewirr von Straßen und Wegen nicht zu finden. So setzte ich an mich zu sputen und fand bald Bernhard wieder, der sich ähnlich viel Zeit gelassen haben musste, die Weser zu überqueren.

Am Westufer auf der anderen Seite, direkt an der Brücke stand ein reichlich verzierter Historismusbau aus Backstein. Das Haus kontrastierte gewaltig mit dem Beton der Rampe der erwähnten neuen Hochbrücke, die in einem riesigen Bogen weiter im Norden über den Fluss führt. Der E1 verlief unter dieser Betonrampe der B83 hindurch und setzte sich in einer wesentlich ruhigeren Seitenstraße ohne durchgehendem Berufsverkehr fort. Ein Bäcker zog Bernhard magisch nach innen, wobei er noch ein paar Frauen aus unserer Gruppe mit sich riss. Ich hatte derweil Zeit auf das Auftauchen der Temperaturanzeige, neben der Uhrzeit und dem Datum in einem Sparkassenschild zu warten. Als die Temperatur angezeigt wurde, drückte ich auf den Auslöser der Digitalkamera von Margarete, die sie mir als Ersatz für meine kaputte »Analoge« geliehen hatte. Ich konnte 12 Grad Celsius ablichten. Das war für fast Ende September am frühen Morgen beachtlich warm.

Am Klüt, ein strategisch wichtiger Bergkeil, auf dem einst die Festung stand, der zwei Stadtteile bis zum Westufer der Weser spaltete, begrüßten uns, im Anstieg zwischen neueren Einfamilienhäuser in bester Lage, die ersten Bäume. Die Bewohner wurden hier mit dem Schild »Gartenabfälle ablagern verboten« versucht zu hindern, ihre Abfälle länger zu deponieren. Von einer letzten Anliegerstraße stach ein Fußpfad weiter nach Westen in die Höhe. Der bis zum Waldrand führende Weg war mit silbernen Buchen alleeartig bepflanzt. Ein Ehrendenkmal für den Oberpostmeisters Wilhelm Heise geleitete uns tiefer in den eigentlichen Wald. Leider konnte ich nicht ermitteln, zu welchen Ehren er zu seinen Lebzeiten gekommen war.

Wir hatten blattlose Touren im Frühjahr erlebt, dann weiter fortgeschrittene mit jungem Grün und blühenden Hecken, aber noch keine im Spätsommer, oder besser Frühherbst. Der Wald war noch sattgrün. Hier und da zeigten sich herbstliche Färbungen von rot, gelb und ocker. Unlängst war nicht alles verblüht. Wunderbare bunte Bilder würden auf dieser Tour unsere Begleiter sein. An die zahlreichen Früchte dachte ich zu diesem Zeitpunkt noch gar nicht, die sich aus den Blüten des Frühjahres verwandelt hatten. Neben einer gefällten Eibe wuchs eine junge. Viele Moossorten benetzten den mächtigen Stumpf des früheren Sagenbaums. Aus dem seichten Anstieg wurde eine steile Serpentine mit mehreren Schwüngen. Der Weg musste die urzeitliche Uferkante des Stroms überwinden, um auf das Waldplateau zu gelangen. Jogger zogen ihre Hunde hinter sich her, mit denen Toni sofort in Kontakt kam, weil sie eine starke Anziehungskraft auf Tiere besaß. Oder besaßen die Tiere eine starke Anziehungskraft auf Toni? Bei einer baumlosen Wende konnte der Blick weit über das Wesertal und das Bergland gleiten. Hinter dem östlichen Teil der Stadt baute sich der Süntel noch einmal mit seiner vollen Länge auf. Die Weser knickte hier bei Hameln scharf nach Westen ab, floss auf die damalige Universitätsstadt Rinteln zu, um dann das Wesergebirge bei Porta Westfalika zu durchbrechen. In diesem Tor steht auch das besagte Kaiser Wilhelm Denkmal, das auf der Autobahn fahrend von Weitem zu sehen ist. Danach fließt sie durch das Schaumburger und Calenberger Land, bevor sie als Unterweser durch Bremen ihr Bett gräbt. In Bremerhaven übergibt sie ihr Wasser der Nordsee.

Am Südhang des Wesergebirges wurde im 13. Jahrhundert die Schaumburg errichtet, von der aus die Grafen von Schaumburg das Territorium durch Städtegründungen erschlossen. Im 17. Jahrhundert wurde das Gebiet der alten Grafschaft zwischen Calenberg, Hessen und Lippe aufgeteilt. Ich berichtete bereits von Auseinandersetzungen zwischen dem Grafen Wilhelm mit den Hessen und der komplikationsträchtigen Aufteilung. Auf diese Weise bekam der Ort Hessisch Oldendorf an der Weser zwischen Hameln und Rinteln seinen Beinamen. Nach dem zweiten Weltkrieg ist das bis dahin selbständige Land Schaumburg-Lippe im Land Niedersachsen aufgegangen. Während ich mir innerlich den weiteren Verlauf der Weser vorstellte, leuchteten zu meinen Füßen eine Gruppe von Lichtnelken in Nachbarschaft gleichfarbiger Taubnesseln. Lila war die Farbe des Frühherbstes. Mit Vernunft gezügelte Leidenschaft. Blau vermischt sich mit Rot.

Unverhofft tauchte an der Plateaukante ein Aussichtsturm auf. In der Karte war nur der Vermerk über ein Klüthaus. Ein kleiner Platz mit einer unbehauenen Natursteinmauer war dem Turm vorgelagert, wo wir uns zunächst sammelten, den Schweiß von der Stirn wischten und von der Anstrengung des Aufstieges durchpusteten. Von der Terrasse war der Norden der Stadt zu sehen, die breite Weser und deutlich die neue Brücke im Bogen über den Fluss. Auf der anderen Uferseite erhob sich der 195 Meter hohe Uhlenberg. Dahinter der doppelt so hohe Süntel. Der von der Grundform eher quadratische Georgs-Thurm selber bestand aus einer architektonischen Spielart von Natur- und Backsteinen. Er wurde 1843 errichtet und 1887 aufgestockt. Tafeln über den gotisch geformten Eingang deuteten auf diese Jahreszahlen hin. Gegenüber des Turmportals stand in unmittelbarer Nähe ein Fachwerkschuppen, in dem Souvenirs, Kaltgetränke, Eis und Ansichtskarten verkauft wurden. Ein älterer Mann mit Seefahrerkappe war emsig dabei, die Dinge für den Verkauf zu positionieren, weil er gerade erst seinen Kiosk geöffnet hatte. In einer Lade lagen Hunderte Halbedelsteine, die Toni und Margarete beschäftigten. Nur das Gewicht hielt sie wahrscheinlich davon ab, einige davon zu kaufen.

Hinter dem Turm breitete sich eine großflächige Parkplatzsituation aus, von der wie sooft etliche Wanderwege wegführten, weil der Platz Ausgangspunkt von vielen Hamelner Spaziergängern war. Für uns hieß das, schon in gewohnter Form, sich auf dem Gelände zu verteilen, um den Einstieg in den E1 wieder zu finden. Beim Suchen machte eine Schneise in den Bäumen den Blick auf das südöstlich gelegene Nebental des Vorfluters der Humme frei. Im Vordergrund lagen letzte Häuser von Hameln und ein Einkaufszentrum an der B1, die hier Richtung Paderborn ihren Lauf nahm. Dazwischen breiteten sich malerisch symmetrisch die Felder aus. Der Hintergrund wurde von den Hügeln des Weserberglandes gebildet. Der Schierholzberg, Eichberg und der Pyrmonter Berg, an dessen Fuß für uns unsichtbar, auf der anderen Bergseite, die gleichnamige Kurstadt mit dem besagten Mineralwasser lag, waren nur einige Berge, die zu sehen waren. Neben der Auffahrtsstraße zum Turm verlief unser Weg im Wald als Lehrpfad weiter. Biker huschten durch die Zwischenräume der Stämme mit hoher Geschwindigkeit. Mit Eintritt des Waldstudiums kehrten wir endgültig der Weser den Rücken zu. Sie wird unaufhörlich in ihrem Bett Richtung Norden weiter fließen, während wir im Süden noch andere Flüsse zu überqueren haben.

Ein gefrästes Holzschild mit zwei großen und vier kleinen Vögeln klärte uns über Meisen auf. »Ein Meisenpaar mit seiner Nachkommenschaft vertilgt jährlich 120.000.000 Insekteneier oder 75 kg lebende Insekten = 150.000 Raupen.«

Der Rotary Club Hameln spendete eine Tafel zum Spuren lesen. Hier waren ein vom Steinmarder angenagtes Vogelei zu sehen, Bastspuren vom fegendem Rotwild, Schälschäden vom Rehwild, Fraßspuren von Borkenkäferlarven unter der Borke, angenagter Zapfen vom Eichhörnchen, angenagte Nüsse von Mäusen, Malbaum eines Wildschweins nebst Suhle und Biberspuren.

Das Waldgebiet hatte keinen Namen, aber die Lehrtafeln waren um so ausführlicher. So konnte der Wanderer in Erfahrung bringen, dass die Kiefer oder auch Föhre, pinus sylvestris, zu der Familie der Kiefergewächse, pinacene, gehört und 2007 Baum des Jahres war. Die Kiefer gehört zu den bekanntesten und häufigsten Baumarten. Ihr Verbreitungsgebiet liegt hauptsächlich in Skandinavien und Mitteleuropa. Sie ist sehr anpassungs- und widerstandsfähig. Je nach Standort kann sie 40 Meter Höhe erreichen und bis zu 300 Jahre alt werden. Aus ihren harzhaltigen Nadeln bereitet man heilsame Bäder und Tinkturen.

Bernhard interessierte sich besonders für eine Tafel, auf der ein Teil eines Baumstammes aufgeblättert wurde. Dabei stieß er auf die Kambiumschicht und erkannte ihre Lage zwischen Splintholz und innerer Rinde, dem Bast, erstmalig. Dem Bast war die Borke vorgelagert und die Mitte eines Stammes bildete das Kernholz. Fünf Lagen machten also einen vollständigen Stamm aus, wobei nur im relativ dickem Splintholz das Wasser mit den Nährstoffen in die Krone transportiert wird. Das Wachstum des Holzes wird durch die dünnste Schicht bewerkstelligt, dem Kambium. Nur in ihr befinden sich teilungsfähige Zellen. Wahrscheinlich war es dieses Phänomen, was Bernhard die Ehrfurcht vor dem Holz erwachen ließ, was er in seiner häuslichen Werkstatt erfolgreich zu Lampen zu verarbeiten pflegte.

Zwei gefräste Schilder übereinander an einem Pfahl mit unterschiedlichen Aussagen bemerkten: »Wald – weit und breit keine Steckdose und die Produktion läuft trotzdem auf Hochtouren«, und »Im Jahr 2000 mussten diese ca. 140 Jahre alten Roteichen aus Gründen der Verkehrssicherung entfernt werden. Die Stubben (Stuken) werden 2060 vermodert sein.«

Im Verlauf der Straße präsentierten sich fette, alte Esskastanien am Rande des Waldstückes, mit moosbewachsenen, runden Auswülstungen am Stamm. Die Edelkastanie, castanea sativa, wie sie wissenschaftlich genannt wurde, gehörte zu den Buchengewächsen.

Sie war eigentlich ein Baum des Mittelmeerraumes, wurde jedoch wegen ihrer schmackhaften Früchte auch darüber hinaus angebaut. Unter günstigen Verhältnissen konnte sie bis 30 Meter hoch und über 1000 Jahre alt werden. Meist erschienen ihre Blüten, die vorwiegend von Insekten bestäubt wurden, erst im Juni oder Juli. Die Früchte wurden Maronen genannt. Sie waren von einer äußerst stacheligen Hülle geschützt. Ich kannte Maronen vom Weihnachtsmarkt auf einem Grill geröstet, als süßen Brotaufstrich aus Italien oder zum Rotkohl.

Ein letzter Hinweis im Schildermeer erinnerte uns an die Tour, die auf dem E1 hinter uns lag. Es beschrieb die Punkte auf der Strecke, hier vom Klüt über den Sünteturm, Deisterkamm und Steinhuder Meer bis Müden an der Örze. Die Bemessung belief sich auf 175 Kilometer. Schwermütig dachte ich an diese tolle Tour zurück, die mich durch meine Kindheit laufen ließ. Zugleich wendete ich mich sehnsüchtig in die Zukunft, auf unsere Wahlheimat zu, die meinem jetzigen Alter entsprach und große, gegenwärtige Realitätserfahrungen widerspiegeln sollte. So würden wir unter dem Lebenszeitfaktor aus der Vergangenheit in der Mitte von Deutschland in der Gegenwart ankommen, um von Marsberg aus in die unbekannte Zukunft zu wandern. Südlich von unserer Heimatstadt haben wir nämlich keinerlei uns bekannte, nahe Wurzeln mehr.

Bei der Gaststätte Finkenborn lichtete sich der Hochwald. Eine gelb leuchtende Kastanie überspannte mit ihren Ästen die Fahrstraße. Gegenüber des alten Gebäudes der jetzigen Wirtschaft bereiteten eine handvoll Frauen und Männer vergnügt ein Grillfest vor. Bernhard grüßte nett und machte ein Spruch, der alle zum Lachen brachte. Die Fläche, auf der das Fest stattfinden sollte, gehörte zu einem Kindergarten oder Tagesstätte. Sie war mit dem Stadtteil von Hameln verbunden, der sich wie ein Keil hundert Meter tiefer um den Klüt legte. Der E1 verlief nun parallel zu dieser öffentlichen Zufahrtsstraße, die diese Bebauungen im Wald und den Stadtteil verband. An einer weiterth Kastanie war neben dem E1 Zeichen der von West nach Ost verlaufende X9 markiert.

Hinter Hügelgräbern aus der Bronzezeit mit einer Datierung, die 800 Jahre Differenz aufwies, 1600-800 Jahre vor Christus, war es dann passiert. Bernhard bekam seine von mir versprochene Zeit. Bei den Riepenteichen wusste ich das erste Mal seit Flensburg nicht mehr, wo ich mich befand und wo unser Weg weiter verlaufen sollte. Die Desorientierung war vielleicht meinen schlechten Augen geschuldet, oder den Straßenwindungen, oder der fehlenden Markierung, oder, oder, oder. Es gab keine vernünftige Erklärung. Selbst die starke Lupe, die ich für solche Fälle im Rucksack bereit hielt, half mir nicht weiter. Bernhard nahm zur Ortsbestimmung den Sonnenstand zur Hilfe. Schließlich war er sich sicher, wo der Weg sich fortsetzte. Ich vertraute mich ihm das erste Mal an, was mir sichtlich schwer fiel, was nichts mit Bernhard zu tun hatte, sondern generell ein Problem von mir ist. Mich versöhnten goldene Farnblätter am Waldwegesrand, der Blick in eine Lichtung mit den unterschiedlichen Hell-Dunkel-Abstufungen der Bäume und dem fließenden Farbenspiel der ersten gelben Herbstblätter eines Ahorns. Diese Bilder sog ich auf, solange die Ungewissheit andauerte. Bis endlich das Zeichen mit einem Weg von rechts kommend wieder auftauchte, um uns in einen Stichweg nach links, vom breiten Fahrweg aus, mit in den dichteren Wald zu nehmen.

Am Ende des Blättertunnels deutete ein lichtes Loch beim Dehmker Strang den Waldrand an, wo wir oberhalb des Landschulheimes eine Pause an einer Bank mit Aussicht machten. Manche von uns benutzten die Sitzgelegenheit und andere machten sich es im Gras in der Sonne bequem. Vor uns breitete sich eine sanfte, weite Hügelwelt aus, die hauptsächlich aus Äckern bestand. Manche von ihnen lagen brach im hellen Braun mit getrockneter Kruste. Auf den letzten Feldern stand noch der Mais und auf anderen wurden die ersten Rübenblätter bereits gelblich. Am Horizont verbanden Waldbänder Himmel und Erde.

In den Mulden waren die Dörfer eingebettet. So auch Dehrenberg, ein wirklich winziger Flecken, bestehend aus nur ein paar schmucken Bauernhöfen. Der Weg dorthin führte an einer Reihe Obstbäumen am Feldrand entlang. Wir bekamen nun die Vorzüge dieser Jahreszeit leiblich zu spüren. Jeder Baum brachte eine andere Sorte Äpfel hervor, von denen wir alle kosteten. Dazwischen stand sogar ein Birnbaum mit einer Rosette aus Malven an seinem Fuß und ein seltener Mispelbaum, dessen Früchte Ähnlichkeit mit einem Granatapfel hatten, nur sehr viel kleiner waren. Die Mispel, mespilus germanica, diente den Bauern im Mittelalter als essbarer Urapfel. Aus ihm wurden später erst die wesentlich größeren Äpfel mit mehr Fruchtfleisch, wie wir sie heute kennen, gezüchtet. Ich steckte mir drei von den veredelten Äpfeln in die Tasche, um sie unterwegs verspeisen zu können. Eine Birne und einige Äpfel wurden an Ort und Stelle verzehrt. Wir empfanden den Spruch »Ein Geschenk der Natur« nun leibhaftig nach. Essen, ohne pekuniäre Gegenleistung zu bringen. Danken konnte man nur dem Himmel oder dem, der die Bäume einst angepflanzt hatte. Dehrenberg bestand nur aus drei bis vier Höfen, die alle bewirtschaftet waren. Kein Hof glich dem anderen. Einer wurde komplett aus Backsteinen hergestellt, der nächste bestand aus Fachwerk. Das war wiederum mit unterschiedlichen Fächern gefüllt, wenn es nicht verschiedenfarbig bemalt war. So gab es ganz weiß-schwarze Fachwerkwände und welche im ersten Stock angelegte in Ocker mit dunkelbraunen Balken, die nach innen zum Fach weiß umrandet waren. Wirtschafts- und Wohngebäude standen in keiner Ordnung zueinander. Die Höfe mit ihren gepflegten Gärten waren zum Teil mit einer behauenen Natursteinmauer im offenen Einfahrtsbereich eingefasst.

Wir verließen das malerische Dorf über die schmale Durchfahrtsstraße ohne Mittelstreifen an einem Maisfeld entlang, einen kleinen Hügel besteigend. Der brachte Ursula so ins Schwitzen, dass sie sich ihrer Jacke entledigen musste. Irgendwie überkam mich ein wohliges Gefühl beim Begehen dieser sanftmütigen Landschaft. Meine 1900 geborene Großmutter war weiter Weser abwärts in Minden geboren. Nachdem sie Vollweise geworden war, musste sie hier irgendwo in Stellung gegangen sein, erinnerte ich mich allmählich. Hinter dem Mais bog der E1 in die Felder ab. Ein weicher Wiesenweg machte das Gehen leicht. Vor uns lag in der Talsohle Königsförde. Dahinter baute sich der 224 Meter hohe Lüningsberg in voller Länge auf, den wir in schnurgerader Linie auf dem Kamm zu begehen hatten. Solitäre sorgten für ein wenig Abwechslung bei diesem gedankenverlorenen Gang durch die Steckrübenfelder. Eine wunderschöne Kopfweide im Gegenlicht musste ich ablichten, die mit ihren 1000 Zweigen die blasse Sonne nicht ganz verdecken konnte und sie großflächig durch die immer wieder beschnittene Krone durchscheinen ließ.

Der Feldweg endete an der nach Westen verlaufenden Landstraße von Groß Berkel an der B1 nach Bösingfeld, unserem Tagesziel für heute. Am Feldrand an der Straße strahlte mich eine großes Ansammlung von weißen Doldenblütlern an. Ich liebte die filigrane Ausstrahlung der hauchdünnen Stäbe aus der Mitte heraus, auf denen die zahlreichen winzigen Blüten, sich zu einem Teller geformt, den Insekten präsentierten. Nach kurzem Gang an der breiten Straße entlang, bogen wir in den Ort hinein. Neben dem alten Fachwerkkern des Dorfes, waren auch weiter abseits Einfamilienhäuser für Pendler gebaut. Der naturbelassene Beberbach nahm seinen Lauf durch das Dorfzentrum Richtung Humme. Eine fette Zucchini lag träge im Gemüsevorgarten eines Bauernhofes, während weiter aufwärts der Pflanze eine gelbe Blüte strahlte, um mit ihrem Kelch Insekten zur Bestäubung einzuladen. Die Spitze mit den seitlichen Schlingarmen des langen Stängels machte sich in einem Busch pinkfarbiger Astern breit. Efeu arbeitete sich an einem vergessenen, silberschimmernden Tennentor empor, vor dem ein Birnbaum stand. Wohlgeformte Früchte hingen von den Zweigen vor den roten Backsteinfächern der Scheune. Die Balken des Fachwerks hatten mittlerweile den selben Ton wie das Tor angenommen. Der ungeschützte Teil einer Esche hatte sich durch Herbstkälte in ein grelles Gelb verwandelt. Schwarzweiße Kühe kauten stehend wieder oder lagen ruhend im saftigen Gras am Dorfausgang. Domestizierte Tiere im Freien, die wir sonst nicht so oft wegen der frühen und somit kalten Jahreszeit zu Gesicht bekommen hatten.

Von der ansteigenden Landstraße zwischen Königsförde und dem Lüningsberg aus, konnte ich ein Rittergut erkennen. Es trug den lustigen Namen Schwöbber. Kein geringerer als der bekannte »Lügenbaron von Münchhausen« entstammte diesem niedersächsischen Adelsgeschlecht. 1510 ließen sich Stacitus von Münchhausen, Pfandinhaber der Amtsburg Aerzen und seine zwei Brüder, Lehnsleute des St.-Bonifatius-Stiftes zu Hameln mit drei Meierhöfen, zu Schwöbber genannt, hier nieder. Der Vater der drei Brüder Hilmar von Münchhausen hatte sein Geld unter Phillpp II. als königlich spanischer Obrist gemacht. Er wurde als Söldnerführer zu einem der reichsten Männer seiner Zeit. 1564 erwarb Hilmar das Kloster Leitzkau bei Magdeburg und erhielt im selben Jahr die Legitimation Schwöbber zu einem vererbbaren Adelssitz als Rittergut zu deklarieren. In dieser Zeit und bis in die erste Hälfte des 17. Jahrhunderts begonnen die ersten Bauten der Weserrenaissance. Das Schloss Schwöbber, das den Namen eines umgesiedelten Fachwerkhauses aus den Anfängen hatte, wurde eines der prächtigsten Bauten dieser eigenständigen Architekturstielrichtung. Um 1700 wurde ein ausgedehnter Renaissancegarten angelegt, der so bekannt war, dass er sogar als Kupferstich im Werk »Nürnbergische Hesperides« des Kaufmanns Johann Christoph Volkamer auftauchte. Der russische Zar Peter der Große reiste 1715 eigens an, um sich von der damaligen größten Pflanzensammlung Europas zu überzeugen. Sein Augenmerk galt der Orangerie mit der einmaligen Ananaskultur. Otto II. von Münchhausen befasste sich schließlich wissenschaftlich mit dem Obst- und Gartenbau. 1743 berichtete das Zedler Universallexikon in der Ausgabe vom »curiosen Münchhausischen Garten«, »woselbst man die schönsten und rarsten ausländischen Gewächse aus Ost- und Westindien zu sonderbarer Ergötzung beschauen kann: Ananas, Caffee-Bäume, Datteln, Mastix, zweyhundert Arten von Pomerantzen«. Neben den indischen Pflanzen, besaß Otto auch eine bedeutende Baumschule mit Gehölzen aus Nordamerika. Schwöbber diente als Vorbild und Lieferant für viele Parks und Landschaftsanlagen in jener Zeit. Während das Schloss Schwöbber im 19. Jahrhundert zum regionalen, kulturellen Zentrum wurde und ein touristisches Ziel darstellte, ließ jedoch August, der Bruder und Erbe von Otto IV. die berühmten Gewächshäuser eingehen. Johann, Sohn des August, verpachtete Schwöbber letztlich und kaufte sich Grund in Slowenien. 1907 kam es zu einer Zwangsverwaltung der Ritterschaft und 1920 wurde der Familienbesitz an den Pächter eines Saatgutbetriebes Eduard Meyer für 126 000 Goldmark, das waren 1,5 Millionen Mark Inflationswert, verkauft. Ein Vetter des Hauses Münchhausen schrieb: »Ein Jahrhundert Schwöbber kenne ich. Hohen Glanz des Hauses sah ich. Im Trödlerladen endeten 16 Möbelwagen voll Schwöbber.« Nach Umbauten durch den neuen Besitzer und weiteren Bränden, ist heute nur noch wenig des damaligen Glanzes erhalten. Nach dem zweiten Weltkrieg diente das Schloss zeitweise als Lehrerfortbildungsheim. Von 1985 bis 2002 wurde es als Clubhaus und Hotel des Golfplatzes Schloss Schwöbber genutzt, bis es von Ursula und Friedrich Popken, Inhaber der Mode-Boutiquen-Kette »Ulla Popken«, gekauft und für 35 Millionen Euro modernisiert wurde. Heute beherbergt das Gebäude das 5-Sterne-Schlosshotel Münchhausen.

Ein schmaler Asphaltweg führte zum bewaldeten Berg hinauf. Kurz vor dem Waldeintritt baute sich noch einmal unsere bisher zurückgelegte Strecke in der Landschaft auf. Deutlich war der Klüt zu sehen, hinter dem Hameln lag und das Tal, das wir durchqueren mussten. Unterhalb des Kammes verbreiterte sich die Straße zu einem Parkplatz. In einem Holzgestell mit Dach hing eine Baumscheibe einer Eiche mit den Rundungen der Wurzelansätze des unteren Stammes. Die eine Seite begrüßte uns und auf der anderen war die Danksagung für den Besuch eingeschnitzt. Die »Waldquelle« war ein alter, abgelegener Gasthof für Sonntagsausflügler. Wir ließen uns als einzige Gäste auf der geräumigen Sonnenterrasse nieder. Es gab frischen, selbstgemachten Kuchen. Die aufgeschlossene, nette Kellnerin hatte Mühe unsere Chaosbestellung zu notieren, weil jeder durcheinander bestellte, wieder revidierte und etwas dazu nahm. Margarete konnte das Chaos kaum aushalten. Sie maßregelte mich, wie das gereifte Eheleute so machen, obwohl ich nur zur Ordnung beitragen wollte. Ulla nahm mich in Schutz, weil sie meiner Intervention länger gefolgt war als Margarete. Die Kellnerin blieb aber gelassen. Nach mehreren Streichungen auf ihrem Block, hatte sie nun die endgültige Bestellung notiert. Wir beruhigten uns wieder, obwohl ich schmunzeln musste, denn mein Toleranzlevel konnte sehr hoch sein, bevor ich die Fassung verlieren würde. Nach dem fetten Stück Apfelkuchen mit extra Sahne und dem Kaffee war Margarete wieder in Ordnung.

Beim Blick von der Aussichtsterrasse entdeckte ich im fernen Dunst zwei Kühltürme. Laut Wanderkarte musste dort das Atomkraftwerk Grohnde liegen. In der Karte stand nur Kraftwerk. Sie hatten das A für Atom weggelassen. Das Werk wurde 1985 in Betrieb genommen. Der zentrale Bestandteil ist der Druckwasserreaktor aus der 1300-MW-Baulinie von der Firma Siemens. Heute hat der Reaktor eine elektrische Bruttoleistung am Generator von 1430 Megawatt. Der Reaktorkern fasst 193 Brennelemente mit einer Brennstabslänge von 3,9 Metern und einem Gewicht von 103 Tonnen. Das Hauptkühlsystem besteht aus vier Hauptkühlpumpen mit einer Hauptnennleistung je Pumpe von 7350 kW. Die mittlere Kühltemperatur beträgt dabei 308,6 Grad Celsius. Das Land Niedersachsen prüft, misst und dokumentiert die Emissionen von Edelgasen, Aerosole und Jod-Nuklid 131J im Abluftkamin, sowie die Konzentration der radioaktiven Stoffe im Abwasser. In der Atomkraftgegnerzeit, wo wir alle mit Parker und dem »Atomkraft nein Danke« - Sticker, mit der lachenden Sonne herum liefen, war Grohnde oft Thema. Auch Proteste richteten sich gegen diesen Ort. Gegen den Bauantrag reichten im Sommer 1974 über 12.000 Menschen Einspruch ein. 1976 erteilte das Niedersächsische Sozialministerium die erste Teilerrichtungsgenehmigung. Darauf hin kam es zu erbitterten Protesten. Eine der Demonstrationen mit 15.000 Teilnehmern endete mit einer Bauplatzbesetzung. 5000 Polizeibeamte versuchten eine Ordnung wieder herzustellen. Mit vielen Verletzten war diese Auseinandersetzung die heftigste in der westdeutschen Demonstrationsgeschichte. Stark, mit großer Inbrunst und Überzeugung, war ich nie beteiligt. Andere regten sich revolutionärer auf als ich. Aber schleierhafte Erinnerungen an diese ansatzweise politische Phase meiner Vergangenheit bekomme ich dennoch schon, beim Anblick dieser zwei Ungetüme, die ihr Kühlwasser aus der Weser entnehmen und wieder hineinleiten. Mit Rückblick auf die letzte Katastrophe in Japan, wo ein Tsunami nach einem Erdbeben über Fukushima hinweg rollte, bekommt das Werk im Zusammenhang der Umgebung und unserer Wanderung eine bedrohliche Ausstrahlung. Es wäre im Falle eines Gaus kein Entkommen. Der Wald böte keinerlei Schutz. Lautlos, geruchlos und unsichtbar würden wir durch Strahlen langsam verbrennen. Diese Vorstellung trübte meine sonnige Stimmung, bis ich mich abwenden musste, um wieder in E1 Wanderlaune zu kommen. Ein Lichtblick gibt es leider auch im Zusammenhang mit Fukushima dennoch. Durch die Novellierung des Atomgesetztes von 2011, verliert das AKW Grohnde am 31. Dezember 2021 seine Betriebsgenehmigung. Es muss also an diesem Tag abgeschaltet werden.

Ein lichter Schlauch aus grünen Wänden geleitete uns den Kamm des Lüningsberges entlang. Der Weg verlief über mehr als drei Kilometer schnurgerade genau nach Westen. Großflächige Farnwälder breiteten sich unter hochstämmige Fichten aus. Untere Fächer schimmerten bereits goldgelb, im Gegensatz zu den dunkelgrünen an der oberen Stängelhälfte. Ein braunes Schild des Heimat- und Verschönerungsvereins Aerzen verriet unseren genauen Standort. Nach Norden führte ein Weg nach Grupenhagen hinab, das ebenfalls wie unser Durchgangsort Königsförde am Beberbach lag. Zur anderen Seite ging es bergab nach Aerzen, an der B1, wo sich der Grießebach mit der Humme vereint. Holzfäller hatten ein grellgrünes Geweih an einen Baum gesprüht. Ich stellte mich genau so an den Baum, als wäre ich gehörnt. Ulla lichtete die Szene ab, die mich für kurze Zeit als Hirsch darstellte. Wenige Meter weiter wurden die Bilder wieder ernst. Erst tauchte auf einem Baumstumpf ein mit einer Kettensäge heraus gearbeitetes Kreuz auf. Nicht weit davon entfernt lag ein Granit mit einer Messingplatte, auf der mit erhabenen Buchstaben folgender Text stand: »Stefan Gieringer – Bezirksförster – Verunglückt am 14.4.2007 im Alter von 29 Jahren – Lebe wohl du schöner Wald.« Über der Inschrift war eine Collage mit dem Abbild des Försters und brennende Kerzen gesteckt. Das Foto war zum Schutz vor Verwitterung in eine Plastikhülle geschweißt. Es war der jüngste Erinnerungsstein, der mir je begegnet war, der an einen zu Tode gekommenen Förster gedachte. Eine unbekannte Schöne stand im Gras am Wegrand. Sie spreizte fünf schmale, gelbe Blütenblätter aus ihrer kleinen Mitte. Vielleicht gehörte sie zu den Liliengewächsen. Aber auch später konnte ich ihren Namen nicht ergründen.

Als der Wald sich neben uns öffnete, wurde der Blick in das Beberbachtal frei. Leichte Hügel, Felder und kleinere Hausansammlungen wurden sichtbar. Direkt am Weg grenzte eine Feld mit allerlei verblühter Wiesenblumen darauf. Einzelne Sonnenblumen gehörten mit zu der Saatmischung, sowie Ringelblumen, die ihre verschiedenen Orangetöne darboten. Wenig später, hinter dieser unbekannten Form der Feldbestellung oder Brachflächennutzung, endete der ausgebaute Kammweg und wechselte in ein weniger benutzten Grasweg über, der in dichteres Gehölz führte. Hier änderte sich das lokale Klima merklich. Es wurde deutlich feuchter und dadurch insgesamt kühler. Ideale Bedingungen für Pilze, die auch nicht lange auf sich warten ließen. Zuerst kroch ihr Geruch in die Nase, bevor sie sich zeigten. Herrlich geformte Fliegenpilze in allen Größen und Rottönen kontrastierten mit ihren weißen Sprenkeln zum Grün ihrer Umgebung. Rondelle und Gruppen verschiedener Lamellenarten tauchten immer wieder im dichten Dunkel der jungen Fichten auf. Hier und da stand eine Gruppe schmackhafter Röhrlinge, die wir aber verschonen mussten, weil wir am Ende des Tages keine Küche zur Verfügung hatten, um ein lecker Mahl daraus zu bereiten.

Aus Fichten- wurde Laubwald am westlichsten Hang der Erhebung. Bis der Weg sich ganz verlor und unter Buchenlaub verschwunden war. Die Wegführung war nur noch durch die Zeichen an den Stämmen auszumachen, was uns aber keine Probleme bereitete. Schließlich öffnete sich seit Eintritt in den Wald, nach knapp fünf Kilometern, der grüne Mantel des Lüningsberges. Wir nutzten den Weitblick in die Landschaft für eine Mittagspause, zum Dösen, Schlafen, Ruhen, Denken und Sinnen. Toni legte sich mit Jacke in das Gras, weil hier ein scharfer Wind wehte, der sich später wieder legte. Hinter ihr baute sich der Ausläufer des Ahornberges auf und die Gebäude eines Einsiedlerhofes, von denen es hier in der Gegend eine Menge zu geben schien, standen auf der anderen Feldseite. In weiterer Ferne legten sich wie grüne Matten die Wälder des Hummerberges und des Hägerholzes in die hügelige Landschaft.

Ein Feldweg zwischen Rüben und einer zweiten Rapsbestellung in voller Blüte wie im Frühling, brachte uns nach Reine, einem Grenzdorf. Der Nordwestwind wurde immer frischer. Er vertrieb jedoch die Wolken aus dem Osten, die die Sonne verdunkeln wollten. Irgendwo vor oder hinter dem Maisfeld mussten wir die Grenze überschritten haben. Über den langen, wehenden Blättern der Futter- und Treibstoffpflanzen baute sich unser letzter Hügel für heute auf. Am westlichen Fuß des 371 Meter hohen Berges namens Hohe Asch lag unser Ziel Bösingfeld. Kaum spektakulär, aber doch von großer Bedeutung, hatten wir soeben unser Heimatbundesland Nordrhein-Westfalen betreten und Niedersachsen verlassen. Mit dem Betreten von NRW hatten wir zugleich den Regierungsbezirk Detmold erreicht. Es handelte sich um Namen, die für uns eine erste Relevanz besaßen. Würde ich meine Geldkarte aus der Tasche holen, könnte ich nicht Sparkasse Marsberg lesen, sondern Sparkasse Paderborn-Detmold. Sie haben nämlich neulich erst fusioniert. Trotzdem hatte ich hier kurz hinter Hameln und meiner Kindheitsgeschichte noch kein Nordrhein-Westfalengefühl. Es fühlte sich immer noch wie Niedersachsen an, aber davon später am Abend mehr.

Wir passierten das Grenzdorf Reine oberhalb im Norden, ohne ein Haus zu sehen, und setzten den Weg auf einer kleinen, kaum befahrenen Landstraße Richtung Waldfrieden fort. Diese Gegend strahlte einen angenehmen Hauch von Einsamkeit aus. Am Straßenrand standen zahlreiche Apfelbäume unterschiedlicher Sorten. Ein Apfel leuchtete röter als der nächste, manche waren von gelber Haut und andere wieder grünlich und sauer. Von jeder Sorte wollten wir kosten. Der Genuss wurde durch die milde, friedliche Hügellandschaft gekrönt, die sich hier an der Straße im Hang entlang präsentierte. Das Gefühl, paradiesisch beschenkt zu werden, konnten wir kaum unterdrücken. Wir fanden diese Stelle traumhaft. Bis das Zeichen uns wieder in den Wald zum Hohen Asch führte, badeten wir im windgeschützten Tal der Glückseeligkeit, mit den Taschen, die sich wie Hamsterbacken ausbeulten, voller Obst. In einer Kurve, bei einem alleinstehenden Kleinbauernhof mit Pferden auf der Wiese, führte uns ein Pfad zum Anstieg auf den Berg.

Mit dem Eintritt nach Nordrhein-Westfalen betraten wir das Hügelland des Externtals, das sich von hier aus in westlicher Richtung ausdehnte. Der Teutoburger-Wald-Verein kümmerte sich um die Beschilderung der Wanderwege in diesem Gebiet. Damit tauchte der sagenumwobene, geschichtsträchtige und besungene Höhenzug das erste Mal in Wortform auf, von dem im laufe der Tour noch ausführlich zu berichten sein wird. Die grellgelben Schilder des Vereins kennzeichneten den Extertalpfad und den X9 als Hansaweg, der die Orte der damaligen Hanse dieser Gegend durchläuft. Viele Sagen sollen in diesem Tal der Exter entstanden sein – vor allem die Sage von der Schlosseiche, die bis Juli 1937 als trockener Stamm auf dem Bergsporn einer Wallanlage bei Bremke aus dem 9. Jahrhundert stand und durch ein gewaltiges Unwetter umgeworfen wurde. Zu Ostern sind die Jungen Leute früher aus den Dörfern ringsum auf den Schlossberg unter die Eiche gekommen, um zu feiern und nach Liebschaften Ausschau zu halten. Die Schlosseiche galt darüber hinaus als wundertätig. Von weither kamen Menschen, heimlich und bei Nacht, um bei der Eiche Heilung zu finden. Spätestens hier wird klar, dass es sich bei dieser Sage um eine Verbindung von heidnischer und christlicher Glaubensausübung handelte. Der Sage nach sollte anstelle der Eiche nie wieder ein Baum oder Strauch wachsen, und tatsächlich blieb auf der bewaldeten Höhe seither ein kreisrunder Fleck frei. Die Vereinsgemeinschaft der Extertaler »Bergdörfer« im Rintelnschen Hagen stellte diese Sage 1991 auf die Probe und pflanzte genau an der Stelle der alten Schlosseiche eine neue. Mit wenig Erfolg: Trotz Mutterboden und ständiger Bewässerung ging der neue Baum ein. Auch verschiedene spätere Pflanzversuche scheiterten kläglich. Erst eine mitternächtliche Pflanzaktion bei Vollmond im April 2006 bescherte den erhofften Erfolg. Die »Vollmondeiche« gedeiht bis heute.

Bis nach Hameln zurück sollten es 21 Kilometer sein, bis nach Königsförde 10,5 Kilometer. Das Schild in die Zukunft wies den X5 als Dingelstedtpfad aus, mit der Nachricht, dass es bis Bösingfeld nur noch 2,5 Kilometer sein würden. Bis zum vielerwähnten Rinteln sollten es 21 Kilometer von hier aus sein. Rinteln war auch ein Ort in meiner Jugend gewesen, den wir als Fahrradfahrer angesteuert hatten. Übernachtet wurde in der Jugendherberge. Ich erinnerte mich, wie wir eine Wanderung durch den Wald gemacht hatten und ein Mitbewohner der Herberge sich pausenlos junge Buchenblätter in den Mund stopfte, weil man die essen könne, wie er als Bauernjunge mit Bestimmtheit versicherte. Er hatte recht. Sie enthalten verdaubare Öle, Vitamine und andere nützliche Elemente für den Körper, der nach einem langen Winter ausgemergelt war.

Hatten wir vorher nur über 200 Meter erklommen, mussten wir nun 100 Meter höher hinauf, um knapp unterhalb der Spitze der Hohen Asch nach Bösingfeld erneut abzusteigen. Diese letzte Anstrengung zog nach über 20 Kilometer zurückgelegter Wegstrecke noch einmal die letzte Kraft aus den Beinen. Jeder benutze seinen eigenen Gehrhythmus, um konzentriert nach Oben zu gelangen. Malerisch brach der Busch am abschüssigen Hang, nach überstandener Strapaze, auf und schenkte als Versöhnung einen grandiosen Weitblick in das Tal mit einer Senke nach Bösingfeld. Hain- und Buschflecken zierten die gepflügten Äcker dunkelgrün. Windräder drehten sich lautlos in eine Richtung. Schweißgetränkt setzte ich an dieser Stelle mit Ausblick meinen Rucksack ab. Der Wind kühlte meinen Rücken. Ich erlaubte mir nun einen zusätzlichen Schluck Wasser, weil das Ziel nicht mehr weit war. Mit dem Heranschnaufen der anderen, machte ich mich wieder gehfertig. Ursula hatte für den Aufstieg lange gebraucht. Etwas tiefer in den Feldern der Hohen Asch brauchte sie noch einmal eine Pause, um eine Blase an ihrer Fußsohle zu verarzten. Sie verwendete ein spezielles Pflaster mit einem Lochpolster, das sie die letzte Strecke bewältigen ließ. Ein Trecker zog neben uns seine Bahnen. Sein Pflug riss eine junge Wiese wieder auf, die gerade ein grüner, fester Teppich werden wollte. Anders hatte es ein uralter Hohlweg mit vielen Weißdornbüschen und Schlehen. Er konnte über viele Jahrzehnte unangetastet bestehen und seine urige Atmosphäre entwickeln. Eingewachsene Zaunpfähle, abgebröckelte Steine, die einst als Befestigung dienten und gekappte Bäume, die zu groß geworden waren, zeugten von der ständigen Benutzung dieses Weges der Landbevölkerung, um zum Marktflecken Bösingfeld zu gelangen. Ich war verblüfft, mit welcher Intensität diese Hohlwege meine Phantasie anregen konnten. Wie in einem Film sah ich dann Bauern, Kinder, Händler mit Karren, Pfarrer und allerlei Getier diesen Weg benutzen.

Hinter den Feldern streiften wir einen Zipfel Wald des Eichholzes, der von Joggern aus dem Ort durchlaufen wurde. Bäche quollen hier aus dem Waldboden, die erst nach Nordwesten und schließlich in die Exter flossen, die bei Alverdissen im hiesigen nordlippischen Bergland ihre Hauptquelle besaß. Nachdem sie durch ihr schönes Tal geflossen war, mündete sie bei Rinteln in die Weser. Wenig später tauchte der Turm der Stadtkirche auf und der Ort nahm uns durch Straßen mit alten Einfamilienhäusern in sich auf. Goldene Zeiger der Uhren an dem massigen Natursteinturm der Kirche zeigten auf zehn nach vier. Das schlichte Giebeldach der Kirche wurde durch ein aus dem First ragenden zierlichen, achteckigen Türmchen verziert, auf dessen spitzem Dach eine goldene Kugel mit Kreuz ruhte. Der historische Ortskern bestand aus den damals typischen drei parallel verlaufenden Straßenzügen, an denen überwiegend verkleidete Fachwerkhäuser standen. Nur wenige Häuser zeigten sich im Urzustand von damals mit weißen Fächern. Ein türkischstämmiger Bewohner beschrieb uns den Weg zur Pension Korbach im »Café Kristall«, das hier jeder kannte. Ansonsten wirkte der Ort an einem der Quellgebiete der Exter ausgestorben und verarmt. Er hatte wahrscheinlich einmal bessere Zeiten erlebt. Nachdem die planmäßig errichtete Stadt durch den Grafen von Sternberg ihre Rechte wieder verloren hatte, wurde sie zu einem Flecken heruntergestuft. Adolf Hitler war mit noch anderen Mitstreitern der NSDAP im Januar 1933 in Bösingfeld und anderen Orten im Lipper Land. Er hielt hier in einem Festzelt vor rund 7000 Zuhörern eine Wahlkampfrede. Dies brachte ihm im damals kleinsten Flächenstaat von Deutschland Lippe-Detmold den Sieg.

Um Kontakt zu unserer Vermieterin zu bekommen, mussten wir das Café betreten, in dem nur noch zwei ältere Frauen saßen. Das Interieur war aus den siebziger Jahren. Das esoterische Flair stammte aus den neunziger Jahren. Rosenquarzblöcke und andere Kristalle standen in Fensterbänken, Nischen und auf der Serviertheke. Die Atmosphäre war warm und freundlich. Die Wirtin war lebendig und interessiert. Die kaum unterbrochene Anfangskonversation, drohte sie längere Zeit zu stoppen, wurde immer wieder von ihr angeschoben. Schnell bekamen wir mit, dass sie hier die Ortsesoterikerin darstellte und uns auch heilen, zumindest heiler machen wollte. Wir waren zwar erschöpft, aber auf dem besten Wege, zu unserer Mitte zu laufen, der wir durch den Gang heute schon ein gutes

Stück näher gekommen waren. Sie spürte unsere Kraft und wurde irritiert, was sie noch lebendiger und kreativer werden ließ, auf der Suche uns in ihrer Weltanschauung einzuordnen. Freundlich und geduldig gingen wir auf diese Art der Begegnung ein. Sie konnte nur schwer akzeptieren, dass wir unseren Körper derartigen Strapazen aussetzten, nicht um vor etwas wegzulaufen, sondern um irgendwo, irgendwann anzukommen. Seit Flensburg verkörperte diese Wirtin die erste Vollblutesoterikerin, was den Aufenthalt mit einer gewissen Spannung würzte.

Nach der Zimmerbesichtigung versorgte sich Bernhard mit einem Stück selbstgemachten Kuchen, bevor das Café geschlossen wurde. Die Wirtin versorgte uns nach der Schließung mit Bier vom Hintereingang zum Garten hinaus. Mit viel Aufwand war hier ein Garten mit schmucken, bequemen Holzmöbeln und Pavillon am Hang zur Exter hin angelegt worden. Ein Schild am gegenüberliegendem Gebäude zur Straße hin, mit der Aufschrift »Biergarten«, wies auf diesen Ort der Einkehr hin. Die Sonne beschien mit letzter Kraft die Gartentischsituation, zu der sich nach Margarete und mir, später Toni und Ulla dazugesellten. Ursula und Bernhard ruhten im Zimmer. Der noch junge Fluss plätscherte in einiger Entfernung unter uns. Enten schnatterten fröhlich vor sich hin. Der Rodhodenthron hatte Fruchtkapseln gebildet und die ersten Herbstastern wollten aufblühen.

Bis zur Verabredung zum Essen zu gehen, blieb noch genügend Zeit. Margarete und Toni wollten ruhen, wobei Ulla und ich die Energie verspürten, den Ort auf ein geeignetes Restaurant hin zu untersuchen. Wir nahmen einen Stichweg durch die Bebauung zur Parallelstraße, die sich als eigentliche Hauptstraße entpuppte. Weit kamen wir aber nicht, weil ein Schild mit der Aufschrift »Havannabar« uns auf die Idee brachte, darin einen Aperitif in Form eines Cocktails zu nehmen. Die ganz junge Wirtin mit blonden Haaren und wir waren in der kleinen Bar bislang noch die einzigen Personen. Das Innere war mit hohen Tischen und modernen Hockern ausgestattet. Die eigentliche Bar war bunt illuminiert. Die blonde Barmixerin verfügte über 45 Sorten von Schnaps, um die Cocktails zu mischen. Gezapftes Bier war aber auch bei ihr zu bekommen. Da ich mich anpassen wollte, bestellte ich meinen Lieblingscocktail, nämlich einen Gin mit trockenem Martini, in dem eine Olive schwimmt. Sie hatte weder eine Olive, noch trockenen Martini.

So nahm ich das erste Mal in meinem Leben einen Cuba libre, der geschmacklich enttäuschte und mich sofort an meine Jugend erinnerte. Damals verabscheute ich Mixgetränke, sei es mit Rum oder Whisky. Hier war natürlich Rum enthalten. Ulla war mit ihrer Pinaculada zufrieden. Auf ihrem Glasrand steckte ein Stück Annanas und darin ein Stöckchen mit Streifen bunten Lamettas. Die Wirtin bekam Besuch von einer ihr vertrauten Frau mit einem Rehpinscher, der unsere Wanderschuhe aufgeregt beschnüffelte. Sie tauschten sich hinter der Theke über das Geschäft aus und legten Arbeitsdienste fest.

Ulla und ich fragten uns wohl zu laut, warum es an diesem verlassenen Ort eine Cocktailbar mit städtisch, gehobener Einrichtung gab. Die Wirtin hatte unser Gespräch verfolgt. Fast rechtfertigend bemerkte sie, dass Bösingfeld die einzige Bar in dieser Form weit und breit wäre: »Es kommen sogar Gäste aus Rinteln.«

»Wird die Bar auch von Einheimischen angenommen?«, wollte ich wissen.

»Für die Bösingfelder ist das hier die einzige Möglichkeit, was zu trinken. Dann gibt es noch den Italiener. Das ist aber nur ein Imbiss. Und den neuen Pächter im alten Italienischen Restaurant. Der ist Syrer und kocht auch mal was anderes dazu, nicht nur Pizza und Spaghetti. Hat vor Kurzem erst eröffnet.«

»Läuft ihre Bar denn, kann man davon leben? Ich denke, die Einheimischen geben nicht jeden Tag fünf oder sechs Euro für ein exotisches Getränk aus.«

»Die trinken viel Bier.«

»Passt Bier trinken und einen gepflegten Cocktail zu trinken vom Klientel zusammen?«

»Nein! Da habe ich das Problem. Manchmal bekomme ich die Betrunkenen nicht aus dem Laden. Da muss ich heftiger werden, oder zur Ordnung ermahnen.«

»Nehmen Sie als Nordrhein-Westfäln das Ruhrgebiet von hier aus wahr?«, wechselte ich das Thema.

»Nein, auf keinen Fall. Das ist für uns so weit weg.«, antwortete sie meiner merkwürdigen Frage und zeigte mit ihrem ausgesteckten Arm in die ungefähre Richtung nach Südwesten, wobei sie ihre Hand beim Sprechen wippen ließ, als ob sie sich dabei jeden Hügel visionierte, den man überwinden musste, um erst einmal Dortmund zu erreichen.

»Wohin richten sich die Bösingfelder aus, wenn sie in eine Stadt fahren. Eher ins niedersächsische Hameln oder nach Detmold?«
»Klar nach Hameln. Da kaufen wir alles ein. Da gehen auch viele zum Arbeiten hin.«, war ihre Antwort.

Nachdem wir ihre Empfehlung, zum Syrer zu gehen, aufgenommen, sie uns den Weg beschrieben hatte und wir ihr weiterhin viel Erfolg wünschten, rückte die verabredete Zeit näher, uns mit den anderen bei der Pension zu treffen.

Das Fachwerkrestaurant hatte eine gemütliche Ausstrahlung. Der syrische Pächter war sicherlich nicht der erste, der diese Gaststätte in Betrieb hatte. Aber er traute sich, hier in Bösingfeld sein Angebot zu starten. Ob es am Freitag lag oder an der Neueröffnung. Auf jeden Fall waren fast alle Tische besetzt. Wir wurden über eine Holztreppe in die erste Etage geleitet, wo in Nischen weitere Tische untergebracht waren. Uns wurde ein großer Sechsertisch, direkt am Anfang der Empore, zugewiesen. Hier oben war es erheblich wärmer als unten, weil die Hitze über die Treppe wie in einem Kamin nach oben stieg. Die Kellnerinnen waren jung und unerfahren. Sie ließen sich noch nicht von der Hektik im Laden anstecken und bedienten uns mit aller Ruhe. Der Wirt hatte hauptsächlich italienische Speisen im Angebot. Drei von uns nahmen Nudeln mit Pfifferlingen, da wir uns wahrscheinlich im Pilzwald Appetit geholt hatten. Neulich hörte ich, dass vor den Supermärkten Essbuden stehen, damit die Ehefrau ihren Mann abstellen kann, um ungestört einkaufen zu können. Statistisch gesehen tätigen Frauen mehr Spontaneinkäufe als Männer. Sie würden also nur ihre Frauen daran hindern, die Einkaufswagen zu füllen. Meine Theorie ist eine andere. Die ausströmenden Düfte der Gewürze aus den Buden regen derart die Magensäfte an, dass man völlig hungrig den Supermarkt betritt, und dass man nicht hungrig einkaufen gehen darf, hatten Forscher schon in den siebziger Jahren erkannt.

Das Essen war schmackhaft, der Salat hatte eine dezente Sauce und die Stimmung war prächtig. Zum Kaffee gab es eine Hausrunde Schnaps. Als der Wirt hörte, dass wir noch Nachtisch wollten, kam er höchst persönlich mit noch einer Runde Likör und brachte uns eine Pistaziencreme, auch auf Kosten des Hauses. Er setzte sich neben uns, um im lockeren Gespräch herauszufinden wer wir waren und ob wir hier aus der Nähe stammen würden. Als wir ihm aber von unserer Durchreise erzählten, verlor sein Gesicht kaum merklich seine freundliche Spannung. Eine winzige Veränderung war dennoch zu spüren. Plötzlich tat er mir Leid, weil er sich immer noch Mühe gab, in freundlicher Konversation zu bleiben. Beim Bezahlen bedankten wir uns herzlich und wünschten ihm viel Erfolg durch viele Gäste, auch wenn er uns nicht zu seinen Dauergästen zählen dürfte, würden wir wieder kommen, wohnten wir in dieser Gegend.

Bösingfeld – Lemgo, 24. September 2011, Samstag

Der Blick aus unserem Fenster prallte gegen die schlichten Häuserwände der gegenüberliegenden Straßenseite. Der Hochnebel wurde durch die aufgehende Sonne milchig bestrahlt, was versprach, dass es ein herrlicher Tag werden würde. Körperlich ging es uns gut, wenn ich vom leichten Druck auf die Füße absah, der beim Anschnüren der Wanderschuhe entstand. Ich dachte dabei sofort an Ursula, die seit gestern mit einer Blase unter dem Fuß kämpfen musste.

Unser Frühstück wurde gegen Ende esoterisch gewürzt. Die Wirtin trug einen Korb an unseren Tisch, der lauter kleine, geschliffene, hochpolierte Halbedelsteine in unterschiedlichen Formen und Farben enthielt. Sie meinte, dass wir nun die Augen schließen sollten. Jeder solle sich ein Stein aus dem Korb ziehen, den wir dann als Wegbegleiter behalten könnten. An Bezahlen, Sachen Packen und Losgehen war nicht zu denken. Die Wirtin hielt zu jedem Stein einen Vortrag über die Bedeutung seiner Symbolik, die wir dann auf uns beziehen sollten. An drei ihrer Interpretationen kann ich mich erinnern. Margarete hatte einen Aquamarin gezogen, der auch Kraft bei der Umstellung in der Menopause verleihen soll, weil er für Gesundheit und darüber hinaus für Jugend steht sowie Hoffnung weckt. Ich zog meinen Lieblingsstein, einen pechschwarzen Onyx. Er steigert den Scharfsinn, bestärkt die Aufrichtigkeit, erhöht die Kraft des Geistes und erhält das eheliche Glück. Bernhard blinzelte verwegen und ungläubig beim Ziehen mit den Augen und hielt schließlich einen Sardonyx in seiner Hand, der ihn in Ruhm und Ehre bestätigen und ihm Glanz verleihen soll. Sein Feuer kann er mit Hilfe das Steins durch Selbstbeherrschung eindämmen.

Tatsächlich aber sind im Extertal neben glasklaren Quarzkristallen auch seltene Quarze mit besonderer Form und Farbe zu finden. Bei Sammlern sind sie als »Schaumburger«- oder auch »Extertaler Diamanten« bekannt. Sehr verbreitet sind ebenso aus den sedimentären Keuperschichten stammend die Pyride, die man auch »Katzengold« nennt, aber auf Eisensulfid basieren. Diese Mineralien sind vor 215 bis 195 Millionen Jahren entstanden. Diese geologische Formation im Zeitraum des sogenannten Trias, in der Ära des Mesazoikums, entstand durch im Meer gelagerte, horizontale Schichtung, die sich durch Erosion, Tektonik und die Eiszeiten immer wieder veränderte. In den Gesteinsschichten entstanden durch chemische Prozesse Hohlräume, in denen es zur Mineralbildung kam. Diese Hohlräume in Quarz-Calcit-Aggregaten werden Geoden genannt.

Endlich hatten wir es nach draußen vor die Tür geschafft, an die kristallklare Luft und uns von der Magie der Steine entfernt. Die Eingangstür war mit einem Streifen glänzenden, braunen Granit bekachelt, der auch den zweistufigen Portalaufgang bedeckte. Links und rechts von uns hingen braune, wallende Markisen mit Schriftzügen über den Fenstern des Cafés. Im Nachbarladen wurden Aquarelle und Einrahmungen feilgeboten. Der Aufgang wurde zu beiden Seiten mit einer verzinkten Blechkiepe verziert, in denen Buchsbaum, Erika und andere immergrüne Stauden gepflanzt waren. Ich fragte die Zauberin, ob sie auch auf das Foto möchte und ob sie uns auch einmal ablichten könnte. Beherzt stellte sie sich dazu und gab uns ihren Neid zum Ausdruck. Am liebsten wäre sie mitgelaufen, weg hier aus Bösingfeld, was sie auch immer wieder in den gemeinsamen Unterhaltungen hatte durchblicken lassen.

Mit guter Laune zogen wir mit dem Ziel Lemgo in den Tag hinaus. Eine Scheune in der Nachbarschaft war zu einem Pizzaimbiss umfunktioniert worden. Rote Servicewagen standen bereit, die runden, belegten Teigscheiben zum Besteller zu transportieren. Der Hochnebel hatte sich bis auf ein paar Streifen aufgelöst. Dunkelblauer Himmel kam zum Vorschein. Ursula humpelte nicht mehr. Zweistöckige Einfamilienhäuser flankierten unseren Abgang aus dem Ort, der sich am Rand in die Wiesen und Felder des Extertal-Lippischen Berglandes erstreckte. Hecken und Haine warfen lange, schwarze Schatten auf die sonnendurchfluteten Wiesen. Das Gras war noch von der fast frostigen Nacht nass, so dass die Schuhe auf

Dauer durchnässten. Der auf Biomasse gezüchtete Mais stellte sich wie eine Mauer neben uns auf. Die breiten, saftigen Blätter strotzten nur so vor Dünger. Die eigentlichen Kolben waren nicht zu sehen. Bunte Hecken grenzten den Feldweg von den Ackerflächen ab. Hagebutten glänzten in Fülle, einzelne Schlehen hingen mit tauber Schale an den Zweigen und wallende Büschel mit tief orangen Ebereschenbeeren strahlten in der Morgensonne. Vor den Büschen flammten die dünnen Blätter einer Reihe von Weidenröschen in allen erdenklichen Gelb-, Orange- und Rottönen auf, als brenne die Hecke lichterloh. Zur anderen Seite erhob sich der 327 Meter hohe Frevertsberg, den wir bereits eine zeitlang über die Mühlenbreite angestiegen waren. An manchen Stellen gab es dadurch einen guten Blick zurück auf Bösingfeld und das Extertal mit den typischen Einsiedlerhöfen in der weiten Landschaft verteilt. Frische Heurollen in schneeweißer Folie schmückten im Schattenspiel einiger Solitäre die Weiden im Vordergrund des Landschaftsbildes.

Unterhalb der höchsten Erhebung fiel der Grasweg hinter einem Tor steil ab. Eine regelrechte Schlucht tat sich an der Nordflanke des Frevertsberges auf. Ihr Schatten reichte über die tiefer gelegenen Wiesen, die mit taubenetzten Spinnenweben übersät waren. Die durch die winzigen Tropfen sichtbar gewordene Netze der vielen Spinnen schmiegten sich kunstvoll zwischen die Halme der Quecken. Dieses Schauspiel, bekannt als Anzeichen eines Altweibersommers, wurde dadurch gekrönt, dass die auf der anderen Seite der Wiese stehende Baumwand goldig-hell von der Sonne angeschienen wurde. Hinter dem Hain taten sich weitere sanfte Hügel, Waldstücke und Wiesen auf, die bereits zum Fassen- und Winterberg gehörten. In der Talsohle durchliefen wir den winzigen Ort Eimke, bestehend aus zwei oder drei immer wieder erweiterten Bauernhöfen mit geräumigen Wirtschaftsgebäuden. Das älteste Gebäude war ein niedersächsisches Ständerhaus mit weißen Fächern und Tennentor im Zentrum der Giebelseite. Zum Ort gehörte ebenso ein großer Campingplatz, der auch mit Dauergästen belegt war. In der Sohle floss die Exter. Neben ihr verlief die Bahnstrecke und die Landstraße von Barntrup bis Rinteln. Barntrup wird mit dem Zug von Hameln oder Lemgo aus erreicht. Die 80 Jahre alte Strecke nach Rinteln ist stillgelegt. Auf ihr verkehrt nur noch die Museumsbahn und das Angebot für Touristen, eine Draisinenfahrt von Rinteln in das Extertal zu unternehmen. Dieses 200 Jahre bestehende Fortbewegungsmittel ist heute mit zwei fahrradähnlichen Antrieben und einer Bank ausgestattet. Vier Personen können damit fahren. Zwei genießen den Ausblick und zwei müssen treten. Sie wird deshalb auch Fahrraddraisine genannt. Die Strecke beträgt etwas über 18 Kilometer und muss 250 Höhenmeter überwinden.

Nach einem kurzen Stück auf der Landstraße bog der E1 zum 289 Meter hohen Fassenberg ab. Steil, aber kurz zogen wir durch einen Buchenwald zum Kamm nach oben. Grelle Sonnenflecken beschienen den alten, ockernen Laubteppich durch Löcher im Kronendach der Bäume. Ich taufte sie Liebermannflecken, weil der Maler sie bewusst in der Lichtkomposition seiner Parkbilder einsetzte. Sie verleihen dem Werk etwas Warmes, Leichtes und Fröhliches im Kontrast zum Schatten, der dadurch noch dunkler wirkt, als er ist. Hinter den Silhouetten der Buchen legte sich eine tiefblaue Fläche des wolkenlosen Himmels. Fichten lösten auf dem Kamm die Laubbäume ab. Entfernte Wiesen schimmerten in grünen Streifen durch die Lücken der geraden Stämme. Die Wärme nahm fast sommerliche Ausmaße an. Eine ganz wohlige und friedfertige Stimmung umgarte mich.

Hinter dem Waldgebiet des Fassenberges tauchte am Anfang der Felder erst ein Misthaufen auf. Dahinter bewegten sich schneeweiße Tiere. Es waren Ziegen, die durch ein dünnes Elektrokabel im Zaum gehalten wurden. Zu den Tieren gehörte ein kleiner Einsiedlerhof. Kinderspielzeug lag herum. Eine Schaukel hing schlaff in der Windstille. Die Gartenränder waren organisch naturbelassen. Der Efeu konnte in Ruhe eine Scheunenwand bewachsen. Tausend weiße Blütendolden schmückten gerade sein dunkelgrünes Kleid. Toni und Margarete nahmen Kontakt zu den Ziegen auf, wobei sie sich unweigerlich an ihre Ziegen in der Kindheit erinnerten. Lachend hielten sie zur Kontaktaufnahme ihre Hände in das Gatter. Neugierig stupsten die Tiere vertrauenswürdig ihre Mäuler an die Handflächen, aber ihre Bemühungen an etwas Essbares zu kommen, liefen ins Leere. Wohl durch unsere Stimmen angelockt, tauchte der Hausherr in der Einfahrt zum Garten auf. Ulla war es, die den schmächtigen Mann freundlich ansprach. Sie bewunderte diesen idyllischen Platz lobend und fragte ob er hier seine Landwirtschaft betreibe. Er erzählte, dass er Arzt sei und mit seiner Frau und zwei Kindern hier lebe. Er habe soviel Stress und mit vielen Menschen zu tun, dass er diese Einsamkeit brauche. Beim Stichwort Einsamkeit tauchte seine Frau plötzlich um die Ecke auf, wobei Margarete noch einmal nachfragte, ob es nicht im Winter manchmal zu einsam sei. Die Frau bejahte dies in einem demütigen Ton, um ihren Mann vermutlich nicht zu verletzen. Margarete war mit der vielleicht zu intimen Antwort zufrieden und erzählte von uns. Wieder einhellig meinten sie, dass der Weg nach Lemgo über den E1 schön sei und wir uns auf interessante Landschaftsstellen freuen könnten. Margarete hielt ihre Begeisterung von dieser milden Hügellandschaft nicht zurück. Sie verglich sie mit dem Auenland in Tolkiens Herr der Ringe, wo die Hobbits wohnen. Von nun an hieß diese Tour unter uns die Auenlandtour.

Nachdem wir uns das Beste füreinander gewünscht hatten, zogen wir weiter Richtung Bodensee, aber nicht ohne den 338 Meter hohen Winterberg bestiegen zu haben. Eine Asphaltwirtschaftsstraße brachte uns in der Mulde zwischen den beiden Erhöhungen zum Anstieg. Ringelblumen in unterschiedlichen Orangetönen standen zwischen den Samenkapseln von Radieschen und anderen Blütenpflanzen. Wieder ein Düngungsfeld oder ein Insektenfutterfeld, wie gestern schon einmal gesehen. Von unseren Radieschenpflanzen wusste ich, dass die Blüten Magnete für Kohlweißlinge sind. Die Samen kann man unproblematisch weiterverwenden. Von Jahr zu Jahr werden die Radieschen dann im Geschmack immer intensiver. Durch die vielen Sonnenblumen musste dieses Feld auch im Herbst eine regelrechte Futterquelle für Waldvögel sein. Eine tolle Idee für die Umwelt, dachte ich.

Weniger schön waren die hektischen Schlagschatten der Rotorblätter der Windkraftanlagen. Nach dem Durchwandern eines Hohlweges, trafen die ersten Schatten der Windräder am Rand einer im Wald liegenden Mulde auf. Mit hoher Geschwindigkeit durchschnitten sie den Waldboden, auf dem wir liefen. Jedes Mal zuckte ich ein wenig zusammen, oder war zumindest in meiner Ruhe gestört. Ich dachte dabei an Vögel und anderes Getier, das wesentlich sensibler auf Störungen reagierte, als wir reflexionsfähigen Menschen. Naturschützer aus allen Sparten sehen Vögel und Fledermäuse sogar direkt von den Rotoren gefährdet und begeben sich damit in unvermeidbare Konflikte mit den Umweltschützern, die diese Anlagen befürworten. Jedes vermeintlich Positive hat auch seine Schattenseiten und jedes Negative versteckte helle

Seiten, oder- Ohne Licht kein Schatten. In diesem Fall wäre Ruhe, wenn sich Wolken vor die Sonne schieben würden.

Auf der Höhe angelangt, konnten wir durch ein Waldloch nach Norden blicken. Vor uns baute sich der Rethberg und die Bunten Berge auf, an deren Sockel einige Häuser von Asmissen zu sehen waren. Hinter dem Ort Winterberg setzten wir uns auf eine Trinkpause mit kurzärmligen T-Shirts in das Gras, bevor wir den nächsten Hügel erklimmen mussten. Motorsägenklänge und Axthiebe untermalten akustisch die Szene. Weit schallten die Schläge durch den Forst. Der Dörenberg hatte es mit fast 400 Metern in sich, bevor wir den Kamm erreichen sollten. So folgte in kurzen Frequenzen Hügel auf Hügel, was aber diese spezielle Landschaft so reizvoll erscheinen ließ. Vor dem höchsten Punkt im steilsten Stück des Aufstieges verlor sich der Weg im Laub mächtiger Buchen, an deren Stämmen aber gut sichtbar die Markierungen angebracht waren. An einem Stamm waren mit riesigen Lettern die Zeichen frisch aufgesprüht, weil der ursprüngliche Schilderträger der Motorsäge zum Opfer gefallen sein musste. Ohne diese aufmerksame Wiederherstellung der Markierung, wären wir ins Ungewisse gelaufen. Stromerzeugende Windmühlen drehten auf der Höhe fleißig ihre Kreise.

In der Natur des Gipfels liegt der Abstieg. So liefen wir auf den Ort Linderhofe zu und bogen von der schmalen Kreisstraße auf einen breiten gemähten Grasstreifen, der eigentlich gar kein Weg war. Wogen roter Zierweinblätter schmiegten sich über das alte Ziegeldach eines Fachwerkhauses. Vorbei an Pony- und Streuobstwiesen, ging es an üppigen Gärten einzelstehender Wohnhäuser entlang. In einem Gewächshaus hingen kiloweise Tomaten an den meterhohen Pflanzen und die Obstbäume hatten einen großen Teil ihrer Frucht abgeschüttelt, die jetzt als zusätzliches Futter für die Pferde auf der Weide lag. Im Hintergrund taten sich neue Felderflächen, neue wallende Wälderränder, Hügel und Täler auf. Alle atmeten mit der tiefen Empfindung durch, an dieser Stelle Luft zu bekommen, soviel Luft, wie ein Vogel zum Fliegen braucht. Leicht wie ein Vogel, beschwingt wie in der dritten Woche eines Urlaubs, und dieses Gefühl setzte nach nur anderthalb Tagen einer Wanderung ein!

Linderhofe war ein Dreh- und Angelpunkt vieler Straßen, was letzten Endes durch einen Bergpass begründet war. Direkt auf dem Passtor lag ein großes Hotel, das einmal bessere Zeiten erlebt hatte.

Jetzt war nur noch das Café in Betrieb, aber im Moment geschlossen. Ein Wendeplatz für Busse und ein geräumiger Parkplatz für Wanderer stand hier oben zur Verfügung. Von hier gingen in alle Richtungen Touren los. Auch die nahe Burg Sternberg und Burg Alt Sternberg waren von hier gut in ein paar Minuten zu erreichen. Von der Burg Alt Sternberg existiert nur noch eine Wallanlage. Sie wurde von 800 bis 1200 bewohnt, bevor an anderer Stelle 1244 die neue Burg durch Heinrich Graf von Sternberg errichtet wurde. Hierzu existieren unterschiedliche Zeitangaben. Fest steht, dass der Besitz einer Nebenlinie der Grafen von Schwalenberg entstammte. Heinrich nannte sich von da an Edelherr de Sterrenbergh und hatte den achteckigen Stern auf goldenen Grund als Wappen. Den Kern der Grafschaft bildete das Extertal mit dem Hauptort Bösingfeld, der 1252 zur Stadt erhoben wurde. Die Stadtrechte gingen jedoch wieder verloren, nachdem Heinrich V., der letzte Graf dieser Sternberglinie, die Besitztümer an die Grafen von Schaumburg verkauft hatte und Graf Johann von Sternberg 1391 auf das Wiederkaufsrecht verzichtete, woraus sich eine schwere Fehde zwischen den Edelherren zu Lippe und den Schaumburger Grafen entwickelte. Die lippischen Herrscher verweigerten die Rückgabe des Landes, worauf Graf Adolf IX. von Schaumburg versuchte, mit Gewalt den verpfändeten Besitz zurückzubekommen. Sieger der Fehde blieb Simon IV. zur Lippe. 1405 fielen dadurch die Burg Sternberg und Grafschaft an die Edelherren zu Lippe. Nach dem Erlöschen des Geschlechtes der Schaumburger, die sich rechtlich bis zuletzt als Besitzer der Grafschaft fühlten, kam es zum Streit um die Nachfolge. Das Hochstift Paderborn beanspruchte 1640 gegenüber Lippe die Oberlehnschaft. Es folgte ein langwieriger juristischer Prozess. Ein Vergleich bestätigte jedoch 1788 den Grafen zur Lippe den rechtmäßigen Besitz. Auf den Wappen von Barntrup und Alverdissen waren diese Streitigkeiten bis in die Neuzeit abgebildet. Die Lippische Rose und der achtzackige Stern waren jeweils zur Hälfte dargestellt. Die Fürsten zu Lippe führten an der Burg Sternberg umfangreiche Erweiterungsbauten durch. Seit 1949 befindet sich die Burg im Besitz des Landesverbandes Lippe. Nach aufwändigen Renovierungsarbeiten unterhält der Verband mit seiner Kulturagentur hier eine Nebenstelle. Klassische Musikveranstaltungen, Theater, Kabarett und Lesungen bilden ein vielfältiges Programm. Der Instrumentenbauer Walter Waidosch richtete hier seine Werkstatt ein und führt Seminare zum Selbstbau und Reparatur alter Instrumente durch.

Wir verließen diesen markanten Ort jedoch, ohne die Burgen zu besichtigen, was uns zu viel Zeit abgenommen hätte. Dafür betraten wir auf gleicher Höhe, leicht unterhalb des Kammes, den 376 Meter hohen Lühneberg. Der Forstweg führte schließlich auf dem abfallenden, lichtdurchfluteten Kammweg einer Rippe des Berges, in einen Talkessel. Bevor es ganz hinabging, war es uns möglich, am Waldrand über die bezaubernde Hobbitlandschaft zu blicken, die mich irgendwie an die Hügel der Schleswig-Holsteinischen Schweiz erinnerte. Nur bestanden die Feldunterbrechungen hier nicht aus dünnen, geraden Knicks, sondern aus breiten Hainen und üppigem Buschwerk. In der Mitte des Kessels lagen verschlafen die Dächer des Dorfablegers von Schwelentrup.

Nach dem steilen Abstieg über einen Fußpfad brachte uns ein Asphaltwirtschaftsweg, der vom Dorf zum Drecken führte, weiter nach unten in das Tal, wo wir aber erst nach der Mittagspause ankamen. Auf einer Weide in der Sonne gingen wir unseren Ritualen nach. Brotkisten wurden geöffnet. Ursula schnitt Obst. Das Salz für das mitgenommene Ei war verlustig. Dann Ruhe. Liegen in der Sonne. Stimmen, die den Berg erklommen. Wochenendwanderer auf dem Weg zur Burg, wo im Restaurant eine gute Mahlzeit auf sie wartete. Ich war am unruhigsten, blickte umher und entdeckte eine winzige, einsame, orangefarbene Blume mit fünf Blütenblättern direkt neben meiner Schulter. Ein Glück, dass ich sie nicht erdrückt hatte. Ich machte ein Foto, um sie zu Hause bestimmen zu können. Beim Aufbruch zeigte ich allen meine Entdeckung, aber keiner wusste ihren Namen. Mich machte die kleine, unscheinbare, einsame Blume melancholisch. Ich verschwieg aber meinen leichten Anfall von Romantik. Ein stärkerer Wind ließ die gelben Blätter einiger tiefhängender Buchenzweige am Steilhang zum Talkessel rauschen. Der überwiegende Teil der Bäume stand noch im grünen Saft. Meine spätere Recherche hatte ergeben, dass es sich um ein kaum bekanntes Ackergauchheil aus der Gruppe der Schlüsselblumengewächse gehandelt haben musste.

Je näher wir dem Dorf kamen, um so stärker nahm die Dichte der Apfelbäume am Straßenrand zu. Die roten Früchte waren leicht zu pflücken. Unser Wiesenmahl war mit diesem Nachtisch perfekt geworden. Einige Äpfel wanderten für später in die Taschen.

Schwelentrup übertraf alle Vorstellungen von Idylle. Kleine Höfe und Einfamilienhäuser mit viel Platz um sie herum bestimmten das Bild. Manche Höfe waren aus kleinen, ungleichen Natursteinen gemauert, andere hatten das Fachwerk als Bauweise. Auf manchen Dächern waren moderne Solaranlagen befestigt. Christliche Textausschnitte schmückten den Torbalken mit der Besonderheit, dass sich die Namen der Besitzer oder Erbauer des Bauernhofes auch wiederfanden. Wahrscheinlich aus Kostengründen wurde die Inschrift nicht geschnitzt, sondern nur aufgemalt. »Christof Bruns – Wer Gott vertraut, hat wohl gebaut, im Himmel und auf Erden. Wer sich verlaesst auf Jesum Christ, dem mus der Himmel werden. Gott segne dieses Haus und alle, die hier gehen ein und aus. Wir Webernd und Anna Sophia Mordemaris haben dieses Haus lassen bauen.«

An dem senkrechten Torbalken war Anno 1809 vermerkt. Darüber war eine Blume mit blauem Stängel und gelben Blüten in unterschiedlichen Reifestadien, in einer Art Gefäß stehend einfachst dargestellt. Der angerundete Stützbalken war mit einem Kreis versehen, der mit einem gelb-blauen siebenzackigen Stern gefüllt war. Die Füllung im Kreis auf der anderen Seite war nicht zu identifizieren. Das große Tennentor war nach innen versetzt mit Fachwerk verschlossen worden und hatte einer modernen Eingangstür weichen müssen. Über der Tür hing ein historisches Holzrad. Die Seite des kleinen, weißen Bauernhauses war komplett mit Eternitplatten verkleidet. Ungeordnet sind nach und nach andere Gebäude an das ursprüngliche Ständerhaus angehängt worden. Im Garten stand eine mit Früchten beladene Eberesche, die auf mich durch die filigranen, fingrigen Blätter und die perlenartigen, orangen Fruchtbüschel im Gesamtbild orientalisch wirkte. Auf der weitläufigen Pferdekoppel hatte ein Apfelbaum fast alle Früchte abgeworfen. Sie lagen dicht an dicht als grüner Teppich um den Stamm herum.

Neben der einspurigen Ausfallsstraße tauchte ein Tümpel für Zuchtenten auf, der mit einem Gatter überspannt war, weil eine Hälfte als Tränke für die Kühe auf der Weide dienen sollte. Die Enten hatten den ganzen Teich zum Schwimmen zur Verfügung. Für die Kühe war am Gatter Schluss mit der Freiheit. Schnatternd schlugen die Schwimmvögel fröhlich ihre Flügel ins Nass, als wollten sie nur aus Spaß plantschen.

Der Weg führte uns zum Friedhof des Ortes. Ihm gegenüber stand ein Haus aus Naturstein, das ein einladendes Café beherbergte. Schon außerhalb des Gebäudes waren zahlreiche bäuerliche Accessoirs aus vergangenen Tagen aufgestellt. Kübel in denen Blumen blühten, Fässer aus denen Ranken kletterten und Geräte, die nicht mehr benötigt wurden. Ein Dr.-Oetker-Emallieschild an der Wand, das eine Frau zeigte, die Teig für einen Kuchen knetete, wurde schon zur Hälfte von Efeu überwuchert. Mir kam augenblicklich die Unternehmensgeschichte von den Oetkers in den Sinn, die es lohnt an dieser Stelle der Etappe mit der netten Hausfrau auf dem Schild zu erzählen. Bekanntlich hat August Oetker nämlich sein Imperium mit dem Backpulver Backin aufgebaut. August Oetker wurde 1862 in Obernkirchen geboren und starb 1918. Er hatte mit seiner Erfindung den Grundstein für das noch Heute bestehende Unternehmen mit Hauptsitz in Bielefeld gelegt. Der Konzern beschäftigt 25 000 Mitarbeiter und hat einen Umsatz von fast 10 Milliarden Euro. Zur Aufarbeitung der Nazi-Vergangenheit der Unternehmerfamilie Oetker veröffentlichte die Wochenzeitung Die Zeit einen Artikel im Wirtschaftsteil. »Anders als die meisten Unternehmerdynastien sahen sich die Oetkers in den vergangenen Jahrzehnten mehr als einmal mit ihrer NS-Vergangenheit konfrontiert. Den Anlass dafür lieferte die Familie selbst, als sie 1968 auf die Idee kam, eine ihrer Heimatstadt Bielefeld gestiftete Kunsthalle nach Richard Kaselowsky zu benennen. Es folgten ein Aufschrei und Proteste. Kaselowsky war der Stiefvater Rudolf August Oetkers gewesen, dessen leiblicher Vater im ersten Weltkrieg in Verdun getötet worden war. Er heiratete die Witwe und übernahm die Führung des Backpulver- und Puddingunternehmens. Der Oetker-Chef trat 1933 der NSDAP bei und wurde überdies Mitglied im »Freundeskreis Reichsführer SS«, einem exklusiven Zirkel von Unternehmern, Bankern und höheren Beamten, die sich zu Vorträgen und Filmvorführungen in Berlin trafen, das Gestapo-Hauptquartier besuchten und Besichtigungstouren in die Konzentrationslager Sachsenhausen und Dachau unternahmen. Von diesen »Freunden« Himmlers wurde vor allem erwartet, dass sie dem SS-Chef für dessen »besondere Aufgaben« und Forschungshobbys (»Ahnenerbe«) Geld spendeten, was Kaselowsky auch in vergleichsweise großem Umfang tat. In seiner Funktion als Aufsichtsratschef des Druck- und Verlagshauses E. Gundlach, dessen

Aktien mehrheitlich im Oetker-Besitz waren, half er 1935 mit, die Westfälischen Neuesten Nachrichten an die NSDAP abzugeben. Als Chef der Nahrungsmittelfirma unternahm er schon vor dem Krieg propagandistische Anstrengungen, die deutschen Hausfrauen zur sparsamen Verwendung von Lebensmitteln zu erziehen. Die Oetker-Broschüre »Backen macht Freude – auch mit wenig Fett und Eiern« hatte eine Millionenauflage. 1937 erhielt das Unternehmen als eines von 30 in Deutschland die Auszeichnung »Nationalsozialistischer Musterbetrieb«, Kaselowsky nahm dafür in Berlin aus Hitlers Hand die »Goldene Fahne« der Deutschen Arbeitsfront entgegen. Während des Krieges produzierte Oetker auf Hochtouren und belieferte auch die Wehrmacht. Das dunkelste Kapitel in der Oetker-Geschichte ist die Kooperation mit der SS. Dabei ging es um die Herstellung künstlicher Nahrungsmittel. 1943 gründeten die SS, Oetker und die Hamburger Phrix-Werke gemeinsam die Hunsa-Forschungs-GmbH in Hamburg. Der Name der Firma ist der eines kleinen Volks im Himalaya, das der Schweizer Mediziner Ralph Bircher in einem Buch als ein »Volk, das keine Krankheiten kennt«, beschrieben hatte. Der SS ging es bei dem Projekt aber nicht um gesunde Ernährung, sondern um neue Wege, den wachsenden Nahrungsmittelmangel an der Front, in der Heimat und in den Konzentrationslagern zu beheben. Zweck der Hunsa-GmbH war laut Handelsregister »die Förderung der Forschung auf dem gesamten Gebiet des Nahrungsmittelwesen und der Grundstoffe für die Erzeugung von Nahrungsmitteln, insbesondere auf dem Gebiet der Weiterverarbeitung von den in der Industrie sich ergebenden Neben- und Restprodukten«. Kurz gesagt wollten die drei Geschäftspartner aus Abfällen Lebensmittel machen. Seit 1942 unternahm die SS Ernährungsversuche mit KZ-Häftlingen, denen synthetische Lebensmittel verabreicht wurden, darunter Wurstersatz, der aus Abfällen einer Zellulose- und Papierproduktion fabriziert worden war. Zahlreiche Todesfälle waren die Folge. Indizien für eine Beteiligung der Firma Oetker an solchen Verbrechen fanden Historiker aber nicht. Kaselowsky starb bei einem Bombenangriff 1944 in Bielefeld und mit ihm seine Frau Ida, sowie die beiden gemeinsamen Töchter. Rudolf August wurde aus dem Militärdienst entlassen, um sich um das Unternehmen zu kümmern. Nach dem Krieg wurde er von britischen Soldaten verhaftet und in Staumühle bei Paderborn interniert. Im Lager wurde er von osteuropäischen

Wachleuten schwer misshandelt, vermutlich weil er Mitglied der Waffen SS gewesen war. Später musste Rudolf August sich im Entnazifizierungsverfahren verantworten, über dessen Ergebnis bis heute nichts bekannt geworden ist. Als er im Alter von 90 Jahren 2007 verstarb, machte der Sohn August im Familienkreis den Vorschlag, die NS-Vergangenheit von Clan und Konzern historisch aufarbeiten zu lassen, und stieß auf Zustimmung.«

Selbstgebackenen Kuchen sollte es auch hier geben, was Bernhard zu einem Stück Eisen werden ließ, das von einem Magneten angezogen wurde. Diese Verbindung war nun nur noch schwer zu lösen, obwohl die stilvolle Schiefertafel anzeigte, dass das Café noch nicht geöffnet war. Wir waren schon längst weitergegangen, als er zufällig Kontakt zur Wirtin bekommen hatte, die nach draußen getreten war, um ihre Kübelpflanzen zu gießen. Sie fragte, ob wir einkehren wollten, dem wir, nach einiger Überlegung und Abwägung der Strecke und der noch verbleibenden Zeit, folgten. Wir machten es uns auf einer Holzempore in der Sonne auf stabilen Metallstühlen mit einem ansehnlichen Kunststoffgeflecht bequem. Nach und nach besichtigten die Frauen, das Innere des Cafés, das wie eine Puppenstube eingerichtet war. Spitzendecken und Strickwaren, samt Wollknäueln in allen Farben, nebst Nadeln wurden feilgeboten. Schmuckgeschirr füllte alte, bis auf die Holzmaserung abgeschliffene Bauernschränke. Glaskunst schmückte die Lichtbereiche der Räume. Die Fächer der Balken des Windfangs vor dem Eingang waren mit buntem Bleiglas gestaltet. Wir befanden uns in der Krusfelder Kaffeestube, die sich als Erlebnisgastronomie der »Stillen Art« bezeichnete. Das naturbelassene Holz des Anbaus und der renovierten Fenster verbreitete eine warme Atmosphäre. Die Wirtin musste vor zwanzig Jahren einiges Kapital in die Hand genommen haben, um dieses Schmuckstück in diesem wunderschönen Tal als Gesamtobjekt liebevoll herzurichten. Die Mühe hatte sich gelohnt. Die Umsetzung ihrer Idee war ihr gelungen. Ein Flyer lud zur Zwanzigjahrfeier ein. Seit dem 3. Oktober letzten Jahres »... kann man hier Kuchen schlemmen, Pickert probieren, Kaffee genießen und den Sonntag mit einem Frühstück beginnen, Fahrrad, Motorrad, Auto, Pferd, Kinderwagen oder Rucksack abstellen, die Seele und Beine baumeln lassen, sich mit Eis oder einem frisch gezapften Bierchen abkühlen, mit Glühwein am Ofen aufwärmen, in Büchern schmökern, Bilder gucken, sinnieren, träumen, sabbeln, klönen, Landluft schnuppern, eine Auszeit nehmen, den Alltag an den Haken hängen!«

Für Familien wird Gesichter Schminken, Spielen im Indianerdorf, Federschmuck Basteln, Lagerfeuer und Stockbrot, Ponys Kennenlernen, in der Obstwiese Entspannen, Musik Lauschen und Genießen angeboten.

Die Herbstsonne hatte Kraft. Sie brannte noch immer heiß auf der Haut. An einer riesigen Fichte im Garten hingen satte Zapfen. Ein junger Bach floss durch die saftige Wiese nicht weit von seiner Quelle entfernt. Vier Motorradfahrer in schwarzem Leder und mit indischen Halstüchern betraten die Gartenempore. Ihr sicheres Auftreten ließ erkennen, dass sie diese exponierte Stelle im lippischen Bergland bereits kannten, die sie nach einer Fahrt durch die Kurven dieser zauberhaften Hügelwelt gezielt angesteuert hatten. Während die Biker sich setzten, waren wir im Begriff uns aus der Gemütlichkeit zu reißen. Gerne wären wir länger geblieben, aber unser Vorhaben rief uns in die Strapaze zurück. Hat der Körper einmal eine gewisse Schwelle der Ruhe überschritten, wird er immer schwerer statt leichter. Die Seele wird nach solchen Stellen der Einkehr an die selbst auferlegte Härte einer solchen Tour erinnert. Das Hemmnis des Zweifels muss verdrängt werden, das Blei in den Adern muss durch zusätzliche Energie wieder verflüssigt werden. Dann kann es weitergehen.

Der Weg verlief leicht erhöht am Talrand entlang, zunächst durch Felder hindurch und später in den Wald des Kuhberges hinein. Die Wegböschung war über eine lange Strecke mit einem großen Springkraut überwuchert, das lila Blüten hatte und von kräftigem Wuchs war. Bernhard meinte, dass es sich um eine Einwanderungspflanze handelte, einem Neophyt aus Indien, die hier prächtig Fuß fassen konnte. Man findet dieses Springkraut dort, wo es feucht und schattig ist, an Bachläufen, Nasswiesen oder wie hier an Weggräben eines Waldrandes. Sein Geruch ist unangenehm, nicht gerade appetitlich, wie ich finde. Ihre Ausmaße kontrastieren zu dem Ganzen ihrer Umgebung. Es hat sich als Migrant zu den heimischen Pflanzen gesellt, aber war noch nicht im Habitat assimiliert, was in so kurzer Zeit nicht zu erwarten ist, betrachtet man die Verhältnisse der anderen Pflanzen zueinander, die Jahrtausende Zeit dazu hatten. Die Frage bleibt offen, woran der Übergang von Integration zur Assimilation gemessen werden kann. Denn die Kulturlandschaft, durch die wir gerade liefen und in der sich die Büsche an die Ackerflächen schmiegten, die Waldmäntel über ihre Hügelrücken legten und Zäune gerade Linien durch das grüne Gemälde zogen, stellte sich in unseren Augen als gewohnt harmonisch dar.

Nach der halben Umrundung des Kuhberges tauchte Hillentrup auf. Ruhende, weißgefiederte Enten, die am plätschernden Bach saßen, der an dieser Stelle über mehrere Steine laut nach unten fiel, begrüßten uns als erste. Der junge Bach am Café hatte bis hierhin Fahrt aufgenommen und war mit seiner Kraft in der Lage, eine Mühle anzutreiben, deren Gebäudekomplex wir nun durchliefen. Sein Wasser floss in die Bega, die im weiteren Verlauf Lemgo erreicht, danach in die Werre übergeht, die durch Bad Salzuflen, Herford, Löhne und schließlich bei Porta Westfalica in die Weser strömt. Die Fachwerkmühle war glänzend renoviert. Ein großer Erker thronte zwischen Dach und dem Parterre mit grüner Holztür, durch die in der Vergangenheit die Säcke mit Korn gewuchtet wurden. Drei alte Mühlsteine zierten die Wand als Schauobjekte. Gegenüber war aus dem Wohnhaus der damaligen Müller eine alternative Herberge geworden. Behinderte Kinder liefen fußballspielend über dem Hof. Ein Hund bellte, als er uns bemerkte, und verkroch sich wieder in den Windfang des Hauses, der dieses Mal mit einer Bank ausgestattet war. Weinranken begrünte eine Sitzecke für Gäste und Bernhard musste auf einem fest installierten Holzpferd reiten gehen. Über dem dritten Gebäude des Komplexes, der Tenne für Tiere und Geräte, stand im Spruchbalken wieder der Name der Erbauer. »Herman Friedrich Wilhelm Mordt und Frederieke Henriette Amalie Frevert haben dieses Haus bauen lassen, Meister Brinkmeier den 12 Juni Anno 1846.«

In den zwei angerundeten Stützen, die dem Tor die halbrunde Form für den Türsturz verliehen, der hier auch als Schriftbalken diente, war jeweils eine volle Rosette und wieder der siebenzackige Stern in einem Kreis geschnitzt, sowie bunt ausgemalt worden. Erst dachte ich, der Stern bezog sich auf die Zugehörigkeit des Grafen, doch der hatte bekanntlich acht Zacken im Wappen.

Bei der Kreisstraßenüberquerung fanden wir ein altes, gelbes Schild vor. Mit verblassten Plakatlettern aus den dreißiger Jahren stand E1-Nordsee-Bodensee geschrieben. Die Straße kam von der B66 im Tal der Bega und führte nach Niedermeien im Norden. Das Dorf Hillentrup baute sich erst auf der anderen Straßenseite auf.

Erhöht und unübersehbar stand die relativ große evangelische Kirche im Zentrum des Ortes. Sie bestand ursprünglich seit 1260 aus Bruchsteinen mit frühgotischen Elementen. Der Priester Ludolf wirkte um 1300 dort. Als 1424 Graf Adolf IX. von Schaumburg versuchte das Gebiet von den Edelherren zu Lippe mit Gewalt wieder zurückzubekommen, muss wohl neben der Burg Alverdissen auch die Kirche in Hillentrup zerstört worden sein. Nach dem Brand und der Plünderung fanden die Dorfeinwohner im Bauschutt einen Behälter, in dem sich eine völlig unversehrte Hostie befand, was die Gläubigen als Wunder deuten. Von nun an galt Hillentrup als Wallfahrtsort. Nach der Reformation wirkte Johann Cothmann von 1524 bis 1566 als erster protestantische Pfarrer in der Gemeinde. Sinnbildlich für den ständigen Wechsel in dieser Gegend, steht der vollständige Abbruch der Kirche im Jahr 1899. Danach wurde die heutige asymmetrisch gruppierte neugotische Saalkirche errichtet, die durch hammerrechten Bruchstein und Werksteinkanten gegliedert ist. Der Bau wirkt hell, schlank und vor allem mächtig für solch ein kleines Dorf im Extertal.

Um den Kirchenbau verteilt lagen, unter keine Ordnung gestellt, verschiedene schlichte Ständerhäuser mit dunkelgrau getünchten Balken und weißen, liebevoll verputzten Fächern. Im Hintergrund lugten einfachere Fassaden mit ungeputzten, roten Backsteinfüllungen hindurch. Das jeweilige Werk war auf eine beständige Grundmauer aus dem sozusagen vor der Haustür vorhandenem Naturstein gestellt. In einem der vielen weißen Flächen war die Jahreszahl 1749 vermerkt. Das Dorf wirkte fröhlich und luftig im Gesamteindruck. Auf dem letzten Gartengrundstück am Dorfrand pflanzte ein junges Paar gerade ein Apfelbaum, den sie mit Wurzelballen in einer Schubkarre zum ausgehobenen Loch fuhren. Er schob die schwere Last und sie hielt den dünnen Stamm fest in der Hand.

Unser Weg führte zur Amelungsburg, die aber nicht mehr vorhanden war, und weiter im feuchten Tal am Nordhang des 252 Meter hohen Piepenkopfes langsam empor. Dort entdeckte man erst 1933 die Reste eines Ringwallsystems aus der keltischen La-Tène-Zeit. Diese Wallburg soll im 3. Jahrhundert vor Christus errichtet worden sein. Alle »Burggemeinschaften« dieser Zeit sind Höhensiedlungen, vornehmlich auf Bergrücken oder Spornen angelegt. Diese vorrömische Anlage hat auf der schutzbedürftigen Ostseite des

Bergsporns sogar noch einen Vorwall. Die Amelungsburg schloss dann den kegelförmigen Keuperberg mit weitem Umlandblick mit einer hervorragenden Wartenfunktion ab. Eine Quellmulde für die Wasserversorgung der Fluchtburg und Terrassen für die Viehhaltung sind noch zu erkennen.

Eine überaus stabile Holzbrücke brachte uns über einen Bach, der sich relativ tief in den Berg gefräst hatte. Ein Metallschild erinnerte an den Erbauer dieser Konstruktion: »Martin – Frevert Brücke. Martin Frevert, Gründer des Heimatvereins Nachbarschaft Hillentrup 1975, Vorsitzender 1975-1993 und 1998-2000.«

Ein anderes weißes Blechschild mit schwarzen herausgedrückten Buchstaben warnte vor dem Betreten des Bauwerks bei Nässe.

Hinter der kleinen Schlucht erhob sich der Weg auf den lichtdurchfluteten Kamm einer Bergrippe des Windelsteins mit altem Buchenbestand. Tiefhängende Kronen durchflackerten einige Steifen von Grünflächen und offenen Äckern beim erneuten Abstieg in eine Senke, die sich als Quellgebiet einiger Vorfluter der Exter erwies. Unter Pappeln und Erlen staute sich das junge Wasser zu überwucherten Feuchtflächen. Ein grünes Schild mit weißer Schrift kennzeichnete dieses Areal als Laichschonbezirk.

Beim erneuten Anstieg begleitete uns ein vom Wald überwachsener Wallgraben, der in der Vergangenheit sicherlich einen bestimmten Nutzen hatte. Kein Schild wies auf seine Bedeutung hin. Im Dunkel des Waldes trug die Unwissenheit zur mystischen Stimmung dieser Gegend bei. Das X-Zeichen ging verloren. Einsamkeit prägte die verlassene Situation. Laut Karte mussten wir über den 347 Meter hohen Windelstein, aber wo war sein Aufgang? Bernhard wollte an dieser Stelle der Wanderung einen anderen, kürzeren Weg nach Lemgo gehen, der sich der Stadt von einer anderen Seite her annähen und das berühmte Junkerhaus passieren würde. Die Idee, das Haus zu besichtigen, war gut. Wir hatten ihm aber bei einer Vorbesprechung eindringlich gesagt, dass wir auf keinen Fall den E1 verlassen würden. Erst später kam ich das erste Mal dazu, das Fachwerkhaus von Karl Junker zu besuchen. Seine eigenwillige Bauweise ist kunsthistorisch kaum einer Gattung zuzuordnen. Er versah jeden Balken, jede Wandfläche und Umrandung mit individuell geschnitzten Aufsätzen, die von ganz großen bis sehr kleinen Holzstücken und Noppen verziert wurden. Von weitem erscheint eine gewisse Symmetrie der Muster und Ornamente. Von nahem beginnt die Ordnung zu verschwinden, bis ein fast unerträgliches Chaos sich ausbreiten möchte. Seine Konsequenz die Formensprache des Hauses auch in Möbel, Betten und Küchengegenständen auszudrücken, ist überwältigend strukturiert. Schon 1891 war das Haus für die Stadt Lemgo eine Sehenswürdigkeit. Der Künstler Junker lud regelmäßig Gäste ein, die auch Möbelstücke erwerben konnten. Vielleicht ein früher Ikeagedanke. Er lebte in dem Haus und gestaltete es bis zu seinem Tod 1912 immer weiter aus. Zur Geschichte gehört, dass Karl Junker diesen Rückzug in seine Art der Kunst einer abgewiesenen Liebe zu verdanken haben soll. Seit 1962 unterhält die Stadt Lemgo das Gebäude nebst Museum, in dem wahnwitzige Modelle von Kirchen und Palästen im selben Stil wie das Wohnhaus des Künstlers untergebracht sind.

An einer T-Kreuzung mit kleiner Schutzhütte war ein Sammelsurium von silbergrauen Holzwegweisern aufgestellt, die alle in eine Richtung wiesen. In feinster Fräsung war zu lesen, dass wir uns auf der Waldwirteroute befanden. Zur Berglust waren es 5,3 Kilometer, zur Schönen Aussicht 5,1, zum Aussichtsturm 5, zum Wildgehege 4,7, zu den Försterteichen 4,5, zum Lallmann 2,1 und, da war er, zum Windelstein 2,6 Kilometer. Wir folgten dem Zeichen auch ohne unseres X und dem E1, weil die Richtung nach Lemgo auf jeden Fall stimmte.

Ein breiter Waldwirtschaftsweg brachte uns zunächst im gemächlichen Anstieg zum eigentlichen Antritt zum Berg. Ein steiler Pfad übernahm die restlichen 100 Höhenmeter zum Gipfel. Toni zog in gleichmäßiger Geschwindigkeit den Buchenhang empor und entfernte sich schnell von uns. Bernhard schnaufte hinter mir mit gleichmäßigen Schritten. Vielleicht war ich ihm zu langsam oder Toni zu frech, als er plötzlich das Tempo erhöhte, an mir vorbei schoss und sich mit schnellem Gang nach oben bewegte. Ich versuchte im Einklang mit meiner Herzfrequenz zu bleiben, was mir aber nicht immer gelang. Schwer stampfte ich die Beine zum Laubboden. In einer großen Windung schlang sich der Aufstieg um den höchsten Punkt des Berges, bis er endlich den Kamm erreicht hatte. Unsere Gruppe war durch die unterschiedlichen Steiggeschwindigkeiten weit auseinandergezogen. Toni wartete, wieder mit normaler Atmung, bei einer Schutzhütte, während Bernhard auf dem Kamm weitergelaufen war. Er war bereits außer Sichtweite verschwunden. Nass und froh, die Höhenmeter überwunden zu haben, gesellte ich mich zu Toni auf die Bank. Nach und nach schnauften auch die anderen drei Frauen heran. An der Holzwand der Hütte hing Waidmannslyrik zur Belehrung, Ermahnung und Aufklärung für Wanderer, die eine makabere Vermischung von Tier und Mensch, Jäger und Gejagtem, sowie Täter und Opfer dokumentierte. Die Gedichtform sollte der Botschaft die Schärfe heraus nehmen, aber der Tenor war: Bleibt so oft es geht unserem Wald fern, damit wir in Ruhe jagen können.

»Mensch, du bist Gast in der Natur!

Kommst Du, oh Mensch, in das Revier,
vergiß uns nicht, wir leben hier.
Sind froh und dankbar, grad wie Du
Lässt man uns Frieden und die Ruh.
Das Reh, der Bock und auch die Hasen:
Wir möchten gern in Ruhe grasen.
Laß uns den Tann, bleib auf den Wegen,
so kommst Du unsrer Bitt' entgegen!
Wir bitten Dich, drauf sei bedacht:
Dir bleibt der Tag – laß uns die Nacht.
Drum wenn die Sonne geht zur Ruh,
verlasse dann den Wald auch Du!
Sei morgens nicht zu zeitig hier,
sonst störst Du uns hier im Revier!
Vom Dämmern bis zum frühen Morgen,
da müssen wir für Äsung sorgen.
Gar eng ist unser Paradies,
das uns die Technik übrig ließ.
Bleib auf den richt'gen Wegen nur,
Mensch, Du bist Gast in der Natur!
Für Dein Verständnis danken wir:
Das Wild vom grünen Jagdrevier!«

Ein wahrer Tierfreund, dem die gleiche doppelte Botschaft wie mir aufgefallen sein musste, hatte auf der Plexiglasscheibe im Rahmen, der das gedruckte Gedicht einfasste, das »Jagd« vom letzten Wort Jagdrevier zum Unleserlichen hin überkratzt.

Der schattige Weg verlief in gerader Richtung eine ganze Zeit lang auf dem Rücken des Windelsteins unter wechselnden Baumbeständen. Üppige Farne bildeten eine dunkelgrüne Fläche unter hochstämmigen Fichten. Tropisch anmutende gelbe Blüten mit einem gebogenen Schwert am Kelchboden zitterten sachte im leisen Windhauch. Im stängelnahen Bereich hatten sich schon die ersten bohnenartigen Fruchthülsen entwickelt, die derart unter kapillarer Spannung standen, dass sie bei Berührung explodieren und ihre Samen in einige Entfernung schleuderten. Im Volksmund wird dieses Gewächs auch Rühr-mich-nicht-an genannt, was aber auch frei übersetzt vom lateinischen Namen her stammen kann, noli impatiens tangere. Botanisch heißt die gelbblütige Pflanze Echtes Springkraut, kommt aus Nordamerika und ist wesentlich größer als das kleinere, weißblütige Kraut, das wir alle schon von den Sonntagsspaziergängen unserer Kindheit kannten, auf denen wir die reifen Fruchtkörper gerne zum Platzen gebracht haben. Wenn sich die Schale der Fruchtkörper nach der abrupten Entladung zwischen den Fingern noch weiter entrollte, hatte ich immer das Gefühl, es eher mit einem lebendigen Tier zu tun zu haben, als mit einer Pflanze.

Im weiteren Verlauf des sachten Abstiegs tauchte plötzlich auf beiden Seiten des Weges eine Wand von Weidenblättrigem Alant auf, der in voller Blüte stand. Aus großen Blatttellern stachen bauchnabelhoch die Stiele empor, an denen jeweils vier bis sechs Blüten in unterschiedlich weit entwickelten Stadien wuchsen. Voll entfaltet konnten sie etwa Bierdeckelgröße erreichen. Eher dünne, zottelige Blütenblätter in großer Zahl umringen wie bei Sonnenblumen den kompakten Nektarteller, der für Insekten aller Art als hervorragende Landebahn und pollenreicher Weidegrund dient. Die inula salicina hatte sich hier auf mehrere hundert Meter am Wegrand ausgebreitet, was ich in dieser Menge noch nie zuvor gesehen hatte.

Am Ende des Berges tauchten die ersten Jogger und Mountainbiker auf, die wie schon so oft erlebt, ein Indikator für die Nähe einer Stadt waren. Der Wald riss auf und vor uns breitete sich die weite Lemgoer Mark vollständig aus. Dieser Blick wäre uns nicht geschenkt worden, wenn wir den E1 an besagter Stelle verlassen hätten, um am Fuße des Windelsteins den Berg zu umgehen. Nur seichte, ineinander fließende Hügel bestimmten das Begatal, die sich kaum sichtbar im Nachmittagsdunst am Horizont zum Teutoburger Wald wieder erhoben. Die zwei verschiedenen Kirchtürme des Lemgoer Doms überragten das Häusermeer der Stadt, womit sie uns für die Bewältigung unseres weiteren Weges eine gewisse Richtungs- und Entfernungsangabe verschafften. Zuchtdammwild graste auf einer üppigen, eingezäunten Weide. Moderne Bänke, Lampen, sauber eingefasste Wege und ausgedehnte, gemähte Wiesenflächen mit einzelnen Busch- oder Baumgruppen, die weit über die Landschaft blicken ließen, stellten den relativ jungen Stadt-Landschaftspark dar. Beim Anlegen dieses Parks musste das X-Zeichen verloren gegangen sein oder die Strecke wurde verlegt, was natürlich auf der alten Karte von Bernhard noch nicht vermerkt sein konnte, was zur Folge hatte, dass wir jetzt ohne markierten Weg in die Stadt einlaufen mussten. Dieser Umstand spornte mich an, für die Zukunft das neueste Kartenmaterial zu besorgen.

Schlimmer konnte der Eingang nach Lemgo nicht sein. Die Rintelner Straße war eine zweispurige Bundesstraße. Sie war stark befahren und staubig. Die triste Strecke wurde durch eine Baustelle behindert. Stellenweise war der Fußweg, und im Wechsel der Fahrradweg, aufgerissen. Wir gingen im Sand oder auf frisch verlegten Platten. Später begann die mit Backsteinen gemauerte Stadtfriedhofsmauer, die uns die Ausblicke nicht gerade verschönerte. Die B238 ging in die Leopoldstraße über, die auf eine Art Ring stieß. Bernhard war entschlossen nach rechts über die Ampelanlage verschwunden. Aber woher nahm er diese Entschlossenheit? Ich kramte die kopierte Stadtplanseite hervor, um mich mit Hilfe der Lupe zu orientieren. Die Frauen waren bei mir geblieben, weil sie zum Teil selber nicht wussten, wo sie sich befanden und außerdem bat ich jemanden bei mir zu bleiben, weil ich wegen der Augen alleine orientierungslos in der Fremde gewesen wäre. Die Sonne strahlte so stark, dass ich auf dem weißen Papier nichts erkennen konnte. Ich übergab die Aufgabe an Ulla, herauszufinden, wo wir uns befanden. Mit gelben Marker hatte ich vorher die Strecke in den Sommerhäuschenweg, wo das Hotel Ilsetal lag, kenntlich gemacht. Ulla identifizierte den Standpunkt. Wir setzten Bernhard an der B66 auf der Wagnerstraße nach. Der Mund wurde trocken, die Ohren wurden fast taub vom Straßenlärm und die Füße brannten vom Beton der Gehwegplatten. Zu beiden Seiten der Straße standen unscheinbare Zweistockwohn- und Einfamilienhäuser. Die Altstadt befand sich parallel von uns rechts hinter der sogenannten Neustadt.

Endlich der Stichweg weg vom Starkverkehr. Erste Büsche an einer schattigen Böschung. Häuser mit Gärten, die immer kleiner wurden, je jünger die Architektur der Gebäude im Außenbereich einer Stadt war. Aber wie weit wollte uns der Sommerhäuschenweg führen, bis das Hotel auftauchen würde. Die Welt dämmerte bereits. Kühle Luft zog über die Felder. Die nagelneue Familiensiedlung ging in Ackerland über, die Wohnstraße in einen Feldweg. Ein Bauernhof tauchte auf. Hunde bellten, um ihren Hof vor uns Eindringlingen zu verteidigen. Letzte Energie versuchte die Muskulatur zu erreichen. War dies der richtige Weg, gab es das Hotel überhaupt? Ich hatte doch leibhaftig mit den Besitzern gesprochen. Vor uns lagen blanke Felder und Büsche in einer Senke, durch die die schmale Straße uns führte. Immer weiter, dachte ich, und nur nicht aufgeben.

Große Leuchtkörper an einem unverschnörkelten Bau ließen unsere Ungewissheit schrumpfen. Autos parkten in einer Reihe auf einem Vorplatz. Eine Freitreppe aus polierten Spritzbetonplatten brachte uns zum Eingang, der unrenoviert aus der Entstehungsphase des Hotels stammte. Um die weißen, ausgetauschten Fenster herum, hatte der graubocker farbige Rauputz standgehalten. Im Innern tauchten wir ganz in den Charme der fünfziger Jahre ein. In der Verlängerung des Foyers war die hölzerne Theke aufgebaut. Hinter einer jungen Frau, die gerade Bier zapfte, befand sich der glänzende Holzschrank mit gelben, karierten Schutzscheiben für die Gläser. Die junge Frau begrüßte uns mit polnischem Akzent. Als sie unser Anliegen in völliger Unwissenheit über unser Kommen aufgenommen hatte, Blöcke durchblätterte und Schubladen zog, tröstete sie uns mit der Aufforderung zum Warten. Ihre Mutter würde bald zu uns kommen. Erneut trat Spannung auf. Was wäre, wenn die Familienfeier im Nachbarraum zu einer Überbelegung geführt hatte?

Aus dem Trubel heraus löste sich eine Frau, die sich gleich an uns wendete. Ebenfalls mit polnischen Untermalungen in der Stimme bestätigte sie unsere Zimmeranfrage und zeigte uns die Gemächer. Dazu mussten wir mit unseren Rucksäcken durch die fein angezogene Gesellschaft stapfen, um den Aufgang in die nächsten Stockwerke zu erreichen. Ich war froh, dass Leben im Haus war. Das Essen würde dann frisch sein und das Bier nicht schal. So war es dann auch.

Margarete und mich hielt nichts im Nachkriegszimmer, das einmal den modernsten Standard entsprach, den es zu der Zeit gab. Wir setzten uns in einen völlig wackligen Ikeaholzpavillon im gepflegten Vorgarten und mussten bei jeder Bewegung das Kaltgetränk mit weißer, schaumiger Krone festhalten, damit sein Inhalt nicht auf die Plastiktischdecke schwappte. Wir genossen die Stille im Ilsetal, in der Einöde so nah bei Lemgo. Eine Drossel sang ihr Herbstlied. Die Sonne verschwand hinter den Feldhügeln und ließ ein prächtiges, warmes Farbenspiel zurück. Vertrautes Festgemurmel drang kaum hörbar aus dem Saal durch die geschlossenen Fenster. Ich fühlte mich gut, entspannt. Wohlwollend streifte dieser Tag in unserer Unterhaltung an uns vorbei. Wir freuten uns noch einmal, 2005 auf diese Idee gekommen zu sein und waren dankbar, sie bis jetzt umsetzten zu können. Dank an die Verwandten, die immer auf Tochter und Hund aufgepasst haben und Dank an den Körper, der diese Strapazen ohne große Schwierigkeiten mitmacht.

Der Körper braucht Essen. Sein Magen ist begrenzt groß. Manchmal passen die Vorstellungen des Wirtes nicht mit der Kapazität dieses Verdauungsorgans überein. Noch nie waren die Portionen so groß. Leider bestand mein Käseschnitzel auch aus einer Schicht gekochtem Schinken, den ich aber einfach chirurgisch entfernen konnte. Ansonsten servierte er Rotkohl, Kartoffeln, Bohnen und viel Salat. Wir profitierten wahrscheinlich indirekt von der Feier, zu der der Koch ausreichend Zutaten vorzuhalten hatte. Unsere Runde war sehr lebendig. Toni hatte sich mit ihrer offenen, redfreudigen Art schnell in die Gruppe eingefügt.

Lemgo - Detmold, 25. September 2011, Sonntag

Sonne am Morgen. T-Shirtwetter. Die Jacken konnten in den Rucksack gequetscht werden. Die alten Bäume im Garten waren zur Zeit ihrer Pflanzung Zeugen der Aufbruchstimmung in den fünfziger Jahren. Nun begrünten sie den Ausblick unseres Zimmers. Aufbruchfoto mit Wirt auf der Freitreppe zum Eingang. Gelbe Büschel Astern und lila Knäuel Erika schmückten in länglichen Plastiktöpfen die gemauerte Treppenbalustrade. Bernhard ließ sich mit seinem weißen Stoffhut ablichten, der ihm fast vom Kopf rutschte. Auf dem Bild, das Ulla machte, damit ich auch einmal zu sehen war, zeigte er mit ausgestrecktem Arm in die Richtung, in die wir laufen mussten. Der Wirt machte keinen fröhlichen Eindruck. Auch er hat keine Nachkommen, die dieses in die Jahre gekommene Hotel weiterführen könnten. Im Jahr darauf, beim erneuten Aufenthalt mit Freunden bei ihm im Ilsetal, werde ich erfahren, dass er zu diesem Zeitpunkt bereits ernsthaft erkrankt war. Jüngst hatte er eine Eibe vor der Treppe gefällt, die ihm zu viel Licht weggenommen hatte. Bernhard hatte den Stumpf entdeckt und fand es schade, kein Holz für seine Lampenproduktion mitschleppen zu können. Der Wirt bot ihm zwar an, mit dem Wagen wiederzukommen, was Bernhard aber nie in die Tat umgesetzt hat. Als ich das zweite Mal dort war und der Wirt gerade im Krankenhaus lag, zeigte mir seine Frau den Haufen für das nächste Osterfeuer. Die Eibe aber war beim letzten Feuer in Flammen aufgegangen.

Es war einer dieser stillen, fröhlichen und frischen Sonntage, die nur relativ früh am Morgen zu erleben sind. Die Welt scheint nicht mehr zu rasen, niemand denkt an Geschäfte. Jeder kann einfach nur sein. In dieser Stimmung danke ich der Kirche, dass sie immer wieder an den siebten Tag erinnert, der zum Ruhen dienen soll. Was die Lemgoer an diesem Tag noch unternehmen, sollten wir später erleben. Die ausgedehnte Ebene der Mark mit der Erhebung des Windelsteins am nördlichen Horizont, trug sicherlich zur Besonnenheit der Stimmung bei. Aus manchen der jungen Einfamilienhäuser roch es nach Kaffee. Auf dem Ring um die Hansestadt war noch kein fließender Verkehr.

Lemgo bestand hauptsächlich aus Fachwerk. Weiße Fächer und schwarzes Werk bestimmten das Bild, wobei die Form der Häuser bunt durcheinander gewürfelt war. Bevor wir die recht lange Fußgängerzone betraten, passierten wir die St.-Johann-Kirche, mit ihrem wuchtigen Natursteinturm, der im Fuß maßgeblich aus einem Portal bestand. Der Kirchbau wird in die Zeit von 780 angelegt und Karl dem Großen zugeordnet, womit er als der Urvater der Stadt Lemgo bezeichnet werden kann. Verzierte Metallkreuze des gebäudenahen Friedhofes lugten über die Kirchplatzmauer.

Je tiefer wir dem Kern von Lemgo kamen, desto lebendiger wurde der Eindruck und die Addition der Bilder ergab ein wunderschönes mittelalterliches Bild eines mit Hingabe, Liebe und Aufwand gepflegten Städtchens. Das Fachwerk stellte sich in allen Facetten der Verzierungen dar, Renaissancefassaden schnörkelten sich gegen den blauen Himmel und gotische Spitztürme versuchten Punkte in der Luft zu setzen. Das planmäßig angelegte Straßenschema, das in etlichen später gegründeten Städten Lippes wieder Verwendung fand, hatte hier die Zeiten überdauert. Der zweite Weltkrieg und der Stadtsanierungsprozess der 1970er Jahre konnten der Bausubstanz keine größeren Wunden zufügen.

Die Cafés der Mittelstraße waren noch geschlossen. Der Steinerne Saal, wie der Marktplatz bei der Bevölkerung genannt wurde, weil er mit reichen Steingiebeln umgeben ist, war noch menschenleer. Eine Hälfte des Platzes wurde durch das aus dem 14. Jahrhundert stammende Rathaus geprägt. Viele Figuren bedeutender Lemgoer schmückten die rote Sandsteinfassade. Mit Blattgold verzierte Wappenreliefs adeliger Familien, reihten sich unter der Mauer der Kaskade am Rathaus aneinander. Neben dem Achtstern tauchte auch die erste Abbildung der sogenannten Lippischen Rose auf dem Schild unter einigen der gesichtslosen Konterfeis der dargestellten Personen auf. Das Stadtsiegel und der Stempel entstanden um 1220 als zeitgenössische Marienverehrung. Die Rose dient dabei der Maria als Symbol, die rosa mystica. Die Darstellung erfolgt als fünfblättrige rote Blüte, die zwischen den einzelnen Blütenblättern mit weiteren schmalen, spitzen Blättern versehen ist, die meistens gelb, oder wie hier mit Gold dargestellt werden. Botanisch kommt die Blüte eher einer Mispel gleich. Wahrscheinlich diente jedoch die Hagebutte oder Alpenrose als Vorbild. Nach dem zweiten Weltkrieg musste der Kreis Lippe seine Eigenständigkeit aufgeben und seinen Platz im Wappen von Nordrhein-Westfalen im unteren Teil zwischen dem westfälischen Ross und dem Rhein, einnehmen. Es war noch nicht lange her, als die Rose endlich bei einer modernisierten Umgestaltung des Wappens ihre richtige Drehung bekam. Sie wurde nämlich bis zur Modernisierung 2009 mit zwei Blütenblättern in der Spitze wiedergegeben. Nun strahlt sie mit einem Blatt des Kelches zwischen Pferd und Fluss im oberen Rand der Blüte, wie sie seit jeher, auf den Schilden der Ritter vor mir am Rathaus in Lemgo und auf dem Kreiswappen abgebildet wurde.

In direkter Nachbarschaft des Rathauskomplexes befand sich der Dom. Ohne bereits den E1-Weg gefunden zu haben, der hier irgendwo im Herzen der Stadt kreuzen würde, ließen wir uns weiter zwischen den Gebäuden treiben. Um den Dom herum lag früher der Friedhof, der heute nicht mehr zu sehen ist. Malerisch zurechtgemachte Hinterhäuser der Mittelstraße mit zahlreichen Erkern aus Fachwerk grenzten an den Platz an. Der Dom war relativ mächtig, aber mit seinen verschiedenen ocker-gelb getünchten Türmen aus grob behauenen Natursteinen strahlte er etwas Lustiges, Leichtes aus. Die Fassung und das Sprossenwerk der zahlreichen gotischen Fenster sowie die fein behauenen Ecksteine der Türme waren nicht bemalt. Die Turmhelme markierten am deutlichsten die beiden unterschiedlichen Besitzer der Türme, wie es hier uralte Tradition war. Der städtische Turm hatte eine barocke Haube mit einer Laterne darauf, während der Turm der Kirchengemeinde eine sehr steile, in sich gedrehte Spitze von enormer Höhe aufwies. Die Fertigstellung der St.-Nicolai-Kirche, zunächst in Form einer Basilika, wird auf 1247 datiert. Zuvor, um 1140, wurde Bernhard II. in der Burg seines Vaters Hermann I. am Fluss Lippe geboren, wo heute Lippstadt liegt. Um Bernhard rangt sich eine bewegte Geschichte. Er hatte mit anderen Herrschern seiner Zeit zu tun und war maßgeblich an der weiteren Christianisierung im Norden Europas beteiligt. Wir hatten bis jetzt ahnungslos viele seiner geschichtlichen Stationen und die dazugehörigen historischen Namen im Verlauf unserer Wanderung berührt. Bernhards Mutter ist von ihrer Herkunft unbekannt. Wahrscheinlich entstammte sie dem Hause der Edelherren zu Rheda. Als nachgeborener Sohn war Bernhard für die geistliche Laufbahn vorgesehen und erhielt eine Domherrenpfründe zu Hildesheim. Als sein Vater vor den Toren Roms verstarb, trat Bernhard 27-jährig seine Nachfolge an. Möglicherweise wurde Bernhard am Hofe des mächtigsten Herrschers Norddeutschlands, Heinrich des Löwen, in Braunschweig zum Ritter ausgebildet. Dort erhielt er auch die Schwertleite, den Ritterschlag, womit er vom Kleriker zum Krieger wurde und sein Kanonikergewand mit dem Schwert eintauschte. Mit dreißig Jahren heiratet der Edelherr Bernhard zur Lippe die Tochter des Grafen Ulrich von Are-Nürburg. Sie hieß Heilwig. Ulrich war einer der mächtigsten Vasallen des Kölner Erzstiftes und stammte aus einer der vornehmsten rheinischen Adelsfamilien. Bernhard und sein Vater werden aus dem Geschlecht der Grafen von Werl-Arnsberg abstammen. Arnsberg liegt inmitten des Sauerlandes und ist heute Bezirksregierungssitz. Aus der Ehe zwischen dem Lipper und der

Rheinländerin gingen fünf Söhne und sieben Töchter hervor. Durch eine weitsichtige und geschickte Herrschafts- und Familienpolitik der Eltern wurden sie hohe geistliche Würdenträger und –trägerinnen im weiten nordwestdeutschen Raum oder gingen, wie ihr Vater, hochrangige Heiratsverbindungen ein. So wurde zum Beispiel Gerhard, er lebte von 1219 bis 1258, Erzbischof von Bremen-Hamburg und der 1228 geborene Bernhard III. Bischof von Paderborn. In den sächsischen Kriegen von 1177 bis 1181 befehdete Bernhard II. den stauferfreundlichen Kölner Erzbischof Phillipp von Heinsberg auf Seiten seines welfischen Lehnsherren Heinrich des Löwen. Während Bernhard erfolgreichen Widerstand gegen den Magdeburger Bischof leistete, fiel sein Stammland an der Lippe in seinem Rücken in Feindeshand. Nach dem Sturz des Löwen konnten nur seine weitreichenden familiären Beziehungen zum Rheinland seinen Fall aufhalten. Bernhard versöhnte sich dadurch wieder mit dem Kölner Erzbischof und kam wieder zur alten Größe zurück. Die Geschichtsforschung will vage Belege dafür gefunden haben, dass Bernhard zeitweilig seinem Herren Heinrich nach England gefolgt war. Heinrich der Löwe leckte zu der Zeit seine Wunden beim Schwiegervater König Heinrich II. in einer Art Exil. Es hieß, Bernhard und Heinrich sollen beide als Zeichen der Sühne nach Santiago de Compostella gepilgert sein, was im 12. Jahrhundert so Usus war. Nach der Aussöhnung mit dem Erzbischof Philipp, nahm der Stauferkaiser Friedrich Barbarossa den Lipper wieder unter seine Flügel. Er verlieh Bernhard auf dem Hoftag in Mainz des Jahres 1184 oder 86 die Erlaubnis an der Lippe eine Stadt zu gründen. So wurde Lippstadt die erste Gründungsstadt Westfalens. Ihr Modellcharakter wirkte in rechtlicher und städtebaulicher Hinsicht weit über Ostwestfalen-Lippe hinaus. Als Vorbild hatte er die ummauerten Städte der Welfen und Staufer genommen, die er schließlich genügend besichtigen konnte. Als Gegenbeispiel galt das kaum geschützte Medebach, das er mühelos im Krieg niederbrennen konnte. Das geschützte Soest jedoch hielt seiner Belagerung stand. Mit Raub und Brand rächte Bernhard seine Stadt. Der Lippstädter Magister Justinus schrieb später ungewohnt kritisch: »Kirchen selbst plünderte er und brandschatzte heilige Stätten. Gottvergessen verschont sogar die Witwen er nicht.« Durch Zuerwerb und Erbschaften vergrößerte er seine schmale Herrschaftsbasis beträchtlich. Kein Herrscher ohne Übergriffe. Dem Domstift Minden entzog

Bernhard unrechtmäßigerweise Grundbesitz und dem Kloster Freckenhorst entnahm er widerrechtlich die Lehnhoheit. Zudem raubte er ihnen ihr als Reliquie verehrtes Kreuz. Seinem bischöflichen Paderborner Lehnsherren trotzte er die Falkenburg südlich von Detmold bei Berlebeck ab. Damit setzte er den Grundstein für die Expansion hinter den Teutoburger Wald. Ende des 11. Jahrhunderts legte Bernhard mit seinem Sohn Hermann II. Lemgo an der Furt der Bega an, wo sich die Fernhandelsstraßen Osnabrück – Herford – Hameln – Braunschweig sowie Bremen – Rinteln – Paderborn – Frankfurt kreuzten, wobei die Kirche St. Johann mit einzelnen Häusern sesshafter Handelsleute bereits vorhanden war. Lemgo wurde Kristallisationskern und Sicherungspunkt im Aufbau seiner Landesherrschaft im nördlichen Teils des Teutoburger Waldes. Bernhard baute nicht nur Städte, sondern auch ein Kloster. Er gründete die Zisterzienserabtei Marienfeld. Sie wurde mit 13 Mönchen vom Zisterzienserkloster Hardehausen besiedelt. An Hardehausen würden wir im folgenden Jahr noch nahe heran wandern. Das Kloster stand damit zunächst am Ende des von Citeaux über Morimond, Altenkamp und Hardehausen führenden zisterziensischen Klostergründungsstranges. Bernhard lag mit Klostergründungen belegbar im Trend seiner Zeit, um sich dann selbst nach kriegerischen Zeiten, vielleicht aus Sühne, dem Mönchtum zu ergeben. Das Schwert wurde wieder gegen eine Kutte eingetauscht, was mit dem Verlust des Adelstitels einherging. Sein Verwandter Widukind von Rheda wollte ebenfalls nach dem Kreuzzug im Heiligen Land dem Kloster Marienfeld beitreten. Dazu kam es nicht. Er verlor nebst Kaiser Barbarossa 1190 im Nahen Osten sein Leben. Die Herrschaft des kinderlosen Widukind fiel an Bernhard. Um die Mitte des letzten Jahrzehnts im ausgehenden 12. Jahrhundert wird Bernhard die Regierungsgeschäfte seinem Sohn Hermann II. übertragen haben, um in das Kloster einzutreten. Zu der Zeit soll eine Lähmung der Füße und Beine den Mönch Bernhard geplagt haben, was sicherlich aus heutiger Sicht als Gicht zu interpretieren ist, die durch die adeligen Trink- und Essgewohnheiten und das raue Kriegerleben ausgelöst worden sein könnte. Angeblich soll er jedoch 1198 an einer Schwertmission unter Führung des Loccumer Zisterzienserabtes Berthold nach Livland, dem heutigen Estland und Lettland, teilgenommen haben. Fest steht, dass Bertholt von Lübeck aus per Schiff mit seinem Pilgerheer nach Livland aufgebrochen war, um die Liven an der Düna gewaltsam zu bekehren, nachdem sein Vorgänger Bischof Meinhard es zunächst ab 1182 mit friedlichen Missionen versucht hatte. Berthold kam bei einer Schlacht ums Leben und wurde als erster Märtyrer im Livlande bezeichnet. Fast 30 Jahre soll diese Schwertmission gedauert haben, bei der um die 10 000 Heiden ihren Tod gefunden haben sollen. Für christliche Kämpfer hatte dabei das sechste Gebot, »Du sollst nicht töten«, keine Gültigkeit. Fielen sie im Kampf, zogen sie direkt in das Reich Gottes ein. An der Entwicklung des ersten Klosters in der Nähe des heutigen Riga im Jahr 1205 war Bernhard beteiligt. Im Jahre 1208 zog der aus Marienfeld kommende Konvent in die ersten Gebäude zu Dünamünde ein. Sicher war dieser nordöstliche heilige Posten nicht. Immer wieder gab es Angriffe von Nordmannstämmen. Der mittlerweile zum Abt gewordene Bernhard konnte hier seine militärische Vergangenheit gut unter Beweis stellen. Unter Graf Alberts von Orlamünde und Bernhards Oberbefehl schlugen sie unter Mithilfe eines kleinen Kreuzfahrerheeres, der Schwertbrüder, der bischöflichen Truppen und der baltischen Hilfsvölker die Esten bei Fellin. Aus der Burg Fellin wurde eine Stadt gegründet, die noch heute die lippische Rose im Wappen trägt. Durch seine Verdienste für die Kirche stieg Bernhard unter päpstlichem Segen immer weiter auf. Er musste noch zweimal die Burg und die Stadt von den Esten zurückerobern, bevor er auf seinem Bischofssitz südöstlich von Riga mit 80 Jahren friedlich verschied. Bestattet wurde er in Dünamünde, das wenige Jahre später zerstört wurde. Sein Bistum in der Fremde ging 1251 unter. Lemgos Rose dagegen blühte weiter und die Stadt gelangte ab dem frühen Mittelalter zu erheblichen Reichtum.

Bereits in den 1520er Jahren wandten sich die Lemgoer der Reformation zu, womit sie sich vom nahen, bis heute unreformierten Paderborn abgrenzten und sich von ihrem Kölner Teil der Geschichte lossagten. Als der seit 1587 im nahen Schloss Brake residierende Landesherr Graf Simon VI. zur Lippe 1600 eine calvinistische Kirchenordnung erlassen hatte, konnte sich die Lemgoer Kirchengemeinde nach langen Auseinandersetzungen 1617 aber in ihrem lutherischen Bekenntnis behaupten. Diese Kirchenordnung ging auf den in der Republik Genf lebenden französischen Reformator Johannes Calvin zurück, dessen Denken die reformierten Kirchen in Europa sowie im angloamerikanischen Raum geprägt hat.

Menschen strömten regelrecht in den Dom, obwohl kein hohes Fest anstand. Durch das selige Gefühl geleitet, das ich schon beim Start unserer Tour hatte, tat ich es den Kirchgängern gleich. Margarete, Ulla, Toni und Ursula kamen mit hinein. Nur Bernhard, unser echter, blieb draußen. Das Tympanon hatte fünf Säulen zu jeder Seite. Oberhalb des Bogenfeldes bildete sich ein noch größerer Fensterbogen ab, der das Portal in Gänze mächtig und lichtdurchlässig zugleich erschienen ließ. Im Foyer begrüßten uns zwei in Anzügen und Krawatte gekleidete Männer mit Handschlag. Sie gingen offenbar davon aus, dass wir dem anstehenden Gottesdienst bewohnen wollten. Der Dom war fast gefüllt. Unsere Lust war groß. Die Spiritualität hatte endlich unsere ganze Gruppe zufällig erfasst, so wie ich es mir immer erträumt hatte und bis jetzt nur zu zweit mit Margarete und mir erlebt hatte. Wir wussten jedoch, dass Bernhard im Kopf hatte, in Detmold einen bestimmten Zug zu bekommen, um in seinem Heimatort später Verabredungen nachzukommen. So wurde nichts aus dem ungeplanten Gottesdienst und wir stahlen uns mehr oder weniger mit einem rudimentären, touristischen Interesse an Kulturgütern als heidnische Eindringlinge wieder aus dem Gotteshaus ins Freie, könnte der Beobachter meinen. Mit Bedauern und etwas Enttäuschung füllten wir die entstandene Leere mit den Strahlen der echten Sonne, wobei wir immer noch haderten, nicht doch am Gottesdienst teilzunehmen. Nach einer kurzen Diskussion und dem Abwägen der individuellen Zeiteinteilungen auf den Tag hin gesehen, war die Entscheidung zum Laufen gefallen.

In der Nähe des Doms stand ein auffälliges Haus mit Fenstern und einem Bogentor aus Natursteinstürzen und -streben sowie einer Giebelfront, die durch von der Mitte aus schräg verlaufenden Streifen in sechs Felder unterteilt war. Die Streifen waren nicht gemalt, sondern im Wechsel erhaben aufgeputzt. Die Erhebung war weiß bemalt, während die Vertiefung sich ocker, rau absetzte. Im norditalienischen Como sind fast alle Stadthäuser auf diese Weise verziert, nur viel filigraner und im Muster wechselhafter. Die Spielart dieser Fassade ließ sich leicht lesen. In vier Flächen der insgesamt zwölf waren die Streifen so angeordnet, dass sie in der Mitte eine erste kleine Raute bildete, dann die nächstgrößere und immer so fort. Beim starren Betrachten fing dann die Fassade an zu flirren und zu flackern, was sie lebendig aber auch unruhig machte.

Als wir einen jüngeren Stadtteil aus dem 16. Jahrhundert betraten, die Neustadt sozusagen, bescherte uns der Blick zurück noch einmal eines der begehrtesten Stadtmotive mit dem Dom im Hintergrund, dem Streifenhaus und dem grell durch die Sonne leuchtenden rot-braun getünchten Haus daneben. Uns erwartete eine einzige bunte Pracht an Schmuckfachwerkhäusern, von denen manche fast gänzlich aus geschnitztem Werk bestanden. Erbaut 1576 – Ehemals Krughaus zum neuen Schaden, stand geschrieben. »Anno 1576« unterbrach eine gewundene Girlande unter einem farbigen Reigen aus Rosetten. Füllhölzer, Speichertüren im Giebel und Gnaggen waren allesamt verziert sowie bemalt. Die Renaissancefassade des Hexenbürgermeisterhauses stach unter allen Häusern hervor, einmal vom schiefen Turm der St.-Mari-Kirche abgesehen, der sich leicht versetzt von der Hauptstraße in der Mitte dieses Stadtteiles in den Himmel streckte. Das Bürgermeisterhaus wurde zwischen 1568 und 71 in der wirtschaftlichen Blütezeit Lemgos errichtet. Es beherbergt nun ein Museum mit Exponaten um die Hexenprozesse. Es lohnt sich, einen ausführlichen und tieferen Blick in diese Zeit zu werfen. 1625 erwarben die Eheleute Dietrich und Catharina Cothmann das Haus aus der Konkursmasse der einst bedeutenden Lemgoer Kaufleute Kruwel. Dietrich entstammte aus der Bürgermeisterfamilie der Stadt. Um den Kaufpreis aufzubringen, musste er sich einen gehörigen Geldbetrag vom älteren Bruder seiner Frau leihen. Der Bruder war Rechtsprofessor Hermann Goehausen in Rinteln, der 1630 mit einem Handbuch für Hexenrichter hervortreten sollte. Ein Jahr zuvor kam Hermann zur Welt, der mit seinem Vornamen an reichliche Erinnerungen aus der Stadtgeschichte anknüpfte. Es gab neben anderen einen Hermann Cothmann, der Bürgermeister war und sich energisch in den konfessionellen Wirren 1607 bis 17 mit dem Landesherren angelegt hatte. Unser zukünftiger Hexenbürgermeister wuchs als Knabe in einer nicht so günstigen Zeit auf. Zwischen 1636 und 46 wurde Lemgo geplündert, Pestwellen wüteten und der Dreißigjährige Krieg hatte noch lange seine Spuren zurückgelassen. Trotz wirtschaftlicher Schwierigkeiten sorgten die Eltern für eine gute Schulbildung ihres Sohnes. Er besuchte in seiner Heimatstadt die Lateinschule und bekam Unterricht in Osnabrück und Herford. In der bei Lutheranern beliebten Universität Rostock studierte Hermann zwei Jahre lang die Rechte. Auch in Rostock war der Name Cothmann berühmt. Hermanns Großonkel

Ernst war Juraprofessor und Johann hatte als Mecklenburgischer Rat und Kanzler in Rostock hohe Funktionen innegehabt. In Lemgo hingegen ereignete sich eine Tragödie. Während Hermann sich sein Studium als Privatlehrer in einer adeligen Familie verdienen musste, da die heimatliche Familie finanziell am Ende war, betrieb der amtierende Bürgermeister Dr. Kerkmann ein Hexenverfahren gegen Catharina Cothmann, seine Mutter. Dr. Kerkmann hatte sich bereits im Dreißigjährigen Krieg einen Namen als gelehrter und unnachgiebiger Hexenrichter gemacht. Tragischerweise hatten es ausgerechnet Hermanns Urahnen in den Wirren um die Konfession geschafft, die Rechtssprechung an die städtische Obrigkeit durch den Bürgermeister zu binden, was vorher dem Landesherren zugestanden hatte. So richtete sich das Kämpfen und Siegen um Freiheitsrechte nun gegen die eigene Familie. Dazu kam, dass Catharinas Bruder Hermann Goehausen als Jurist in Rinteln selbst an der Verbreitung eines effizienten Hexenprozesses mitgewirkt hatte. Herrmanns Mutter wurde verurteilt und hingerichtet. Seine Schwester soll auch angeklagt gewesen sein. Erst nach sechsjähriger Pause nahm Hermann sein Studium in Jena wieder auf. Zur selben Zeit starb sein Vater. Dort freundete er sich mit Erich de Baer aus Osnabrück an. Dieser berichtete später, Hermann hätte unter Geldmangel und Vereinsamung gelitten, vor allem sei er mutlos gewesen, weil ihm »der schlegte Nachklang wegen seiner Mutter folgete«. Mit Hilfe von Erichs Vater überstand er das Studium mit Abschluss und kehrte 1661 nach Lemgo zurück, wo er nur mit Mühe das verwahrloste Elternhaus vor der Zwangsversteigerung bewahrte. Er arbeitete zunächst als Advokat und leistet später den Bürgereid ab, der ihn mit der Teilhabe am Gemeinwesens als vollberechtigter Einwohner auszeichnete. Hermann strebte von nun an in die Stadtpolitik und schloss sich ausgerechnet dem Lager um Dr. Kerkmann an, der verantwortlich für die Hinrichtung seiner Mutter war. Zwischenzeitlich heiratete er die Schwester seines Freundes aus der Studienzeit, Christina Elisabeth de Bear. Nach aufreibenden politischen Gebaren der verschiedenen Lager und mit viel Glück bekam Hermann als noch junger Mann das Bürgermeisteramt. Zu den Aufgaben eines damaligen Stadtoberhauptes gehörte es auch, die Hexenprozesse zu leiten, sowie die Rechtssprechung zu vollziehen. Lemgo war in Deutschland keine Ausnahme. Die Zahl der Vollstreckungen kommt anderen Schwerpunkten im ganzen Land gleich. Die Hexenverfolgung als Massenphänomen fand im deutschsprachigen Raum nicht im Mittelalter, sondern der Frühen Neuzeit, genauer ihrer ersten Hälfte statt. Zwischen der Reformation und dem Westfälischen Friedenn fanden die meisten Opfer den Tod. In dieser Zeit machten sich die meisten Menschen Sorgen um ihr Seelenheil und Diskussionen um übersinnliche Fragen erfassten große Bevölkerungsschichten. In dieser krisenhaften Epoche mit schleichender Klimaverschlechterung, Missernten und Dürren, Seuchen und Kriegen, waren die geistlichen und weltlichen Obrigkeiten wohl besonders bemüht, die Ordnung aufrechtzuerhalten. Aber die Zeiten änderten sich. Schon Dr. Kerkmann war in der Prozesswelle 1653 bis 56 auf erbitterten Widerstand gestoßen. Viele Verfolgte passten nicht mehr in das gängige »Hexenstereotyp« der armen, alten, alleinstehenden Frau, die ihre magischen Fähigkeiten zur Schädigung von Mensch und Vieh einsetzte. Zunehmend gerieten auch jüngere, verheiratete Frauen, Männer und Angehörige der Oberschicht ins Visier. Sie konnten sich wirksamer verteidigen und größere Widerstände mobilisieren. Trotzdem hatten im ersten Amtsjahr von Hermann Cothmann 37 Hinrichtungen stattgefunden. Darunter war eine verwitwete Kauffrau, ein Oberst und ein ehemaliger Pfarrer der St.-Nicolai-Kirche. Der Pfarrer hatte es gewagt, die Prozessführung der Herren zu Lemgo zu kritisieren und damit die Autorität der städtischen Obrigkeit in Frage zu stellen. Im Laufe des 17. Jahrhunderts, in der fortschreitenden Zeit der Aufklärung, ließ die Symbolkraft, Abschreckungsbedeutung und Prestigewirksamkeit solcher Prozesse nach. Angeklagte konnten sich zunehmend aus Prozessen herauskaufen. Es kam zum letzten Hexenprozess in Lemgo. Maria Rampendahl überstand die Folter und stemmte sich mit Hilfe ihres mutigen Mannes gegen das Geständnis, so dass sie nach damaligen Recht nicht schuldig gesprochen werden konnte. Hermann, der Hexenbürgermeister, und Rat wandten sich sogleich an die Juristenfakultät in Jena, Cothmanns einstigem Studienort, von wo man noch am ehesten ein günstiges Gutachten erwarten konnte. Selbst in Rinteln, sonst eine zuverlässige Stütze der Hexenjustiz, überwog die Skepsis. Dem Gutachten entsprechend wurde die Angeklagte auf ewig des Landes verwiesen und musste die Prozesskosten tragen. Der Ehemann gab sich nicht geschlagen. Er klagte vor dem Reichskammergericht und erwirkte die Rückzahlung zumindest der Hälfte der Gerichtskosten. Wenige Tage nach Bekanntgabe des aus Lemgoer Sicht »unerwünschten Urteils« erlag Bürgermeister Cothmann dem Quartanfieber, einer schweren Malariaerkrankung. Maria Rampendahl starb 1705 in der Heimat ihres Mannes im Oldenburgischen Varel.

Ein letztes Fachwerkhaus des südlichen Stadtteils innerhalb des alten Walles grenzte an die Bega, die hier mit einer Brücke überwunden wurde. Sie entspringt bei Barntrup in der Nähe von Bad Pyrmond, verliert sich in der aus Detmold kommenden Werre in Bad Salzuflen, die weiter durch Herford fließt und im Norden in Bad Oeynhausen ihren Namen in der Weser verliert. In Bad Oeynhausen verdiente ich mein erstes Geld nach der Ausbildung. Ich fuhr jeden Tag von Hannover dorthin und zurück. Rote Blätter eines Zierweines berührten den Fluss am Rande des Gartens am Ufer. Ein geräumiger Parkplatz wartete geduldig auf die vielen Sonntagsausflügler. Eine Stichstraße hinter dem breiten Ring brachte uns weiter aus dem Kern Richtung Süden hinaus. An der Stichstraße schlossen sich großflächige Parkplätze an, die zum einen zu einem Schulgelände, oder besser gesagt Universität gehörten und zum anderen die Besucher der Sporthalle aufnehmen sollten. Die Dimension der Halle war überproportional zur Größe der Stadt. Riesige Pfeiler stützten die nach draußen gezogene Decke und die Glaswände. Üppige architektonische Spielereien schmückten zu leere Außenräume. Dann fiel mir ein, dass Lemgo eine recht erfolgreiche Bundesligahandballmannschaft besaß, die in diesem Gebäude ihre Heimspiele absolvierte, was somit die Größe dieser Stätte rechtfertigte. Hinter der Halle betraten wir eine Art Park, der den Stadtteil Pahnsiele mit der Kernstadt verband. In der nördlichen Ferne baute sich noch einmal der Windelstein auf. Rot-weiße, schlanke Poller verhinderten das Durchfahren der Grünflächen mit dem Auto. Nur Fußgänger und Fahrradfahrer konnten diese Verbindung nutzen.

Lemgo ließ uns ewig nicht los. Der E1 verlief zunächst an der Berührungsstelle der Orte Pahnsiele und Wilhelmsburg-Brake, die hauptsächlich aus älteren alleinstehenden Einfamilienhäusern bestanden. Als die Wohnorte sich zum Ende spreizten, waren wir frei. Ähnlich wie aus Bösingfeld hinaus, begleitete uns eine Ackerhecke auf dem leicht ansteigenden Wirtschaftsweg zwischen abgeernteten Feldern in die Landschaft der Lemgoer Mark. Mit einer gewissen Höhe und dem freien Blick durch die Hecke, nahmen wir nun Abschied vom schönen, positiv gestimmten Lemgo, das tatsächlich in einer Mulde lag, die in der Stadt nicht zu bemerken war. Die Domtürme stachen über alles hin sichtbar in den blauen Morgenhimmel. Im Innern beten die Gläubigen gerade das Vater unser. Der Pastor segnet die Gemeinde für diesen Sonntag. Wir liefen dagegen auch heute wieder ohne pastoralen Segen Richtung Bodensee weiter. Markenzeichen zwischen dem Windelstein und dem Teutoburger Wald waren die sanften bewaldeten Hügel. Die kleinen Waldstücke boten für uns immer eine besondere Abwechslung zu den Feldern, die das übrige Bild hauptsächlich bestimmten. Den ersten Hügel umgingen wir an seinem lichten Waldrand auf einem schmalen Pfad, an dessen Einstieg eine vermoderte, überwucherte Holzbank stand. Ungewollt startete ich eine nächste Fotoserie mit dem Titel »Vergessene Bänke«. Hinter dem Forst führte uns der E1 durch Felder und Wiesen auf eine Brücke zu. Sie überspannte eine relativ neue, lediglich zweispurige Trasse. In Bernhards Karte von 1986 war der E1 zwar verzeichnet, aber die neue, gerade Landstraße nicht, die ähnlich der Autobahnen brutal durch die Landschaft geschnitten wurde. Zäune sollten das Rotwild am Überqueren hindern, Wälle und künstliche Befestigungen verhinderten weiträumig das Überschreiten der Bahn für Fußgänger. Von den Bauern neu angelegte Feldwege irritierten zusätzlich die Orientierung. Das X-Zeichen war nicht mehr vorhanden. Uns blieb nichts anderes übrig, als nach der Karte in den nächsten Ort zu gehen, um den E1 wieder zu finden. Wahmbeck war ein kleines, malerisches Dorf in einer Mulde, in die wir abstiegen. Alter Baumbestand beschattete rote Bauernhäuser, die aus ziegelgroßen Natursteinen gebaut waren. Kein Stein glich dem anderen in seiner Größe. Wirr ohne erkennbare Linie waren die gehauenen Quader übereinander gemauert. Fenster- und Türenfassungen waren mit gebrannten Ziegeln begradigt, um die Holzrahmung genau einpassen zu können. Die Wärme des Steins und die Abgeschiedenheit des Dorfes hätten ohne diese neue Trasse, die durch steilere Senken sogar auf Stelzen gebaut wurde, ein märchenhaftes, idyllisches Bild ergeben. Durch das Dorf und die vorgelagerten Hügel schlängelte sich die alte Kopfsteinpflasterstraße Richtung Oberweser. Ein längst verschlossener Dorfkrug zeugte von der vergangenen Wichtigkeit dieser Straße, aus einer Zeit, wo ab und zu ein Wagen die längere Distanz von Herford nach Kassel oder Göttingen auf sich nahm. Die verschlungene Streckenführung hätte nie den jetzigen, schnellen Pendelverkehr aufnehmen können. Nun war das Dorf völlig von der neuen Zeit abgeschnitten. Die Zeit blieb dort stehen. Für manche Bewohner nicht immer von Nachteil.

Nach allen Berechnungen musste der E1 den Bach irgendwie überwinden. Also begaben wir uns zur tiefsten Stelle im Dorf, knapp hinter dem Krug, wo die Straße und auch wie erhofft der Wanderweg mit allen uns vertrauten Zeichen den Vorfluter querten. Hinter Wahmbeck stieg die alte Landstraße, die mich gefühlsmäßig tatsächlich wieder in die sechziger Jahre versetzte, einen Hügel an, auf dessen Rücken unser Weg in ein Privatweg abbog. Dieser mündete auf einem Einsiedlerhof, den wir laut Streckenmarkierung durchqueren mussten. Die gleichen roten Steine wie im Dorf waren hier verbaut worden. Die Scheune hatte einen Fachwerkgiebel unter dem sich das abgerundete, dunkelgrüne Tennentor befand. Der Giebel unterbrach das eigentliche Dach des Längsgebäudes, das die ganze Scheune bildete. Neben dem Tor befanden sich noch kleinere Holztüren und Fenster, in Grün getüncht. Der Hof war nicht mehr bewirtschaftet. Er diente als permanentes Wohnhaus oder Wochenendhaus. Wie Eindringlinge betraten wir den Hof, stahlen uns leise zwischen Wohnhaus und Scheune hindurch auf ordentlich gemähtem Rasen mit Blumenrabatten, die zu dieser Jahreszeit aus lila Asternbüscheln bestanden. Neben einer Staude steckte ein Knie hoher Pfahl in der Erde, auf dem unser X gemalt war. Das Zeichen gab uns die Berechtigung, uns nicht als Diebe zu fühlen. Bäume des angrenzenden Waldes streckten wie Arme ihre Äste zu den Gebäuden und luden uns mit zitternden Zweigenfingern zu sich ein. Das ruhige Grün verschluckte uns auch alsbald wieder, hinein in die freie Umgebung hinter der privaten Stätte. Schritte von flüchtenden Rotwild ganz in der Nähe. Wind rauschte am Waldrand. Stille über dem Feld. Blau glänzende Fliegen flogen gleichzeitig vom halb verwesten Kadaver eines Hasen auf, dessen Augen sich zu schwarzen Löchern verwandelt hatten. Eine Holzbank am Hainrand rief uns zu sich. Wir aßen und tranken.

Ein langgezogener Anstieg brachte uns über den 253 Meter hohen Gretberg. Acker, Weiden, Haine, Buschwerk und kleinere Wälder wechselten sich im Landschaftsbild ab. Eine mit Eichen wiederbepflanzte Brachfläche war bereits so stark zugewuchert, dass ein Durchkommen nur mit Mühe möglich war. Diese Wegstrecke machte deutlich, dass wir uns in einer Nichtwandergegend befanden, eine Art Zwischenwelt für Langstreckenwanderer, die für das gesamte Wegenetz keine Bedeutung hat. Die meisten Wanderer gingen im Windelstein und im Teutoburger Wald ihren Touren nach, aber nicht dazwischen, so wie wir jetzt. Diese Welt hatte jedoch etwas Unberührtes, Unschuldiges an sich, so als gingen wir durch eine wirkliche, uninszenierte Welt. Auf der anderen Seite des Berges umrundeten wir merkwürdige Kuhlen auf ihrem Rand. Eingelassene Holztreppen führten steil nach unten. Überwucherte Betongebäude erinnerten an Krieg, oder frühe industrielle Nutzung dieses Raumes. Dann verhinderte Stacheldraht an Metallrohren befestigt das direkte Weiterkommen, so dass wir die Richtung ändern mussten. »Betreten des Steinbruches verboten – Lebensgefahr«, stand auf einem Schild an der Absperrung. Als wir einen befahrbaren Asphaltweg betraten, kamen wir relativ schnell zur Einfahrt der jetzigen Abbaustelle, die noch in Betrieb schien. Von hier war die lebensgefährliche Kante zu sehen, an der wir, ohne den Abgrund zu sehen, gestanden hatten und vor der auf dem Schild mit Recht gewarnt wurde. Die Kuhlen und die Treppen gehörten zu den alten Brüchen, aus denen genau die rötlichen Sandsteine gehauen worden waren, aus denen die hiesigen Bauernhäuser errichtet wurden und an denen wir seit heute Morgen vorbei gekommen waren. Jetzt waren die Kuhlen fast nicht mehr zu identifizieren. Der Wald hatte sich über Jahrzehnte sein Terrain optisch wiedergeholt. Ein erfahrener Geologe hätte aber sofort bemerkt, dass diese Formationen keinen natürlichen Ursprung hatten.

Der Ort zum Steinberg hieß bezeichnenderweise Loßbruch, in dem sicherlich die Familien der Steinbrecher und Steinmetze gelebt hatten. Der Eingang zum ersten Grundstück des Dorfes war nicht so einladend, aber dennoch verspielt. Er bestand aus drei grün angemalten Holzspeichenrädern, die in ein Metallgerüst eingefasst waren. An den Rädern war jeweils ein Schild mit »Videoüberwachung« und »ALARM« angebracht. Am dritten Rad hing ein Hahnrelief aus Holz. Vor dem Eingangstor steckten Hundenachbildungen in Losungsstellung. Im Hund stand fett »NO« geschrieben. Eine kleine Messingglocke diente Besuchern zur Ankündigung ihrer Absicht, das Tor zu durchschreiten. Neben dem Tor reckte ein prächtig leuchtender Sanddorn, auch Hergo genannt, oder auf lateinisch hippophae rhamnoldes, seine fruchtbeladenen Zweige auf den Gehweg. Die weißen Früchte eines anderen Heckenbusches erinnerten mich an meine Kindheit. Wir pflückten sie, legten sie auf den Boden und traten mit hoher Geschwindigkeit darauf. Ein kleiner aber effizienter Knall entstand.

Im Dorf überquerten wir zunächst den Bentruper Weg und später die aus Detmold kommende B238 in die Straße Zum Rotenberg. Dieser Berg lag mit 244 Metern gegenüber vom Gretberg, Loßbruch dazwischen. Sein Name verriet genauer die Farbe des Gesteins in dieser Gegend. Ältere, schmuck renovierte Wohnhäuser begleiteten uns in zunehmender Hitze hinaus in die Äcker und schließlich in den Wald. Roter Zierwein schmückte Zäune und einen Windfang eines Hauses wohltuend warm in seinen Farbnuancen. Von nun an stieg die Strecke zusammen mit dem X3 den Rotenberg empor, ließ den Gipfel aber im Westen liegen. Millionen Bienen sammelten in einem blühenden Efeu hoch in einem Wirtsbaum Nektar für ihren Nachwuchs. Das Summen und Brummen über unseren Köpfen war betörend laut und forderte einen auf, möglichst schnell diesen Ort zu verlassen, obwohl wahrscheinlich nichts passieren würde. Toni nahm wieder Tuchfühlung zu einem Hund auf, der jedoch von seinem Frauchen durch eine Rollleine geführt wurde, aber trotzdem seinem regen Interesse an der Wanderin freien Lauf lassen durfte.

Bernhard und ich hatten den Sattel als erste erreicht. Die Frauen waren weit abgeschlagen, so dass von uns bei einer Bank mit Panoramablick eine Trinkpause eingeleitet wurde. Da lag er vor uns! Der Teutoburger Wald. Er präsentierte sich mächtig gegenüber den Hügeln der letzten Stunden. Detmold war in der Senke noch nicht auszumachen. Es wurde zu unseren Füßen noch vom Grün des Waldes verdeckt. Bernhard meinte plötzlich: »Da ist er ja!«

Ich dachte mit meinen fast blinden Grauen-Star-Augen, er meinte den Teutoburger Wald. Weit gefehlt. Er hatte auf dem Kamm in der Ferne die Umrisse des Hermanndenkmales entdeckt. Der Hermann war im nächsten Jahr unser Ziel, da mussten wir hinauf, auf den Kamm.

»Den kannst du nicht sehen?«

»Nein, kein Stück.«

»Oh, Mann, dann musst du aber mal was mit deinen Augen machen.«

Ich fand die Tatsache immer noch nicht beunruhigend, dass ich den Hermann in der Ferne nicht erkennen konnte. Meine Geduld reichte bis nächstes Jahr bestimmt aus, das Denkmal von aller Nähe betrachten zu können. Mit der südlichen Sonne im Gesicht auf der

Bank, betrachtete ich mit den Augen eines »Normannen« die geologische Grenze zu den Römern. Ich freute mich auf das nächste Wanderjahr, wo wir immer weiter in die Geschichte der Christianisierung vordringen würden und durch schriftliche Zeugnisse der Römer sogar in den Bereich der Entstehung des Christentums stoßen werden. Detmold scheint ein interessanter Kessel geschichtlicher Grenzen zu sein, nähmen wir die im Südosten lebenden Franken hinzu, die sich auf dem heutigen Territorium des Bundeslandes Hessen bewegten.

Nach dem Verlassen der Waldkappe wand sich ein malerischer Grasfeldweg wie eine Schlange durch hochstehenden Mais. Dieser Weg traf auf die schmale Bremker Straße, die Klüt mit Heiden verband. Auf einer zweiten Bank saß ein junges Paar verschlungen und küsste sich innigst. An der Einmündung zur Landstraße stand ein einzelner kleiner Hof. Pflaumenäste ragten zu unserer Freude bis auf die Straße. So hatten wir die Früchte unseres Breitengrades fast alle kennengelernt. Von der Hand in den Mund, wie sich der Affe im Paradies ernährt. Äpfel und Birnen ließen sich leichter zum Transport in die Hosentasche stecken. Die weichen Pflaumen eigneten sich dagegen nur für den Sofortverzehr. Ich biss sie bis zum Kern an, um zu gucken, ob ich nicht eine Made beim Essen stören würde. Nachdem ich feststellen durfte, dass ich der Erste war, steckte ich mir die Frucht als Sieger in den Mund, löste den Kern und spuckte ihn genussvoll in den Straßengraben. Nach einer Weile des Gehens färbte sich der Straßenrand bis in die Höhe rot ein. Ein Zierwein hatte sich auf einer Fläche von mindestens tausend Quadratmetern in einem Garten selbständig gemacht. Er hatte alles, was sich ihm in den Weg gestellt hatte, überwuchert. Die Hütte, an die er wahrscheinlich ursprünglich gepflanzt wurde, Büsche, die höchsten Bäume, die Wiese, Zäune waren mit roten zackigen Blättern überzogen. Wie Lianen hingen die Klettertriebe, die bis jetzt noch keinen Halt gefunden hatten, von den Bäumen am Straßenrand und wehten wie langes Haar im Wind.

Mit diesem Sinnbild von freier Natur, betraten wir über zwei Serpentinenschleifen sogleich einen vorgelagerten Stadtteil von Detmold namens Klüt. An einer Linde im Garten eines wunderschönen alten, holzverkleideten Hauses mit einem verziertem Windfang, hing ein gelbes, in die Jahre gekommenes Wanderschild vom Efeu umrankt. Darauf war zu lesen, dass der X3 als Cheruskerweg bezeichnet wurde und der E1 als uns bekannter Europäischer Fernwanderweg 1 von Flensburg über Konstanz dann nach Genua. Nach Lemgo zurück sollten es 11 und nach Detmold 3 Kilometer betragen. Von den Cheruskern, nach denen der Wanderweg genannt war, wird am Hermanndenkmal noch ausführlicher zu berichten sein. So liefen wir über die Schmiede- und Poststraße nach Detmold ein.

Ewig dauerte der heiße Gang auf festen Platten, immer der Siegfriedstraße folgend, an Wohnhäusern vorbei, in den historischen Stadtkern. Unschlüssig, was wir mit der verbleibenden Zeit bis zur Abfahrt des Zuges unternehmen sollten, irrten wir ohne, dass jemand einen Plan hatte oder die Regie übernahm, in der belebten Fußgängerzone umher. Die Menschenmassen bedrückten mich. Der Kontrast zur Ruhe in der Landschaft war zu stark. Schließlich suchten wir ein Café zum Eisessen, was nicht schwer schien, da es mir so vorkam, dass alle Passanten Eis aßen. Auf dem Marktplatz fanden wir Platz. Schweißgebadet klebte das Hemd am Metallstuhl. Hunderte von Sonntagsausflüglern taten es uns gleich.

Im Gegensatz zu Lemgo bestand Detmold aus eleganten Prachtbauten. Fachwerkhäuser gehörten zur Rarität. Gegenüber des Platzes, an dem wir saßen, leuchtete im strahlenden Weiß die Marktkirche mit ihrem verzierten Schieferdach im Renaissancestil und offenen Glockentürmchen. Die andere Seite des Platzes wurde vom Rathaus flankiert. Es bestand aus einem neoklassizistischen Bau mit einer Freitreppe, die mit dem klassischen Tempelstil durch vier Säulen überdacht war.

Margarete hatte am Morgen noch zu mir gemeint, dass der Akku ihrer Kamera noch reichen würde. Ich vertraute ihr. Beim Einlaufen in die Stadt verschwand die Energie jedoch gegen null. Um noch mehr Fotos von den interessanten Gebäuden machen zu können, ließ ich den Apparat im Café aufladen. Damit war ich zufrieden und konnte entspannt Richtung Bahnhof wandern. So streiften wir den hinteren Teil der Schlossinsel mit den Gräben und Teichen. Mächtige Kaufhäuser aus der Gründerzeit schmückten die Anfänge der Fußgängerzone. An der Ringstraße befanden sich eine neugotische Kirche und ein Postamt im Stile des Historismus. Während die Mischung von Back- und Natursteinen beim Postamt ausgewogen war, dominierte der Backstein den Bahnhof im selben Stil.

Unsere Ziele lagen bei diesem Abschied alle in der selben Richtung, so dass wir bis Warburg gemeinsam fahren konnten. Die Fahrt ging durch die wunderschöne Berglandschaft des Teutoburger Waldes und des Eggegebirges, durch Tunnel und endete zum Umsteigen in Altenbeken. Dort machten wir in der legendären Bahnhofskneipe mit Kultstatus eine Trinkpause. Der Wirt in dritter Generation hatte die Einrichtung seit Anbeginn nicht verändert. So tauchte der Gast in eine original Fünfziger-Jahre-Atmosphäre ein. Er servierte Bier vom Fass, Bockwürstchen und Kartoffelsalat. Fahrkarten und Ansichtskarten, auf denen historische Züge abgebildet waren, verkaufte er hinter dem langen Tresen. Zu seinem Markenzeichen gehörte, dass er einen Porzellanteller hoch in die Luft warf und geschickt mit einer Hand wieder auffing. Um diese besondere Stimmung einzufangen, kommen extra Interessierte hier her oder verpassen mit Absicht den Anschlusszug. Das Fernsehen hatte schon längst eine Reportage über diese Kneipe gedreht. Der Zug nach Warburg, wo wir abermals nach Marsberg umsteigen mussten, beendete unsere besondere Pause.

Die Hügel und Täler des Eggegebirges verschafften uns jetzt schon einmal einen Vorgeschmack auf die nächste Tour. Am Ende der Gebirgskette fuhr der Zug in die abgeflachte Warburger Börde hinein. Er würde Richtung Kassel dann wieder auf höhere Berge wie den Habichtswald treffen, bis die Strecke nach Osten in die Täler der Werra und Fulda abfiel. Auf der anderen Seite der Flüsse würden sich der niedersächsische Solling und der kurhessische Kaufunger Wald erheben, wo es dann weiter nach Göttingen und dem katholischen Eichsfeld, nach Halle und Leipzig gehen würde.

Natürlich sind Berge eine schweißtreibende Angelegenheit, aber dafür halten sie immer einen schönen Ausblick bereit. Gegenüber dem Flachland gibt es hier und da natürliche Nischen, die weder bebaubar, noch landwirtschaftlich nutzbar sind. Diese Naturpunkte sind kräftiger als vom Menschen beschädigte, verletzte Flächen. Trotzdem wird uns diese Tour als Auenlandtour in Erinnerung bleiben. Vom Gletscher verschonte Urlandschaft strahlte Unberührtheit aus, sahen wir von den beschriebenen Eingriffen der Menschen ab, die darin wohnten. Diese Menschen waren jedoch verantwortlich dafür, dass uns die Früchte in den Mund wachsen konnten. Das Gehen im Herbst war neu, aber von unglaublicher Schönheit durch die Einfärbung der Pflanzen. Wir befanden uns nun in der letzten südlichen Ecke der »Normannen«, bevor sie im Südwesten auf die Grenze zu den Römern treffen würden. Ebenso verhielt es sich mit der geografischen Abgrenzung vom evangelischen Raum zum katholischen. Die Grenze verläuft auf dem Kamm des Teutoburger Waldes. Richtung Osten bildet der lange Eggekamm das Bollwerk der verschiedenen Konfessionen. Davon wird bei der nächsten Tour, auf der wir den Kamm in seiner vollen Länge begehen werden, mehr zu berichten sein. Auf dieser Tour begegneten uns erneut große Namen wie Heinrich der Löwe sowie Barbarossa und erfuhren einiges über das Leben von Bernhard, der ähnlich wie Heinrich der Löwe den hohen Norden mit aller Macht christianisieren wollte.

Toni hat die Gruppe bereichert. Durch ihre freie Art stockte kein Gespräch. Körperlich war sie uns allen überlegen. Jetzt waren wir sechs Personen, womit in meinen Augen die Gruppe geschlossen war. Natürlich können partiell Interessierte mitlaufen, aber sie werden keinen dauerhaften Platz mehr in dieser Geschichte bekommen können. Dazu würde ihnen zu viel vom Gang aus dem Norden hier her in die Mitte von Deutschland fehlen. Vielleicht konnten Margarete und ich noch in der göttlichen, vollendeten Zahl sechs unsere ursprüngliche Intention zur Durchquerung von Deutschland wieder finden. Mir würde im Moment auch niemand aus unserem Umfeld mehr einfallen. Freunde und Bekannte, die uns emotional nahe stünden, gäbe es genug, aber keine davon würden sich uns gleichzeitig unseren selbst auferlegten Strapazen anschließen. Wie sich die Wanderung weiter entwickeln würde, wusste zu diesem Zeitpunkt noch keiner. Das Altern unserer Körper wird im Kontext zum Ziel ein langgestrecktes Abenteuer. Ausgang ungewiss.

Tour 8
25. - 28. Mai 2012

Detmold – Silbermühle, 25. Mai 2012, Freitag

Im April hatte ich endlich den Augenkliniktermin hinter mir. Mein Verdacht auf Grauen Star bestätigte sich. Beide Augen mussten im August operiert werden. Mit nicht einmal 52 Jahren war diese Diagnose ungewöhnlich, aber nicht einzigartig. So würde ich von Detmold nach Hause noch im Nebel gehen müssen, der von Monat zu Monat immer dichter geworden war. Mein Narzissmus war am Ende. Das Autofahren müsste mir verboten werden, denn nahm ich weder Radfahrer noch LKW mehr wahr. Ohne Navigationsgerät war ich orientierungslos. Ich konnte weder Busfahrpläne an Haltestellen, noch ausgehängte Stadtpläne vor fremden Orten lesen. Es wurde dringend Zeit für Plastiklinsen.

Das Fahrrad hielt auf dem Jakobsweg Einzug. Im heimischen Diemelboten war im März von einer Tour eines Ehepaars zu lesen, das von Marsberg aus über Trier und Metz nach Santiago de Compostela radelte. Lothar Winter aus Grönebach hatte diese Tour bereits 2010 mit dem Rad unternommen und berichtete im Februar 2012 von seinen Erlebnissen. Nebenbei sammelte er bei seinen Vorträgen Geld für ein Kinderhospiz. Die geglückte Geburt seines Sohnes war für Lothar Winter der Auslöser, von seinem Heimatort zum »Ende der Welt« zu fahren. Hierbei wuchs seine Herzensangelegenheit, das Jugend- und Kinderhospiz »Balthasar« in Olpe zu unterstützen. Im April dieses Jahres startete er erneut mit dem Rad nach Jerusalem. 3000 Kilometer soll er schon geschafft haben und dabei gegen Hunde, Wind und sich selbst gekämpft haben. Ob er Jerusalem ohne andere Hilfsmittel wie Flugzeuge und Eisenbahn bis zum 6. Mai schaffen wird, blieb in dem Artikel offen, weil er am 7. Mai wieder seiner normalen Arbeit nachgehen müsse.

Der Hallenberger Michael Mause machte sich zu Fuß auf nach Rom, einer der drei wichtigen Pilgerziele neben Santiago und Jerusalem. Am 27.4. erschien ein zweiter Artikel in der Westfalenpost, der über sein Etappenziel in Basel berichtete, womit er bereits 550 der 1800 Kilometer absolviert hatte. Im Startartikel nach Ostern war über seine Motivation dieser Tour zu lesen: »Einfach mal raus, den Kopf frei bekommen, mir einen langgehegten Wunsch erfüllen. So beschreibt der freiberufliche Kundenberater in der Versicherungsbranche seine Motivation für diesen Gewaltmarsch. Immer wieder ist er in den vergangenen Tagen angesprochen worden: Hast Du etwas gut zu machen oder hast Du dem lieben Gott etwas gelobt? Nein, weder noch. Ich bin kein guter Kirchgänger, aber trotzdem sehr christlich eingestellt. Ich möchte mich einfach einmal auf den Weg machen und offen sein gegenüber anderen.«

Viele Ankündigungen von Bildervorträgen über die Pilgerreise nach Santiago waren in der Zeitung zu lesen. Das war kein Wunder, denn waren die Deutschen Spitzenreiter auf dem Jakobsweg. 2011 sind sogar mehr Deutsche den Weg gegangen, als 2010 im Jakobusjahr. Demnach absolvierten 2011 insgesamt 16596 Deutsche den Jakobsweg im Vergleich zu 14471 im Jakobusjahr. Mit insgesamt 183366 Pilgern aus 126 Ländern in 2011 konnte der Rekord von 272412 Personen aus dem Vorjahr nicht gebrochen werden.

Einen Tag vor unserem Tourenstart von Detmold nach Marsberg, erschien der Bericht über den Gang der letzten 112 Kilometer des Jakobsweges eines Zeitautors mit seinen Kindern, den er selbst in der Wochenzeitung verfasst hatte. »Ich bin nicht gläubig, aber neugierig, und meine Kinder waren noch nie richtig wandern. Also beschloss ich, mit Emma, 12, und Marti, 15, in fünf Tagesetappen die letzten 112 Kilometer des Jakobsweges zu gehen. Von dieser Familienpilgerei versprach ich mir haufenweise spirituelle Erlebnisse – und dass die beiden Kinder etwas von der christlichen Kultur mitbekommen«, schrieb er und ich war froh, dass er die Kinder nur fünf Tage auf eine Wanderung mitgenommen hatte, denn länger würde ihnen den Spaß kosten und diese wunderbare Art der sportlichen Betätigung würde für ewig verdorben sein. Wenn ein Kind nicht den Spaß mit dem Sinn verknüpfen kann, wird ein Unternehmen zum erwachsenen Ernst. Ein Kind kann nur scheibchenweise und in geringen Dosierungen, den unterschiedlichen Altersstufen entsprechend, den Ernst positiv verarbeiten.

Nachdenklich schreibt der Autor weiter: »Gleich unsere erste Krise zeigt uns, dass man mit Hass und Trotz doch weiterkommt im Leben. Da sind meine beiden Mitwanderer und ich seit zwei Stunden unterwegs. Die Sonne brennt, die Straße windet sich schier endlos hügelan, die Rucksäcke drücken. Stiefel schlurfen, Schultern sacken immer weiter nach unten, ich rieche schlechte Laune. Er schlägt mit seinem Stock gegen Bäume und Zäune, sie stellt zum ersten Mal die böse Stiefmutter aller Wanderferienfragen und kommt vom Schleichen zum Stehen: ›Wie weit ist es noch?‹ Ich rechne: Zwei Stunden bei diesem Tempo machen noch keine acht Kilometer. Damit fehlen noch 15 Kilometer zum Tagesziel und über hundert nach Santiago de Compostela. Das denke ich still. Und mir wird ein wenig mulmig bei diesen Zahlen.«

Schließlich kommt die Familie doch an ihr Ziel, mit vielen neuen Eindrücken und Pilgerbekannten: »... dann sitzen wir tatsächlich pünktlich zur Mittagsmesse in der Kathedrale von Santiago. Die kann man gar nicht anders als umwerfend finden, aber nach den vielen Kilometern, nach Regen und Hitze, Schweiß und Tränen strahlt uns ihr Glanz noch ein bisschen heller an. Eine Nonne singt so hinreißend rein und beseelt, dass ich denke, die schönsten Seiten der Religion sind die, die man nicht nur glauben muss, sondern auch erfahren darf. Wir haben da draußen jedenfalls erfahren, dass tote Punkte spätestens im Nachhinein nur ein kurzer Moment des Schmerzes sind. Und selten waren wir uns im Alltag so dicht wie hier.«

Das spannendste spirituelle Erlebnis der Kinder?

»Matti hat einen nackten Mann geküsst, sagt Emma. In der Kathedrale steht eine Statue des heiligen Jakobus, den küssen alle Pilger zum Abschluss. Emma legt ihren Kopf auf meinen Schoß. Katholisch ist langweilig, sagt sie und schläft ein. Matti sagt, dass er in den Sommerferien wieder pilgern gehen will«.

»Unterwegs daheim – Zu Fuß durch Deutschland« betitelt die Sängerin Theresa Dold ihr Lifeprogramm und tat es uns gleich, indem sie von Hamburg in ihre Heimat, dem Schwarzwald, wanderte. Auf der Bühne zeigt sie Bilder der Tour, singt selbst getextete Lieder auf ihrer Gitarre dazu und erzählt von blasenbesetzten Füßen, von Höhen und Tiefen einer Langstreckenwanderung, von verwirrenden Wegschildern, freundlichen Reisebekanntschaften und dem Leben mit der Natur auf der siebenwöchigen Wanderung. Ihr Fazit: über allen Erfahrungen zählen am Ende wie immer nur die kleinen Dinge.

Die Landschaft, die für Theresa Dold erst ein Fragezeichen auf der Landkarte bedeutete, war unsere Heimat. Als sie jedoch das Sauerland durchwanderte, glaubte sie sich in ihrer Heimat, den Bergen des Schwarzwaldes, zu befinden. Wir bewegten uns mit dieser Tour auf Marsberg zu. Unsere Wahlheimatstadt bildet im Nordosten die anfänglichen Hügel dieses weitläufigen Mittelgebirges, das auch wir durchlaufen mussten, um durch Theresa Dolds Heimat an den Bodensee zu gelangen. Wir hatten uns vier Tage für diese achte Tour hinauf auf den Teutoburger Wald, entlang dem Kamm des Eggegebirges und schließlich hinein ins Sauerland, Zeit genommen. Noch im Herbst dieses Jahres wollten wir die große Tour von sieben Tagen machen, nach denen wir Siegen erreichen würden.

Nach den üblichen Treffen und schwierigen, organisatorischen Vorbereitungen, sollte uns der Nachbar und Ehemann von Ulla mit unserem Wagen nach Detmold fahren. Toni hatte bereits eine Nacht in dieser Stadt verbracht. Ein Treffpunkt war ausgemacht, direkt am Einstieg des E1 am Willy Brandt Platz mit Einmündung zur Neustadt. Wir bogen mit dem Wagen gerade zum Anhalten von der Ringstraße ab, als Toni gerade die Ampelkreuzung überqueren wollte. Die Begrüßung war herzlich. Die Stimmung ebenso sonnig. Der Himmel strahlte blau über unseren Köpfen, beim Schnüren der Wanderschuhe. Leider konnte ich die Sonne nicht ganz genießen. Alles, was ich betrachtete, wurde durch meinen Grauen Star überstrahlt, so dass der Nebel noch einmal an Intensität zunahm. Meine Freude über das Wandern versuchte das Handicap zu überlagern. Mit aller Macht verdrängte ich diese Pein, lehnte mich so gut es ging an die anderen an und versuchte Kontrolle abzugeben, was mir schwer fiel, da ich gewohnt war, der »Chef« zu sein. Ich mochte im allgemeinen keine Abhängigkeiten, womit ich gerne die Rolle des »Chefs« übernahm oder auch zugesprochen bekommen habe. In diesem Fall war ich aber dankbar, einer Gruppe anzugehören, die auf mich aufpassen konnte, wenn die Umstände es verlangen würden. Diese Tatsache versuchte ich jedoch nicht zu groß werden zu lassen. Aber vielleicht bildete ich mir meine Restautonomie auch nur ein und die anderen waren so dezent zurückhaltend, mir meine jetzige Unfähigkeit, vieles überblicken zu können, nicht vorzuhalten.

Ulla lichtete Margarete und mich vor einer viereckigen Transparentsäule ab, auf der Pläne und Werbung für die morgen beginnenden Nordrhein-Westfalentage gespannt waren. Wir gaben Hans dem Nachbarn Dank und wollten uns in vier Tagen mit ihm, der Presse und Freunden in einem Café in Marsberg wieder treffen. Auf einem breiten Kiesweg neben einer Pappelallee und dem künstlichen Knochenbachgraben, der die Schlossgräben und Teiche mit Wasser versorgte, fand unsere Tour Richtung Stadtausgang ihren Anfang. Neben dem E1 verliefen auch wieder der Cheruskerweg X3, der Gustav-Mesch-Weg, der Hangstein- und Zedlingweg und viele Rundwege hier entlang. Auf der anderen Grabenseite tauchte das längliche neoklassizistische Gebäude der renommierten Musikhochschule auf, aus der einige erfolgreiche Sänger und Musiker hervorgegangen waren. Erste Planungen gab es 1944 schon, wobei die Gründung erst nach dem Krieg 1946 stattfand. Unter dem Namen Nordwestdeutsche Musikakademie Detmold wurde sie eröffnet. Zehn Jahre später wurde die Akademie zur Staatlichen Hochschule für Musik erweitert. 1972 gab es eine Zusammenlegung mit den Hochschulen in Münster, was eine dritte Namensänderung zur Folge hatte. Von nun nannte sich das Konservatorium Staatliche Hochschule für Musik Westfalen-Lippe, Abteilung Detmold und dementsprechend Abteilung Münster oder Dortmund. 1987 wurde der Name Hochschule für Musik Detmold eingeführt. 2004 schlug sich die Abteilung Münster zur Westfälischen Wilhelms-Universität Münster und die Schule in Dortmund wurde geschlossen. Beheimatet war die Detmolder Hochschule schon immer im Neuen Palais, das für die Zwecke des Studiums öfters umgebaut wurde. Im Keller wurde eine Mensa untergebracht. Bei den Renovierungsarbeiten wurden historische Deckenmalereien und Fußböden freigelegt, die restauriert werden konnten. Heute studieren über 700 angehende Orchestermusiker, Komponisten, Pianisten, Opern-, Lied- und Oratoriensänger, Dirigenten, Kirchenmusiker, sowie Gesangs- und Instrumentalpädagogen an der Hochschule. Ein zusätzliches Jugendstudierenden-Institut fördert junge Nachwuchstalente. Diese Einrichtung der Hochschule strebt eine möglichst frühzeitige, hoch qualifizierte und umfassende Förderung von musikalisch hochbegabten Kindern und Jugendlichen an. Insgesamt finden an die 450 Konzerte im Jahr statt, in denen die Studierenden ihr Können zur Aufführung bringen, was keinen unwesentlichen Teil einer Ausbildung zum Profimusiker ausmacht.

Auf unserer Seite des Kanals bauten sich märchenhafte grandiose Villen auf. Eine war als gotischer Burgnachbau errichtet und ein Fachwerkhaus, mit vielen Balkonen aus Holz gezimmert, baute sich über vier Stockwerke auf. Die Vorgärten glichen eher kleinen Parks.

Manche Einfahrten waren mit einem Tor eines Hochsicherheitsgefängnisses vergleichbar, manche waren nur mit zu Bögen geformten Buchsbaumhecken eingefasst. Ausladende Kastanienzweige ragten schwer mit ihren frischen Fingerblättern und Blütenkerzen über den mit Mauern gehaltenen Graben. Darunter badete fröhlich eine Entengruppe, wobei sie das Spiegelbild der Mauer der Musikhochschule und des blauen Himmels durch Wellen in rhythmische Schwingungen versetzte. Das viele Wasser dieser Gegend, das auch für die Entstehung der Kurorte und Mineralquellen am Fuße der Gebirge sorgte, entspringt aus den vielen Brüchen und Falten des Kalksandsteins aus dem Trias. Geologisch erhebt sich vor Detmold der sogenannte Osningkamm mit dem Teutoburger Wald und dem Eggegebirge. Die Böden weisen eine mittlere bis sehr gute Qualität auf. Die vorletzte Eiszeit hinterließ einige Veränderungen in der Entstehung der Böden. So lagerte sich am Nordhang des Teutoburger Waldes Mergelstaub ab und bildete Lösserden. Auf den Sand- und Tonsteinen aus dem Mesozoikum befinden sich Podsol- und Pseudogley-Braunerden. Irgendwo im heutigen Stadtgebiet der Auenlandschaft an einer Werrefurt musste sich ein sächsischer Thingplatz befunden haben, der Detmold seinen Namen gab. Diese Volksgerichtsstätte leitet sich vom Wort Theot für Volk und mahal für Gericht ab. So wurde aus Theotmalli im Laufe der Zeit der Ortsname Detmold. Theotmalli tauchte in der Geschichtsschreibung deshalb auf, weil hier Karl der Große im Jahre 783 von den Sachsen erfolgreich zurückgeschlagen wurde. Aus dem Jahre 1023 wird überliefert, dass der Ort Detmelle seinen 799 geweihten Altarstein an das Kloster Abdinghof in Paderborn abgab. Zu der Zeit befand sich bereits eine Taufkirche und bäuerliche Anwesen am Übergang der Werre, der gleichzeitig als Handelsweg zwischen Paderborn und Lemgo genutzt werden musste. So erhielt der Ort vom Edelherrn Bernhard III., der Urenkel unseres ausführlich beschriebenen Bernhard II. zur Lippe, 1263 Stadtrechte mit den entsprechenden Marktprivilegien. Um 1300 wurde ein zweiter Jahrmarkt am Sonntag vor Martini eingeführt. Im Mittelalter war Detmold befestigt. Vier Hauptstraßen führten durch Tore hinaus. Dort wo sie sich im Stadtkern kreuzten, lag die Burg des Landesherrn. Mauern der Befestigung sind auch heute noch zu sehen. Die Wassergräben bilden zum Teil heute noch den Teich und die Kanäle im Stadtzentrum. Um 1450 war Detmold mit nur 350 Einwohnern die kleinste lippische

Stadt. Die Soester Fehde setzte der Stadt in dieser Zeit zu und sie wurde von den kölnischen Truppen unter Mitwirkung böhmischer Hilfsvölker erobert. Erst nachdem Graf Bernhard, mittlerweile der siebte, die Stadt zu seiner ständigen Residenz erklärt hatte, wurde sie zu einer starken Festung ausgebaut. Ein paar Jahre nach Lemgo, wurde auch Detmold lutherisch. Vor der Reformation gehörte die Stadt zum Bistum Paderborn. 1536 war Simon von Exter der letzte katholische und erste lutherische Pfarrer von Detmold. 1547 zerstörte ein Großbrand über 70 Häuser. Zehn Jahre später wurde das Schloss in der Form der typischen Weserrenaissance fertiggestellt. Im Schutz der Kirche breitete sich auch in Detmold der Hexenwahn aus. Er war jedoch nicht so ausgeprägt wie im »Hexennest« Lemgo. In den Jahren zwischen 1599 und 1676 wurden in Detmold 19 Menschen als Hexen und Zauberer hingerichtet. Unschöner ist die Geschichte, dass ab 1654 52 Kinder verhaftet und im zum Gefängnis umgebauten Gasthof gefangen gehalten wurden. Sie wurden zu weiteren Denunziationen gegen Erwachsene und Gleichaltrige getrieben und in fünf Prozessen als Hauptbelastungszeugen herangezogen.

Bereits 1616 richtete Johann von den Birghden eine Reitpoststation am Postkurs Köln – Hamburg ein. Damit ist die Stadt der älteste Postort im Bezirk der Oberpostdirektion Münster. Nach der Pest und dem Dreißigjährigen Krieg erholte sich Detmold langsam wieder. Graf Friedrich Adolf legte ab 1701 planmäßig die Neustadt im Süden an. Er baute das Palais, in der die Musikhochschule heute beherbergt ist, und den Kanal zum Lustschloss Friedrichstal, damit beides vom Schloss aus mit Gondeln zu erreichen war. Danach wurden Mauern und Tore abgetragen und Detmold bekam das damalige zeitgemäße klassizistische Stadtbild unter Verlust des bäuerlichen Fachwerkes, was wir heute als prächtig wahrnehmen. Während Friedrich Adolf begonnen hatte, Detmold ein modernes Stadtbild zu verleihen, begann Fürstin Pauline zur Lippe sich um die Menschen der Stadt zu kümmern. Sie sorgte im Zeitalter der Aufklärung unter Mithilfe ausgezeichneter Mitarbeiter für die Umsetzung der lippischen Schulreform, dem sogenannten lippischen Elementarschulwesen, das weithin bekannt wurde. So hob sie nicht nur die allgemeine Volksbildung, sondern verbesserte auch die Lebensverhältnisse der Armen, Kranken, Waisen und alten Menschen. Auf ihre Initiative hin entstanden in Detmold eine Reihe von vorbildlichen sozialen Einrichtungen, wie eine Pflegeanstalt, ein Waisenhaus, eine Krankenstube und ein Arbeitshaus für Arbeitslose. 1802 wurde in Detmold der erste Kindergarten Deutschlands eröffnet, der 1856 den Namen Paulinenanstalt erhielt und bis heute existiert. 1809 führte Fürstin Pauline die Straßenbeleuchtung in Detmold mit 26 Öllaternen ein. 1835 zählte die Stadt bereits 4137 Einwohner und wurde so zur bevölkerungsreichsten in Lippe. Trotz der geistigen Vertreter wie Christian Dietrich Grabbe und Albert Lortzing blieb Detmold im kulturellen Leben provinziell. Trotz der Bemühungen von Fürstin Pauline blieben die Standesunterschiede auch in Detmold hoch. Die übergreifende Revolution von 1848 brachte Bewegung in die Bürgerschaft. Demonstrationen vor dem Schloss und auf den Straßen führten dazu, dass die Regierung den Wünschen des Volkes nachgab und den Oppositionsführer Moritz Petri, ein Freund Grabbes, ins Kabinett holte. Im heutigen Grabbehaus in Detmolds Altstadt befindet sich ein kleines Theater für maximal 60 Besucher. Übrigens ging der umgreifenden Revolution 1847 ein Hungerjahr vorweg, was die Menschen nicht gerade friedlicher in der Bewertung der Güterverteilungen stimmte. Jahre vor dem Ausbruch in deutschen Landen, gab es auch ohne Hunger schon Anzeichen von Widerstand gegen den Adel. So lehnten sich 1830 die Italiener gewaltsam gegen die Habsburger auf. Die Jahre bis zur Niederschlagung 1849 müssen für die Intellektuellen, Erneuerer, Visionäre und Oppositionisten dieser Zeit bewegt gewesen sein. In Detmold hatten sie Erfolg, der sich nicht in allen Fürstentümern einstellen wollte.

Wenn Fürstin Pauline Detmold zu einer sozialen Stadt machen wollte, so machte Fürst Leopold III. die Stadt zur Muse. Er regierte von 1851 bis 1875 und förderte das Theater- und Konzertleben. Er holte Clara Schumann und den jungen Johannes Brahms als Klavierlehrer für die fürstliche Familie und für öffentliche Konzerte nach Detmold. 1880 hatte die Stadt 8053 Einwohner und entwickelte sich von einer Handwerker- und Ackerbürgerstadt zu einer modernen Landeshauptstadt. 1910 war die Einwohnerzahl bereits auf 14294 geklettert. Im ersten Weltkrieg starben 4000 Angehörige des in Detmold stationierten III. Bataillons Infanterieregiment 55. Am 31. Mai 1917 starben bei einer Explosion in der Munitionsfabrik 72 Menschen, zumeist junge Mädchen. Bis zum Ende des Krieges blieb Detmold Sitz des Fürstenhauses und wurde dann nach Abdankung des Fürsten Hauptstadt des Freistaates Lippe. Bis zur Machtergreifung der nationalsozialistischen Partei war die SPD führende Kraft in Detmold. Bereits 1923 gründeten die NSDAP eine Ortsgruppe und gewann durch die wirtschaftlichen Probleme in der Weimarer Republik an Stimmenzuwachs. Lippe stieß auf großes internationales Interesse wegen des Wahlausganges 1933, weil Hitler, wie bereits erwähnt, sich mit seinen Spitzenleuten, hier so präsentierte, wie sie sich weitläufig die Machtergreifung vorstellten. Adolf Hitler sprach alleine sechzehnmal auf Kundgebungen im Lipper Land. Die NSDAP bekam 39,5 %, die SPD immerhin treue 30,2 % und die KPD 11,2 % der Stimmen. Nur eine Koalition aus NSDAP, DNVP und DVP konnte eine Minderheitenregierung im Lippischen Landtag bilden. Schon im Wahljahr 1933 wurden Kommunisten und Gewerkschaftsfunktionäre verhaftet und zum Teil umgebracht. Der Redakteur des SPD-Organs »Volksblatt«, Felix Fechtenbach veröffentlichte unter einem Pseudonym viele Artikel gegen das Nazi-Regime. Er wurde im August 1933 verhaftet und auf dem Transport ins KZ Dachau zwischen Detmold und Warburg »auf der Flucht erschossen«. Die 1907 eröffnete Synagoge brannte in der Reichspogromnacht 1938 völlig aus. Die meisten der 600 Juden in Lippe wurden deportiert. 52 von ihnen konnten Deutschland vorher verlassen. Detmold blieb weitestgehend von Bombenangriffen verschont. Die Amerikaner feuerten beim Einzug einige Granaten auf die Hauptkreuzungen und besetzten die Stadt mit Panzern am 4. April 1945. Einen Tag später setzten die Besatzer den Fabrikanten Alex Hofmann, Inhaber der Firma Gebr. Klingenberg GmbH, als ersten Detmolder Bürgermeister der Nachkriegszeit ein. Die nationalsozialistischen Führer der Stadt waren vorher geflohen. Nach wenigen Tagen übergaben die Amerikaner den Briten das Kommando und zogen sich zurück. Dem lippischen Volk blieben das Landesvermögen, wie Forste, Domänen, Staatsbäder sowie soziale und kulturelle Einrichtungen erhalten. Detmold nahm viele Vertriebene aus Schlesien auf und gründete Patenschaften mit der niederschlesischen Stadt Sagan und dem Kreis Sprottau. So stieg die Einwohnerzahl wieder von 23 000 auf 30 000 an.

Nach einer Weile des Weges am Kanal entlang, worin einst die Gondeln wie in Venedig fuhren, endete die Bebauung der sogenannten Neustadt. Der Knochenbach, der aus dem Wasser der Wiembecke und der Berlebecke gespeist wurde, bekam wieder sein ursprüngliches Bett, das durch große Natursteine renaturiert schien. Seit dem Willy-Brandt-Platz begleiteten uns hunderte Buden und Zelte, die auf die Stadtfeier warteten. Jetzt im Wildbachbereich mussten aufgestapelte Paletten für die Horizontalität des Gestänges der Zelte sorgen. Die Menge der vorbereiteten Stationen deutete auf eine große Sache hin. Ich sah jetzt schon die vielen Menschen sich an den Ständen entlang schieben, um regionale Produkte aus dem ganzen Lipper Kreis zu bestaunen. Hinter den letzten Wohnhäusern stieg der Weg etwas an. Ein längliches Gebäude aus Naturstein, darüber eine verputzten Etage in Ocker und einem Fachwerkaufbau bis zum Dach, bildete nun die eine Wand eines anderen Kanals. Das Bauwerk war die Obere Mühle, die sich noch bis 1958 in Betrieb befand. Zehn Jahre ruhte der Bau, bis er zum Restaurant umgebaut wurde. Bereits 1701 wurde quer durch das Tal der Berlebecke ein Damm errichtet. Damit konnten der Bach aufgestaut und der Wasserstand des Kanals reguliert werden. Die Wasserspiegeldifferenz betrug seinerzeit 3,80-4,00 Meter. In diesen Damm baute der Holländer Hindrich Kock die oberste der drei Schleusen ein. Die Kammerwände der Schleuse und deren Flügelmauern sind aus großen Werksteinblöcken aufgebaut. Auffällig ist dabei ihre sorgfältig ausgeführte Oberfläche. An der engsten Stelle der Schleuse sind die Steinblöcke mit einer senkrechten halbkreisförmigen Hohlkehle versehen. Darin waren die Schleusentore drehbar gelagert. Um 1748 wurde die Kanalschifffahrt eingestellt. Die Schleuse erhielt durch den Einbau der Oberen Mühle 1752 eine neue Nutzung und wurde so vor dem Abbruch bewahrt. Das Gefälle wurde zum Antrieb von drei Wasserrädern genutzt. Die runden Achsdurchgänge in der Mühlenwand bezeugen noch heute die Lage der ehemaligen Wasserräder. In dieser Zeit wurde auch die Stauwehranlage im Oberwasser des Dammes errichtet. Eine Gewölbebrücke mit hohem Rundbogen war bereits vorhanden. Ihr wurde eine zweite Brücke mit drei Segmentbögen vorgebaut. Das Stauwehr bestand ursprünglich aus zehn Sandsteinpfeilern, zwischen denen die Holztafeln variabel in der Höhe eingestellt werden konnten. Den Zweck dieser Stauanlage wurde auf einer Tafel, die auf einer der erwähnten Brücken stand, als wir die Seite des Baches wechseln mussten, wie folgt beschrieben:»Das Detmolder Dreistromland oder wie das Wasser in die Innenstadt kommt. Das zur Speisung des Friedrichstaler

Kanals erforderliche Wasser wird fast unsichtbar aus der Berlebecke durch einen aus großen Steinen durchlässig gestalteten Damm entnommen und dann in einen Teich geleitet. Der Damm wirkt wie ein Filter und verhindert, dass grobe Materialien wie Äste und Laub in den Teich gelangen. Der Teich hat die Funktion eines Absetzbeckens, in dem feinste Bestandteile wie Sand und Schlamm zurückgehalten werden. Nach Durchfluss dieser mechanischen Reinigungsstufe gelangt sehr sauberes Wasser in die Schleusenkammer der Oberen Mühle und von dort in den Friedrichstaler Kanal Richtung Innenstadt. Unter der Brücke ist eine historische Stauanlage, die in der Vergangenheit die ökologische Durchgängigkeit zwischen Knochenbach und Berlebecke unterbrochen hat. Der angelegte Fischpass ermöglicht es nun Fischen und vielen kleinen Wasserlebewesen wie zum Beispiel dem Bachflohkrebs auch an Zeiten, in denen es wenig regnet, das ehemalige Hindernis zu überwinden. Außer in extrem Niedrigwasserzeiten fließt weiterhin ein Teilstrom von der Berlebecke über einen Steinbogen direkt in den Knochenbach. Durch die hydraulisch günstige Form des Bogens wird ein ungehindertes Abfließen eines Hochwasserereignisses in der Berlebecke unter der Brücke sichergestellt.«

Kinder, Jugendliche und Erwachsene strömten uns mit ihren Fahrrädern entgegen. Sie fuhren am Fluss aus den Vorstädten Unter der Grotenburg und Heiligenkirchen entlang in die Innenstadt zu Schulen, in die Uni oder an den Arbeitsplatz. Alle mussten wahrscheinlich irgendwann an ihren Orten kurz vor acht Uhr ankommen. Bernhard war entzückt vom Treiben und schien an seine Zeit als Lehrer erinnert, wenn zahlreiche Kinder gleichzeitig mit dem Drahtesel chaotisch auf den Fahrradständer zufuhren, um ihr Gefährt abzustellen. An einer Schilderstange zeigte er mir neben anderen Fahrradrouten das Zeichen für den europäischen Fernradweg R1, der hier durch Detmold führte. Die Bebauung des kleinen Ortsteils Schanze reichte nun wieder bis an den Wanderweg heran. Falscher Jasmin verbreitete seinen betörenden Duft. Schilder an den Gartentoren alter Villen bezeichneten Heilstätten für Mensch und Tier. Eine Physiotherapeutin bot ganzheitliche Krankengymnastik an, eine Tierheilpraktikerin bot klassische Akupunktur und Akupressur an, aber auch moderne Laserakupunktur, alles aber unter homöopathischen Gesichtspunkten, und eine andere Tierheilpflegerin praktizierte eine spezielle Physiotherapie für Hunde.

Wir überqueren die trennende, breite Zubringerstraße zwischen Schanze und Unter der Grotenburg, womit die Stadt Detmold ziemlich schnell hinter uns lag. So hitzig und langwierig der Einzug bei der letzten Etappe in die Stadt war, umso frischer und schöner war der Auszug im Beginn unserer jetzigen Strecke. Wie eine Wächterin am Feldrand begrüßte uns eine mächtige Eiche als Naturdenkmal. Eine wilde Allee begrenzte das asphaltierte Stück zum Waldrand hinauf zur Grotenburg östlich des gleichnamigen Stadtteils, die den Gipfel und die Gegend rund um das Hermannsdenkmal auf 386 Metern Höhe bildet. Heute ist von dieser Wallanlage kaum noch etwas zu sehen. Wörtlich übersetzt heißt Grotenburg nichts weiter als Große Burg. Wallanlagen und Burgen aus der frühen Geschichte sind keine Seltenheit auf diesem Sandsteinkamm. Der anfängliche Wirtschaftsweg führte durch kräftige Weizenfelder, bis er in einen unasphaltierten Waldweg überging, an dessen Anfang ein recht großer Naturstein platziert war, worauf ein zweiter, kleinerer Stein stand, in den ein Pfeil und der Hinweis »Zum Denkmal« gemeißelt war. Somit mussten wir uns auf dem alten, direkten Aufstieg befinden, der den kürzesten Weg von der Innenstadt zum Hermann darstellte. Es mussten vom Zentrum zum Denkmal immerhin 220 Höhenmeter überwunden werden. Das hört sich wenig an, zog sich aber enorm in die Länge. Fichtenstangen lagen aufgestapelt horizontal am Wegrand. Dahinter reckten noch lebende Exemplare ihre verbleibenden Kronen auf schnurgeraden Stämmen in die Höhe. Sie gehörten zum Lippischen Wald, wie hier der Teil des langgezogene Berggürtels heißt, der erst hinter Tecklenburg, weit im Westen jäh endet. Dort beginnt eben auch diese geschwungene, halbrundartige Sandsteinkante bis zum Sauerland, die den Gletscherfluss der Weichseleiszeit, der aus dem nordwestlichen Flachland kam, aufgehalten hatte. Das flache, westliche Land vor der Kante, wird auch Westfälische Bucht genannt. Dort befindet sich nicht weit von hier die Lippequelle in Bad Lippspringe, nahe Paderborn, die auf beeindruckende Weise mit viel Wasser durch die Ritzen der Sandsteinblöcke versickert und aus der Tiefe wieder nach oben gedrückt wird. Ähnlich verhält es sich mit der Pader, die etwas ruhiger, aber mit ebensoviel Wasser und warm, an die Oberfläche befördert wird. Genau über der warmen Quelle wurde sinnigerweise ein Kloster gebaut, das der Ursprung des Doms vom heutigen Paderborn war. Karl der Große gründete dort 777 seine Pfalz in der Karlsburg, um von hier die Sachsenkriege zu steuern und nannte diese Siedlung patris brunna. Dort fanden Missionssynoden und Reichsversammlungen statt. Anlass dieses starken und entschlossenen Vorgehens gegen die Sachsen war der Beschluss auf einer Reichsversammlung 772 in Worms. Die Pader fließt als wahrscheinlich kürzester Fluss Deutschlands in die Lippe und die wiederum in den Rhein. Römische Truppen benutzten vom Rhein aus die Lippe, um mit ihrer Ausrüstung an diese Grenze, an der wir uns in diesen Tagen bewegen würden, zu den Sachsenstämmen vorzudringen. Aber dazu musste der Kamm erst einmal von uns erklommen werden, bevor Hermann als mittlerweile mythologisierte Gestalt für uns von der sogenannten Varusschlacht Zeugnis ablegen würde.

Der Aufgang war beschwerlich genug. Er schien kein Ende zu nehmen. An einer Bank in der Sonne war ein geschnitztes Schild angebracht: »Zum steilen Aufstieg«. Enge Pfade durchliefen dichtes Birken- und Buchenunterholz, das im saftigen Hellgrün stand. Am Anfang eines älteren Waldstückes stoppte uns ein Schild mit dem Hinweis auf ein archäologisches Bodendenkmal. Die Verschnaufpause wurde zum Studieren dieser Tafel genutzt. Kaum erkennbar türmte sich vor uns ein Wall im Wald auf. Zeuge einer frühen Zeit nach der Christianisierung. Unter den Füßen Hermanns erschien diese Fundstelle jedoch recht jung: »Der kleine Hügelring umschließt in leicht ovaler Form eine Fläche von 0,8 ha. Die Befestigung bestand aus einem Erdwall auf dem eine 4,5 Meter starke Trockenmauer mit zur Stabilisierung eingelagerten quer- und längsgerichteten Hölzern gesetzt war. Dem Wall vorgelagert ist ein Graben mit muldenförmiger Sohle. Im Nordosten und im Südwesten befinden sich die ehemaligen Tore der Anlage. An diesen Stellen ist der Graben von einer Erdbrücke unterbrochen. In der Grabenverfüllung wurden Keramikscherben geborgen, die ins 10. Jahrhundert nach Christus datieren. Erste archäologische Untersuchungen im Wall- und Grabenbereich fanden im Jahre 1901 statt. Eine Grabung im Inneren der Befestigung 1950 erbrachte keine Beweise für eine dauerhafte Besiedlung. Allerdings ist der Innenraum der Ringwallanlage durch Steinbrüche und den Bau einer Freilichtbühne um 1900 deutlich gestört, was vielleicht auch das Fehlen einer Wasserstelle erklärt. Die Funktion des kleinen Hünenringes ist die einer Befestigung des frühen Mittelalters und im Zusammenhang mit dem Königshof und der Pfarrkirche im Heiligenkirchener Tal zu sehen.«

Wir überquerten die Denkmalstraße, die sich aus dem eben erwähntem Heiligenkirchen zum Hermann hinaufwandt und auf der anderen Seite im Westen von Unter der Grotenburg wieder den Wald verließ. Mit dieser Bergstraße erreichte der Besucher per Auto oder Bus das ausgedehnte Denkmalareal. Nach dem finalen Anstieg war es dann soweit. Die Buchen bogen sich zur Seite. Im blauen Himmelstreifen tauchte die grünliche Figur auf, die mit nicht erlahmendem Arm bereits über hundert Jahre in lässiger Spannung, auf sein hüfthohes Schild gestützt, ein gigantisches Schwert in die Luft stach. Als Kind war mir die Statue größer vorgekommen. Mit zunehmender, unschlüssiger Annäherung bestätigte sich aber meine Kindheitserinnerung. Allein der Sockel hatte schon prächtige Ausmaße. Bernhard wollte nicht so recht den letzten Weg beschreiten, sondern gleich auf der anderen Seite der Zugangsstraße zum Denkmal, den E1 wieder nach unten absteigen, um weiter zu wandern. Der Gruppendruck zog ihn mit uns, die dem berühmten Denkmal etwas näher treten wollten.

Die erste Tafel von vielen auf dem Weg zum Denkmal befasste sich mit der Frage, warum das Monument überhaupt errichtet wurde. So soll der Bau des Hermanndenkmals zu Beginn des 19. Jahrhunderts durch ein erstarkendes deutsches Nationalbewusstsein angeregt worden sein. Nach der französischen Revolution und den napoleonischen Kriegen wünschten sich liberal gesinnte Bürger und Studenten ein Synonym für ihre bürgerlichen Rechte. Der Cheruskerfürst Arminius galt in dieser Zeit als Befreier und Einiger Germaniens, welches mit Deutschland gleichgesetzt wurde. Ein Denkmal für ihn sollte als Symbol für die Freiheit und Einheit Deutschlands dienen. Mit Unterstützung deutscher Fürsten wie dem bayrischen König Ludwig I. und zahlreichen interessierten Bürgern und Vereinen begann der Bildhauer Ernst von Bandel mit der Planung und dem Bau des Denkmals auf der Grotenburg bei Detmold. Im Jahre 1838 wurde der Grundstein gelegt, 1846 war der Unterbau vollendet. Danach ruhten die Bauarbeiten aus Geldmangel. Fast gleichzeitig wurden die Hoffnungen auf einen demokratischen und liberalen deutschen Nationalstaat durch die gescheiterte Revolution von 1848/49 zu Grabe getragen. Erst 1862 gingen die Arbeiten wieder voran, auch dank der Unterstützung des preußischen König Wilhelms I., und konnten bald vollendet werden. Vor dem Hintergrund der Entstehung des zweiten deutschen Kaiserreiches unter der Führung Preußens und dem Sieg über Frankreich im Krieg 1870/71 sollte das Denkmal nun neben der Einheit vor allem die wirtschaftliche und militärische Stärke Deutschlands widerspiegeln, garantiert vor allem durch Wilhelm I. und seinem Kanzler Bismarck. Unweigerlich erinnerte ich mich an die ebenso riesige Statue in Hamburg, die dem Reichskanzler zu Ehren errichtet wurde.

Das nächste Schild ging auf die Varus-Schlacht ein, dem eigentlichen Ereignis, das den Grund für die Errichtung der Kriegerskulptur geliefert hatte. In der Zeit um Christi Geburt versuchte der römische Kaiser Augustus Germanien zu erobern und als Provinz in das Römische Reich zu integrieren. Dies wurde verursacht durch römischen Expansionsdrang und wandernde germanische Gruppen, die in von Rom beanspruchte Gebiete eindrangen. Die Germanen reagierten unterschiedlich auf die römischen Eroberungsversuche. Einige waren bereit, sich den Römern anzuschließen, andere lehnten dies strikt ab. Der Cherusker Arminius, als Kind nach Rom verpfändet und dort erzogen und ausgebildet worden, führte im Jahre 9 nach Christus eine Koalition mehrerer germanischer Stämme in den Aufstand gegen Rom. Im Teutoburger Wald, saltus teutoburgiensis, wurden unter dem römischen Feldherren Publius Quinctilius Varus drei römische Legionen vernichtend geschlagen. Der Ausgang dieser Schlacht beeinflusste die weitere europäische Geschichte maßgeblich. Germanien wurde keine römische Provinz, die Germanen behielten ihre Lebensweise und ihre Sprache, aus der sich später unter anderem die heutige deutsche Sprache entwickelte. Arminius wurde als Einiger mehrerer germanischer Stämme und als Befreier Germaniens zu einer wichtigen Symbolfigur der Deutschen und zum Gründungsvater der Deutschen Nation stilisiert, der alle Tugenden in sich zu vereinen schien, die auch zur Schaffung eines deutschen Nationalstaates benötigt wurden. Die weitere Beschreibung knüpfte an die vorhergehende Begründung an, warum das Denkmal errichtet wurde. Wie aus Arminius Hermann wurde dokumentierte eine groß angelegte Ausstellung, 2000 Jahre Varus-Schlacht, an drei verschieden Orten in Nordrheinwestfalen. In der Ausstellung im Detmolder Landesmuseum ging es um den Mythos der Figur des Arminius.

Tacitus, der ja nicht glauben konnte, dass ein Leben in Germanien wegen der Kälte und Rauheit gegenüber dem Süden überhaupt möglich sei, beschreibt das Fortschreiten der Römer im Nordwesten und grenzte den Ort der Varus-Schlacht ein, von der man bis heute nicht genau weiß, wo sie statt gefunden hat. Die Verwüstungen, von denen im Textauszug die Rede ist, rühren von den vielen Rachefeldzüge der nächsten Jahre. Die Römer schienen die Niederlage nicht verwinden zu können. Überlebende Zeugen dieser verlustreichen Schlacht durften nicht nach Italien zurückkehren, um die Furcht vor dem Norden nicht größer werden zu lassen: »Von dort aus führte man den Heereszug in die abgelegensten Gebiete der Brukterer und verwüstete das Land zwischen Ems und Lippe, nicht weit entfernt vom Teutoburger Wald, wo die Überreste des Varus und der Legionen unbestattet liegen sollen.«

Sicherer scheint, dass die Sachsen um Arminius auch das Römerlager Aliso belagert haben. Es lag in der Gegend beim heutigen Dorf Elsen, nicht weit von der Stelle entfernt, wo die Lippe schiffbar wird und unweit von Paderborn. Markant ist in diesem Zusammenhang, dass Karl der Große genau in Paderborn seinen Feldzug gegen die Sachsen erneut aufnahm, nur knapp 800 Jahre später. Nach dem Tod von Varus übernahmen Tiberius und sein Neffe Germanicus das Heer. Als Germanicus nach dem Tode des Kaisers Augustus 14 nach Christus das alleinige Kommando übernahm, bekriegte er im nächsten Jahr die Chatten, ein Stamm westlich zwischen Weser und Rhein, vielleicht auch im Sauer- und Siegerland ansässig, und befreite Segestes, der seine zuvor von Arminius entführte Tochter Thusnelda befreit hatte und daraufhin ebenfalls von Arminius gefangen gehalten wurde.

Den Sieg über die Römer besingt das Volk noch heute in dem Lied »Als die Römer frech geworden.« Der unbeugsame Stolz, sich gegen eine Weltmacht zu stemmen, war das Motiv des Texters. Der langanhaltende Widerstand der Sachsen gegen die darauf folgende Zwangstaufe und somit dem Beitritt zum Christentum, kommt hier nicht zum Ausdruck. Im Gegenteil kämpften sie damals schon »mit Gott«-oder war damit Saxnot, der Schwertträger und Fruchtbarkeitsgott gemeint, was ich nicht glauben kann? So wird in diesem Lied der Sieg und eine Niederlage zugleich besungen. Nach den Römern kämpften die Sachsen mit immer wieder wechselnden verbündeten Stämmen gegen die Franken. Durch Kaiser Constantins

Bekenntnis zum Christentum um 325 und der Einführung dieser Religion durch Theodosius im Jahr 391, erwuchs mit den Franken ein starkes christliches Bollwerk in alle Himmelsrichtungen gegen die Heiden von Konstantinopel und später zusätzlich von Rom aus. Aus den damaligen Franken bildete sich das Geschlecht der Merowinger heraus, aus dem letzten Endes Karl der Große erwuchs. Beim Lied lasse ich aus literarischen Gründen die ganzen sim se rim sim sims, te rätätäres, wa wau waus und schnäderäng täng, de räng täng tängs weg, die hinter jedem Vers gesungen werden:

»Als die Römer frech geworden,
zogen sie nach Deutschlands Norden,
vorne mit Trompetenschall,
ritt der Gen'ralfeldmarschall,
Herr Quintilius Varus.

In dem Teutoburger Walde,
huh, wie pfiff der Wind so kalde,
Raben flogen durch die Luft,
und es war ein Moderduft,
wie von Blut und Leichen.

Plötzlich aus des Waldes Duster,
brachen kampfhaft die Cherusker,
mit Gott für König und Vaterland,
stürzten sie sich wutentbrannt,
auf die Legionen.

Weh, das war ein großes Morden,
sie erschlugen die Kohorten,
nur die röm'sche Reiterei,
rettete sich in die Frei',
denn sie war zu Pferde.«

In Blickrichtung der Statue baute sich ein eingefasstes Rondell auf, das durch Treppen erreicht werden konnte. Eine Mauer, an der etliche Erinnerungstafeln aus Bronze hingen, grenzte das Rondellplateau vom Kronenmeer der darunterliegenden Bäume ab. In der Ferne Richtung Kamm, ging mein Blick auf die Strecke, die noch vor uns lag und deren Gipfel etwa auf der jetzt erreichten Höhe lagen. Herrmanns Blick ging Richtung Südwesten, gen Köln oder auf jeden Fall zum Rhein, von wo die Römer kamen, um die nordische Welt zu erobern. Im Rücken der Statue befanden sich die Weser und das norddeutsche Tiefland bis zur Elbe. Wir waren tatsächlich die ersten und einzigen Besucher zu dieser frühen Tageszeit und machten auf Bänken im Grünstreifen um den Sockelplatz gelegen, eine Trinkpause mit ersten Schnitten. Auf einer letzten Tafel waren die Zahlen und Fakten des Denkmals zusammengefasst. Es besteht aus dem Sockelteil, der aus dem ortsanstehenden Sandstein gefertigt wurde und der kupfernen, grün schimmernden Figur. Die Brüche, in denen der Sandstein für den Sockel gewonnen wurde, sind heute noch sichtbar. Die Figur besteht in ihrem Kern aus einem eisernen Metallgerüst, um das rund zweihundert Platten aus Mansfelder Kupfer zum Standbild des Arminius zusammengefügt worden sind. Der Sockel beträgt eine Höhe von 27,16 Metern und das Standbild bis zur Schwertspitze 24,82 Meter. Das Schwert misst alleine 7 Meter, der Schild 10 Meter. Das Gewicht einer Kupferplatte beträgt 2-3 Kilogramm, bei einer Stärke von 2-3 Millimeter. So wiegt das Schwert 11, der Schild 23 und die gesamte Figur 237 Zentner. Die Gesamtkosten für das Denkmal betrugen 90 000 Taler.

Die allzu deutsche Stimmung an diesem Ort mit ihren Verwirrungen und Fehldeutungen in der Vergangenheit, dem Missbrauch einer geschichtlichen Figur über Jahrtausende und die Gewissheit, wahre Kontexte mythologisch zu verformen, stimmte mich nachdenklich. Dieser Platz war nicht rein oder eindeutig, sondern verwirrend, sensibel und verführerisch zum Erfinden seiner eigenen Auslegung von Geschichte mit ihren Helden. Meine Sympathie zur wissenschaftlichen Geschichtsforschung ohne Esoterik und Mythenkult wuchs von Minute zu Minute. Mir wurde klar, dass mit wenigen Sätzen die Geschichte der Welt nicht zu erklären war. Der Platz berührte mich in meiner eigenen nationalen Identitätsfindung als Mensch deutscher Herkunft. Ich wollte nie im Sinne des Hermannkultes Deutscher sein. Zu einem Geburtstag des Denkmals wurde eine Bronzetafel an die Umgrenzungsmauer des runden Platzes gehängt. In erhabenen Blockbuchstaben stand darauf geschrieben: »Deutsche Frauen und Männer bekennen sich anlässlich des 75-jährigen Bestehens des Hermannsdenkmals einmütig zur Einigung der Völker durch den Frieden, 20. August 1950.« Das Wort Frieden war unterstrichen, mit zwei Eichenblättern umflankt.

Aber was macht eine nationale Identität überhaupt aus? Waren es die Gene, die Sprache oder schließlich die Rituale, das Essen, die Geschichten und die Kultur im Ganzen? Lebten wir nicht längst und wenn ja nicht immer schon in einer wechselnden, wandernden, grenzüberschreitenden Situation, wo sich Gene, Bräuche und das Leben an sich vermischten? Wir sind alle Hybriden im Fortpflanzungssinne, mal mit kürzerer und mal mit längerer Dauer in nur einem Lebensraum. Als Wandereridentität fand ich schließlich aus der Fülle von Möglichkeiten meinen momentanen Standpunkt, ohne mich festlegen zu müssen, zu wem ich mich zugehörig fühlen sollte und wen ich darstellte.

Des Weiteren hing eine dreigeteilte Bronzetafel am Rondell, das von der Ferne wie eine gigantische Terrasse wirkte, die dem Erbauer des Denkmals Joseph Ernst von Bandel gewidmet war. Die mittlere Tafel bildete sein strenges Konterfei mit Kinnbart in einem Relief ab. Beim Verlassen des Terrassenrondells verabschiedeten sich zu jeder Seite eine steinerne, gesichtslose Römersoldatenfigur, die aus einem Adler zu erwachsen schien. Sie wirkten wie letzte Wächter, die dem Sieger eine einsame, demütige Ehre erwiesen.

Wir verließen das noch menschenleere, stille Denkmalgelände auf derselben Kopfsteinpflasterzufahrt auf der wir es erreicht hatten. Auf der anderen Seite der Kuppe der Grotenburg befanden sich reichlich Parkplätze, Cafés und eine Kletterhalle. Eine Gruppe Bundeswehrsoldaten marschierte im Gleichschritt an uns vorbei. Bernhard donnerte ein klares »Guten Morgen« heraus, worauf alle Soldaten ohne zu zögern wie aus einer Kehle ihm mit dem selben Gruß antworteten. Ich war von soviel Präzision und Gehorsam beeindruckt. Im Bistro-Café Cherusker-Schänke ließen wir uns noch einmal nieder, um in der Sonne ein Kaffee zu trinken. Neben dem Eingang der alten Schänke war ein Andenkenkiosk ins Gebäude eingebaut. Hier konnte das Cherusker-Feuer, ein Kräuterschnaps, erworben werden. Den Hermann gab es in jeder Größe und aus jedem Material. Er stand im Wasser einer Schneekugel, war auf Gläser gedruckt und schmückte Thermometer, Kacheln, sowie Bierseidel aus Porzellan. Ich verstaute die gerade erworbenen Ansichtskarten und die etwas leichter gewordene Wasserflasche, da ich kein Kaffee gebraucht hatte, wieder im Rucksack, weil endlich

Regung zum Aufbruch in die Gruppe kam. Ein erstes Wohnmobil stand allein auf dem großen Parkplatz hinter dem Café. Die Größe der Plätze deutete auf massigen Andrang von viele Besuchern zu bestimmten Zeiten hin. Der E1 verlief zunächst neben der Denkmalstraße entlang. Bog dann in einer lichten Kehre auf den Kamm ab, wo wir mit dem Cheruskerweg X3, dem Niedersachsenweg X6 und dem Hermannsweg H zusammenstießen. Vom münsterländischen Rheine gestartet, verläuft der H auf dem gesamten Kamm der Kette des Teutoburger Waldes über 160 Kilometer entlang und sollte uns immer wieder bis zu seinem Ende in Horn-Bad Meinberg, kurz vor der Warburger Börde begleiten. Rechts von uns setzte sich der Lippische Wald mit seinen Tiefen fort, der hier nach geraumer Zeit in einen Truppenübungsplatz überging. Links von uns brach der Berg steil ab, ging in Acker- und Wiesenlandschaft über und hatte an dessen Fuße eine Kette von Orten entstehen lassen, zu manchen wir absteigen mussten. Kräftiges Licht schimmerte durch die dünnen Bäumchen auf der kargen, nährstoffarmen Steinkante des Kammes.

Mitten im Wald tauchte das dreistöckige, fabelhaft restaurierte Café-Restaurant Hangstein am Hahnberg unter der 325 Meter Hohen Warte auf. Zwischen den aufgesetzten verzierten Fenstereinfassungen bildeten kleine, grobe Natursteine das Mauerwerk. Vor dem Café parkte ein rosa Cadillak-Cabriolet mit Ersatzrad am Heck befestigt, das in derselben Farbe wie das Auto mit einer Plastikummantelung eingeschlagen war. Über die Osterstraße und den Pulverweg betraten wir den Ort Berlebeck am gleichnamigen Bach, der wie beschrieben nach Deltmold fließt. Der Pulverweg verlief fast auf der gleichen Höhe wie der Kamm. An ihm befanden sich Einfamilienhäuser in absolut ruhiger Lage. Unser Blick konnte in das Tal an den Hängen des Johannaberges schweifen und schenkte uns den Eindruck einer lieblichen Landschaft mit sanften Hügeln, zwischen denen es sich gut wohnen lässt. Oberhalb der Talbebauung standen einzelne Höfe an den Hängen, die allesamt bewohnt, restauriert und wohl erhalten aussahen. Wie grüne Wattebäusche platzierten sich Büsche zwischen die saftigen Wiesen. Frische Blätter der Laubbäume wallten wie Wolken die Hänge der Hügel empor. Lichtnelken blühten am steilen Wegrand, zwei ältere Frauen unterhielten sich an einer Garageneinfahrt und grüßten uns, bevor der Wanderweg in die Tiefe des Berges abfiel. Kinder auf dem Schulhof im Tal kreischten in ihrer Pause. Die unverkennbar typische Geräuschkulisse drang zu uns nach oben, als stünden wir mitten unter ihnen. Ich erinnerte mich, dass es Zeiten unserer Tour gab, wo wir dieses Geräusch vermisst hatten, wenn wir durch eine Stadt kamen. Das lag daran, dass wir stets in den Ferien gehen mussten, weil unsere Tochter untergebracht werden musste. Jetzt war sie groß geworden und befand sich wohlmöglich gerade selber auf dem Schulhof ihrer Schule.

Vor dem Abstieg hätten wir die für diese Gegend berühmte Adlerwarte besuchen können. Sie lag direkt vor uns. Zur Verständigung über diese Unternehmung war es jedoch zu spät. Unsere Gruppe war zu weit auseinander gelaufen, so dass eine Kommunikation nicht mehr möglich war. Auf diese Weise erreichten wir nacheinander den Ortskern mit der Landstraße von Detmold nach Paderborn, die zwischen dem Großen Gauseköterberg, 367 Meter, und dem Unteren Langenberg, 388 Meter, den Gauseköter Pass überwinden muss. Im Zuge einer Fahrbahnverbreiterung hatten die Straßenbauer die Berlebecke unter die Asphaltdecke mit seitlicher Öffnung gelegt. Pfeiler stützten auf geraumer Länge die Straße. Trotz der Nähe zur Quelle führte der kleine Fluss hier schon eine beträchtliche Menge Wasser. Das Plätschern hallte ohne Unterbrechung traurig an der Betondecke der Überdachung wider. Blühende Rhododendren am Rande der anderen Seite unseres Fußweges versüßten den dauernden Blick in den dunklen, lichtlosen Schacht ohne jegliche Vegetation.

Nach nicht langer Zeit querten wir die Straße und machten uns erneut an den Aufstieg zum 402 Meter hohen Stemberg, den wir aber später rechts liegen lassen konnten, um die Höhe von ungefähr 350 Metern zu halten. Ein Kindergarten und eine moderne Kirche, die eher wie ein Einfamilienhaus mit Turm aussah, verabschiedeten den Ort. Eine Gruppe Vergissmeinnicht strahlte uns bei den letzten Wohnhäusern an, bevor der E1 wieder im Wald verschwand. Die Fichten standen hier in einem Meer von Farn im hellsten Grün, das ich im Frühjahr in der südlichen Heide nur als tote Ockerfläche wahrgenommen hatte. Hinter dem historischen Steinbruch verlor sich unsere Gruppe mit zeitweise chaotischen Zuständen. Bernhard blieb zum Wasserlassen zurück. Ich lief mit den Frauen weiter und bemerkte wegen meiner Augen die Zeichen nach rechts nicht. Dann verschwanden Toni, Margarete und Ulla in den Büschen. Ursula und ich liefen weiter. Plötzlich rief Ulla, dass Bernhard nicht auftauchen würde. Wir blieben stehen. Toni und Margarete schienen wohl zurückgegangen zu sein. War etwas geschehen? Ich holte die Lupe und die Karte heraus und entdeckte, dass wir falsch waren, aber auch in Holzhausen-Externsteine ankämen, wenn wir den Weg weiter verfolgen würden. Sollten wir ganz die Gruppe zersprengen, oder wieder den guten halben Kilometer zurück gehen, im Zweifel, wofür sich die anderen gerade entschieden hatten? Wir liefen zum Punkt zurück, wo sich die Frauen in die Büsche geschlagen hatten, trafen aber nur auf Ulla, Toni und Margarete. Bernhard war verschwunden. Wir beschlossen, bis zu dem Punkt zurückzugehen, wo er sich zur Erleichterung zurück gezogen hatte, um sicher zu sein, dass ihm nichts passiert war. Wir überschritten sogar die besagte übersehene Stelle und fanden aber Bernhard nicht. Von dieser Seite kommend, bemerkte ich aber meinen Fehler und glaubte nun, dass Bernhard, mit besserem Augenlicht ausgestattet, den richtigen E1 genommen hatte. Durch unser Warten, Diskutieren und dem Zurückgehen, inklusive dem Suchen, war Bernhard schon über alle Berge. Er glaubte uns aber vor sich, wobei er uns versuchte einzuholen. So stoppte er nicht oder kam auf die Idee, auf uns zu warten. Wir dagegen hatten nie die Chance ihn einzuholen. Eine kuriose Situation, die nur gelöst werden konnte, indem jeder auf dem E1 bleibt und wir die Hoffnung hegten, wieder irgendwann, spätestens an der Silbermühle, aufeinander zu treffen. Bernhard blieb für uns zumindest vorerst verschollen.

In Höhe des Stemberggipfels verharrte ich bei einer schönen Weitsicht mit Blick über die tiefer gelegene Mark, die ebenso auch vor uns Eggegebirge und in der Ferne Teutoburger Wald genannt wird. Blickte ich in die Richtung aus der wir kamen, war ein Rest von Heiligenkirchen zu sehen und dahinter, im warmen Dunst, die Erhebung des Windelsteins. Vor uns lagen die ersten Industrieanlagen, oder Lagerhallen von Horn, einer Stadt am Fuß unserer Bergkette, die besser im Zusammenhang Horn-Bad Meinberg bekannt sein dürfte, weil in Bad Meinberg große Kuranlagen ansässig sind. Weit hinter den Anlagen am Horizont ragt der 446 Meter hohe Ermeberg heraus, an dessen Fuße sich der Ort Schwalen befindet. Die Landschaft zwischen den unbesiedelten, höheren Bergen war weitestgehend für die Landwirtschaft kultiviert worden. Die andere Seite der Kette war überwiegend bewaldet, bevor sie in die platte Senne abfiel, über die der Gletscher der vorletzten sogenannten Saale-Eiszeit geschruppt und am letzten hohen Ende des Teutoburger Waldes, sowie im weiteren Verlauf des Eggegebirges, zum Stehen gekommen war.

Ulla trug neben mir auch ohne grauen Star eine Sonnenbrille, was meine Erscheinung nicht mehr so einzigartig aussehen ließ. Außer auf Gletschern, trug ich nie eine Brille zum Schutz der Augen. Nun schenkte sie mir etwas Kontraste, damit ich überhaupt etwas von der Umgebung wahrnehmen konnte. Ohne das Abdunkeln würden auch größere Dinge im Nebel für mich verschwinden. Ulla blieb im Schatten einer Buche stehen. Ihr Blick ging auf ein verwittertes Denkmal mit dem Namen »Vogeltaufe«. Das daneben stehende Schild klärte uns auf. »Der Sage nach wollte hier Abt Anastasius die Heiden des Lipperlandes – darunter Abbio von Thiotmalli, ein Freund und Waffengefährten Widukinds – taufen. Paderborner Mönche sollten die Taufzeremonie mit ihrem Gesang verschönern. Diese wurden jedoch in Kohlstätt überfallen und auseinandergejagt. Trotz Kummer und Sorge um seine Taufutensilien begann der Abt mit der Taufe. Gerade in dem Moment, als Abbio von Thiotmalli den Göttern Donar, Saxnot und Wotan entsagte, rauschte es in der Luft und Hunderte von kleinen, blauen Vögeln ließen sich hernieder und sangen so schön, wie es nie zuvor jemand gehört hatte. Seit dieser Zeit nennt man diesen Ort »Die Vogeltaufe«.

Diese kleine Geschichte beschreibt recht lebendig die Zeit der Christianisierung mit der leichten Tendenz zum Behalten eines Mischglaubens. Die Vögel ersetzen hier die vertriebenen Mönche und singen viel schöner. Eine Botschaft aus der Naturgeisterwelt, wobei nicht gesagt werden kann, wer diese blauen Flugwesen gesandt hatte; war es Donar, auch als Thor bekannt, Donner-, Gewitter- und Fruchtbarkeitsgott sowie Schutzgott aller Götter und Menschen, war es Saxnot, war es Wotan, auch als Odin bekannt, Himmels- , Kriegs- und Totengott, Beschützer der Skalden und Hochgott der Asen oder war es der christliche Herrgott im Himmel, Alleinerbauer der Welt und Behüter allen Lebens. Dieser Ort war eine Lokalisierung meines Gefühls für diese Berggegend, besonders auf dem Kamm der Hügel, wo der Übergang vom Heidentum zum Christentum zelebriert wurde. Wir sollten auf noch mehr direkte Zeichen dieser Wechselzeit treffen.

Nur wenige Schritte vom Denkmal entfernt, zeigten sich die ersten Dächer von Holzhausen-Externsteine, die ummantelt von Baumkronen noch vergrabener im Tal lagen, als die Häuser von Berlebeck. Doch zunächst mussten wir einen sonnigen Sattel überwandern, der mit einem dichten Feld von noch blütenlosen Blaubeerbüscheln überwachsen war. Ihre noch hellgrünen Blätter glänzten durch das Sonnenlicht, als wären sie mit einer Wachsschicht eingerieben worden. Inmitten des Blaubeerfeldes stand ein Holzwegweiser mit der Aufschrift »Sachsentaufe«.

Der Begriff Sachsentaufe erinnerte mich an das wohl schrecklichste Ereignis der Zwangschristianisierung an der Aller bei Verden. Diese Zwangstaufen und Massenmorde brachten dem Frankenkönig Karl den Beinamen »Sachsenschlächter« ein, was in der Novelle »Die rote Beeke« von Hermann Löns im Jahre 1908 auf dem Hintergrund des »Verdener Blutgerichtes« aufgegriffen wurde. Das sächsische Zwangstaufgelöbnis ist in einer Handschrift des Klosters Fulda überliefert, die in der Vatikanischen Bibliothek zu Rom im »Codex Palatinus Latinus 577« zu finden ist. Der Täufer fragt und der Sachse muss wahrscheinlich unter Todesangst antworten, sowie seinen bisherigen Göttern abschwören:

»Forsachistû diabolae?
ec forsacho diabolae.
end allum diobolgeldae?
end ec forsacho allum diobolgeldae.
end allum dioboles wercum?
end ec forsacho alum dioboles wercum and wordum, Thunaer ende Wôden ende Saxnôte ende thêm unholdum, thê hira genôtas sint.
Gelôbistû in got alamehtigan fadaer?
ec gelôbo in got alamehtigan fadaer.
Gelobistû in Crist, godes suno?
ec gelôbo in Crist, godes suno.
Gelôbistû in hâlogen gâst?
ec gelôbo in hâlogen gâst.«

Wie nah uns diese alte Sprache ist, wird in der Übersetzung deutlich, die kaum erforderlich scheint:

»Sagst du dem Teufel ab?
ich schwöre dem Teufel ab.
und allem Teufeldienst?
und ich schwöre allem Teufeldienst ab.
und allen Teufelswerken?
und ich schwöre allen Teufelswerken und Worten ab,
Thunaer und Woden und Saxnote und allen Dämonen,
die ihre Genossen sind.
Glaubst du an Gott, den allmächtigen Vater?
ich glaube an Gott, den allmächtigen Vater.
Glaubst du an Christus, Gottes Sohn?
ich glaube an Christus, Gottes Sohn.
Glaubst du an (den) Heiligen Geist?
ich glaube an (den) Heiligen Geist.

Wer sich unter Karl dem Großen nicht taufen lassen wollte, wurde hingerichtet. So kam es zu dem wohl bekanntesten Massaker an einem kleinen Vorfluter der Aller, der seitdem die Rote Beeke genannt wird. Nun die ergreifenden, kritischen, grausam bildhaften Worte des Heidedichters Löns:

»Die Nebel wallen am Aller-Fluss,
tief beugen die Weiden sich nieder,
der Henker, der da sein Werk tun muss,
dehnt seine ermatteten Glieder.

Er steht inmitten von dampfendem Fleisch,
viele Hundert hat er erschlagen,
von blutigen Köpfen türmt sich ein Deich,
an dem schon die Kampfhunde nagen.

Die Mönche lauern mit starrem Gesicht,
in den grauen und schwarzen Talaren,
ein Abt mit zürnender Stimme spricht,
und zerrt ein Kind an den Haaren.

Fränkische Büttel mit blankem Schwert,
bedrohen die sächsischen Haufen,
nichts ist ein heidnisches Leben wert,
hier vor den erzwungenen Taufen.

Am Ufer ballt sich das Bettelpack,
der mageren, hungrigen Menge,
wer abschwört kriegt einen Hafersack,
und den Messweinschluck im Gedränge.

Und immer aufs Neue ertönt der Satz:
»Entsage dem Wodan, dem Teufel!«
als Schlusspunkt wortreicher Seelen-Hatz,
und dem salbungsvollen Geträufel.

Gar manchem werden die Augen eng,
sein Stolz wird zum trutzigen Lenker,
da schrillt der Schrei eines Priesters, streng:
»Auch du da, hinüber zum Henker!«

Die »Rote Beeke« sie schillert im Blut,
zur Aller schwemmen die Wellen,
der christliche Wahnsinn lebt seine Wut,
und die Schreie der Sterbenden gellen.

Der Abstieg zum Dorf ging rasch vonstatten und wurde vom sanften Storchenschnabel begleitet. Ich mochte die Form, Farbe und Blüte dieser kleinen Art fast am liebsten. Manche mögen ihren Geruch nicht, aber einen Makel darf es doch geben. Wir durchliefen nur zwei Straßen mit relativ neu restaurierten Häusern in diesem Schmuckdorf, bevor der Wald des Bärensteins uns erneut aufnahm. Am Fuß des Berges lag im Halbschatten ein Café, in dem wir Bernhard erhofften. Doch als er uns nicht in diesem Café angetroffen hatte, musste er geglaubt haben, wir wären weitergegangen. Also hetzte er weiter hinter uns her, obwohl wir hinter ihm waren.

Ein außergewöhnlich großes Schild markierte den Einstieg in das Naturschutzgebiet Externsteine, bevor eine gerade Rampe zum 318 Meter hohen Bärenstein hinaufführte. Das Schild war deshalb so groß geraten, weil sämtliche Verbote und Verordnungen des Landschafts- und Landforstgesetzes in diesem Gebiet greifen sollten. Für die Umgebung der Steine sollte daher besonders hervorgehoben werden, dass es sich nicht um einen Freiraum, sondern um einen Kulturraum mit übergezogenem Gesetzesnetz handelte. Bei den sagenumwobenen Steinen finden regelmäßige, unorganisierte

Treffen von Okkultanhängern, Esoterikern und anderen Abergläubigen statt. Zum wohl bekanntesten Treffen finden alljährlich zur Sommersonnenwende tausende von Externsteinanhängern unabgesprochen zusammen. Das zuständige Amt duldete diese illegale Feiern bisher, da sie meist friedlich abgelaufen waren. In der letzten Zeit nahm der hinterlassene Abfall zu, der schließlich von der Stadt beseitigt werden musste, so dass überlegt wird, das Fest aus Kostengründen und vielleicht aus Vertrauensverletzung heraus zu verbieten. Illegal war das Treffen immer, weil fast alle Hinweise auf dem Schild zugleich ignoriert wurden. So soll nicht gezeltet, kein Feuer angezündet, die Wege nicht verlassen, nicht in den Teichen gebadet werden und die Hunde müssen an die Leine. Die Steine sollen nicht bestiegen, Pflanzen nicht gepflückt, Müll nicht hinterlassen und die Skulpturen nicht beschädigt werden. Der Landesverband Lippe hatte dieses 140 Hektar große Naturschutzgebiet 1926 ausgewiesen. Zu den typischen Bäumen und Sträuchern zählen Stieleiche, Traubeneiche, Rotbuche, Hainbuche, Schwarzerle, Moor- und Sandbirke, Eberesche, Fichte, Kiefer, Weißdorn, Ilex, Haselnuss, Faulbaum, Holunder und Wacholder. Charakteristische Bodenpflanzen sind hier Besenheide, Blaubeere, Pfeifengras, Seggen, Binsen, Mädesüß, Torf- und Haarmoose, Farne, Orchideen, sowie Borst-, Strauß- und Honiggras.

Nach der Überwindung der höchsten Kuppe, verlief der Weg noch eine ganze Zeit schnurgerade auf dem Kamm entlang, bis er in ein paar Windungen nach unten auf einen kleinen See stieß. Auf der anderen Uferseite bauten sich die sagenhaften, mystischen Steine auf, die aus dieser Perspektive wie ein zusammengeschobener, nichtssagender Klumpen erschienen. Nach der halben Umrundung des Wassers kamen wir den Steinen in ihrer bekannten Form näher. Augenmerk war die Nadel, Fels 2, mit dem wulstigen Kopf, von der eine gebogene Brücke auf den zweitgrößten gleichförmigen Brocken, Fels 3, hinüberführte. Zur anderen Seite stufte sich der größte Felsen, Fels 1, nach oben ab, dessen halber Sockel im Wasser stand, den man auch über eine seitlich angebrachte Treppe besteigen konnte. Er war zudem umringt von den kleineren Felsen 1a, 1b und 1c.

Als sich unsere kleine Gruppe über den schattenlosen, aufgeheizten Platz vor der Felsformation weiter voran bewegte, entdeckte Ursula als erste ihren Mann wieder. Bernhard saß auf einer der vielen Bänke am Rande des Platzes. Er musste wohl aufgegeben haben, hinter uns her zu laufen, oder er hatte sich gesagt, wenn sie jetzt nicht hier auf mich warten, sind sie aus unerklärlichen Gründen hinter mir. Seine Gelassenheit bei unserer Wiedervereinigung deutete eher auf das ins Auge fassen der zweiten Variante hin. Während wir die Wirrungen schnell aufklärten, füllte sich der Platz immer stärker mit Besuchern, die sich im schönen Wetter vom nahen Parkplatz bis hierher durch die heiß gewordene Sonne bewegen mussten. Ein Baum am Rand der Wiese bot uns Schatten. Dort wollten wir pausieren, etwas essen und trinken. Toni lag noch nicht lange auf dem Rasen, als sie wieder aufsprang und zu einer Gestalt lief, die einem Hirten glich. Er hatte langes Haar, das unter einem Schlapphut wallend auf seine Schultern fiel, einen Bart, der ihm bis auf das Brustbein reichte, einen vollbepackten Stoffrucksack mit eingerolltem Schlafsack und Isoliermatte, sowie einem Kochtopf darauf befestigt. Um ihn herum sprangen zwei riesige Hirtenhunde, denen Tonis eigentliche Aufmerksamkeit galt. Später erzählte sie uns, dass sie am Vorabend in Detmold in der Fußgängerzone schon einmal Kontakt und ein Plauschchen mit ihm hatte. Aber über Herkunft, Intention und Gründe seiner Wanderschaft fand sie nichts heraus, was auch nicht ihre eigentliche Fragestellung war. Er verschwand so schnell wieder von der riesigen baumumsäumten Wiese, wie er erschienen war, vielleicht zurück in Richtung Detmold.

Bernhard hielt es nicht in der Ruhe. Er wollte die Felsen besteigen. Ich folgte ihm. In einem Holzhäuschen mussten wir die Eintrittskarten lösen. Dort gab es auch Ansichtskarten und Informationsmaterial zu erstehen. Das Plateau auf Fels 1 war wie erwähnt über eine in den Stein gehauene Treppe zu erreichen. Von ihr aus waren die ruhenden Frauen gut zu erkennen. Sie waren klein wie Ameisen geworden. Die Felsen waren zum Teil durch den Wind fast glatt geschliffen. Die unterschiedliche Anordnung und Schichtung der Wülste regte die Fantasie an, indem Bilder von Gesichtern und Figuren gefunden werden wollten. Die Felsen sind Bestandteil der vorwiegend aus Sandsteinen der Urkreidezeit aufgebauten mittleren Gebirgskette des Teutoburger Waldes. Im Zuge der Gebirgsbildung vor etwa 70 Millionen Jahren wurde der ursprünglich flach lagernde Sandstein im Bereich der Gebirgskette senkrecht aufgepresst. Bis heute wirft diese monumentale Felsengruppe, in Mitteleuropa eines der bemerkenswertesten Natur- und Kulturdenkmäler, viele geschichtliche Fragen im Zusammenhang mit der Bedeutung der Steine auf.

Funde von Spitzen und Klingen aus Flintstein zeigen, dass sich in der ausgehenden Alt- und Mittelsteinzeit Jäger in der nahen Umgebung der Externsteine aufhielten. Die Steinwerkzeuge fanden sich vor allem unterhalb des im Wald gelegenen kleineren Felsens, der anscheinend in der Ahrensburger Kultur vor 10 000 Jahren als natürliches Felsschutzdach, Abri, genutzt wurde. Für menschliche Aktivitäten an den Externsteinen von der Jungsteinzeit bis zur Karolingerzeit im 8. und 9. Jahrhundert fehlen dagegen archäologische Belege. Auf der unerbitterlichen Suche nach ihren germanischen Wurzeln, fingen die Nazis in ihrem Rassenwahn an, an den Steinen nach Spuren zu suchen. In den Jahren 1932 bis 1935 wurde vor den Felsen 1-3 gegraben und hochmittelalterliche Keramik sowie Metalle gefunden. Diese Funde zeigten, dass das Gelände im 10. bis 13. Jahrhundert besiedelt war und deuteten auf ein herrschaftliches Anwesen hin, was durch Urkunden des 12. Jahrhunderts bestätigt wird. Der Abt des bedeutenden Klosters Werden bei Essen besaß an den Externsteinen einen Hof, der ihm auf seinen regelmäßigen Reisen ins Tochterkloster Helmstedt als Raststation diente. Die Externsteine lagen an einem bedeutenden Fernweg vom Rhein zur Elbe. Unter dem Schutz der Edelherren zur Lippe lebten im Spätmittelalter nachweislich Einsiedler in der Grottenanlage. Um 1660 errichtete Graf Hermann Adolph zur Lippe vor den Felsen eine Festung, welche aber bald wieder verfiel. Im frühen 19. Jahrhundert wurden die Steine für den Fremdenverkehr hergerichtet und der Stauteich angelegt. Die zahlreichen Besucher sind bis heute von den Grotten, einem Felsengrab und einer Höhenkammer mit Altarnische fasziniert. Besondere Aufmerksamkeit bekommt das Kreuzabnahmerelief am Felsen 1. Das Relief der Kreuzabnahme Christi ist in seiner Art einmalig und ein Kunstwerk von europäischem Rang. Nikodemus und Joseph von Arimathia nehmen in Anwesenheit der trauernden Maria und Johannes des Evangelisten den toten Leib Christi vom Kreuz. In himmlischer Sphäre sind Sonne und Mond in Trauer verhüllt, Gottvater erteilt dem Heilgeschehen seinen Segen. In der Unterwelt werden zwei Menschen, wahrscheinlich Adam und Eva, von einem Untier umschlungen, ein Symbol der durch den Kreuztod Christi überwundenen Erbsünde.

Die Darstellung wird von Kunsthistorikern mehrheitlich in das 12. Jahrhundert, um 1150, datiert. Alter und ursprüngliche Funktion der Anlagen bleiben umstritten. Bereits im 16. Jahrhundert wurde die Vermutung geäußert, dass an den Externsteinen ein heidnisches Heiligtum in eine christliche Stätte umgewandelt wurde. Auch heute noch wird die Ansicht vertreten, die Externsteine seien in keltischer oder germanischer Zeit ein bedeutendes Heiligtum gewesen, an dem auch die Sterne beobachtet wurden. Im archäologischen Befund gibt es dafür allerdings keine Belege. Die von der Wissenschaft bevorzugte Deutung ist dagegen die, dass hier im Hochmittelalter die heiligen Stätten Jerusalems mit dem Grab Christi, der Kreuzauffindungsgrotte und dem Felsen Golgatha nachgebildet wurden. Vielleicht fanden hier mittelalterliche Passionsspiele statt. Fazit wird sein: Was nicht bewiesen werden kann oder was man nicht kennt, erhöht den mystischen Wert als Zugang zu den Religionen.

Die Aussicht war schön. Kein Wölkchen trübte den Himmel. Birken reichten die Ritzen zwischen den Felsen, um in schwindelnder Höhe zu gedeihen. Ein leichter Wind kühlte meine Haut. Bernhard wollte auch noch den Fels 3 besteigen, um über die gebogene Brücke den Fels 2 zu besuchen. Ich blieb unten. Mir reichte ein Felsen als Betrachtungsobjekt von der Nähe und ich setzte mich auf eine Bank. Der Nebel in meinen Augen im grellen Licht über dem großen, hellgrauen Schotterplatz vor den Steinen, ließ mich erst spät meine Frau erkennen, die auf dem Weg zu mir in die Sonne war.

Der E1 verlief an der Stelle zwischen den Felsen, wo früher im angehenden 20. Jahrhundert eine Straßenbahn von Horn hierher führte und weiter in andere Orte wie Paderborn fuhr. Die Löcher der Befestigungen für die Stromkabel waren noch im Fels zu sehen. Hinter den Steinen stieg ein Pfad in den Wald hinein. Er musste die Höhe der freistehenden Externsteine erreichen, weil sich ihnen weitere Steine in einer Linie im Sediment versteckt anschlossen. Sie dienten allemal als Aussichtsklippen. Geländer schützten den Besucher vor dem Abstürzen. Der sogenannte Kammweg verlief unter Fichten entlang und streifte manchmal offene Flächen, die mit Heidelbeerpflanzen bedeckt waren. Ein Ehepaar nutzte die festinstallierten Holzwellenliegen, die dank moderner Wanderkonzepte jetzt überall an Aussichtsplätzen oder Schutzhütten zu finden waren. Von hier konnte der 446 Meter hohe Barnackenrücken gut betrachtet werden. Hämmern und das ziehende Geräusch einer Kreissäge schallte vom letzten Zipfel aus Horn zu uns als Bote der nahen Stadt herauf. Die Stadt Horn kam in der Gebietsreform der siebziger Jahre mit Bad Meinberg zusammen und heißt heute Horn-Bad Meinberg. Der Ortsname Horn stammt wahrscheinlich vom plattdeutschen vor den Hören, oder eben vorm Horne ab. Mit Hören war das Flechtwerk aus Ruten und Stäben zur Einfriedung von Höfen gemeint. 1248 gründeten die Grafen zu Lippe hier eine Stadt mit einer Burg. Diese wurde als Wehr- und Wohnburg genutzt und später von Bernhard V. als Residenz. In der darauf folgenden Zeit diente die Burg als Altensitz mehrerer Witwen des Hauses Lippe.

Beim Abstieg zur B1 hinunter stießen wir auf einen rustikalen Stein, der neben anderen aus dem unteren Teil der Kammkante stach. Darauf war der Namenszug des Heide- und Naturdichters Hermann Löns gemeißelt, der uns im Norden von Hannover oft in Form solcher Denkmäler begegnet war. Dahinter standen kerzengerade Fichten auf dem Kamm des Teutoburger Waldes, an denen wir von unten mit in den Nacken geschlagenem Kopf erst den Stamm und dann die himmelbedeckende Krone entlang gucken konnten. Der blaue Himmel brach dadurch besonders strahlend durch die Stammlücken und erhellte die dunkle Abstiegsschlucht prächtig.

Auf der alten, stillgelegten B1, die zum Teil mit Gras überwuchert war, verloren wir den Weg. Erst mit Suchen und Kartenvergleich fanden wir ihn wieder. Er führte nun unter der Berlin-Ruhrgebiettrasse hindurch, die hier längst auf Stelzen stehend modernisiert worden war. Kleine Mulden in der hügeligen Landschaft wurden auf diese Weise ausgeglichen. Die gesamte Szene wurde durch immer wieder auftauchende Feuerwehrautos mit dröhnendem Martinshorn grell unterbrochen. Sie bogen in die Landstraße nach Feldrom ein. Wir konnten nur erahnen, um welch einen großen Brand es sich handeln musste. Während sich Ursula mit einem Kopftuch vor der Sonne zu schützen versuchte, hatte sich ein Käfer in der Blüte einer Hundsrose, rosa carni, im Schatten niedergelassen. An der Kreuzung, wo die zahllosen Feuerwehren abgebogen waren, stand unsere ursprünglich geplante Unterkunft, das Waldschlößchen. Irgendein Bauchgefühl ließ mich eine Woche vor der Tour dort anrufen, um eine letzte Bestätigung zu bekommen, ob die Vorbestellung auch Bestand hatte. Siehe da, ein junger Kellner wollte mich abblitzen lassen und meinte, dass das Hotel ausgebucht sei.

Auf Nachfragen, ob wir denn nicht im Computer stünden, meinte er, dass sie versucht hätten uns zu erreichen, was nicht stimmte. Ich ließ mir den Chef geben. Ich sagte zu ihm, dass unsere Belegung doch im Computer gespeichert sein musste, wenn sie bereits versucht hätten, uns zu erreichen. Sie hatten uns schlicht überbucht, was ich nicht dulden konnte, da meine Planung sorgfältig und früh stattfand, damit wir auf der Wanderung keine Schwierigkeiten bekämen. Zumal bei dieser Etappe ein Abstieg vom Eggekamm immer eine zusätzliche Belastung dargestellt hätte, um in einem Ort am Fuße des Gebirges zu nächtigen. Er lenkte sofort ein und versuchte uns in der 2 Kilometer entfernten Silbermühle unterzubringen, die er seit kurzem gepachtet hatte. In dieses exquisite Hotel wollten wir anfangs nicht, weil dort die Preise nicht in unserer Norm lagen. Er versuchte uns trotzdem drei Doppelzimmer zu besorgen, und zwar zu dem für das Waldschlösschen vereinbarten Preis. Das ließ sich hören. Nach einer geraumen Zeit bestätigte er mir die Buchung in der Silbermühle. Er bot uns sogar an, uns dorthin zu fahren. Das konnte ich aber dankend ablehnen, da das Hotel direkt am E1 lag und zwei Kilometer mehr des Gehens nicht unser Schaden sein würde.

Ein erstes Holzschild mit Entfernungsangaben verschaffte uns einen Überblick. Der Eggeweg war wieder mit einem X1 gekennzeichnet, der Margarete und mir von Flensburg an bekannt war und den wir vor Hamburg verlassen hatten. Zu den Externsteinen waren es nur zwei und zum Hermannsdenkmal 11 Kilometer. Zur Silbermühle mussten wir noch zwei Kilometer bewältigen. Zum Lippischen Velmerstot, einem Gipfel auf dem Eggekamm und einer unserer morgigen Teilziele, waren es 5,5 Kilometer. Auf einer Höhe von 325 Metern ging der Weg gemächlich noch höher zwischen dem Wiehagen, einem Teil des Stadtforstes von Horn, und dem Knieberg hindurch. Junge Blätter einer Echten Kastanie leuchteten in der Nachmittagssonne. Endlich tauchten Bebauungen hinter Bäumen auf, ein Parkplatz, ein vergessener Holzkarren, eine Brücke über den Silberbach, Entengeschnatter auf dem Stauteich der Mühle. An der Mauer des Teiches standen stabile Holztische und -stühle. Zu jedem Tisch gehörte ein schmucker Sonnenschirm mit einem wohltuenden, hellen, orangefarbenen Stoff bespannt. Kellner in schwarzen Hosen und weißen Hemden bedienten die Gäste von einem geräumigen feststehenden Pavillon aus, der sich gegenüber auf der anderen Seite der Teichmauer befand. Nicht nur das Hotelgebäude, das überwiegend aus Fachwerk bestand, war geschmackvoll hergerichtet, sondern das ganze Terrain wirkte geschlossen, einheitlich mondän. In einem kleinen Foyer war die Rezeption untergebracht. Das ganze Ambiente formierte sich zu einem englischen Landhausstil, der bis in das letzte Detail ausgefeilt war und sich bis in die Zimmer schnörkelnd fortsetzte. Nicht Drucke von van Gogh und Chagall in Plastikrahmen schmückten die Wände der Flure, sondern echte Gemälde von Landschaften und Pferden waren in verschnörkelten, goldverzierten Rahmen gefasst. Statt einer Plastikblume, die in der Anschaffung teurer war, aber auf Dauer weder Arbeit, noch weitere Kosten verursachte, stand auf der Fensterbank unseres Zimmers eine echte Rose, die den gehobenen Stil des Hauses komplettierte. Auf dem Bett lag ein persönliches Schreiben an mich: »Sehr geehrter Herr Engels. Vielen Dank, dass sie das Waldhotel Silbermühle für Ihren Aufenthalt gewählt haben. Seit 1895 hat die Silbermühle Schankrecht und bemüht sich Gäste zufrieden zu stellen. Wir sind bestrebt Sie in bequemen, komfortablen und klimatisierten Räumlichkeiten zu beherbergen. Techno Gym Fitnessstudio, Solarium, Bikes und Nording Walking Stöcke stehen Ihnen zur Verfügung. Minibar, TV, Wasser, Telefon ins deutsche Festnetz und überwachter Parkplatz sind für Sie kostenfrei. Auf der Terrasse finden Sie Strandkorb und Pavillon in einer privaten Atmosphäre.«

Ohne kleinlich oder zwanghaft wirken zu wollen und unter Vorbehalt meiner eigenen Fehler in diesem Text, war das erste Sie klein geschrieben, bevor die Erinnerung des Urhebers an die Erhebung durch die Großschrift der fremden Person wieder einsetzte. Im Allgemeinen wird das Gehen an Stöcken mit Nordic-Walking bezeichnet, weil es in Skandinavien erfunden wurde. Der Verfasser dieses Schreibens war kein Geringerer, als der, der es zugelassen hatte, uns in seinem Kernhaus zu überbuchen. Diese beiden Fehler beschrieben den neuen Pächter ganz treffend. Er macht gedankenlose Flüchtigkeitsfehler, die er im Nachhinein nicht korrigiert und er gibt sich nicht die Mühe, Unwissen durch fremde Hilfe abzustellen, sondern erfindet Lösungen, die nicht den Tatsachen und der Wirklichkeit entsprechen.

Margarete und ich gingen an die Luft zurück. Wir fanden Platz am aufgestauten See unter einem der Sonnenschirme. Gegenüber der Staumauer lief noch etwas Wasser durch die Öffnung, aus der früher der Strahl schoss, der das Mühlrad antrieb. Jetzt bewässerte das wenige Nass das Moos, das vom Holz der Schaufeln herabhing. Der unterlegene Erpel flüchtete sich mit säuerlichem Kreischen auf die Mauer, an der die Tische hintereinander standen. Längst hatten sich die Enten an die Nähe der Menschen gewöhnt, die einem hier zum Greifen nahe kamen. In weniger stressigen Situationen, wo nicht gerade um die Gunst einer Partnerin geworben werden musste, fanden die Wasservögel bestimmt den einen oder anderen leckeren Brocken vom Essen der Gäste des Hotels auf dem Mauerrand.

Die Frau von der Rezeption kümmerte sich um uns zuerst. Sie schien die gute Seele des Hauses zu sein, Verwalterin oder Managerin. Sie erzählte uns, dass die Pacht noch nicht lange bestünde. Das frühere Besitzerehepaar mit englischen Wurzeln sei nach Südafrika zurückgegangen, wo sie auch früher schon gelebt hatten. Sie machte einen erschöpften Eindruck, der nicht nur durch ihre hagere Körpergestalt verstärkt schien. Ein Chefwechsel bringt immer viel Unruhe, Chaos und Arbeit mit sich. Manche Mitarbeiter verkraften ihn gar nicht, werden krank, wie eine neuere Studie sogar belegt. Eine andere, jüngere Kellnerin in schwarzem Kleid und weißer Spitzenschürze brachte uns die Bestellung. Kuchen sollten wir aus dem Pavillon holen, der sich neben dem Mühlrad befand. Ein junger Mann mit weißem Hemd bediente uns von der reichlichen Auswahl. Ich bemerkte, dass hier wohl viele Kuchen unter die Leute kommen würden. Er meinte, in Spitzenzeiten manchmal 120 Torten am Wochenende. Das brachte mich zum Staunen. Manche Orte sind mit ihrer gewachsenen, positiven Atmosphäre einfach begnadet.

Abendbrot nahmen wir im Gasthof in einem Separee mit Blick auf das Mühlrad zu uns. Unser alter, stilvoll schwarz lasierter Holztisch war groß und schenkte uns viel Ellenbogenfreiheit. Die stabilen Stühle bestanden aus schwarzem Ebenholz. Auf der Speisekarte fanden wir eine Aufzählung der Gerichte aus der italienischen und deutschen Küche vor. Der Kellner ließ seine aufwendigen Schulungen durchblicken. Er war zurückhaltend aber nicht steif, freundlich aber nicht aufdringlich und präzise aber nicht gehetzt.

Die anderen werden noch lange über ihre Suite mit mehreren Zimmern gestaunt haben. Margarete und ich gingen in unsere wohl kleinste, bescheidenste Kammer von allen drei Unterkünften für diese Nacht.

Silbermühle – Herbram Wald, 26. Mai 2012, Samstag

Bei der Rose auf der Fensterbank machte sich eine zweite Blüte bereit, zu erstrahlen. Das Orange der Blütenblätter versuchte sich mit viel Nachdruck in der grünen Blütenkapsel durch einen schmalen Spalt zu quetschen, als ob ein Schmetterling sein Kokon verlassen wollte. Im Hintergrund beleuchtete die Morgensonne die noch frischen Büschel der Fichten am Waldrand. Die Stille der autolosen Nacht war nachhaltig erholsam. Das Frühstück war pompös. Bernhard fand keine Worte dagegen.

Während ich auf die anderen zum Gruppenfoto wartete, genoss ich die Morgenstille am Teich. Die Wasseroberfläche war spiegelglatt. In ihr bildeten sich die umstehenden Bäume und der wolkenlose Himmel scharf wie ein Foto ab. Noch niemand war unterwegs. Keine Besucher brachten Bewegung in den sonst so frequentierten Ort. Das Schnattern einer Ente wirkte dadurch doppelt so laut wie am fortgeschrittenen Tag und hallte am Waldrand wider.

Bernhard platzierte sich an einem der Tische in Höhe des moosigen Mühlrades. Im Hintergrund stach die von leicht verzierten Eichenbalken getragene Sprossenfensterfront unseres Separees, in dem wir zu Abend gegessen hatten, aus dem alten Mauerwerk, das zur Mühle gehörte. Neben dem jetzigen Hotel, stand ein kleines Natursteinhaus mit weißen Fenstern und rotem Ziegeldach.

»Hier saß ich als Kind schon. Mein Vater machte ein Foto von mir!«

»Komm, ich mache ein »Heutefoto«, das du mit dem von früher vergleichen kannst.«, sagte ich zu Bernhard. Für einen zweiten Vergleich nahm er seine weiße Stoffmütze vom Kopf, die seine Halbglatze bedeckte. Die Frauen reihten sich bereits zur Gruppenaufnahme vor dem Hotel auf. Toni streichelte dabei eine Katze, die durch unsere Geschäftigkeit wohl angelockt worden war. Wir waren schon am Morgen alle leicht bekleidet. Der Mai zeigte sich von seiner wärmsten Seite.

Überraschenderweise betraten wir hinter der Mühle ein wunderschönes, tiefgeschnittenes Flusstal. Der Silberbach floss hier in einem recht breiten natürlichen Bett. Größere Steine ragten hervor, Sandbänke lagen trocken und Farn umsäumte das Ufer. Zwischen Felsen standen überwiegend Fichten, die an manchen Stellen in Mischwald übergingen. Der anfängliche Waldwirtschaftsweg führte

geradewegs an einer Stelle durch den Bach hindurch. Die Steine lagen aber so günstig, dass wir unsere Wanderschuhe nur kurz benässen mussten. Eine ausführliche Tafel beschrieb die Beschaffenheit und Geschichte des Tals:
»Der auffallende landschaftliche Reiz des zwischen Veldrom und Leopoldstal am Fuße des Velmerstot gelegenen romantischen Silberbachtals geht auf geologische Besonderheiten zurück, die das Bachtal in einzigartiger Weise prägen. Der Silberbach entspringt südlich von Feldrom. Zwischen der Bollmühle und der Kattenmühle durchbricht er in einem engen Tal den Flammenmergel, die oberste Schicht der unteren Kreide. Weiter abwärts hat er, bedingt durch Gebirgshebungen, immer tiefer den Flammenmergel durchsägt, so dass er heute gänzlich im Osningsandstein fließt, der sich auf der rechten Talseite bis zur Höhe des Lippischen Velmerstot auf 441 Meter emporzieht. Auf der linken Seite am Buchenberg liegt der Flammenmergel noch als oberste Schicht über dem Sandstein und dem Grünsand. In diesem Abschnitt hat der Silberbach ein deutlich ausgeprägtes Kerbtal geschaffen, in dem das Gewässer dahinplätschert und über mächtige Sandsteinblöcke springt, wodurch ein wildromantischer Eindruck entsteht. Die idyllische Landschaft lässt heute vergessen, dass im 17. Jahrhundert hier ein regelrechtes Industriezentrum entstanden war. Die am Silberbach reichlich zur Verfügung stehende Wasserkraft in Verbindung mit dem leicht zugänglichen Sandstein bot die Grundlage für diese Entwicklung. Neben drei gut ausgebauten Mahlmühlen existierten bis zu vier Schleifmühlen und zwei Walkmühlen am Oberlauf des Silberbaches. Während in den Walkmühlen Filz und Tuche hergestellt worden sind, wurden die Schleifmühlen von Schmieden der Stadt Horn zum Schleifen und Schärfen der hergestellten Werkzeuge und Waffen benutzt. Heute noch zu besichtigen sind die Überreste von Hövelmanns Schleifmühle, der in ganz Westfalen am besten erhaltenen Schleifmühle, die 1868 ihren Betrieb eingestellt hat. Wie es der Name des Baches vermuten lässt, wurde 1710 hier auch nach Silber gesucht. Wegen der geringen Ausbeute wurde schon 1711 das »Packhaus«, in welchem das Erz gewaschen worden war, zu einer Mahlmühle umgebaut, die bald Silbermühle genannt wurde. 1895 erhielt der damalige Müller die Konzession zur Einrichtung einer Gastwirtschaft, und seit 1927 ruht der Mühlenbetrieb. Die ehemalige Mühle wurde bald ein gern besuchtes Ausflugsziel.

Eine wundersame Geschichte, von Karl Rose erzählt, wie Silberbach und Silbermühle zu ihren Namen kamen:»Unendlicher Reichtum kam über einen Müller, dessen Tochter der Nöck im Mühlenteich zur Frau bekommen hatte, wofür dann die Mühle alles Korn in Silber verwandelte. Das ganze Land Lippe schwamm im Reichtum, legte alle Arbeiten beiseite und feierte nur noch. Bald aber fehlten Brot und jede Ware und alles Glück. Erst mit der Rückgabe allen Silbers an den Nöck im Teich und der Wiederaufnahme der Arbeit kehrte die Zufriedenheit zurück. Nöck und Müller verschwanden, aus der Mühle wurde das Gasthaus Silbermühle.«
Längst steht die Mahlmühle still, wenn auch das Wasserrad noch läuft.«

Der Nöck ist eine altdeutsche Bezeichnung für die männliche Form eines Wassergeistes, wobei die weibliche Form Nöcke sich von der Nixe ableiten lässt. Den Wassergeistern wohnt die Verwirrung der Seele von Menschen inne. Deswegen werden sie auf hoher See, in Sümpfen und Mooren auch Irrlichter genannt.

Hinter der nassen Überquerung bog der E1 in einen malerischen Fußpfad ab. Dieser Pfad brachte uns neben dem Silberbach verschlungen talaufwärts. Bei einer Brücke sammelte sich das Wasser zu einer kleinen stillen, glatten Fläche, worin sich der blaue Himmel spiegelte. Ulla und ich empfanden diesen blauen Fleck im dunkelbraunen Waldboden und das ganze Tal als solches über die Maßen fotogen, als hätte der Nöck seine Finger im Spiel, um uns in sein Wasserreich zu entführen. Dieses intensive Erkennen von Motiven warf uns weit hinter die anderen zurück. Wir holten sie aber schnell wieder ein, als einige das Absetzten des Rucksacks für eine Trinkpause nutzten.

Ein verwittertes Schild mit grüner Schrift und Randbemalung von Wald und Rotwild gab eine Bitte der Jägerschaft wieder: »Bitte! Bitte, lärm nicht kreuz und quer, auf und ab im Wald herum, wozu gibt es sichere Wege? Denke an's Wild und seine Heue! Zugleich bitte ich um's eine: Häng Dein Hündchen an die Leine! Furchtbar ist des Feuers Macht, darum gib aufs Zündholz acht! Speisereste, Glas, Papier, bitte laß das doch nicht hier, zu Natur- und Umweltschutz passt kein Abfall und kein Schmutz! Danke! Die Jägerschaft.«

Unweit der Kattenmühle drehten wir fast 360 Grad auf einem höheren Niveau Richtung Silbermühle zurück, nachdem wir den

374 Meter hohen Buchenberg rechts von uns liegengelassen hatten. In die andere Richtung führte der Weg zum Dorf Feldrom auf der Westseite des Eggekamms. Eine lange Rampe in Form eines Wirtschaftsweges brachte uns gemächlich über die Hälfte der Strecke nach Norden zurück, von wo wir gerade gekommen waren. Bernhard war schon bei der Besprechung vor mehreren Monaten knatschig gewesen, dass wir nicht die lange Schlaufe auf dem lokalen Wanderweg A3 kappen, sondern dem vorgegebenen E1 folgen wollten. Die Schlaufe mit dem E1 war ungefähr vier mal so lang wie die Abkürzung direkt zum Lippischen Velmerstot. Würden wir den befahrbaren Weg fortsetzten, kämen wir nach Leopoldstal auf die Ostseite des Kamms. Genau am äußersten Punkt des Bergrückens mit einem Einschnitt in seiner Verlängerung, in dem die Silbermühle lag, bog ein Pfad strikt wieder nach Süden ab, der steil zum 441 Meter hohen Lippischen Velmerstot führte. Die Beschaffenheit des Weges war steinig wie in den Alpen. Zum Gehen sehr schön abwechslungsreich. Die Buchen wurden buschiger und besaßen keine ausgeprägten runden Stämme mehr. An einer Stelle waren sie so verkrüppelt, dass sie mich an die Süntelbuchen erinnerten, die wir in Bad Nenndorf angetroffen hatten.

Mit der Höhe nahm die zusammenhängende Bewaldung ab, bis schließlich ein sonnendurchfluteter Kammrücken mit kleinwüchsigen Solitären in Erscheinung trat. Der schmale Pfad schlang sich nun ohne Höhenunterschiede durch hellgrüne Heidelbeerfelder. Trocken und karg wirkte der inzwischen heiß gewordene Kamm des Eggegebirges. In der Ferne tauchte eine Ansammlung von Felsbrocken auf, der Mehringstein am Velmerstot. Von hier aus hatten wir Weitblick, der vom Weg aus nur zu erahnen war, über die Fichtenspitzen hinweg, die tiefer im Wald standen. Die steigende Wärme hatte die Welt bereits mit einem leichten Dunstschleier versehen, der dieses Mal nicht durch meine Augen geschuldet war, sondern der Realität entsprach.

Die Steine luden zu einer schattenlosen Pause ein. Bernhard kletterte auf eine Krüppelbuche und amte auf lustige Weise einen Affen nach. Später entdeckte er einen einzelnen Siebenstern, der als botanische Einzigartigkeit gilt. Diese kleine Blume mit verhältnismäßig großen Blättern bekam ihren Namen durch ihre sieben weißen Blütenblätter. Die Zahl 7 taucht nur bei dieser Gattung auf, sonst nicht noch einmal. Neben ihr stand ein ebenso seltenes Exemplar einer Ährigen Teufelskralle. Sie hatte einen wirren Kopf mit vielen kleinen Blüten. Kaum zu glauben, dass sie zu den Glockenblumengewächsen gehört.

In die Felsen waren Orte mit Kilometerangaben gemeißelt. Unter den Ortsnamen befand sich ein Pfeil, der in die Richtung zeigte, in der die Städte liegen. Horn war in 3,7 Kilometern zu finden, Hamburg in 205, Köln in 170, Köterberg in 25, Steinheim in 10, Berlin in 320, der Brocken im Harz in 107 und Kassel in 70, um nur einige zu nennen. Ein Pfeil wies auf den schon sichtbaren Preußischen Velmerstot in nicht einmal einem Kilomerter auf dem Kamm. Zwischen den beiden Velmerstoten lag die Landesgrenze. Der Lippische gehörte zum Kreis Lippe, wie der Name schon sagt, aber der Preußische zum Kreis Höxter, der wiederum im Osten an die Weser reicht. Die beiden Eggegipfel haben jedoch nichts mit dem Tod zu tun. Der Name stammte vom mittelalterlichen Dorf Feldrom und dem vorgelagerten Eggesteilhang ab. Feldrom vor dem stot, auch Stoß, heißt Feldrom vor dem Steilhang. Aus Feldrom stot wurde so die Bezeichnung Velmerstot. Diese Siedlungen gehörten bereits zum Zisterzienserkloster Hardehausen, das wir oberhalb auf dem Kamm lediglich passieren würden.

In der Mitte der Felsenansammlung stach ein kleiner Obelisk hervor. Auf der einen Seite war die Jahreszahl 1875, eine römische zwei mit Punkt und ein Kreis mit einem Dreieck in nahem Abstand darüber gemeißelt. Der Kreis und das Dreieck waren mit einem Strich verbunden. Auf der anderen Seite stand »G.V.L. Komm gern zu mir, doch schone mich. Denn alles hier, geschah für dich.«

Ein Vater erreichte verschwitzt den Ort mit seinem Sohn. Beide waren mit einem Mountainbike unterwegs. Er telefonierte mit seiner Frau, um zu sagen, dass sie auf dem Gipfel angelangt waren.

Beim Abstieg entdeckte ich einen seltenen Gaspeldorn, ulex europaeus, eine Ginsterart, der in voller Pracht stand. Der größere, bekanntere Besenginster wuchs hier ebenso auf der trockenen Felskante, wie mannigfaltige Gräser und Dolden. Junge Kiefern trieben ihre frischen Triebe senkrecht in die Höhe. Zuletzt mischte sich die Akelei in allen Farben zu dem üppigen Blumenszenario auf dieser schmalen Hochfläche. Nach Überschreitung der Kreisgrenze stieg der Pfad erneut in einigen Kehren an, die Bernhard abermals nur mit Murren beging, weil er eigentlich unterhalb des 468 Meter hohen Punktes die Strecke auf einem bequemeren, unteren Weg abschneiden wollte. Er ist offenbar kein Berggänger, oder das Steigen bereitet ihm wirklich Schwierigkeiten, oder er mochte zum Teufel keine Umwege begehen. Wir wussten nicht, worin sein Murren begründet lag. Immerhin sollte dieser Punkt bis jetzt der Höchste auf unserer gesamten Wanderung sein.

Oben angekommen erwartete uns ein mächtiger, hölzerner, 17 Meter hoher Aussichtsturm auf sechs Stelzen mit einem achteckigen Dach, aus dessen Mitte eine Spitze ragte, was insgesamt den Anschein eines Hexenhutes weckte. Wir ließen die Rucksäcke in einer lustigen Reihe unten an einen Baumstamm, der dem Besucher als lange Sitzbank dienen sollte, gelehnt stehen und bestiegen den Turm. Von hier aus war der Blick weiter als vom Lippischen Velmerstot. Wir konnten die ersten Häuser von Bad Driburg sehen und rückblickend die Scharte im Wald, worin der Hermann stand. Rechts daneben im Tal bildete sich kaum sichtbar im Dunst ein Teil von Detmold ab. Um es den alten Distanzeinkerbungen im Fels vom Lippischen Velmerstot gleichzutun, waren hier auf dilletantische Weise Ortsnamen mit Entfernungsangabe auf dem Holzgeländer eingeritzt. Im Westen sollte die vom Saalegletscher geformte Westfälische Bucht liegen. Nur 18 Kilometer war das für die christliche Geschichte bedeutsame Paderborn entfernt. Hätten wir den Ort durchquert, wären wir sehr tief in die Zeit der Christianisierung vorgedrungen. Dort liegen, wie vorher beschrieben, die Gebeine des heiligen Liborius aus Le Mans, aus dem 4. Jahrhundert. Wie an vielen Erhebungen im Eggegebirge stand auch hier während des Kalten Krieges eine NATO-Raketenbasis, was die gut ausgebaute Straße neben Teilen des Wanderweges erklären würde. Die Basis wurde inzwischen rückgebaut und der Preußische Velmerstot ist seit 2003 wieder für die Öffentlichkeit zugänglich.

Beim Verlassen des Eggeturms durchwanderten wir das kleine Plateau, auf dem er stand. Darauf befand sich eine prächtige Gruppe blühender Besenginster und viele schneeweiße Bibernellen, pimpinella saxifraga. Danach blieb der Kammweg zu unserer Erleichterung auf einer Höhe. Parallel zum schöneren Fußpfad verlief eine schmale Asphaltstraße schnurgerade neben uns her. Sie wurde von Fahrradfahrern benutzt, die sich an diesem herrlichen Maisamstag vor Pfingsten im Eggegebirge vergnügten. Milchig weiße Plastikröhren schützten Setzlinge vor dem Verbiss des Rotwildes. Eine Trompetenflechte, oder Becherflechte, cladonia pyxidata, reckte ihre vielen giftgrünen, fast türkisen Kelche auf dünnen Stängeln in die Luft. Bei der Abzweigung zum Feldromer Berg, der noch 50 Meter höher lag als der E1, schmiss sich Bernhard an den Wegrand, riss seinen Rucksack auf und meinte, dass er nicht einen Meter mehr weiter geht, er bräuchte jetzt eine Pause. Er öffnete seine Brotdose, nahm eine Stulle heraus, wobei er hastig, fast wütend in sie hinein biss. Von oben kam eine Gruppe Wanderer herunter, die den Gipfel bestiegen hatten. Der Wanderführer hatte eingeschweißte Zettel dabei, aus denen er oben von Legenden und Geschichten um den Berg vorgelesen haben musste. Obwohl wir uns schon eine zeitlang um einen geeigneten Rastplatz bemüht hatten, war uns der von Bernhard erzwungene zu geschäftig. Wir waren uns einig, noch ein paar hundert Meter weiter zugehen, um ein ruhigeres Plätzchen zu finden. Damit hatten wir ein echtes erstes Zerwürfnis in der Gruppe, was sich aber heute durch das Murren von Bernhard schon irgendwie angekündigt hatte. Ohne den 446 Meter hohen Berg zu besteigen, gingen wir leicht abschüssig noch einen halben Kilometer weiter, bis wir in einem Seitenweg mit Gras und Moos einen gemütlichen Rastplatz fanden. Bernhard blieb allein zurück. Wir schwiegen.

Als wir vor uns hin dösten, war nicht weit von uns auf dem mit Schotter belegtem Hauptweg ein kräftiges Rutschgeräusch, durch ein bremsendes Fahrrad ausgelöst, wahrzunehmen. Unmittelbar nach dem Rutschen konnten wir ein Scheppern hören, worauf ein Schreien und Weinen einsetzte. Ein Sturz. Erwachsenenstimmen redeten auf ein Kind ein. Tröstende Worte. Die Fahrt konnte fortgesetzt werden. Sie bogen in den Seitenweg, in dem wir rasteten. Der Junge hatte am Knie eine Schürfwunde. Sein Gesicht war noch nass von den Tränen. Tapfer trat er aber in die Pedale, um den anderen zu folgen.

Als wir uns fertig machten, tauchte wie verwandelt mit guter Laune Bernhard auf und klinkte sich in unseren Lauf ein, als wenn nichts vorgefallen wäre. Aber irgendein dunkler Schatten hatte sich an dieser Stelle über den Berg gelegt. Wir ließen die Feldromregion hinter uns und setzten den geraden Kammweg auf nahezu gleichbleibenden 400 Metern Höhe fort. Im Osten fiel das Gebirge mit steilen Hängen felsig ab. An manchen Stellen war der Weg mit einem lockeren Holzgeländer gesichert. Hier konnte kein Pferd oder gar ein Streitwagen den Kamm überwinden. Wir passierten den Bedastein, die Hakehütte und trafen in Höhe vom Dorf Kempen auf unser erstes freistehende Kreuz seit Flensburg. Dieses verwitterte Steinkreuz entpuppte sich beim Drumherumgehen als Kruzifix. Die Jesusfigur hatte keine Gesichtszüge mehr und war durch das raue Wetter auf dem Bergkamm auf den hängenden Körper reduziert worden. Wer aus dem Protestantenland kam, wusste spätestens an dieser Stelle, ab hier beginnt ein katholisches Land. Waren die Protestanten sparsam mit ihren Symbolen, zeigte die Katholische Kirche eher unverdeckter nach außen gewendet ihre sakralen Figuren, von denen sie bekanntlich mehr besaß, als die evangelische Religion. Die Außenwelt als Darstellungsraum basiert auf einer langen Tradition, um die vorherrschende Religion zu demonstrieren. Zeichen und Symbole, die in ihrer Aussage bis nach Rom reichten, hatten hier auf dem Eggekamm die gleiche Kraft wie im Petersdom. Hätte jedoch Karl der Große nur ein einziges Kreuz an dieser Stelle aufgestellt, wäre es von den Sachsenstämmen immer wieder abgerissen worden, wie der Wachturm und die Taufkapelle an der Elbe von den Jüten und Angeln. Eine Inschrift im Sockel war nicht mehr zu erkennen.

Eine Lücke im Fichtenbestand ließ den Blick ins östliche Tal frei werden. Dass man zwar die nahen Felder und Haine auf der anderen Seite, nicht aber den Talgrund sehen konnte, ließ erahnen, wie steil die Ostflanke unseres Berges war. Ein Teppich von Fichtenzapfen, die dort besonders trocken waren, knackte beim Drauftreten in der Sonne. Frische, hellgrüne Eichenblätter erinnerten an Finger, die mild und froh alles Licht eifrig einfangen möchten, das sie zum Wachstum des ganzen Baumes brauchten. Das Blau eines Großen Ehrenpreises, veronica teucium, im Gras, zog beim Gehen immer wieder den Blick auf sich. Manchmal führte uns der Weg durch einen grünen Tunnel, wenn selbst der Untergrund mit sattem Gras bewachsen war. Selten öffnete sich dabei der Wald für einen Fernblick. Wenn er es tat, war das Schauen ins Land umso reizvoller. Bei Langeland waren in vier Landschaftswellen die Hügelketten zu erkennen. Davor reihten sich Felder wie auf einem Schachbrett aneinander. Hinter den wenigen Häusern von Langeland baute sich der 293 Meter hohe Kreuzberg auf. In der zweiten Hügelwelle ragte der ebenso hohe Kampe-Schönberg hervor. Ein zweites, ganz schlichtes Kreuz war in einen Steinblock am Wegesrand gemeißelt. Die Wärme nahm unaufhörlich zu. Eine kurze Sitz- und Trinkpause brachte uns immer wieder eine leichte Erholung. Schnell waren Plätze bei diesem trockenen Wetter gefunden. Würde es regnen, wäre die Auswahl rarer und das Wandern dadurch getriebener.

Das Schwarze Kreuz war nun das dritte christliche Zeugniszeichen in kurzer Abfolge. Unter dem verschnörkelten Gusseisen und dem muskulösen Jesus steckte das Kreuz in einem Blätterkranz, in dessen Mitte sich der Schriftzug »Wanderer steh still« befand. Das Eisen war auf einem Sandsteinsockel befestigt, der »Zum dankbaren Gedächtnis an Gustav Ullner, 1921 E.G.V.« aufgestellt worden war. E.G.V. steht für Eggegebirgsverein, der hier im südlichen Teutoburger Wald noch heute sehr aktiv zu sein scheint.

Unsere Gruppe zog sich weit auseinander, was ein Zeichen von Konzentration auf sich selbst und seine Erschöpfung bedeutete. Der Mittag war bereits überschritten. Die Strecke sollte jedoch noch lang werden. Herbram Wald war die erste Übernachtungsmöglichkeit ohne vom Kamm in die Orte abzusteigen. Die Strecke ging schon an die 30 Kilometer heran, was den Drang von Bernhard etwas erklärte, nicht jede Schlaufe zu laufen, den uns der E1 vorgab. Trotzdem machten wir nach einem leichten Abstieg durch einen rot gefärbten Hohlweg vom 427 Meter hohen Rehberg bei der gleichnamigen Hütte eine Esspause. Die Kanten vom Hohlweg waren mit Heidelbeersträuchern überwachsen. Ein Erwachsener kam uns mit einer Gruppe Jugendlicher entgegen, wobei ein Schwergewicht ordentliche Mühe hatte den Sportlichen im Aufstieg zu folgen. Manche liefen an einer Schnur befestigt hintereinander. Welche Bewandtnis diese Schnur hatte, bleibt wohl der Phantasie überlassen. Bei der Rehberghütte angekommen, suchte sich jeder von uns ein Platz im Schatten, weil die Sonne nun merklich brannte. Ich studierte die Schilder, während die anderen dösten.

Der Eggegebirgsverein hatte hier sehr präzise Daten auf Tafeln dokumentiert, die diesen Ort auf 360 Metern Höhe mit anderen Punkten in der Ferne verband. Das Signet des Eggegebirgsvereins bestand aus drei Eichenblättern, die aufrecht in einem Kreis angeordnet waren. Vor den Blattstielansätzen waren vier Eichelkapseln platziert, von denen nur die drei vor den Blättern mit Früchten gefüllt waren. Die nach unten zeigende Kapsel war leer. In jeder der drei Eicheln stand ein Buchstabe, die zusammen die Abkürzung E.G.V. ergaben. 1861 wurde genau unter uns in 100 Metern Tiefe mit dem Durchbruch für einen Eisenbahntunnel durch die Gebirgskette begonnen. Damit sollte der Weg nach Osten und Norden frei werden und das Erreichen der Städte Detmold, Lemgo und Bad Oeynhausen erleichtern. Der kleine Ort Altenbeken mauserte sich dadurch zu einem Drehkreuz für Bahnfahrer, wo auch wir letztes Jahr auf dem Weg von Detmold nach Marsberg umsteigen mussten und die originelle Bahnhofsgaststätte mit dem tellerwerfenden Wirt besuchten. Die Züge befahren unmittelbar hinter Altenbeken den 1640 Meter langen Rehbergtunnel. Seine Bauzeit betrug von 1861 bis 1864 drei Jahre. Bereits 1851 wurde eine Strecke von Altenbeken bis Warburg gebaut. Damals waren 1600 Arbeiter beschäftigt und steigerten den Umsatz der örtlichen Gastwirte und Kaufleute deutlich. 1872 wurde die Strecke nach Hannover eröffnet und 1895 nach Herford. Damit wuchs der Ort zu einem wichtigen Eisenbahn-Knotenpunkt. Am 20. Dezember 1901 starben bei einem Eisenbahnunglück in Altenbeken zwölf Menschen.

Ansonsten hatte der Ort einiges zu erzählen und seine Geschichte steht sinnbildlich für die Westseite des Eggegebirges. 1934 wurde ein Steinhammer gefunden, dessen Alter auf 4000 bis 5000 Jahre geschätzt wurde. Interessant ist insoweit die Tatsache, dass diese Lochaxt aus Norditalien stammt. Aus römischer Zeit stammen einige Münzfunde, die an den Straßen nach Altenbeken gemacht wurden. Das Dorf Beken entwickelte sich aus einem Hof, der vom Bischof Meinwerk mit dem Zehnten belegt 1036 an ein Stift in Paderborn verschenkt wurde. Anfang des 13. Jahrhunderts kam es zwischen den Mönchen aus Hardehausen und den Bewohnern von Altenbeken zu einem Streit, so dass das Dorf mit dem Kirchenbann belegt wurde. Bischof Bernhard III. beurkundete 1211, dass der Bann nur zurückgenommen würde, wenn die Bewohner des Dorfes dem Hardehausener Hof in Druheim die Mitbenutzung der Hude und Mast in ihren Waldbezirken gestatteten. Die Aldebekener ließen sich auf diesen Handel ein. Ab 1392 begann man in Altenbeken Erze aus der Egge zu schmelzen und Holzkohle herzustellen. Ab dem 14. Jahrhundert bildete sich das Territorium Fürstbistum Paderborn im Heiligen Römischen Reich. Der Ort gehörte bis 1448 zum Kloster Hardehausen und somit zur Linie der Grafen zu Lippe. Danach wurde Altenbeken in den Zeiten der Fehden, als die Erzbischöfe von Köln den Paderborner Bischöfen das Land entreißen wollten, abgetrennt. Die Verhüttung von Eisenerz wurde eingestellt. Ende des 16. Jahrhunderts wurde das Paderborner Land von holländischen Freibeutern überfallen. Sie plünderten die Wohnstätten und beraubten die Bürger des Landes. 1593 gründeten sich deshalb wie an vielen anderen Orten um diese Zeit Schützenbruderschaften im Paderborner Land. Zwei Jahre später überfielen die Holländer abermals das Land, ließen sich aber mit 3000 Reichstalern vom Bischof abfinden. Das hinderte sie jedoch nicht, wieder einzufallen. 1599 hatten sie Delbrück im Visier, wo Schützen aus Altenbeken bei der Verteidigung halfen. In dieser Zeit entstand ein Konföderationsvertrag »Wie man dies Stift Paderborn vor stadischen undt anderen Infällen verthedigen möge«. 1607 nahm man den Erzbergbau wieder auf und errichtete 1610 eine neue Eisenhütte. 1615 folgte ein neues Hammerwerk unterhalb von Altenbeken. Der Dreißigjährige Krieg warf auch diesen Ort erneut in seiner Entwicklung zurück. Im Jahre 1756 und fast genau ein Jahr später gab es Erdbeben in Altenbeken. Im selben Jahr des letzten Erdbebens brach der Siebenjährige Krieg aus und brachte Not und Hunger über den Ort. Im Mai 1766 zog ein Wirbelwind über Altenbeken und zerstörte viele Gebäude. Im Juli folgte eine Dürre. Ein Jahr später bebte die Erde erneut.1803 fiel das Hochstift durch den Reichsdeputationshauptschluss an Preußen, womit die Grundherrschaft des Fürstbischofs endete. Altenbeken wurde dem Kreis Paderborn zugeteilt.

Ein anderes Schild bezog sich wieder auf die Wanderstrecken. In der Beschreibung des E1 tauchte das dritte wichtige Pilgerziel Rom auf. Nachdem wir immer und immer wieder von der Überfüllung des Weges durch Pilger nach Santiago de Compostela gehört hatten, wäre Rom auch eine Option eines weiteren Ziels, phantasierten wir im Sonnenschein unserer Mittagspause. Jetzt stand fürs Erste unsere Wahlheimat an, die wir in 56 Kilometern erreichen sollten. Herbram Wald, unser heutiges Etappenziel, war 14 Kilometer entfernt und Blankenrode, wo unsere nächste Herberge stand, 41 Kilometer. Neben den Kilometerangaben klebte die Plakette mit dem geschwungenen grünen W, die unsere Route zum Qualitätsweg »Wanderbares Deutschland« erhob. Auf einem braunen Schild war ein langgezogenes Kreuz mit zwei Pfeilspitzen, die jeweils von oben und unten zu Mitte des Kreuzes zeigten, abgebildet. Es stellte ein Teil der optischen Telegrafenlinie aus der preußischen Zeit von 1833 bis 1849 dar.

Nachdem wir mit fast eingerosteten Beinen die Passstraße überquert hatten, stiegen wir sachte 38 Meter an, bestiegen den unsichtbaren Trötenberg und ließen den Scholandstein hinter uns. Franz Scholand war in Altenbeken erst Lehrer, dann Rektor. Er interessierte sich für den lokalen Bergbau, die Erzgewinnung und die Holzkohleherstellung. Seine geschichtlichen Erkenntnisse verfasste er in zahlreichen Büchern. Franz Scholand war weiterhin erster Vorsitzender des Eggegebirgsvereins und Stadtchronist von Altenbeken. Er wurde 1857 nicht weit von hier in Wünnenberg geboren. Ein großes Feld blühender Waldmeister erinnerte mich an Wackelpeter und Berliner Weiße. Am Bollerbornsberg standen alte Fichten mit viel frisch ergrüntem Unterholz. Grelle Sonnenspots in der Tiefe der dunklen Wand aus Stämmen bewegen mein Gemüt besonders intensiv, als wenn der Lichtkegel auf etwas Bestimmtes hinweisen wollte. Bald stieß der E1 auf die Querung Altenbeken Bad Driburg. Richtung Bad Driburg führte der Wanderweg ebenso zur nach Osten abfließenden Sachsenbornquelle. Auf der Westseite des Kamms entsprang die Max-und-Moritz-Quelle, die in die Beke floss. Sie mündete wiederum hinter Bad Lippspringe in die Lippe und die Lippe bekanntlich nach langer Reise bei Wesel in den Rhein. Ein blankes Edelstahlschild mit erhabenen Buchstaben an ein Natursteinblock geschraubt deutete auf 100 Jahre E.G.V. hin. Hinter dem 436 Meter hohen Dübelsnacken und den Ziegenstallsgründen öffnete sich der Wald Richtung Osten über den Knocken. Wiesen, Weiden und Buschwälle prägten die liebliche Landschaft. Ein Kastaniensolitär auf der vorderen Wiese trieb leuchtend weiß seine Blütenstämme in die Höhe. Am Horizont erhoben sich der Solling und Vogler auf der anderen Uferseite der weit entfernten Weser. Bad Driburg blieb außer Sichtweite hinter dem Hoppenberg verborgen.

Unweit der Heinrich-Heine-Schutzhütte trafen wir auf die B 64, die von Telgte bei Münster über Paderborn, dann über den Eggekamm und weiter zur Weser nach Höxter führte. Hinter Bad Gandersheim, westlich vor dem Harz endet diese Bundesstraße. Während sie hier gemächlich, gerade von Westen her den Kamm erklimmt, fällt die Trasse um so gewundener die steilere Flanke im Osten hinab und windet sich wesentlich tiefer in großen Schwüngen um die hoch gelegene Ruine Iburg und den Kaiser-Karls-Turm herum. Von Heinrich Heine, der in Göttingen lebte, weiß man, dass er viel und gerne gewandert war. Berühmt wurden seine Beschreibungen in der »Harzreise«. Es kann durchaus sein, dass er auch hier im geschichtsträchtigen Eggegebirge seinen leibhaftigen Recherchen nachging, die sich in »Deutschland. Ein Wintermärchen« von 1844 niederschlugen, nachdem der Grundstein für das Hermannsdenkmal bereits gelegt war und gute vier Jahre vor Ausbruch der Revolten im Land. In seinem Gedicht huldigt er Arminius, indem er im letzten Vers belegt, dass er die Zustimmung zum Denkmal selbst unterschieben hat. Des Weiteren malt er ein zum Teil düsteres Bild, was über die Deutschen gekommen wäre, wenn er die Römer nicht zurückgeschlagen hätte. Geschichtlich spannend war für mich die Frage für die Zukunft; was dachten und wie lebten die Menschen im Süden des Limes, die schließlich mit den Römern und nicht gegen sie lebten? Scheiterte der protestantische Bismarck nicht an dem katholischen Süden, um seine Idee vom einheitlichen Nationalstaat voranzutreiben?

Auf der Suche nach einer deutschen Identität, versus Frankreich und Italien, berücksichtigte Heinrich Heine jedoch nicht, dass es ein Römischer Kaiser war, der das Christentum 391 zur Staatsreligion erklärte, die 400 Jahre später über den Eggekamm getrieben wurde, jedoch erst 600 Jahre später über die Elbe schwappte. Hier verdammt er die Römer zu Gunsten des nordischen Deutschtums. Luther als Arminius, die Feder als Schwert des Hermann?

»Das ist der Teutoburger Wald,
Den Tacitus beschrieben,
Das ist der klassische Morast,
Wo Varus stecken geblieben.

Hier schlug ihn der Cheruskerfürst,
Der Hermann, der edle Recke;
Die deutsche Nationalität,
Die siegte in diesem Drecke.

Wenn Hermann nicht die Schlacht gewann,
Mit seinen blonden Horden,
So gäb es deutsche Freiheit nicht mehr,
Wir wären römisch geworden!

In unserem Vaterland herrschten jetzt
Nur römische Sprache und Sitten,
Vestalen gäb es in München sogar,
Die Schwaben hießen Quiriten!

Der Hengstenberg wäre ein Haruspex
Und grübelte in den Gedärmen
Von Ochsen. Neander wäre ein Augur
Und schaute nach Vögelschwärmen.

Birch-Pfeiffer söffe Terpentin,
Wie einst die römischen Damen.
(Man sagt, dass sie dadurch den Urin
Besonders wohlriechend bekamen.)

Der Raumer wäre kein deutscher Lump,
Er wäre ein römischer Lumpacius.
Der Freiligrath dichtete ohne Reim,
Wie weiland Flaccus Noratius.

Der grobe Bettler, Vater Jahn,
Der hieße jetzt Grobianus.
Me hercule! Maßmann spräche Latein,
Der Marcus Tullius Maßmanus!

Die Wahrheitsfreunde würden jetzt
Mit Löwen, Hyänen, Schakalen
Sich raufen in der Arena, anstatt
Mit Hunden in kleinen Journalen.

Wir hätten einen Nero jetzt
Statt Landesväter drei Dutzend.
Wir schnitten uns die Arme auf,
den Schergen der Knechtschaft trutzend.

Der Schelling wäre ganz ein Seneca,
Und käme in solchem Konflikt um.
Zu unserem Cornelius sagten wir:
Cacatum non est pictum.

Gottlob ! Der Hermann gewann die Schlacht,
Die Römer wurden vertrieben,
Varus mit seinen Legionen erlag,
Und wir sind Deutsche geblieben!

Wir blieben deutsch, wir sprechen deutsch,
Wie wir es gesprochen haben;
Der Esel heißt Esel, nicht asinus,
Die Schwaben blieben Schwaben.

Der Raumer blieb ein deutscher Lump
Und kriegt den Adlerorden.
In Reimen dichtet Freiligrath,
Ist kein Horaz geworden.

Gottlob, Maßmann spricht kein Latein,
Birch-Pfeiffer schreibt nur Dramen
Und säuft nicht schnöden Terpentin
Wie Roms gelante Damen.

O Hermann, dir verdanken wir das!
Drum wird dir wie sich gebühret,
Zu Detmold ein Monument gesetzt;
Hab selber subskribieret.«

Noch den Duft vom letzten Bärlauch in der Nase, übermannte uns ein Hinweis zum Eggekrug, den wir aufsuchen wollten. Nach zwei Tagen im Wald, hatten wir wohl die Dimension einer Bundesstraßentrasse unterschätzt. Erst liefen wir auf einem Parallelpfad in die falsche Richtung, dann beim Umkehren auf der falschen Straßenseite, weil ein breiter Graben das Überqueren unmöglich machte. Schließlich gelangten wir über einen Feldweg von hinten durch den Garten zum Krug. Der Wirt hatte Biertischgarnituren mit Sonnenschirmen aufgestellt. Erschöpft ließ ich mich nieder. Wir bestellten Kaffee, Bier, Apfelsaftschorlen und einige Frauen nahmen einen Eisbecher. Bernhard bekam sein obligatorisches Stück Kuchen. Ich merkte, wie ermattet ich war. Die Füße taten mir weh. Der taube Fuß besonders. Zehn Kilometer würden es noch sein. Dann wären die dreißig Kilometer wohl geschafft, dachte ich im Stillen und genoss mein Detmolder Pilsener. Toni war in guter Verfassung, wobei Ursula an Farbe im Gesicht verloren hatte. Ulla löffelte das Eis aus dem Tulpenglas, wobei sie mit der Sonnenbrille wie in einem entspannten Strandurlaub aussah. Bernhard stöhnte beim Aufstehen. Das Stöhnen ging in eine Art Lachen über, als wenn er die Knochenschmerzen wegatmen wollte. Margarete bemerkte laut, wie immer an dieser Stelle der Erschöpfung, dass alles was über 20 Kilometer ging, harte Arbeit wäre. Beim Bezahlen der Zeche roch ich die heimlichen Zigaretten oder den kalten Rauch von 60 Jahren im dunkelbraun gewordenen Holz der Wirtschaft. Der Pächter bot diverse Getränke und einfaches Essen an, was Wanderer und Radfahrer in dieser Einöde benötigten. Hauptsächlich wird er von Fahrrad- und Motorradfahrern leben, die ihre Gefährte über das Eggegebirge bewegen.

Beim »Soldatenstein 1945« bog der E1 von der Straße ab und setzte sich an einem sonnigen Waldrand fort. Eine einzige Wolke schwebte über der Wiese voller Pusteblumen. Ihr Weiß schmückte den blauen Himmel wie eine verlorengegangene Perle auf dem Meeresgrund. Die Driburger Pforte bestand aus einem lichtdurchlässigen Stück Fichtenwald, der sich bis zur Abzweigung zur Ruine und zum Turm fortsetzte. Beide Sehenswürdigkeiten ließen wir aus, weil uns ein Abstecher von insgesamt fast zwei Kilometern zu viel erschien. Wir kreuzten zumindest den neuen Jakobusweg, der über Paderborn und Köln nach Aachen führt und mit einer liegenden, gelben Muschel auf blauem Grund markiert war. Übrigens besitzen die Bistümer Paderborn, Münster, Aachen und Köln im Nordwesten Deutschlands die meisten Gläubigen, zusammen fast 6,6 Millionen. Trier hat 1,4 Millionen. Dann geht die Zahl der Katholiken erst im Süden wieder maßgeblich nach oben. Regensburg, München, Stuttgart, Freiburg und Augsburg haben insgesamt um die 9,2 Millionen steuerzahlende Mitglieder.

Die Ruine Iburg wurde 1900 freigelegt und archäologisch untersucht. Es soll sich dabei um eine Fliehburg der Sachsen aus dem 8. Jahrhundert handeln. Hier soll auch die Irminsul, der heilige Baum der Sachsen gestanden haben. Nach der Eroberung des Territoriums durch Karl dem Großen, wurde von ihm ein Gotteshaus auf dem Gelände der Burg errichtet und er schenkte es 799 der Paderborner Kirche. 1189 ließ der Paderborner Bischof Bernhard II. hier eine 180 mal 50 Meter große Ritterburg errichten. Die Petrus-Kirche auf dem Gelände der Iburg wurde 1231 Archiediakonatskirche. 1444 zerstörte Otto von Braunschweig die Burg, die nie wieder aufgebaut wurde. Nach dem Aussterben der Ritter von Driburg erbte die Stadt Driburg die Ruine und die angrenzenden Wälder. Zum Gedenken an den Kaiser Karl wurde an dieser Stelle 1904 ein 18 Meter hoher Turm mit 80 Stufen errichtet, der den selben Namen wie der damalige Monarch trägt. Friedrich Wilhelm Weber verwendete die Iburg als Schauplatz in seinem Epos Dreizehnlinden:

»Rings der Wälder tiefes Schweigen!
Aus des Tales Nebelhülle
Hob die Iburg ihren Scheitel
In die sternenklare Stille.

Alter Hain, aus dessen Wipfeln
Sonst die Irminsäule ragte,
Die zum Schmerz und Schreck der Sachsen
König Karl zu brennen wagte.

Götterstätte, jetzt umwuchert
Von Gestrüpp und wilden Ranken
Und als Wohnort dunkler Mächte
Scheu gemieden von den Franken.

Lieblich war die Nacht, die kurze,
Vor dem Tag der Sonnenwende,
Auf der Iburg stumpfem Kegel
Flackerten die Opferbrände.

Auf der Iburg stumpfem Kegel
Hatten sich zum Balderfeste
Fromm geschart die Heidenleute,
Gaugenossen, fremde Gäste.

Unter Eichen auf dem Rasen
Stand der Opferstein, der graue,
Neben ihm mit blut'gem Messer
Eine riesenhafte Fraue.

Swanahild, die greise Drude,
Ihres Priesteramts zu walten,
Erzgegürtet, weißes Linnen
Floß um sie in reichen Falten.

Vom Turm hätten wir einen Blick über die gesamte Stadt gehabt. So blieb uns bei der »Schönen Aussicht« zumindest ein Teil von Bad Driburg zum Betrachten übrig. Vor unseren Füßen im Tal breitete sich in Erinnerung an den bekehrten Sachsenfürsten der Stadtteil Widukind-Siedlung aus. Das Heilbad und den Gräflichen Park konnten wir nicht erblicken. Der Ort Bad Driburg war zunächst eng mit der Geschichte der eigentlichen Iburg verbunden, die der Stadt auch ihren Namen verlieh, aber tiefer in der Ebene angelegt wurde. Später wurde Bad Driburg ein Zentrum des Glashandels und nach Entdeckung der kohlesäurehaltigen Heilquellen im 18. Jahrhundert auch Kurstätte. Alle drei Wirtschaftzweige sind heute noch aktiv, inklusive der industriellen Kohlesäureproduktion. Der englische Park ist bekannt für seinen Rosengarten und die Rhododendrenhecken.

Tauchte der Blick zurück in die Mikrowelt, posierten zwei wunderschöne Exemplare der Teufelskralle am Wegesrand. Strahlend weiß hoben sich die zackigen Blüten auf den hohen Stielen dieser seltenen Blume vom dunkelbraun des Laubes aus dem letzten Herbst ab. Feuer, Sand und Fantasie lautete die Überschrift der Tafel, die auf die Glasgeschichte dieser Gegend hinwies: »Die wirtschaftliche Entwicklung weiter Teile des Eggegebirges ist eng mit der Glasherstellung und vor allem mit dem Glashandel verbunden. Die großen Holzvorräte der Wälder sowie Sand und Kalk, gewonnen aus den in der Egge anstehenden Gesteinsschichten, schufen die Grundlage für die Entwicklung einer blühenden Glasindustrie. Bereits im Jahr 1150 entstand in der Nähe von Bad Driburg die erste Glashütte, auf die weitere folgten. Zunächst waren es Wanderglashütten, die an stets wechselnden Standorten in den Waldgebieten des Eggegebirges arbeiteten und ihrem Brennstoff Holz nachzogen. Die vielen Glashütten verbrauchten große Mengen an Holzkohle, um ihre Schmelzöfen auf die richtige Temperatur von 1200 Grad Celsius zu bringen. Die umliegenden Köhlereien gewannen dazu die Holzkohle in Meilern, deren Spuren bis heute als geheimnisvolle Rundstellen im Wald zu finden sind. Ortsnamen wie Kohlgrund,

Kohlstätte und Kohlberg erinnern an die Köhlertätigkeit. Hinzu kamen die Aschesiedereien, in denen Pottasche als Ersatz für das zur Glasherstellung notwendige Soda hergestellt wurde. Infolge des enormen Holzverbrauchs waren die Wälder der Egge um 1800 fast vollständig abgeholzt. Der Holzmangel und die notwendige Umstellung von Holzkohle auf Kohlefeuerung setzten den kleinen Glashütten stark zu. Viele mussten den Betrieb einstellen. Durch den Anschluss an das Eisenbahnnetz 1864 erfuhr die Glasindustrie in und um Bad Driburg einen erneuten Aufschwung. Zahlreiche Glashütten entstanden wieder.

Seit der Entstehung der ersten Glashütten im 12. Jahrhundert siedelten sich auch Glashändler in Bad Driburg an. Um 1900 vereinigte der Bad Driburger Handelsverein bereits mehr als 100 Glashandelsbetriebe. Die hergestellten Glasgüter wurden zunächst mit Kiepen, dann mit Ziegen-, Esels- und Hundekarren und später mit planbedeckten Pferdefuhrwerken auf monatelangen Reisen durch ganz Europa transportiert. Die Handelsrouten der Bad Driburger Glashändler reichten bereits damals von Dänemark bis nach Bayern sowie von den Beneluxländern bis weit nach Russland. Bad Driburg zählt auf dem Gebiet der Glasproduktion und des Glashandels auch heute noch zu den wichtigsten Umschlagplätzen Europas. So bedeutende Namen wie Leonardo, Ritzenhoff & Breker und Walther Glas setzen die Glasmachertradition heute in der Egge fort. Besucher können in zwei Schauglashütten erleben, wie Glas nach alter Tradition geblasen wird. Wanderwege führen an ehemaligen Glashüttenanlagen und Standorten, die eng mit der Glasmacherei im Zusammenhang stehen, vorbei. Auch sonst können überall auf der Egge noch Spuren der Glashütten entdeckt werden. Ihre Standorte sind manchmal an Rodungen im Wald zu erkennen. An Bachläufen und Berghängen findet man heute noch Glasscherben und oxydierte Hafenschalen, die aus dieser industriellen Blütezeit stammen.«

Die Firma Ritzenhoff konnte sich in unserer Heimatstadt Marsberg bis heute behaupten. Sie ist neben der Psychiatrie des Landschaftsverbandes Westfalen Lippe einer der wichtigsten Arbeitgeber in der Stadt. Einst hatten wir an einer Führung durch die Wälder in Blankenrode, unserem übernächsten Etappenziel, zum Thema Glashütten teilgenommen. Wir fanden tatsächlich große, bizarre Klumpen Glas im Wald. Fasziniert hatte mich die Tatsache, dass die Glasmacherdörfer abgebaut wurden und die Bewohner mit

Kind und Kegel, Sack und Pack zum nächsten Rohstoffvorkommen weiterzogen, inklusive Pfarrer und Lehrer.

Wir zogen auch ohne Mitnahme unseres Fachwerkhauses zu unserer nächsten Herberge weiter. Hinter dem Klusenberg brachte uns eine harte Asphaltstraße durch ein langes Wiesental. Am Rand der Wiese standen üppige Kastanien. Weit ab vom Eggekamm machte diese Waldgegend einen kultivierten Eindruck, wozu der Kastanienbestand beitrug. Der Weg erhob sich wieder auf das Tor des Ochsenberges zu, dessen Flanken ausgedehnte Kuhlen bildeten, die mit Buchen bewachsen waren. Die Kuhlen suggerierten einen tiefen, wohligen Raum voller Baumstämme und Kronen in unterschiedlichen Höhen. Auf der anderen Seite des Tores wechselte der Baumbestand zu Fichten, die zwischen ihren Stämmen in der Ferne die schon niedrig stehende weiße Sonne als Spot durchscheinen ließen. Beim Radbaum erreichten wir zwei Landstraßen, die jeweils in diesem flachen Teil der Eggekante die Bergkette überwanden. Sogar die Bahnlinie Kassel Altenbeken wechselt hier die Seite von Osten nach Westen des Kamms. Eine Brücke brachte uns über die tief unter uns in einem engen Bergeinschnitt verlaufenden Bahntrasse. Um nicht auf der Straße gehen zu müssen, führte der E1 parallel durch ein Feuchtgebiet mit dem Bachlauf Rotes Wasser auf einem Fußpfad nach Herbram Wald.

Der bereits bei der Rehberghütte angekündigte Tannenhof bot uns zur Begrüßung der Waldortschaft ein trostloses Bild. Toter und verlassener konnte ein einst lebendiges Gebäude nicht aussehen. Grau von Staub und grün von Moos stand es mit stumpfen Fenstern am Straßenrand. Die Siedlung Herbram Wald entstand nach dem zweiten Weltkrieg. Vertriebene aus Schlesien bauten hier Einfamilienhäuser mit großen Grundstücken, auf denen sie Gemüsewirtschaft betrieben und Kleintiere hielten. Das ursprüngliche Dorf Herbram ist einige Kilometer entfernt am westlichen Fuß des Eggegebirges gelagert. Später kam zu der Siedlung noch ein Hotel. Der Flachbau bestand hauptsächlich aus dunkelbraunen Waschbetonplatten mit großen Kieselsteinen. Hier hatte Ursula in der Vergangenheit einmal an einer Synode teilgenommen. Jetzt ist auch das Hotel zeitweilig geschlossen. Zum Übernachten blieb für uns nur die Pension Barbara übrig, die ihren Betrieb in den siebziger Jahren aufgenommen hatte, in der Zeit, wo das Wandern und die Entdeckung des eigenen Landes der Deutschen drastisch zunahm. Wegen der nahen Externsteine und des Hermanndenkmals war das Eggegebirge ein beliebtes Ausflugsziel. Das Haus Barbara war architektonisch grundlegend als Pension gebaut worden. Ein großer Aufenthaltsraum besaß einen Zugang zum parkähnlichen Garten, in dem weiße Statuen standen und eine Fahne mit dem Wappen von Herbram Wald sowie eine holländische Trikolore flatterten. Im ersten Stock waren die drei Zimmer zum Garten mit einer durchgängigen Balkonfront ausgestattet. In einem dieser Zimmer waren Margarete und ich untergebracht. Hinter dem Garten schlossen sich sogleich die Fichten des Waldes an. Ohne diese Pension hätten wir mühselig nach Neuenheerse im Osten des Kamms absteigen müssen.

Das Problem war das Abendessen. Bei der Planung hatte ich nur vage Informationen erhalten, hier im Wald auf Gastronomie zu stoßen. Ich hatte mich ganz auf das Hotel verlassen. Das war aber geschlossen. Unsere Wirtin, die eigentlich nur eine Nachbarin war und uns in Empfang nahm, da die eigentlichen Besitzer in Holland lebten, beschrieb uns aber den Weg zum Golfstübchen in der Nähe. Die Entfernung war genau soweit, dass ich mir meine Wanderschuhe nicht verschnüren musste, weil meine Füße brannten und schmerzten. Die anderen bemerkten auch einen nicht geringen Erschöpfungsgrad mit den Worten, dass die Tagesetappe wieder einmal gewaltig gewesen sei.

Das Stübchen entpuppte sich als Imbiss, der sich zu einem Restaurant entwickelt hatte. In Fachwerknischen waren Tische untergebracht. Unter einem Dach konnte der Besucher auch draußen sitzen, woran sich auch der in die Jahre gekommene, aber gut erhaltene Minigolfplatz anschloss. Auf dem Platz dekorierten Pflanzen in Kübeln und Figuren die Zwischenräume der Bahnen. Drinnen waren bäuerliche Gegenstände untergebracht. Plastikblumen schmückten die Tische und Fensterbänke. Wir waren die einzigen Gäste im Stübchen. Die Bedienung war nett und freute sich, sechs hungrige Wanderer beköstigen zu können. Ulla und Toni saßen im Zug, der abendlich kühl schien. Sie meldeten einen Umzug zu den tiefer gelegenen, geschützten Plätze im Raum an. Das erneute Aufstehen war für mich beschwerlich, weil ich meine müden Knochen gerade in den Ruhestand versetzt hatte. Aber eine gemütliche Runde für alle zu bekommen, hatte vor individuellen Bedürfnissen Vorrang. So wurde der Abend auch wieder extrem entspannt und erholsam. Mit der Speisekarte der Silbermühle im Hinterkopf, bestellten wir nun von der auf das Einfachste reduzierten Karte. Drei Folienkartoffeln, Pommes, kleine Salate, Schnitzel »Zigeuner Art«, Schnitzel »Jäger Art« und ein Gemüsegratin für mich. Die Salate waren frisch. Das Essen reichlich. Wir brauchten die Silbermühle nicht unbedingt, um gut zu speisen. Im Gegenteil wurde mit Wonne und unbefangener gegessen, als dort, wo der Kellner einem nach jedem Gang neues Besteck gebracht hatte. Irgendwie war hier im Stübchen die Art zu Essen uns Wanderern angepasster, als in einem 5-Sterne-Restaurant den Körper angespannt zum Geradesitzen zu zwingen, zumal er schon den ganzen Tag in Anspruch genommen worden war.

Draußen glommen 1000 gelbe Glühlampen, an Ketten aufgehängt. Ich dachte kurz über die Kosten nach und die Einnahmen von heute Abend. Was würde wohl nach allen Abzügen dem Wirt übrig bleiben? Dann verschwanden meine sorgenvollen Gedanken um die Existenz der Gastronomie an solch einsamen Orten wie diesem in der kühlen Nachtluft so schnell wieder, wie sie gekommen waren.

Herbram Wald - Blankenrode, 27. Mai 2012, Sonntag

Der Himmel war über Nacht ergraut. Eine wohlbemalte Maria aus Holz, mit blauem Umhang und goldenem Gürtel, stand auf einer Arbeitsfläche neben einer alten Pfaffnähmaschine mit aufgesteckter Garnspule. Die grazile Figur hatte nach unten hängende Arme und offene Hände. Diese erste Marienstatue im privaten Raum seit Flensburg war ein weiteres Zeichen für mich, dass wir nun im katholischen Paderborner Land angekommen waren. Das wohlwollende leichte Lächeln der Maria geleitete uns in den Frühstücksraum. Das Speisenangebot war üppig und die Stimmung konnte nicht besser sein. Aber eine etwas andere Aufregung mischte sich unter die Aufbruchstimmung. Nur noch zwei Etappen bis zu unserer Wahlheimat. Von Wehmut konnte keine Rede sein. Es war eher Euphorie in Erwartung eines Endes, im Sinne von Erreichen eines Zieles, das man sich vor Jahren gesetzt hatte. Aber Marsberg sollte erst die Hälfte bis zum Bodensee für uns sein. Trotzdem wird das Ankommen eine Markierung setzen. Ich war gespannt, wie sie sich anfühlen würde. Wir hatten zu Montag, 15:00 Uhr die Presse in ein

Café an der Diemel eingeladen. Sie wollte einen Artikel über unsere bisherige Tour verfassen.

Wenn meine Kappe und die Sonnenbrille mir bis jetzt geholfen hatten, nicht so starke Überblendung zu empfinden, stärkten die Wolken sogar meinen Durchblick. Mein Zustand hatte nämlich schon paradoxe Ausmaße angenommen. Ich wünschte mir Wolken herbei anstatt Sonne. Je abgedämpfter das Licht war, um so kontrastreicher konnte ich die Umgebung erkennen. Beim Auszug vom Ort passierten wir die kleine Parkanlage. Am Rand stand ein Sandstein mit einer bronzenen Tafel, deren rustikale Inschrift, teils mit erhabenen und teils mit grob gekratzten Lettern, lautete: »Erinnerung an unsere Heimatgemeinde Hohndorf Grafschaft Glatz Schlesien, aus der wir 1946 vertrieben wurden.« Vor dem nackten Stein versuchte ein Büschel Stiefmütterchen im Rasen die bittere Erinnerung an die Vertreibung zu verschönern.

Hinter der Landstraßenkreuzung strahlte ein weißes Kreuz am Waldrand, mit der Inschrift im horizontalem Balken: »Im Kreuz ist Heil.« Eine Schale Begonien und andere kleine Rabatten schmückte den eisernen Fuß, in dem das mannshohe Holzkreuz steckte. Dahinter kamen wir in Teufelsküche. So hieß das Waldstück bis zur schroff abfallenden Klippe, an der der E1 über viele Kilometer entlang führte. Überhaupt sollten wir den ganzen Tag den Wald nicht verlassen. Margarete fragte mich zwischendurch, was ich über den heutigen Tag in meiner Dokumentation schreiben würde, außer Bäume, Bäume und noch mal Bäume. Aber ich beruhigte sie und meinte, dass diese Gegend wegen der Grenzsituation hochgradig historisch interessant sei, womit ich Seiten füllen könnte. Außerdem ging es mir nicht um das Füllen von Seiten. Wenn es hier keine Geschichten über Menschen gäbe, würde ich ein weiteres Buch über Bäume schreiben, oder über den Himmel, oder über das Wasser.

Der Pfad an der Kante war uneben. Wurzeln lugten aus dem weichen Boden voller Fichtennadeln. Ich weiß bis heute nicht, warum ich wegen meiner eingeschränkten Sehkraft nicht öfters gestolpert war. Tief klaffende Felseinschnitte und bizarre Schluchten, in denen gebrochene Buchen lagen, bildeten die Ostseite des Kamms, der an manchen Stellen bis zu 30 Meter abfiel. Felsmulden hatten sich über die Jahrtausende mit Humus angefüllt, woraus jetzt Fichten und Büsche wachsen konnten. Die Westseite, auf der wir wanderten, verlief flach in den Wald hinein. So stellte sich dieser letzte Teil des Eggegebirges wie eine gigantische Treppenstufe dar. Treppab verlief die Bahnstrecke in unmittelbarer Nähe bis nach Willebadessen, parallel zu der auch unsere Strecke führte, bis wir nach sechs Kilometern Richtung Westen abknicken mussten. In der Teufelsküche schloss sich der Rundwanderweg namens Sintfeld Höhenweg an den E1 an. Beworben wird der 144 Kilometer lange Rundwanderweg mit dem Text: »Der Sintfeld Höhenweg verbindet die Städte Büren, Bad Wünnenberg und Lichtenau und führt durch das Herz der Paderborner Hochfläche, das Sintfeld! Er leitet den Wanderer zu zahlreichen Steinkisten- und Hügelgräbern, unzähligen Wüstungen, Ruinen, Kirchen und Klosteranlagen und lässt die Wanderung zu einer historischen Zeitreise durch eine beeindruckende Kulturlandschaft werden. Auf dem Weg begleiten den Wanderer zahlreiche Wasserläufe, die mitunter unverhofft im Erdreich verschwinden, um anderswo imposant wieder an das Tageslicht zu sprudeln.«

Die Ebene eignete sich nicht nur zum Wandern, sondern auch zum Austragen von Schlachten. So fand auf dem Sintfeld 794 eine der größten und entscheidensten Schlachten des Fränkischen Krieges in Sachsen statt. Das Fränkische Heer setzte Panzerreiter ein und konnte die um ihre Freiheit kämpfenden Sachsen besiegen. Das Gefecht fand in der Spätphase der 30 Jahre dauernden Sachsenkriege Karls des Großen statt. Es war in dieser Zeit die letzte große Erhebung der Sachsen. Nach Schilderungen Alkuins, richtete sich der Kampf der Sachsen und der Friesen gegen die von den Franken eingeführte Zehntpflicht. Die römisch-katholischen Priester seien als Geldeintreiber Räubern gleich aufgetreten. Diese und andere offene Kritik am Vorgehen des Kaisers während der Sachsenkriege, veranlasste Karl Alkuin vom Hof in Aachen zu entfernen, indem er ihn in Saint Martin de Tours zum Abt ernannte, obwohl er kein Priester war, sondern nur Diakon. Alkuin stammte aus einer Adelsfamilie und wuchs in Yorkshire auf. Er wurde dort Schüler der über die Landesgrenzen bekannten Domschule, die er später leitete. 781 traf er in Parma auf Karl den Großen. Der lud ihn nach Aachen ein und machte Alkuin zu einen seiner engsten Berater in Staats- und Kirchenfragen. Er konnte sich jedoch nicht gegen die Gewaltanwendungen bei der Missionierung der Sachsen gegen den Kaiser durchsetzten. Neben zahlreichen Gedichten, Schriften, Predigten und Abhandlungen über Rhetorik, Dialektik und Astronomie, hat

Alkuin durch die Verbreitung der karolingischen Minuskel, einer aus Kleinbuchstaben bestehenden Schrift, die vom 9. bis in das 12. Jahrhundert im Gebrauch war, ein Vorbild für die heute noch verwendeten Kleinbuchstaben geschaffen.

An einer Stelle des Asseler Waldes stachen die Tellerwurzeln umgefallener Fichten wie abgestürzte Untertassen aus dem Boden. Sie gaben die Beschaffenheit des Bodens preis, der hier aus feinstem Quarzsand bestand. Ob es sich dabei um Verwehungen aus der obersten Holozänschicht des Sintfeldes handelte, wage ich nicht zu bestimmen. Wurzeln und schwarze Humuspartikel färbten den fast weißen Sand grau. Ulla blieb ebenso wie ich für einige Fotos zurück, um diese spektakulären Bilder festzuhalten. Fichten stellten in diesem Waldstück über Kilometer den Hauptbaumbestand dar. Weiche Wege schlängelten sich durch die Schneisen der Plantagen und urwüchsig belassene Abschnitte.

Bei der Asseler Hütte öffnete sich der Wald. Nur einzelne mächtige Fichten, Überbleibsel vergangener Stürme, schmückten die Schneise. Die Schutzhütte schien neu errichtet. Das Holz war noch nicht verwittert. Im Innern befand sich ein Gästebuch, in dem sich Margarete stellvertretend für uns alle verewigte. Vor der Hütte war ein Wegweiserschild aufgestellt, das auf entfernte Orte hinwies. Ein Ort war für uns von Belang. Eutin sollte von hier aus 295 Kilometer entfernt liegen. Die Angabe musste in Luftlinie gerechnet sein. Gefühlt kam mir Eutin sehr weit entfernt vor. Erinnerungen wurden geweckt. An der Ostsee waren Margarete und ich noch alleine unterwegs gewesen, und ich erreichte Ratzeburg mit Schmerzen. Lang war es her, aber der Sand des Meergrundes aus verschiedenen Zeiten verband die beiden Gegenden wiederum miteinander.

Bevor wir wieder in den Tiefen der Eggewälder verschwanden, strahlte uns ein ganzes Feld Siebensterne entgegen. Leuchtend grünes, frisches Gras wuchs aus Feuchtmulden empor. Fette Fichten am Wegesrand trugen ein Gewand aus Moos. Auf vergessenen Stämmen wuchsen zwischen einem Teppich von Frauenhaar ein paar Bündel Buchenfarn, thelypteris phegopteris. Am Paderborner Berg klaffte eine nächste Sturmschneise, in der vereinzelte, zersauste Fichten ihre traurigen Umrisse in den blauen Himmel zeichneten. Die Wolken hatten sich tatsächlich verzogen, so dass wir an dieser sonnigen Stelle eine Trinkpause einlegten.

Die trockene Schneise war mit Sandwegen durchzogen, auf denen es sich beschwerlich gehen ließ. Ähnliches hatten wir in der Lüneburger Heide erlebt, die hauptsächlich im Untergrund aus Sand bestand. Wieder im schattigen Wald befestigten Gräser und das Laub den weichen Boden. Zur weiteren Befestigung des Sandgrundes trägt das Leimkraut bei, das hier in großen Polstern vorkommt. Es könnte sich aber auch um Sandkraut oder Nagelkraut handeln. Das letztere kommt aber nur an der Küste vor. Zumindest stimmt bei allen drei möglichen Kräutern die Umgebung zum Gedeihen. Fluraufbrüche und lichtdurchflutete Fichtenbestände wechselten sich im Bild ab. Da wo der Wald einen Durchblick erlaubte, waren ferne Hügelketten zu erkennen, die schon zum Sauerland gehörten. Margarete hatte vielleicht mit der Bemerkung recht, dass mir bestimmt die Luft bei der Beschreibung der Strecke ausgehen würde, weil wir außer Wald heute noch nichts anderes gesehen hatten. Da kam das Lichtenauer Kreuz mit dem mächtigen Fernsehturm gerade recht, um für Abwechslung zu sorgen. Hier standen wir südlich der Willebadesser Hütte, die beim 417 Meter höchsten Punkt des Asseler Waldes lag, an der Überquerungsmöglichkeit des Kammes von Lichtenau im Landkreis Paderborn nach Willebadessen im Kreis Höxter. Der 152 Meter hohe Turm hatte eine klassische Form der achtziger Jahre. Um genau zu sein, wurde er 1989 errichtet. Über dem unteren dicken Teller stapelten sich drei dünnere, worauf sich eine feine Spitze setzte. Das Schild des Eggevereins neben dem Turm verriet uns, dass wir seit Herbram Wald 8 Kilometer bewältigt hatten und 17 noch vor uns lagen. Die Temperatur war immens gestiegen. Die ersten von uns kamen in Schweiß. Die unterschiedlichen Mentalitäten unserer Gruppe, mit den verschiedenen Reaktionen auf Hitze, kamen nun zum Vorschein.

Wieder im Schatten des düsteren Waldes, war die Temperatur erträglicher. Nur die weißen Blüten auf den Stauden der Pestwurz, petasites albus, der man zu Zeiten der Pest eine bestimmte Heilkraft zusprach, leuchteten wie Lampen in Sonnenspots vor der dunklen Waldwand. Spindselige Buchen auf felsigem Untergrund ließen einer der letzten Abgründe des Kammes hinter ihnen vermuten, bevor wir die Landstraße von Kleinenberg nach Willebadessen überqueren mussten. Verwitterte Holzschilder zeigten die Richtung an. Unter anderem sollte sich in 1,5 Kilometer Entfernung die Karlsschanze befinden, die wir aber wegen des Umweges links liegen ließen. Der Wilderer Wanderweg stieß an dieser Kreuzung hinzu. So erreichten wir aber einen kleinen, grob behauenen Natursteinquader mit einer größeren Steinhaube in deren Mitte ein spitz geschliffener Endstein ruhte. Im Schutz der Haube war ein Holzschild am Quader angeschraubt, auf dem »Opferstein, sächsische Kultstätte« geschrieben stand. Beim Försterkreuz erreichten wir einen 428 Meter hohen flachen Gipfel. Hier standen die unterschiedlich alten Fichten so schön einzeln beleuchtet zwischen Gras zu einander, dass sie eine wohlkomponierte Waldmusik abgegeben hätten. Ein unbehauner Steinpflock markierte diesen Gipfel. Ein kleines, gemeißeltes Kreuz schmückte den Pflock. Es trug den selben Namen wie der Gipfel – »Försterkreuz«. Beschaulicher war die große Tafel, die auf die Karlsschanze aufmerksam machen sollte: »Ganz in der Nähe des Eggeweges liegt versteckt im Wald eine der mächtigsten frühzeitlichen Wallburgen Westfalens. Die Karlsschanze besteht aus einem insgesamt drei Kilometer langem System mehrerer Wälle, die Kernanlage selbst weist eine Größe von acht Hektar auf. Der bis zu vier Meter hohe Hauptwall war ursprünglich von einer ebenso hohen Mauer aus benachbartem Sandstein gekrönt. Von der Bebauung konnten nur wenige Fundamente nachgewiesen werden. Sie diente als Fliehburg.«

In der Nähe befinden sich heidnische Stätten wie der Faule Jäger und die Gertrudskammer. Der Faule Jäger ist ein mächtiger Sandsteinblock von sechs Metern Höhe und 24 Metern Umfang. Über den geheimnisvollen, eigenartig geformten Stein wird vermutet, dass er als frühchristlicher Opferstein für die Sachsen eine wichtige Rolle, für die Ausübung ihres Gotteskultes und Opferhandlungen, spielte. Eine Sage thematisiert auch hier den Konflikt zwischen den Franken und den Sachsen. Ein sächsischer Wachposten, der faule Jäger, ließ sich von einem fränkischen Krieger überrumpeln. Wenige Meter entfernt liegt unterhalb des Klippenhanges die Gertrudskammer oder Drudenhöhle. Die Höhle entstand durch Verwitterung und Auswaschung des Osning-Sandsteins und wird ebenfalls im Volksglauben mit der germanischen Mythologie in Verbindung gebracht. Die Höhle soll der Druidin Wala und auch der Eremitin Gertrud als Wohnort gedient haben.

Durch den nahen Ort Willebadessen brachte sich Heinrich IV. wieder in Erinnerung, von dem ich im Raum Ratzeburg viel berichtete. Er hatte in einer Urkunde von 1065 eine Schenkung eines

Forstes an seinen Lehrer, dem Erzbischof Adalbert von Hamburg-Bremen verbrieft. Als Grenze wurde im Dokument folgendes beschrieben: »Von der Mündung der Ambrinna, heute Emma, das Ufer der Wisera, heute Weser, hoch bis zur Mündung der Dimila, heute Diemel, unser Heimatfluss, und von der Dimila aufwärts bis zum Dorf Scerna, heute Scherfede, und von dort aus durch die nach Norden verlaufende Linie der Dörfer Burchartinchusen, heute Borlinghausen, Wilbvtissun, heute Willebadessen, Altinherise, heute Altenheerse, Langineissina, heute Langeneissen und so fort.«

Wir befanden uns an dieser sagenumwobenen Stelle am schmalsten Stück des Eggekamms, der ebenso von nun an nach Westen abbog. In dieser Rundung waren die Klippen besonders hoch und steil. Ich sah aus der Ferne Ulla, Toni und Margarete in wilden Bewegungen. Ein »Oh, Gott« oder »Das gibt es doch nicht«, war zu hören. Vom Weg aus führten Pfade auf lebensgefährliche Vorsprünge, von denen wir in den tiefen Abgrund und ins Weite bis zum Langenberg gucken konnten. Mit Mooskappen bewachsene Vorsprünge ragten in die Luft. In Felsritzen wuchsen Heidelbeeren. Bizarre, kleingebliebene Bäume versuchten sich in den Spalten zu behaupten. Wir hielten uns bei dieser Landschaftssensation etwas länger auf, um das Gefühl des Schwindels auszukosten.

Hinter Bierbaums Nagel und der Borlinghauser Hütte, die nach einem gleichnamiges Dorf im Osten benannt wurde, verließen wir das einzige Mal auf dieser Etappe beim Grunewald den sonst zusammenhängenden Forst. Der Aussichtsturm Bierbaums Nagel ist einer der ältesten seiner Art in Ostwestfalen. Er wurde 1849 von Julius Bierbaum errichtet, damit seine aus Kassel stammende Ehefrau bei Heimweh den Herkules, das Wahrzeichen ihrer Heimatstadt, sehen konnte.

Die B68 stieß hier aus dem Wald von Scherfede kommend nach Paderborn. Ein Schild mit dem Paderborner Wappen stand bei der Überquerung am Straßenrand. Es zeigte einen Fluss, darüber ein rotes Kreuz, darunter eine Art gezackter Drachenflügel in rot. Scherfede lag noch im Kreis Höxter, aber bereits an der Diemel, unserem Heimatfluss, der sich nun in erreichbarer Nähe befand. Hier verlief auch die hessische Grenze, die somit an dieser Stelle des abknickenden Eggegebirges eine Art Zweiländer- und Vierkreiseeck bildete. Hier stießen der Hochsauerlandkreis, der Kreis Paderborn, der Kreis Höxter und der hessische Kreis Diemelstadt aufeinander. Hinter der Bundesstraße konnten wir über die Äcker des Sintfelds blicken, an dessen Ränder sich das Kreistreffen noch einmal geografisch bekräftigen konnte. Das Hochplateau grenzt im Norden an die anderen Teillandschaften der Paderborner Hochebene und damit bildet das Feld einen Teil der Westfälischen Bucht. Den Osten und Südosten begrenzen das Eggegebirge als Teillandschaft des Weserberglandes, den Süden das Diemelbergland als Teillandschaft des nordhessischen Berglandes und den Südwesten das Almebergland als Teillandschaft des Sauerlands. Über die geschichtliche Bedeutung des Diemeltals werde ich noch zu berichten haben.

Unser Ausflug an den Rand der Felderwirtschaft währte nur 500 Meter, bis uns ein ausgedehntes Gebiet aus mehreren Wäldern wieder verschluckte. Eine einsame Holzbank stand vergessen am Waldrand. Links und rechts vom Weg schäumten prächtige Bibernellen vor bereits hochstehenden Roggen. Kumuluswolken läuteten den Nachmittag ein. Sie bereicherten unbedrohlich den blauen Himmel und steigerten die Landschaftsbilder in ihrem ästhetischen Ausdruck. Der vom Forstweg abgehende Fußpfad zum Klippen- und Felsenmeer führte durch hohe Fichtenstämme hindurch. Das Sonnenlicht fiel malerisch bis auf den nadelübersäten Boden und ließ auf den Weg dahin die frischen Triebe der Nadelbäume grün erglühen. Ein Hauch von Harzduft erfüllte dabei die warme Luft. Zur einen Seite erhob sich der fast 400 Meter hohe Bentenberg, den wir nachher noch überschreiten mussten, und zur anderen bildeten Felsen, die im Norden den Eggekamm formten, das Bild dieses Forstes. Die Bäume gehörten dem Warburger Wald, der sich wie ein Keil des Kreises Höxter in das Sauerland schob. Warburg lag hinter Scherfede und war uns als Name in Hamburg-Blankenese bereits durch das bekannte Bankhaus begegnet. Vor der Unterwerfung durch Karl dem Großen war die Wartburg, der heutige Burgberg mit der Ruine, ein sächsischer Adelssitz und gehörte zum Hessengau nördlich, sowie südlich der Diemel bis Marsberg. Um Fritzlar und Kassel herum befand sich der fränkische Hessengau. Beide zusammen bildeten im Mittelalter die größte rechtsrheinische Gaugrafschaft. Die Aufteilung entstand, als im siebten Jahrhundert die Sachsen die Hessen nach Süden drängten und das dabei eroberte Land selbst besiedelten, ohne den Namen zu ändern. Diese Tatsache beschreibt einen weiteren Konfliktherd, der auch heute noch seine Wirkung hat. Über den hessischen Kreis Waldeck werde ich noch nach dem Start unserer nächsten Tour zu berichten haben.

Der damalige Hessengau war im neunten Jahrhundert das Stammland der Konradiner, wurde aber nach dem Aufstand des Herzogs Eberhard von Franken und dessen Tod 939 in der Schlacht von Andernach von König Otto I. eingezogen und an Getreue als Lehen gegeben. Der sächsische Teil kam schließlich, nach dem Tod des Grafen Dodiko 1020 an den Bischof von Paderborn. Dodiko war der Begründer der Stadt Warburg zu Füßen seiner Burg. Der fränkische Teil wurde ab 1027 von den Grafengeschlechtern Werner und Giso als Reichslehen verwaltet und kam schließlich durch Erbschaft im 12. Jahrhundert an die Ludowinger und damit an Thüringen. Nach dem Aussterben der Linie der Ludowinger 1247 und dem darauf folgenden Thüringisch-Hessischen Erbfolgekrieg wurde der Gau das Kernland der Landgrafschaft Hessen und damit die Keimzelle des heutigen Landes Hessen. Das Wort Gau war wahrscheinlich ursprünglich eine Bezeichnung für eine Siedlungsgemeinschaft der sogenannten Germanen. Es leitet sich vom althochdeutschen gouwe oder gouwi für Landstrich ab. Der Duden legt das germanische Wort awjo in der Bedeutung »Insel, Au, zum Wasser gehörig« zugrunde, aus dem die gemeingermanische Kollektivbildung gaawja »Land am Wasser« hervorging. Das heutige Allgäu bezeichnet klar eine Landschaft mit den dazugehörigen politischen Grenzen. Oberammergau oder der Kanton Aargau in der Schweiz tragen noch Heute die Bezeichnung in ihren Namen, die auf eine merowingisch-fränkische Umwandlung in deren Verwaltungspraxis zurück geht. So hieß der Konton Aargau vor 768 unter römischer Regionalverwaltung Pagus Aregaua. Nach der Niederwerfung der Sachsen teilte Karl der Große die Landschaftsgebiete nach dem Grafschaftsprinzip auf. Er setzte Grafen als seine Stellvertreter vor Ort ein und verlieh ihnen exekutive Macht nach dem Leitbild des Römischen Rechtes. So verband sich die sächsische Bezeichnung für die Gruppe oder Gegend mit der neuen herrschenden Person. Der Gaugraf war geboren. Erst die Nationalsozialisten kreierten neue Anknüpfungen mit dem Begriff Gau, wahrscheinlich in Anlehnung an die Germanen, indem sie Bezirke Gaue und besetzte Länder wie Gebiete Österreichs und des Sudetenland Reichsgaue nannten. Die Vorsteher solcher Gebiete wurden Gauleiter getauft, was dem historischen Begriff Gau eben diesen negativen Geschmack verlieh.

Nachdem die Umführung über den Pfad an den Felsen geschafft war, bog der Weg zum Wirtschaftsweg erneut nach Norden um. In der Biegung stand ein großes Feld Adlerfarn, der gerade dabei war von seinem Gestänge aus die Fächer zu entrollen. Diese kuriose Form des Farns wird auch Jesus Christuswurz genannt. Der Wirtschaftsweg zog sich schnurgerade zum Bentenberg allmählich nach oben. So wie wir uns bis jetzt auf einer Höhe hatten halten können, stellte diese Rampe eine schweißtreibende Herausforderung dar. Moderne Forstmaschinen mit gigantischen Rädern waren an der Seite des Weges geparkt. Daneben lang ein geschichteter Haufen Fichtenstämme. Schließlich machten wir, oben angekommen, an einer Wegkreuzung im Gras Rast. Dort hatten wir gleich zwei wundersame Begegnungen, zumal wir auf der ganzen Strecke bis jetzt keiner Menschenseele begegnet waren. Zuerst tauchten zwei junge Frauen auf. Ihr Schneit und Schritt verriet, dass sie E1-Wanderer waren. Die eine hatte Tücher zu ihren Rasterlocken gebunden und die andere trug einen flotten Pferdeschwanz, der bei jedem ihrer Schritte hin- und herwippte. Stabile Wanderschuhe und gekürzte Outdoorhosen in Kakifarbe komplettierten das Bild eines Langstreckenläufers. Wir begrüßten uns kurz. Bernhard wollte es genau wissen: »Auch nach Blankenrode?«

Ein Lächeln und ein kurz angebundenes »Ja« war alles, um nicht aus ihrer Trance im Gehen zu erwachen.

Wenig später kam wie aus dem Nichts ein älteres Ehepaar, das aber mehr Muße besaß und stehen blieb. Nachdem wir uns zu erkennen gaben, erzählten sie, wie sie den E1 bestritten. Das Paar mietet sich in einer Pension ein, bleibt dort fünf Tage und fährt ihren Wagen an Stellen des E1, von wo sie aus den Weg begehen und zu ihrem Wagen zurückkehren können. Auf diese Weise gehen sie die Strecke zweimal. Ihr Alter schätzten wir auf um die 70 Jahre. Immerhin hatten sie einen Weg für sich gefunden, genauso akribisch wie unser Vorhaben durchzustehen, ihren langen Gang bis zu ihrem Ziel zu schaffen.

Diese lichte Stelle in Mitten des Waldes hatte eine verheißungsvolle Stimmung. Die Nachmittagssonne umflutete alte Fichtenstämme und machte ein Treffen von E1-Wanderern zur Sensation. Warum gerade hier dieses Treffen stattgefunden hatte, wird ein Geheimnis bleiben müssen. Aber seltsam war es trotzdem, zumal wir sonst so gut wie nie Wanderer getroffen hatten. Margarete und ich erinnerten uns an den schwerbepackten Mann hinter Eckernförde an der Ostsee und an den humpelnden Mann am Mittellandkanal, den wir später im Deister noch einmal getroffen hatten. Sonst hatten wir nämlich keine weitere Begegnung mit einem E1-Wanderer. Vielleicht lag es an der attraktiveren Strecke, die jetzt auf uns bis zum Bodensee wartete. Oder es lag an der warmen Jahreszeit, die die Frequenz der Ferngänger erhöhte.

Toni ruderte zwischen den Fichten mit den Armen beim Gehen. Es soll das Blut in die Hände drücken, was sie vom Marathon her kannte, damit die Finger nicht dick vom Wasserstau würden und der Stoffwechsel in diesen entfernten Regionen des Körpers angeregt bliebe. Aus Spaß machten wir alle mit, was ein lustiges Bild abgegeben haben muss. Das ging so lustig, bis zur 413 Meter hohen Nadel, von wo wir aus hätten Fernsicht haben müssen, wenn da nicht die umstehenden Bäume gewesen wären. Die Stimmung war gut und die Aufregung stieg für Ulla, Margarete und mich. Bis nach Marsberg sollten es von hier aus nur noch 20 Kilometer sein, bis nach Blankenrode fünf, verriet uns ein zum Keil geschnittenes Holzschild. Nicht weit von hier, östlich unter uns, lag das ehemalige Kloster Harderhausen, das wie erwähnt, die ersten Mönche zur Belebung des neuen Klosters Marienfeld von Bernhard dem II. gesandt hatte. Hardehausen wurde 1140, im Geburtsjahr seines Sohnes Bernhard II., vom Bischof Bernhard I. gegründet. Es war ein Tochterkloster des Zisterzienser Klosters Kamp am Niederrhein. Der erste Abt Daniel kam mit 12 Mönchen aus Kamp. Der Gründungsvertrag wurde am 15. Mai 1155 unterzeichnet, nachdem der Landerwerb mit dem Kloster Corvey, Herzog Heinrich dem Löwen, sowie den Grafen von Everstein und von Schoneburg geregelt war, erste Gebäude fertig gestellt und die Ländereien kultiviert wurden. In das Kloster Hardehausen traten vor allem Söhne nichtadliger Familien ein, die aus dem Paderborner Hochstiftsgebiet und teilweise auch den umliegenden Diözesen Köln und Mainz stammten, während sich der Konvent im Kloster Corvey hauptsächlich aus Söhnen adliger Familien zusammensetzte. Heute beherbergt das Kloster eine Landvolkshochschule und ein Musterlehrhof für Landwirtschaft.

Unterhalb des Berges Nadel durchbrach nun zum letzten Mal eine flache Stelle den Kamm, in die auch der E1 hinunter führte und auch von der Verbindungsstraße zwischen Blankenrode nach

Scherfede über Hardehausen von Autofahrern benutzt wurde, die ausschließlich über 10 Kilometer durch Wald führte. Eine vom Fels befreite Rinne brachte uns nach unten auf ein kleines Zwischenplateau, von dem der Pfad anstrengend steil und glitschig zwischen Krüppelbuchen uns auf einen Wirtschaftsweg brachte. Bei dieser Passage überholten wir das ältere Paar, das erhebliche Schwierigkeiten hatte hinabzusteigen. Ich dachte dabei auch an den Wiederaufstieg, weil ja das Auto in der Richtung stand, aus der sie gekommen waren. Morgen wollten sie den Wagen an der Landstraße stehen lassen und nach Blankenrode laufen. Kurz vor der Schwarzbachbrücke auf der Landstraße bei Roters Eiche hielt ein Wagen auf offener Straße an. Die Landstraße war zum Glück nicht stark befahren. Ein Marsberger Pärchen hatte uns erkannt. Die Frau stieg aus und konnte ihre Begeisterung nicht zurückhalten. Sie hatte unseren Ankündigungsartikel gelesen und war nun erfreut uns hier durch Zufall zu treffen. Bei der Frau handelte es sich um eine Lehrerein unserer Kinder aus deren Grundschulzeit. Durch ihr Auftauchen war nun die Fremde völlig verweht. Marsberg warf seine Schatten voraus. Es war ein trauriges aber auch wohliges Gefühl zugleich, bald im vertrauten Umfeld anzukommen. Eine Nacht sollte uns noch von unserer Wahlheimat trennen.

Hinter der Brücke bog der E1 nach rechts von der Landstraße aus auf einem Waldwirtschaftsweg in das Naturschutzgebiet um den Schwarzbach ein. Das Tal weitete sich mit Birken- und Erlenbestand zu einem ursprünglichen Feuchtgebiet. Ein namenloser Zufluss in den Schwarzbach begleitete unseren Aufstieg im Papengrund. Hierin mäanderte der Bach in weiten Schwüngen, auf dessen Halbinseln Eichenhaine wuchsen, die sich noch im frischen, hellen Grün befanden. Der fast schattenlose Steig im Tal hinauf zum Schneefelder Berg auf einem 400 Meter hohen Plateau forderte einiges von uns ab. Bernhard tat sich besonders schwer und fiel mit Ursula weit zurück. Ob er unter der Hitze litt oder der Aufstieg grundsätzlich zu lang für ihn war, konnte ich nicht ergründen. Als wir zur Stadtwüstung Blankenrode auf einem Pfad abbogen, ging er den Fahrweg weiter, um über die Landstraße zum Dorf Blankenrode zu gelangen. Den nicht mehr allzu hohen Anstieg zur Wüstung wollte er sich ersparen, auch weil er die Wüstung schon kannte. Ursula blieb bei uns und ließ ihren Mann ziehen. An der Abzweigung machten wir jedoch noch eine Trinkpause und ein Foto von dem Wanderschild mit der Ortsbezeichnung »Papengrund«. Wir hatten eine Beziehung zum Namen Papen. Dieser Familienname gab unserem Kunstverein den Namen Papengesellschaft, die sich auf eine Bildhauerfamilie bezieht, die im 17. und 18. Jahrhundert in Giershagen tätig war. Da wir bei der nächsten Tour im Herbst durch den Ort wandern, werde ich an dieser Stelle noch genauer auf ihr Werk eingehen.

Zu meinen Füßen wuchs Schachtelhalm, der einen feuchten Untergrund benötigt. Margarete lehnte sich für mich als Größenvergleich an mächtige Fichten, die den weiteren Pfad säumten, bis die ersten von Menschenhand geschaffenen Wälle und Bruchkanten auftauchten. Die damals freistehende Wüstung war heute vollständig bewaldet, was ihr eine besondere Stimmung verlieh, die von diesem Ort spürbar ausging. Die Stimmung würde ich als nicht duster bezeichnen, eher lebendig und warm. Südlich der Anlage fiel das Gelände steiler an der Eggekante ab, die ein natürlicher Schutz vor Feinden darstellte. Die Stadt soll immerhin einmal 1000 Menschen beherbergt haben, was im jetzigen Wald kaum mehr vorstellbar scheint. So überwuchern Pflanzen die Geschichte bis zur nahen Unkenntlichkeit, gäbe es nicht die Archäologen und Historiker, die das Unsichtbare wieder in die Gegenwart rückten. So sicherte sich der Fürstbischof Simon I. von Paderborn und der Abt des Klosters Corvey ihr Territorium vor den stark expandierenden Grafen von Waldeck ab, indem sie eine Festungsstadt auf dem Eggesporn errichteten. Das heutige Waldeck liegt ostseits der Diemel. Sie wurde bereits 1267 in einer Fehde mit den Waldecker und Osnabrücker Grafen zerstört und inklusive Kirche wieder aufgebaut. Die Stadt entwickelte sich zu einem Gemeinwesen mit Rathaus, Richter und Bürgermeister. Im 14. Jahrhundert ließ das Interesse als Trutzeinrichtung gegen die Hessen durch den Fürstbischof in Paderborn nach und wurde verpfändet. 1390 nutzte der Waldecker Graf Heinrich VI. die Abwesenheit der Burgbesatzung und brach in die Stadt durch, wobei er sie völlig zerstörte. Sie wurde nie wieder aufgebaut. Das Gelände ging zuletzt im 15. Jahrhundert in den Besitz des Klosters Hardehausen über.

Interessiert studierten Ursula und Margarete die Texttafeln am Steinbruch unterhalb der damaligen Stadt, die über die Bodenbeschaffung Auskunft gaben. Eine Buche direkt an der Aufrisskante, lies ihre Wurzeln an den Felsen entlang schlängeln. Der nackte Stein war längst bemoost. Laub füllt die Mulden und Ritzen des Bruchs.»An dieser Stelle wurde im 19. Jahrhundert Sandstein gebrochen, um Waldwege durch eine Packlage befahrbar zu machen. Dabei entstand dieser alte Steinbruch. Er gibt uns einen Einblick in die Gesteinsschichten unter der Stadtwüstung Blankenrode. Der 400 Meter hohe Bergsporn, auf dem die Burgstadt Blankenrode erbaut wurde, besteht im östlichen Teil aus Osning-Sandstein. Dies ist die älteste Ablagerungsschicht im Kreidemeer, das vor etwa 100 Millionen Jahren bis in diesen Raum reichte. Im Laufe der Jahrmillionen verfestigte sich die Schicht zu festem, grobkörnigen Quarz-Sandstein, der porös und spaltenreich, also wasserdurchlässig ist. Darunter liegt eine dünne wasserundurchlässige Ton- und Mergelschicht. Auch Streifen mit verfestigten Kiesablagerungen des 300 Millionen Jahre alten Sauerlandgesteins sind an einigen Stellen eingelagert. Die Schichtenfolge vom Küstenraum des Kreidemeeres hat hier den etwa 200 Millionen Jahre alten Buntsandstein überlagert, der heute weite Teile des Weserberglandes bildet. Der Wechsel von wasserführenden und wasserundurchlässigen Gesteinsschichten bildet einen Quellhorizont, der hier im Steinbruch sichtbar wird. Auf der Südostseite bringt er Wasser für die Wild-Suhlen im Stadtgraben. Die Quellen des Baches dort liegen ebenfalls auf dieser Schichtgrenze. Innerhalb der Stadtwüstung ist dieser Schichtenwechsel die Grundlage für die Wasserversorgung im alten Stadtbrunnen. Der Brunnen führt auch in trockenen Sommermonaten Wasser.«

Als wir das Burgplateau bestiegen, kam uns das nächste bekannte Gesicht entgegen. Eine Sängerin aus Margaretes Kammerchor war mit ihrer erwachsenen Tochter unterwegs. Die Begegnung war fröhlich. Heiter feierten wir den Zufall des Zusammentreffens, bis wir wieder jeder seiner Wege gingen. Der besagte Brunnen war mit einer massiven Holzkonstruktion umfasst, auf der ein stabiles Gitter ruhte. Weil es unmöglich gewesen wäre, sich von selber aus der Tiefe zu befreien, sollte das Gitter vor Unfällen schützen. Es schützte jedoch nicht vor herunter fallendes Laub, das auf der Wasseroberfläche schwamm. Dicke Steinquader bildeten die Einschalung des Brunnens, so dass er nicht rund, sondern fünfeckig erschien. Zu dieser Wasserstelle wurde sich eine Geschichte erzählt, nämlich die Sage vom Jungfernbrunnen.

»Auf der Höhe des Eggegebirges stand in alten Zeiten die Stadt Blankenrode. Über die großen dunklen Wälder schaute man weit ins Land. Mächtige Mauern und eine gewaltige Burg sollten die Menschen schützen. Aber immer wieder führten die Landesherren Kriege um ihre Grenzen. Wieder einmal – mitten in der Nacht – überfielen Raubritter die Stadt auf dem Berge. Die Angreifer erstürmten die Mauern und drangen in die Stadt. In den Straßen und Gassen herrschte Mord und Brand. Greise, Frauen und Kinder wurden umgebracht. Die Menschen rannten um ihr Leben. Grausame Kriegsknechte verfolgten auch ein junges Mädchen, die Tochter des Bürgermeisters. In ihrer höchsten Not sprang das Mädchen in den tiefen Brunnen der Stadt und ertrank. Als der Morgen graute, waren Burg und Stadt wüst und leer. Wald wuchs über den Ruinen. Der Brunnen aber, dort mitten im Walde, wird noch heute »Jungfernbrunnen« genannt. In seinen klaren Wassern spiegeln sich die Bäume.«

Auf der Wüstung verlief ebenfalls der X3, der von Warburg kommend Richtung Ems weiter führte. Ein anderes Schild belegte die Entfernung nach Marsberg mit 15 Kilometer. In zwei Kilometern waren wir im heutigen Dorf Blankenrode angelangt. Eine große Schautafel zeichnete die Lage der alten Wüstung mit doch enormen Ausmaßen ab. Auf der Rückenlehne einer gepflegten Bank war das Eggegebirge als Wasserscheide geschnitzt dargestellt. Die einen Wasser flossen in die Weser, die anderen in den Rhein. Andere Bänke rotteten im feuchten Wald vor sich hin und boten nur noch Moos Platz. Als wir den Hauptparkplatz für Besucher der Stadtwüstung erreicht hatten, lief Bernhard auf der Landstraße zum selben Zeitpunkt uns entgegen. Die Einfassungen, sowie das schmale Holzdach der Schautafeln mit Vögeln des Waldes und Baumarten waren in einem ähnlichen Zustand wie die Moosbänke. Hinter dem Plexiglas blühten Grünalgen prächtig auf, so dass die Einzelheiten der Informationen nur noch schwer zu erkennen waren. Trotzdem versprühte diese Installation mit ihrer reifen Patina einen gewissen Charme, dem ich mich nicht entziehen konnte. Schräg hinter dem Parkplatz, auf der anderen Landstraßenseite, standen die ersten neuzeitlichen Einfamilienhäuser von Blankenrode am Rand einer Pferdekoppel, die bis zu unserem Pfad mit einem weißen Band umzogen war, durch das in rhythmischen Abständen Stromstöße schossen. Ein Wagen hielt auf der nicht stark befahrenen Landstraße an und hupte. Erneut grüßte und verabschiedete sich die Mitsängerin aus Margaretes Chor auf dem Weg nach Hause.

Je näher wir der Dorfmitte kamen, um so lauter schallte die Musik aus dem Festzelt. Die Bewohner feierten Schützenfest, das hier, sowie im gesamten Sauerland mit Inbrunst und festgeklopften Regeln im Ablauf gefeiert wurde. Rosafarbige Schlangenwurzblüten, polygonum bistorta, ragten mit ihren Stielen von einem großen Vorgarten auf den Gehweg, bis uns ein Holzschild mit eingeschnitztem »Blankenrode« begrüßte. Zwischen den Pfählen des Namenszuges hing ein variables Schild mit der Inschrift »Zum Heimatfest Pfingsten«. Das Emblem der heimischen Brauerei Westheim und das Dorfwappen waren ebenso abgebildet. Die Brauerei wird von ansässigen Adligen geführt, nämlich von Twickels, die auf eine lange Familiengeschichte zurückblicken können. Ein Siegfried von Twickel wird 874 genannt und die Familie soll bereits im achten Jahrhundert Güter bei Vreden besessen haben. Im Laufe der Jahrhunderte bekleideten die Stammhalter immer wieder hohe Posten als Knappe, Fähnrich, Fehdenführer, Reichshofrat, Weihbischof, Fürstbischöflich-Münsterscher-Oberstküchenmeister und preußischer Landrat. Westheim gehörte schon zur Stadt Marsberg und lag unten im Diemeltal an der B7, Blankenrode war noch dem Kreis Paderborn zugehörig.

Vor der turmlosen, modernen Kirche wehte eine Deutschland- und eine Schützenflagge. Die Schützentrikolore setzte sich aus den italienischen Farben Grün, Weiß und Rot zusammen. Hinter dem lichten Dorfkern kehrten wir Blankenrode wieder den Rücken zu, weil unsere Pension Dewenter etwas außerhalb an der Landstraße nach Meerhof lag. Rechts von mir tauchte ein halb verfallener Fachwerkschuppen auf, dessen Füllung der Fächer mit roten Backsteinen erst im zweiten Feld von unten begann. Die Fächer im ersten Feld waren leer, sodass die Ständer frei sichtbar blieben. Hier wurden Geräte untergestellt oder wie hier ein Misthaufen angelegt. Das ganze Gebäude war mit einem Spitzdach ausgestattet, so dass in der ersten Etage ein geschützter Trockenraum zur Verfügung stand, indem Heu oder Stroh gelagert werden konnte.

Beim Betreten unserer Herberge schwoll uns Dampf und angenehmer Essensgeruch von Braten und Soße entgegen. Viele Hände waren dabei das Einheitsessen für die vielen Gäste in den wohnzimmerartigen Gastraum zu transportieren. Die Situation kam vielen

Filmszenen gleich, wenn in einem historischen Streifen Weltenbummler, Ritter oder Abenteurer in der Fremde die einzige Herberge weit und breit betraten, so wie die Hobbits im ersten »Herr der Ringe« das Springende Pony. Die Frau mit den Rasterlocken und ihre Freundin waren auch unter ihnen. Ansonsten waren Besucher von Dorfangehörigen hier untergekommen, die zum Schützenfest angereist waren, sowie langjährige Kundschaft aus Norddeutschland und dem Ruhrgebiet, wie ich später erfuhr. Das Wanderpärchen unterschied sich erheblich vom Outfit und der Ausstrahlung der anderen Gäste, wobei ich uns sofort musterte. Ich dachte, so sehen wir auch aus, wenn wir unterwegs ein Restaurant betreten. Braungebrannt, kräftig im Auftreten mit der Aura von Freiheit um uns, der Gang bestimmt und klotzig durch den Schritt in klobigen Schuhen und stets lächelnd durch den Überschuss an Glückshormonen. In der Küche standen Vaterwirt und Mutterwirtin. Die Juniorchefin und eine Helferin bedienten. Die Seniorwirtin nahm sich Zeit, um uns auf unsere Zimmer zu geleiten. Sie war natürlich interessiert, ob wir auch gleich zum Essen kommen würden, das ich telefonisch vorbestellt hatte. Wir hatten einen länglichen Tisch, den größten im ganzen Haus, in einem Separee mit Blick auf die Äcker und die fast untergehende Sonne. So genossen wir zum wohligen Mahle noch die Farben des Abends. Das Einheitsmenü bestand aus einer Bullion mit Grießknödeln, Platten mit reichlich Braten von eigenen Schweinen und Rindern, schmackhafter Soße ohne Geschmacksverstärker, Bratkäse, Rotkohl, Kroketten, Kartoffeln, Bohnen und ein Schokoladenpudding zum Abschluss. Bernhard und Toni konnten kaum vom Braten lassen, der derart reichlich vorhanden war, dass jeder mit vier Scheiben und mehr bedient war. Das ganze Menü kostete für jeden von uns 10,- Euro. So etwas hatten wir noch nicht erlebt. Alle waren höchst zufrieden. Zur Verdauung setzten wir uns in den großräumigen Garten mit Teichen, Sitzecken zwischen den Rabatten und urigen Holztischen, an denen man stehend sein Bier einnehmen konnte. Ich bevorzugte das Sitzen, weil meine Füße einige Blessuren an sich hatten und war froh, die Wanderschuhe zu öffnen. Ich saß erst allein, dann kamen die anderen dazu. Ulla griff das Vorhaben auf, auch auf das Schützenfest zu gehen. An Stimme und die Art der Fragestellung fand ich schnell heraus, dass sie eigentlich keine Energie mehr hatte, sich in das Getümmel zu stürzen. Ich gab ihr Beistand mit dem Vorschlag, hier ein Schützenfestbier zu trinken. Das Vorhaben wurde aber von der jungen Wirtin gekreuzt, weil sie alle nur noch die Küche aufräumen wollten, um dann zum Fest zu gehen. Bis dahin konnte sie uns aber weiterhin bedienen. Zwischenzeitlich hatte ich an meinem Bauch eine Zecke entdeckt, die ich mir auf dem Zimmer von Margarete entfernen lassen musste, weil ich sie selbst durch mein Augenleiden nicht genau ausmachen konnte. In bester Stimmung verschwand auch Bernhard in sein Zimmer. Er erschien beim zweiten Kräuterschnaps im Garten zurück, um Ursula zu bitten mit aufs Zimmer zu kommen, weil er glaubte, auch eine Zecke zu haben. Ursula kippte den Kräuter und verschwand auf Nimmerwiedersehn für heute. Bernhard selber trinkt keinen Tropfen Alkohol, weil er als junger Erwachsener einen Leberschaden hatte. Die junge Wirtin hatte sich hübsch gemacht und in ein schwarzes Kleid mit weißem Rüschenkragen gewunden. Auf meine Frage, ob ihr schönes Kleid die Schützenfesttracht sei, vermeldete sie, dass sie im Festrahmen zugleich die Verlobung mit ihrem zukünftigen Mann dem Dorf bekannt geben wollte. Mit vielen Glückwünschen verabschiedeten wir sie und gaben ihr eine last order. Lang dauerte unsere kleine Party des letzten Abends vor unserem weltlichen Heimgang nicht mehr. Aber wir ließen einige Bilder zu und flammten alte Geschichten auf, die wir auf unserem langen Weg bis hierher erlebt hatten. Nicht ohne Stolz machten wir uns bereit für die letzte Tagesetappe unseres ersten Teils der Deutschlanddurchquerung. Im Falle unsere Jungwirtin starten die einen gerade auf eine lange Tour in die Ehe, während die anderen sich im Ankommen befinden. In der Nacht schallte noch lange, aber abgeschwächt, die Musik des Festes aus der Dorfmitte zu uns hinauf.

Blankenrode - Marsberg, 28. Mai 2012 Montag

Der Ausblick hätte auch auf eine Voralpenlandschaft sein können. Weite Felderhügel vor einem tief grünen, wallenden Waldrand. Ich trat auf den Balkon, füllte meine Lunge mit der frischen Luft des sonnendurchfluteten Morgens und dachte, wie schön es wäre, jetzt zu verweilen. Dies war der Ort dafür. Aber mich trieb es nach Hause, mit einem fremden Gefühl im Magen. Es war nicht Aufregung, eher das Gefühl von Erleichterung, etwas geschafft zu haben, oder besser abgeschlossen, abgerundet zu haben. Außerdem hatten wir im Café Bleichhaus in Marsberg um 15.00 Uhr den Pressetermin. Was für ein Stress! Im Haus Dewenter herrschte eine positive Grundstimmung. Sie feierten dieses Jahr 50 jähriges Bestehen in dritter Generation. Ungefähr gleich alt war auch das Haus, in der sich der Pensionsbetrieb befand. In der Prospektauslage waren geschäftstüchtige Wochenangebote abgelegt. Gäste würden vom Bahnhof Marsberg, Warburg oder Paderborn als Service kostenlos abgeholt. Die vielen Dauergäste zeugten von der lockeren, unangespannten Atmosphäre. Das Frühstücksbuffet war von gehobenen Standard mit viel Wurst- und Käsesorten. Der Morgen war schon soweit aufgeheizt, dass sich alle unserer Gruppe sommerlich kleideten. Hüte, T-Shirts und kurze Hosen kamen zum Vorschein. Dieser Pfingstmontag sollte einer der wärmsten Tage unserer gesamten Tour werden. Ausgediente Wanderschuhe im Vorgarten der Pension, verabschiedeten uns beim Start unserer letzten Etappe. In den Schuhen waren Steinbrechgewächse gepflanzt, was ein amüsantes Bild abgab.

Wir liefen nicht ganz zurück zum noch schlafenden Dorf, sondern bogen nicht weit von der Pension in einen Feldweg ab. Blühende Wiesen, Waldränder und einzelne Obstbäume bebilderten die seichten Hügel dieser Rodung. Als Windschutz für den Weg sorgte eine breite Hecke aus Ahorn und Hainbuche, die nur für die Durchfahrten zu den Weiden unterbrochen war. Wie weiße Schaumkronen im tosenden Meer, wuchsen Felder von Bibernellen am Wegesrand, die Weiden für Fluginsekten. Zur anderen Seite fiel eine wilde Wiese stufenweise in eine tiefe Grube ab. Hier wurden Erze über Tage abgebaut. Dahinter liegende Halden zeugen vom Tiefbau in Untertageschächten. Das Abbaugebiet befindet sich auf einem geologischem Spalt, wo sich verschiedene Schichten gefaltet haben. Buntsandsteinschichten, Cenoman-Mergel, die sogenannte Oberkreide und der Zechstein Namur 1, der sogenannte Oberkarbon haben sich hier durch Faltung verlagert. Der Abbau von Erzen erfolgte aber nicht aus dem Gestein direkt. Im Laufe der Erdgeschichte wurden viele Erze von Bächen und Flüssen ausgewaschen, die sich an der Oberfläche im Boden ablagerten. Diese mit Bleierzen angereicherte Ablagerung konnte im Tagebaubetrieb abgetragen werden, was von den Menschen schon vor 900 Jahren bis zur Mitte des 18. Jahrhunderts praktiziert wurde. Dann ruhte die Förderung zeitweilig. Ab Mitte des 19. Jahrhunderts wurde der Betrieb hier wieder im Tagebau an der Oberfläche und in Stollen unter Tage aufgenommen. Dabei standen die zinkhaltigen Galmeierze im Mittelpunkt des Interesses. Nach einer relativ kurzen Abbauphase führten Absatzschwierigkeiten 1927 zur Stilllegung des Bergbaus. Übrig geblieben war ein einzigartiges Gelände für die Pflanzen- und Tierwelt. Eine aufwendige Tafel gab Aufschluss über diesen Ort: »Kuhle und Abraumhalden stehen nun unter Naturschutz. Allein der Zinkgehalt ist für normale Pflanzen giftig. Gegenüber normalen Böden ist der Gesamtgehalt an Schwermetallen 530-fach erhöht. Die Menge an wasserlöslichem, also direkt pflanzenverfügbaren Zink ist sogar 1835 Mal höher. Der Bleigehalt in den Böden ist immerhin 27 Mal so hoch wie in normalen Böden. Bewundernswert sind die Pflanzen, die trotz der Vergiftung zu gedeihen vermögen. Sie bilden als Pflanzengesellschaft den sogenannten Schwermetallrasen. Dabei ist der Galmeitaubenkopf besonders selten und bereits gefährdet. Star der Pflanzen ist unumstößlich das Galmeiveilchen, viola guestphalica, das westfälische Veilchen. Es kommt weltweit nur hier vor und verhalf dem Naturschutzgebiet zu herausragender Bedeutung. Es sieht kräftig lila aus, hat zauberhafte dunkellila Streifen von der Blütenmitte ausgehend und ist wesentlich größer als die üblichen Wildveilchen. So kommen nur dieser Blume wegen zahlreiche Besucher aus Nah und Fern. Ein geräumiger Parkplatz steht zur Verfügung und Schautafeln informieren die Interessierten. Nicht nur das Veilchen trägt den Vornamen dieser Kuhle. Neben dem Star wächst hier noch das Galmeileimkraut und die Galmeifrühlingsmiere. Die Lücken in der Vegetation sind Lebensraum der wahren Zwerge der Bleikuhlen und Erstbesiedler unserer Erde. Gemeint sind die Flechten und Moose. Die Flechten als Mischwesen aus Pilz und Alge oder Cyanobakterien sind in der Lage extremste Lebensräume zu besiedeln. Auf Island konnte ich Zeuge von dieser Feststellung sein. Flechtenteppiche überzogen dort als Erstling frische Vulkangesteinshänge. Flechten bilden vielfältige Wuchsformen aus und bilden während der Fortpflanzung zum Teil farbenprächtige Fruchtkörper aus. In diesem Niedrigpflanzengebiet leben ebenso viele verschiedene Spinnen, wie Heuschrecken, sowie Käferarten.«

Ich wusste nichts von diesem Gebiet in unserer Wohnnähe und war froh, hier einmal gewesen zu sein. Mit wiederbelebten Respekt vor Flora und Fauna, die mit nichts anderem als die unbeugsame Schöpfungskraft selbst giftigste Lebensräume bevölkern können, wendete ich mich von den Schautafeln zur Fortsetzung unserer Wanderung ab. Kurz hinter der Erzkuhle mussten wir die A44 auf einer Brücke überqueren. Diese Autobahn verbindet Kassel mit Dortmund und wurde als Ost-Weststrecke nach der Wende immer bedeutender für den Verkehr. Hinter der Brücke führte nun auf dem Gebiet des äußerst östlichen Sauerlandkreises ein langgezogener Waldwirtschaftsweg zum Fuß des Kamms, der hier wieder deutlich ausgeprägt war. Hier fiel der Rest des Eggegebirges auf über hundert Meter ab, was durch die besondere geologische Situation begründet war, da die Trias-Schichten sich entlang des Kammes nicht in gleicher Höhe gegen die Unterkreide aufgeschoben hatten.

Ein Jogger schnaufte uns bergauf entgegen und grüßte außer Atem trotzdem nett. Wie ein Begrüßungswort im riesigen, waldreichen Sauerlandgebiet, empfingen uns zahlreiche, kleine, verwitterte, in weiten Abständen aufgestellte, einfach gebaute Tafeln, geschützt durch Glas- oder Plexiglasscheiben, die Bäume und Tiere des Waldes beschrieben. Irgendwie bildeten diese simpel hergestellten Tafeln ein Sinnbild für diese bescheidenen, bodenständigen und unaufgeregten Sauerländer, die ihre Berglandschaft mit den tiefen Wäldern liebten. »Die Stieleiche hat als junger Baum eine glatte, graue Rinde, die sich im Alter zu der charakteristischen groben und furchigen Borke entwickelt. Die Krone des Baumes hat knorrige und knickige Äste und lässt sehr viel Licht durch. In reinen Eichenwäldern können sich viele Kräuter und Sträucher ansiedeln. Die Stieleiche hat ihren Namen nach dem Sitz ihrer Früchte, die auf einem langen Stiel wachsen, die Blätter dagegen sind sehr kurzstielig.«

Gefällte, von Ästen befreite Buchenstämme flankierten auf unordentlich geschichteten Haufen den vom schweren Gerät aufgerissenen Waldweg. Der Buchenbestand wechselt zu Kieferbestand. »Waldkiefer – immergrüner, 20 bis 25 Meter hoher Baum mit anfangs lockerer, kegelförmiger, im Alter häufig asymmetrischer, abgeflachter Krone und grau bis rotbrauner, längsrissiger Schuppenborke. Die Wald-Kiefer hat eine breite ökologische Amplitude. Sie gedeiht sowohl auf trockenem basenreichen Sandböden, als auch auf saurem und nassem Torf in Hochmooren. Die größte Verbreitung in Europa hatte die Kiefer nach der letzten Eiszeit in der Vorwärmezeit und der frühen Wärmezeit, dem Boreal, etwa 8200 bis 8500 Jahre vor Christus. Das Holz der Kiefer ist harzreich und sehr dauerhaft. Es wird als Möbel- und Bauholz geschätzt. Der äußere Holzteil, Splint, ist gelblich oder rötlichweiß, der innere Kern bräunlich gefärbt. Am Licht dunkelt Kiefernholz nach.«

An den Baumstämmen hingen runde Betonkästen mit einem Schlitz in Bodennähe. Sie dienen ausschließlich für Fledermäuse als Ruhe- und Aufzuchtstätte. »Die Aufgabe der Fledermäuse im Haushalt der Natur ist so wichtig wie die Aufgabe der Vögel. Sie ernähren sich ausschließlich von Insekten, die nur nachts fliegen und daher für die Vögel nicht erreichbar sind. Alte Gemäuer und offene Dachböden werden seltener, der Bestand an Fledermäusen geht ständig zurück. Wir können diesen nützlichen Tieren durch Aufhängen künstlicher Nisthöhlen helfen.«

Eine große Gruppe von jungen Leuten kam uns entgegen. Die jungen Männer trugen geöffnete Bierflaschen mit sich. Die Fräuleins hielten Becher mit Sekt in ihren Händen. Sie kamen vom nahen Oesdorf. Nach einem alten Brauch besuchten sie das Nachbardorf Blankenrode zum Frühschoppen im Schützenzelt. Ich konnte mir vorstellen, dass hierbei so manche kreisübergreifende Pärchen entstanden sind. Von einem kontinentübergreifenden Baum war beim nächsten Schild die Rede. »Japanische Lärche – Der Name deutet auf die Heimat des Baumes hin. Sie unterscheidet sich von der Europäischen Lärche durch ihre langen, kräftigen und weit ausladenden Zweige, die weiblichen Blütenzapfen sind grün und bei der Europäischen Lärche rot. Die Schuppen sind beim reifen Zapfen an der Spitze zurückgebogen. Die Japanische Lärche übertrifft in der ersten Jugend die Europäische Lärche an Raschwüchsigkeit und wird nicht vom Lärchenkrebs befallen. Da aber die dicken Zweige große Astlöcher ergeben, ist das Holz nicht so wertvoll wie das der europäischen Art.«

Als der Eggehang steiler wurde, machte eine riesige Vertiefung im Hang auf sich aufmerksam. Auf einem mit Schreibmaschine geschriebenem DIN A 4 Blatt und entsprechender Buntstiftzeichnung, die den Hergang grafisch versinnbildlichte, war die Ursache dieser Mulde beschrieben. »Starke Regenfälle verursachten im Juli 1965 diesen Erdrutsch. Am 17. des Monats fielen innerhalb von 2 ½

Stunden allein 135 Millimeter Niederschlag. Der normale Jahresniederschlag beträgt 820 Millimeter. Diese enormen Wassermengen bewirkten eine quellige Aufweichung des hier am Steilhang anstehenden Cenoman-Mergels, die untere Formation der oberen Kreide, die soweit ging, dass der ganze Hang mit dem aufstehenden Buchenbestand abrutschte. Am neben anliegenden Fichtenhang lief das Wasser oberirdisch auf der Nadelstreu ab, so dass es im Fichtenhang nicht zu Rutschungen kam. Westlich anschließend ist der Buchenhang wieder gerutscht. Unterhalb des Weges ist es auch früher schon zu Rutschungen gekommen.«

Auch das Kleine im domestizierten Ökosystem wurde beschrieben.»Die Salweide ist eine der wenigen Weiden, die man im Walde als kleinen Baum antrifft. Die Kätzchen blühen im März bis Mai, sind reich an Nektar und Blütenstaub und deshalb die erste wichtige Futterquelle für die Bienen.«

Hinter einer Biegung lichtete sich der Wald, bis er sich ganz öffnete. Nun wurde der Blick über das Diemeltal bis hinüber auf die hessischen Berge frei. Von vor uns liegenden Wiesenmulden drang frischer Fladengeruch von braunen Kühen zu uns. Die Note erinnerte mich an die in den Alpen und versetzte mich mit eine heitere Stimmung in die Fremde, obwohl wir uns kurz vor unserer Haustür befanden. Fein gestapelte Holzschober standen am Weg. Brennholz steht den Sauerländern unendlich zur Verfügung. Dieses hier bestand aus feinsten, gespaltenen Buchenästen, die zum Sammeln nach einer Fällung zu Hauf anfallen. »Rauchschwalbe. Merkmale – Sehr schlanker Vogel mit auffallenden langen Schwanzspießen. Oberseite und Brustband metallisch blau bis schwarz. Stirn und Kehle rotbraun. Jungvögel matter gefärbt und mit kürzeren Schwanzspießen. Flug elegant und reißend, wirkt zielstrebiger als bei der Mehlschwalbe. Vorkommen – Überall, häufig in Dörfern und offenen Kulturlandschaften, vor allem bei Einzelhöfen. Nahrungssuche meist im Grünland. Brütet im Gebirge bis in die Almregion. Brut – Mai bis August nistet meist im Innern von Gebäuden auf einer Konsole direkt an einer senkrechten Wand, schalenförmiges Nest aus Lehm und Halmen. Verhalten – Fliegt bei schlechtem Wetter oft bodennah knapp über Wasserflächen, besonders außerhalb der Brutzeit sehr gesellig.«

Bei einer Schutzhütte hatte sich eine Menge Oesdorfer versammelt, um zu grillen. Kinder tobten im Wald, Frauen richteten den Tisch zum Essen her, Männer standen mit einer Flasche Westheimer in der Hand im Kreis und debattierten. Das Material wurde aus der Heckklappe einer glitzernden Limousine entnommen, dessen Kennzeichen mit HSK begann. Dies Zeichen war ein weiteres Indiz unserer gewohnten Heimat. Zu meinen Füßen stand eine prächtige Geisraute, galega officinalis, ein großes Kleegewächs. Ihre sanften, pinkfarbigen Blütenstauden erinnerten an Lupinen. Zunächst am Acker empor, liefen wir dann unterhalb am letzten kleinen Zipfel des geografischen Eggekamms entlang. Diese unscheinbare Kante wurde bis zum zwei Kilometer entfernten Oesdorf demnach ebenso Egge genannt. Sie wurde aber vom Dorf aus kommend nicht im Allgemeinen mit dem Eggegebirge in Verbindung gebracht. Das lag von hier aus zu weit entfernt, als dass die geologische Einheit erkannt wurde. Der Hang war bis zur Abbruchkante bewaldet. Oberhalb begann erneut die Hochebene von Meerhof mit der Ackerlandschaft des Sintfeldes. Die Entfernung bis nach Marsberg sollte laut einem Holzschild noch 11 Kilometer betragen. Guckten wir auf der einen Seite den Hang empor, schauten wir auf der anderen Seite nach Südosten in die hügelige Diemeltallandschaft. Diese Ausblicke entzückten mich, weil ich sie noch nie von hier aus wahr genommen hatte. Das Phänomen von der Fremde vor der Haustür beschrieb ich in Preetz und im Leinetal bei Bordenau. Margarete, Ulla und ich waren uns einig, wie schön diese Welt hier war und genossen langanhaltend diese Erkenntnis. Zudem zeigte sich Oesdorf bald in der Ferne. Die Häuser waren kompakt in einer Mulde talabwärts geschmiegt. Jedes einzelne rote Dach war noch einmal mit einem Büschel von Bäumen umlegt. Erste Holzschuppen tauchten auf. Sie waren mit viel Mühe an den Abhang Richtung Tal gebaut. Am Übergang des unbefestigten Waldweges zur Asphaltstraße stand ein aus bizarrem Naturstein gemauerter Bildstock. Nur in einer kleinen Vertiefung mit leichtem Gitter davor und hellblauem Hintergrund, stand der Heilige Johannes mit einem Schaf auf dem Arm in schwarz weißem Gewand. Ausschließlich die Vertiefung war mit bearbeiteten Sandstein in Form einer Bogentür umfasst, dessen oberer Abschluss aus einem Kreuz des selben Materials bestand. Ansonsten war der drei Meter hohe Tuffsteinstock komplett mit Efeu überwuchert, wobei die Hauptstämme der Pflanze bereits die Dicke eines Armes erreicht hatten.

Nur wenige hundert Meter entfernt stand ein mannshohes Kruzifix mit einem grün angelaufenen Jesus aus Bronze. Vor seinen Füßen hing ein Balkonkasten mit Geranien und am Fuß des dunkelbraunen Holzkreuzes standen Plastikflaschen mit Wasser zum Gießen der Blumen. Ulla und ich hatten uns viel zu lange am Heiligenmonument aufgehalten. Die anderen waren voraus gegangen und von der Bildfläche verschwunden. An einem Lampenmast deutete das X nach unten zur Kirche über einen Holweg. Gegenüber fingen uns Oesdorfer ab, die am Haus plauderten. Freundlich wollten sie uns auf die Grotte aufmerksam machen, die wenige Meter abweichend vom E1 von uns entfernt lag. Ich sagte zu Ulla: »Komm, die gucken wir uns auch noch an. Die anderen werden wir im Dorfkern schon noch treffen.«

Unter Anleitung der Lehrerin Falke wurde sie nach dem Vorbild der Lourdesgrotte als Muttergottesgrotte 1923 erbaut. Ein schwarzes, geschmiedetes Eisengatter verschloss die Grotte in der Tuffsteinkante der Egge. Überall hingen Blumenschalen im Gestein. Die Marienstatue, für die diese Grotte gebaut wurde, stand in einer Nische im hinteren Teil. Sie hielt ihre Hände aneinandergeklappt in Betstellung vor dem Herz. Ein blauer Schal loderte über einem weißen Kleid auf ihrem Körper. Um den Kopf strahlte ein Sternenkranz. Die gesamte Steinwand, in der sich die Nische befand, war mit Efeu zugewuchert. Zu ihren Füßen stand eine Betbank. In einiger Entfernung neben uns kniete die Figur einer Betenden, die mit brennenden Kerzen vor ihr versehen war. Parkbänke waren in Dreierreihen wie in einer Kirche aufgestellt, um dort einen Freiluftgottesdienst abhalten zu können. In der Grotte herrschte eine gemütliche, anheimelnde Atmosphäre. Die Welt draußen war für einen Moment vergessen. Wie lange wir dort in Andacht verweilten, konnte ich nicht mehr nachvollziehen. Mir kam diese weibliche Höhle sehr wohlig entgegen und strahlte etwas von der mütterlichen Wärme ab, ohne mich weiter als Baby im Uterus zu fühlen, würden wir die Symbolik vertiefen.

Als wir den engen, zugewachsenen Holweg nach unten zur Kirche abstiegen, war ich gänzlich in der Geburtssymbolik gefangen. Zwischen den dichten Büschen wurde der Blick auf hellbraune Kühe frei. Der Esel fehlte in meinem Bild der Geburt. Der erste Blick aus dem Hohlweg, symbolisch Geburtskanal, fiel auf die Kirche von Oesdorf. Die Johannes dem Täufer geweihte Pfarrkirche wurde 1893 fertig gestellt. Sie besaß wertvolle Stein- und Holzplastiken aus dem 15. Jahrhundert, die aus dem Kloster Dalheim stammten. Bereits 1250 schenkte der Ritter Adam von Aspe dem Ort eine Pfarrkirche, die aber wesentlich kleiner war als die heutige. Das idyllisch gelegene Dorf am Rande des Sauerlandes und am Fuße der letzten Erhebung des Eggegebirges wurde bereits 1170 in einer Urkunde des Klosters Bredelar erwähnt. Es hieß damals Osningthorpe, wie der gleichnamige Stein vom Gebirge. Das besagte Kloster lag 18 Kilometer weiter südlich im Sauerland an der Diemel flussaufwärts. Es beherbergt heute ein Kultur- und Begegnungszentrum, das wir auch schon für manche Ausstellungen nutzen konnten. Nach dessen Schließung wurde es zu einer Gießerei ausgebaut und im zweiten Weltkrieg diente es als Lager. Das Kloster Bredelar verkaufte seinen Oesdorfer Grundbesitz 1518 an das Kloster Dalheim, dem dritten Kloster hier auf engstem Raum. Vor der Gebietsreform 1975 gehörte Oesdorf zum Kreis Büren, danach zur Stadt Marsberg.

Der zweite Blick fiel auf das Wanderheim des Eggegebirgsvereins, vor dem ein Auto mit Anhänger parkte. Zwei Männer waren dabei Getränkekisten auszupacken. Drei fröhliche Stockenten badeten lauthals in einem kleinen Bachlauf, der völlig braun aufgewühlt war. Ich begrüßte die Männer und wir kamen ins Gespräch. Sie hatten unsere Tour in der Presse gelesen und ein Mann fragte, ob da auch Margarete Engels mit laufen würde. Die würden sie nämlich kennen, weil er mit ihr schon einmal ein Chorprojekt zusammen unternommen hatten, meinte der eine von beiden und bemerkte, dass er der Vorstand des Oesdorfer Chores sei. Ulla deutete auf mich und sagte, hier das ist ihr Mann, Peter Engels. Er lachte und bot uns etwas zu trinken an. Dann machten wir Smalltalk über das Wandern und verständigten uns darüber, dass dieser Teil des Eggeweges ein wunderschöner sei. Bis plötzlich das Handy klingelte. Der Rest unserer Gruppe vermisste uns bereits. Wir gaben zurück, dass wir erst noch austrinken müssten und dann zu ihnen kommen würden. An der anderen Seite der Leitung hörten wir ein »Oh« und ein »Ah« der Verwunderung. Bernhards erstauntes, in sich gekehrtes, aber dennoch herzliches Lachen, rundete ihren Neid ab, kein Kaltgetränk abbekommen zu haben.

Der Kern des Dorfes bestand aus einer losen Anzahl von Bauernhofgebäuden, die keinem Muster oder Baustil folgten. Ställe, Schuppen, Speicher und Wohnhäuser waren von unterschiedlicher

Größe und Form. In einem Hof wohnte alles inne. Die Gebäude bestanden aus einer Mischform von Sandsteinsockeln, auf denen Fachwerk mit Backstein stand. Jedes Haus hatte je nach Geldbeutel mal mehr und mal weniger Naturstein und Fachwerkanteile. Einige Ställe waren aus Naturstein erstellt, wobei das Fensterloch mit geraden Backsteinen gemauert wurde, um die Rahmen der Fenster lückenlos anpassen zu können. Markant waren die gutriechenden Misthaufen mitten im Dorf. Wo gab es dieses Bild noch zu sehen? Wir überqueren die Hauptstraße, auf der wir schon so manches Mal die Eggeserpentine hinauf nach Meerhof gefahren waren, und begegneten den anderen wieder, die schon gelangweilt auf uns gewartet hatten. Wir zogen die anderen natürlich damit auf, was jeder verpasst, wenn er den E1 verlässt, der doch immer wieder tragend für gute Erlebnisse zu sein scheint.

Bevor wir das Dorf wieder verließen, durchquerten wir den Wirtschaftsbereich eines mächtigen Bauernhofes. Die Wände der Gebäude waren mit hellgelber Farbe frisch bemalt. Auf dem Gerätehaus und Speicher glitzerten Fotovoltaikrechtecke in der Sonne. Hinter dem Hof geleitete uns eine zeitlang ein dichter Heckenweg die Felder auf Kammniveau empor. Zwischendurch verabschiedete uns ein relativ großes Kruzifix, das fast zwischen den Büschen versteckt stand. Die Jesusfigur hatte von den Füßen an eine Bretterwand im Rücken, die mit einem schmalen Dach als Witterungsschutz versehen war. Ein Gartentor verhinderte ein ungestümes Vortreten zum Gekreuzigten. Vor dem Kreuz strahlten schneeweiße Akeleibüschel und die ebenso weißen, buschigen Köpfe des Spierstrauches, spiraea japonica, reckten ihre Blütenpolster der strahlenden Sonne entgegen. Silagerollen lagerten am Hang auf einer abgemähten Wiese, die den Blick in das ganze Tal freigab. In der Ferne machten die anderen den Kirchturm von Obermarsberg aus, der für meine Augen noch unsichtbar blieb. Wunderbar war der Ausblick über die unterschiedlich grün schattierten Hügelwellen nach unten zur Diemel, die für uns noch im Verborgenen floss, und wieder zur hessischen Ackerebene hinauf, auf der die Rotoren der Windräder ihre Kreise drehten. Als der Feldweg nicht mehr anstieg und er nunmehr horizontal im Hang verlief, konnten wir durchschnaufen. Nur ein leichtes Lüftchen sorgte für Abkühlung. Aus der Wärme war fast Hitze geworden. Heckenrosen, oder auch Hundsrosen genannt, schmückten in einzelnen Büschen den Weidenrand.

Hellrosa bis dunkelrosa waren die fünfblättrigen Blüten gefärbt, die als Vorbild der lippischen Rose dienten.

Bald tauchten wir zu unserer Erholung in die Schatten eines Waldstreifens ein. An dieser Stelle kurz vor dem Dorf Essentho verschwand der sichtbare Kamm des Eggegebirges und löste sich in allgemeine Hügellandschaft auf. Ein vergessener Stapel Buchenstämme wurde von Brennnesseln überwuchert. Vier Frauen voraus und zwei Männer zurück, vertieft in Gespräche auf einem schnurgeraden Schattenweg. Bei einer Kreuzung mit Weitblick und einer Schutzhütte machten wir eine Pause im Gras. Wiesen, Felder Täler und ferne Bergzüge prägten das Panorama. Wir sahen von hier aus das hessische Dorf Hesperinghausen, den 368 Meter hohen, vorgelagerten Mühlenberg, mächtige Fichtensolitäre, die Jahrhunderte alt waren, im Feld integrierte Schuppen und Unterstände von Büschen umgeben, die die übrigen Grüntöne im Bild punktuell bereicherten und den Winterweizen, der schon Ehren trug. Auch die Stiftskirche von Obermarsberg mit ihrem alles überragenden, mächtigen Turm auf der anderen Seite des Tals war näher gerückt, so dass ich sie auch schon wahr nehmen konnte. Obermarsbergs Geschichte war prägend für diese Gegend und ein beispielhaftes Abbild dieser Zeit. Hier betritt Karl der Große für uns die Geschichtsbühne erneut und wir schreiten mit großen Schritten in immer ältere Tiefen der Christianisierung voran.

Margarete hatte wegen der Sonnenglut einen Schlapphut hervorgekramt. Das letzte Wegstück nach Essentho war nämlich schattenlos. Hinter dem grünen Wiesenhorizont des Hanges über uns, trieben harmlose Kumuluswolken heran. Sie wirkten so nah, als könnten wir sie berühren. Toni begrüßte die ersten Kühe des Ortes. Sie hatten reges Interesse an ihr und standen in einer Reihe am Zaun. Dahinter lag ein recht unaufgeräumter, einsamer Bauernhof. Alles lag malerisch herum, Holzreste, Gerätschaften und Pflanzutensilien. Der Boden war offen und nicht bepflastert. Anders als im Dorf selbst, das höchst aufgeräumt und herausgeputzt war. Auf den kleinen Höfen herrschte höchste Sauberkeit. Die einfachen, verputzten Wohnhäuser waren zum Teil mit frischer Farbe renoviert. Die Gebäude bestanden zusammenhängend aus einem Trakt Stall, an dem quer das Wohnhaus gebaut war. Schmucke Vorgärten blühten mit allerlei Rabatten und Zwiebelblumen auf. Manche nutzlos gewordene Ställe waren zu Wohnraum ausgebaut. In das halbrunde Tennentor war eine Eingangstür eingelassen. Sprossenfenster mit Rundglas waren in die Scheunenwand gebrochen. Der E1 führte direkt zum kleinen Kern des Dorfes, in dem eine Kneipe und die beträchtliche Kirche stand. Im Sauerland besitzen die meisten Dörfer überdimensionale Kirchengebäude, wobei jeder Ort den anderen immer wieder übertreffen möchte. So fehlt es in keiner Kirche an opulenter Ausstattung von Heiligenbildern, Altären und Skulpturen. Die essenthoer Pfarrkirche im jetzigen Erscheinungsbild wurde trotz der Unruhen im Revolutionsjahr 1848 fertig gestellt. Die Vorgängerbauten der Johanneskirche reichten bis in das 11. Jahrhundert zurück. Damals wurde der Ort Osneti in der Einweihungsurkunde der Magnuskirche in Horhusen, dem heutigen Niedermarsberg, erwähnt. Zwei Jahrhunderte zuvor erschien der Ort Affneti in Urkunden des Klosters Corvey als Grundbesitz. Wahrscheinlich siedelten jedoch vor der Christianisierung auch Menschen am selben Standort wegen des reichen Wasservorkommens und im Schutz der nahen Hauptfestung der Sachsen, der Eresburg, dem heutigen Obermarsberg, durch das wir nächstes Jahr schreiten würden. Etwa seit 1200 wird in der Geschichte ein Rittergeschlecht unter dem Namen de Esnethe erwähnt. Seine Güter waren ein Lehen der Abtei Corvey. Die Essenthoer mussten Hand- und Spanndienste leisten und den Zehnten von der Ernte abliefern. Landeigentum hatten sie nicht. Im Jahre 1693 übernahm der Graf von Plettenberg zu Hovestadt das Lehen. Im siebenjährigen Krieg von 1756 bis 1763 wurde Gutshof und das Herrenhaus von französischen Truppen eingeäschert. Ein Jahr später schloss Graf Josef Clement von Plettenberg einen neuen Lehnsvertrag mit den Essenthoer Bürgern ab. Während die Bevölkerung Jahrhunderte von Ackerbau und Viehzucht lebte, kam nun das Handwerk wie Schuhmacher, Stellmacher, Schreiner, Schmiede sowie Metzger und der Bergbau zum Lebenserwerb dazu. Zur Arbeit im Bergbau stiegen die Männer in erster Linie zu den Kupferminen in Marsberg ins Tal hinab. An der Wende des 20. Jahrhunderts entstand eine neue Erwerbsquelle durch die Sägewerke, die wiederum Holzfuhrleute benötigten. Der Glashüttentradition der Gegend folgend, eröffnete 1961 die Glaswerke Ritzenhoff ein Werk in Essentho. Waren es am Anfang 24 Beschäftigte, arbeiten Heute 400 Menschen in der Glashütte. Im Rahmen der europäischen Verteidigung suchte man im hiesigen Raum einen geeigneten Platz für eine belgische Natokaserne und eine Wohnsiedlung. Die Bundesvermögensstelle wurde 1962 in der Gemeinde Essentho fündig. Bis 1968 erbaute man beide Objekte. Die Wohnsiedlung beherbergte 1200 Menschen. Ab 1993 gab es in ganz Deutschland größere Reduzierungen der Natoeinheiten. So zog auch Belgien das 62. Artillerie-Batallion aus Essentho ab. In der Chronik wurden folgende Worte verfasst: »Ein Abschied nicht ohne Wehmut. Mit vielen Dankesworten, einer Parade in der Natokaserne, Tag der offenen Tür, einem Friedensgebet in der Dorfmitte und anschließenden Abmarsch durch die Gemeinde. Schaut man einmal auf die 26 Jahre zurück, so muss man sagen, die belgischen Familien wie auch die Angehörigen der belgischen Armee waren uns immer gute Freunde.«

Die Kaserne war bis 1998 noch keiner neuen Nutzung zugeführt. Die Wohnsiedlung wurde recht bald mit Aussiedlern, den Russlanddeutschen belegt, was leider unter der Bevölkerung den unschönen Beinamen eines Ghettos mit sich brachte.

Die Kühle in der Kirche war angenehm und die Stille andächtig. Toni spendete eine Kerze. Sie entzündete sie unter der Pieta in einer Nische. Ich bedankte mich bei einem Engel mit goldenen Flügeln für den Schutz über die gesamte Tour von Flensburg bis jetzt. Neben dem barocken Altar standen zwei Heilige.

Ulla war längst mit einem Urgestein aus Essentho vor der Kirchentür im Gespräch, als wir mit unserer individuellen Privatandacht gerade geendet hatten. Er und ein Bekannter waren mit dem Fahrrad unterwegs. Ulla kannte ihn und seine Familie, weil sie in der selben Straße, bevor sie unsere Nachbarn wurden, hier oben gewohnt hatte. Ich kannte seine Frau vom Kunstverein aus. Nicht weit von seinem Haus lag unser gepachteter Acker. Wir bauten einst Kartoffeln für das ganze Jahr an und hatten viel eigenes Gemüse. Auf den Boden verstreuten wir ausschließlich säckeweise Pferdemist. Wir benutzten somit zum Düngen keine Chemie und gruben mit der Forke oder Spaten, damit der Boden weich bleiben und nicht vom Trecker zusammen gedrückt werden sollte. Ich züchtete über sechs Jahre die Essenthoer Rote heran. Sie entstammte einer Cilena Pflanzkartoffel und bekam von Jahr zu Jahr eine immer rötere Urschale zurück. Wir hatten viel Spaß auf dem Acker, aber sintflutartige Regenfälle, Dürre, Unkraut nach Urlauben, die Härte oder das Verschlammen des Bodens bei der Ernte, je nach dem Grad der Feuchtigkeit in der Erde, Mäusefraß, Kartoffelkäfer und zuletzt Bienenangriffe durch nahe Stöcke setzten uns immer wieder zu. Wir gaben schließlich die Parzelle schweren Herzens ab. Alleine wegen der schmackhaften Zwiebeln bedauere ich heute noch den Entschluss. Nun war der letzte Gang Richtung Marsberg gekommen. Wir mussten lediglich ins Tal auf 220 von ungefähr 360 Metern hinabsteigen. Zunächst verließen wir den Ort an der Landstraße, die von Marsberg über drei Serpentinenschwüngen hinauf kam und an der Kirche entweder nach Wünnenberg oder Meerhof führte. Das Volksbankthermometer zeigte 30 Grad Celsius an. Dahinter erprobte jemand über einige Reihen den Weinbau, bevor der E1 hinab in den Wald abbog. Der Versuch war nicht verrückt. Beim Kloster Corvey baut ein Weinliebhaber wieder den Roten Regenten an und inszenierte einen 2,3 Kilometer langen ökumenisch-biblischen Weinpfad. Michael Rindermann, wahrscheinlich der einzige Weserwinzer, kultivierte neben dem Rotwein auch den auf die Anfänge des Klosters zurückzuführenden Weißen Orleans. Französische Mönche mussten die Rebstöcke um 822 mit an die Weser gebracht haben, als sie von ihrem Mutterkloster Corbie das von Kaiser Karls Sohn Ludwig den Frommen gegründete Kloster Corvey belebten. Tatsächlich gedieh der Wein und wurde noch bis ins 17. Jahrhundert angebaut.

In ganz gelöster und freudiger Stimmung stiegen wir in unsere Heimatstadt hinunter. Der Waldweg war streckenweise mit weichem Gras bewachsen. Ich fühlte keinen Schmerz mehr an den Füßen, die Beine liefen von alleine. Bernhard und Ursula blieben zurück. Waren sie in einer Diskussion oder hatte Bernhard Probleme? Nackte Wände von kleinem Sandstein kennzeichneten diesen Holweg, der einst die alte Auffahrt zum Dorf war und Via Regia genannt wurde. Die Strecke verband Marsberg mit Paderborn auf dem kürzesten Wege. Saftiger Waldklee hatte sich auf Vorsprüngen angepflanzt und wurde mit einem Sonnenspot bestrahlt. Viele Moosarten taten es dem Klee gleich und besetzten für andere Pflanzen unzugängliche Stellen am Fels. Je tiefer wir kamen, um so aufregender war die Stimmung. Zwischen Fichtenwipfeln erhob sich jetzt bereits die Oberstadt, während wir noch vor einigen Stunden auf gleicher Höhe waren. Erste Häuser tauchten zwischen den Bäumen auf. Jetzt die B7. Geschafft! Das Ortsschild. Ein unbeschreibliches Gefühl übermannte mich. War es Freude, Trauer, Wehmut,

Stolz oder eine Mischung von allem. Die Strecke von Flensburg bis nach Marsberg war jetzt Geschichte.

Massbeerch, hier Massbeerch, sagte ich immer im Auto den Kindern an, wenn wir nach langer Fahrt wieder Marsberg erreicht hatten. Ich tat es dem Bahnschaffner gleich, der auf diese Art den Zug ankündigte. Der Slang sieht ein kurz gesprochenes A und ein CH für ein G vor. Das E wird etwas gedehnt oder ganz kurz gesprochen. So heißt weg »wech« und Tag »Tach«. Natürlich machten wir ein Gruppenfoto. Neben dem Ortsschild stand ein zweites, größeres Plakat mit dem Hinweiß auf den Kilianstollen. Er warb mit 1000 Jahre Kupferbergbau und dem heutigen anerkannten Heilstollen. Auf der anderen Seite floss die breite Diemel Richtung Weser, worin sie sich in Bad Karlshafen ergießt. Der Landgraf Carl, er lebte von 1654 bis 1730, versuchte dort einen wohlhabenden Binnenhafen zu beleben. Die zusammenhängende Architektur des Ortes, inklusive des Hafenbeckens, kann man noch heute bewundern. Er siedelte auch viele Hugenotten an, die den Ort mit ihrem mitgebrachten Können bereicherten. Heute zeugt ein Hugenottenmuseum von dieser gewaltsamen Vertreibung gläubiger und loyaler Menschen. Um die Zollgrenzen zu umgehen, versuchte Carl einen Kanal von der Diemel bis nach Kassel zu bauen. Dieses Projekt scheiterte jedoch nach wenigen Kilometern. Die Diemel entspringt im hessischen Upland im Sauerland, neben dem bekannten Wintersportort Willigen, wo neuerdings auf einer eigens errichten Schanze Weltkapskispringen stattfinden. Bevor der Fluss Marsberg erreicht, füllt die Diemel den gleichnamigen Stausee, der ebenso die Landesgrenze zu Nordrhein-Westfalen bildet und ein hoch frequentiertes Naherholungsziel für Badegäste, Segler, Angler, Camper und Motorradfahrer darstellt. Nachdem die Fluten vereint mit der Itter Strom produziert hatten, gesellt sich die Hoppecke dazu, deren Tal geologisch das ursprüngliche Diemeltal bildete. Zur Quelle der Hoppecke werden wir nächstes Jahr auf unserem Weg zum Bodensee gelangen. Hinter Marsberg verlässt die Diemel das Sauerland bei Scherfede, biegt noch Osten in die Warburger Börde und berührt Wethen, den Wohnort von Ursula und Bernhard. Hinter Warburg fließt die Twiste aus dem Waldeck dazu und der breite, manchmal tiefe Fluss nimmt an gefährliche Fahrt auf, was uns einst mit dem Kanu zum Kentern brachte. Schließlich prallt das Wasser an die Ausläufer des Habichtwaldes und hinterlässt mäandergeschwungene Steilkanten, bis sie recht gemächlich am Stadtrand von Bad Karlshafen in die Weser mündet. An der befestigten, rechten Einmündungskante mit Geländer und regionalen Flaggen, zeigt eine Schautafel den Verlauf der Diemel. Der E1 stößt nach der Überquerung der B7 direkt an das Ufer der Diemel und führt in die Innenstadt von Marsberg flussaufwärts. Da wir bis drei Uhr jedoch noch Zeit hatten, wollten Ulla und Margarete ihre Füße im Wasser rein waschen. Die Szene bekam rituelle Bedeutung. Große Äste ragten bis weit über die Mitte des Flusses und verursachten aufregende Spiegelungen an der Wasseroberfläche. Wäsche trocknete im seichten Wind auf einer Leine eines Privatgrundstückes. Dunkle Fenster des städtischen Gymnasiums blickten aus Waschbetonplatten herüber. Alle meine vier Kinder besuchten diese Schule, die sich nach langem Ringen wegen der umstrittenen Person des damaligen Kaisers vor längerer Zeit den Namen Carolus Magnus Gymnasium gegeben hatte. Zu nah wirkte hier die Geschichte um die brutalen Gemetzel während der Christianisierung an den Sachsen. Viele Ortskundige, Historiker, Ansässige und Heimatvereine möchten die von Karl dem Großen gefällte Irminsul, den heiligsten Baum aller Bäume nach Obermarsberg verfrachtet wissen, wo einst eine riesige Sachsenfestung stand. Aber darüber existiert bis heute kein Beweis, zumal auf dem Gelände der Iburg auch eine Irminsul gestanden haben soll. Bevor ich aber über die Geschichte von Marsberg erzähle, was ich auf den Anfang der nächsten Tour verschieben möchte, mussten wir nun zum Pressetermin im Café Bleichhaus. Vorbei an Holzskulpturen., die 2001 während eines internationalem Symposiums entstanden waren, das wir vom Kunstverein zusammen mit der Stadt inszeniert hatten, erreichten wir das Café. Hier entlang der Diemelwiesen schufen vier Künstlerinnen und Künstler vor Ort die Skulpturen. Das Holz stammte von heimischen Eichen. Allein Tilo Krause von der Saale verarbeitete über 200 Jahre alte Fachwerkbohlen zu einer riesigen, liegenden Frau, indem er Hunderte Bohlen im Boden steckend, nebeneinander verzapft so anordnete, dass die Form einer Frau entstand. Thomas Rath aus Trier fertigte einen Klangstab an und Bruno Capaletti aus Bozen schuf drei in sich verschlungene, frauliche Statuen neben dem Café. Der Heimatverein stellte wenig später eine Bronzefigur auf, die eine Wäscherin darstellt und einen Bezug zum Bleichhaus herstellen soll, weil hier die Waschstelle von Marsberg gewesen war.

Zufrieden und mit einem breiten Lächeln im Gesicht betraten wir den Außenbereich des Cafés, stellten Tische zusammen und ließen uns nieder. Drei Freunde und der Mann von Ulla waren bereits dort. Die Journalisten erschienen und wir gaben Rede und Antwort, was gar nicht so leicht war. Aus den ganzen Eindrücken seit Flensburg die Quintessenzen zu formulieren, bedurfte einige Konzentration. So verteilten wir die Antworten auf viele Schultern. Eigentlich war die Aktion auch völlig gleichgültig, denn konnte niemand so recht das Erlebte in Kurzform darstellen.

Wir hatten es bis hier geschafft. Welch ein großes und einziges Ereignis dieser Art im Leben. Dankbarkeit galt allen, die uns das ermöglichten, besonders unserer Tochter, die zuletzt auf den Hund zu Hause aufpassen musste. Die letzte Etappe führte uns an der Grenzlinie bedeutender Schlachten um Freiheit, Normen, Fortschritt und Macht. Karl der Große war dabei allgegenwärtig, aber nicht minder die widerständigen Sachsen, die nicht nur ihr Land verteidigen wollten. Liegt das sich Bekriegen der Menschen in dessen Blut? Zerstörung und Wiederaufbau während der Fehden prägten das späte Mittelalter. Es musste eine schreckliche Zeit für die Menschen in den Dörfern und Städten, ob befestigt oder nicht, gewesen sein. Werden wir je durch einen Landstrich in Deutschland kommen, wo über die Jahrhunderte nicht so viel gekämpft und gestorben wurde? Ich glaube nicht.

Der Beginn des Sauerlandes war bezaubernd schön und verspricht im Laufe der Zukunft als neue Landschaftsform viele neue Eindrücke.

Zum Schluss der Strecke von Flensburg bis Marsberg, oder die »Weltliche Heimkehr«, wie ich sie nenne, möchte ich den Artikel, unbeabsichtigte Fehler inbegriffen, aus der Westfalenpost wiedergeben, weil er auf ein paar Zeilen reduziert eine lange Reise beschreibt und ein wundersamer Kontrast zu meiner ausführlichen Beschreibung darstellt:

»Mit kleinen Schritten etwas Großes bewirkt. Auf dem Europäischen Fernwanderweg E1 die Heimat Marsberg erreicht. Seit 2006 in Etappen unterwegs. Von Annette Dülme. Marsberg. Verschwitzt, überglücklich und keineswegs erschöpft – das Adrenalin ob der zu Fuß bewältigten 85 Kilometer pocht noch in ihren Adern. Die sechsköpfige Wandergruppe um das Marsberger Künstlerehepaar Margarete und Peter Engels haben über Pfingsten ihre siebte

Tour des Europäischen Fernwanderweges E1 durch Deutschland geschafft und sind Pfingstmontagnachmittag bei wunderschönsten Sommerwetter an ihrem Wanderziel Marsberg angekommen. Denn der E1 führt ja direkt durch Marsberg. Am Freitag vor Pfingsten ist die Wandergruppe in Detmold aufgebrochen. Zirka 20 Kilometer sind sie jeden Tag gewandert. Ihren Rucksack mit dem Nötigsten immer auf dem Rücken. Die Strecke führte über Herbram Wald, Blankenrode, Oesdorf, Essentho nach Marsberg. »Es war herrlich vom Eggegebirge aus auf Marsberg zuzugehen. Es war eine der schönsten Strecken, die wir auf dem Fernwanderweg bisher marschiert sind«, stehen die sechs Wanderfreunde , vier Frauen und zwei Männer, noch ganz unter dem Eindruck des Erlebten. »Wir sind direkt in den Frühling hineinmarschiert, sind über Wiesen gegangen, mit blühenden Blumenteppichen aus Akelei, Margariten und den seltenen Galmeiveilchen«, gerät Antonia Koppe aus Kiel, die Schwester von Margarete Engels, geradezu ins Schwärmen. Sie ist erst im vergangenen Jahr zur sechsten Tour von Hameln nach Detmold zur Wandergruppe gestoßen. Ulla Cornelius aus Marsberg hat sich 2010 der Gruppe angeschlossen. 2006 hatte sich das Ehepaar Engels vorgenommen den Fernwanderweg E1 ab Flensburg an der dänischen Grenze zu erobern. Margarete Engels: »Wir sind damals eine Woche vor Ostern in Flensburg aufgebrochen. Das Wetter war haarsträubend. Es hat gehagelt, geschneit und geregnet. Aber wir haben unser Pensum stramm durchgehalten.« Egal bei welchem Wetter. Die erste Etappe führte bis Ratzeburg. Im Zweiten Wanderjahr schlossen sich Ursula Steuber und Bernhard Grafe aus Diemelstadt-Wethen den Engels an. Die wanderten mit auf der E1-Strecke von Ratzeburg bis Hamburg. Insgesamt ist die Wandergruppe durch Schleswig-Holstein, Hamburg, Niedersachsen und jetzt NRW gewandert. Entlang des Ostseestrandes, durch Städte wie Plön, Eutin, Bad Schwartau, Lübeck, Soltau, Celle, am Steinhuder Meer vorbei, durch Hameln und Lemgo. Was wird die Wandergruppe garantiert nicht vergessen? »Der große Teller frischer Bratkartoffeln für alle mit Sülze in Kuddewörde«, kommt es wie aus einem Mund. »Das Hotel, das wir uns ausgesucht hatten, war geschlossen. Es war spät, wir todmüde und hungrig. In unserer Unterkunft bekamen wir die leckeren Bratkartoffeln.« Margarete Engels hat, wie sie sagt, »jeden einzelnen Moment der Wanderung genossen, ganz egal, wo wir waren oder wie das Wetter mitspielte.

Mit kleinen Schritten haben wir großes bewirkt«, ist sie sich sicher. Peter Engels wird regelrecht philosophisch: »Wir wanderten nicht nur durch fantastisch schöne Landschaften, die unsere Welt ausmachen, sondern auch durch jahrtausend alte Geschichte, die uns im Selbst ausmacht.« In sechs oder sieben Jahren will die Wandergruppe in weiteren Jahrestouren den Bodensee erreichen. Der Weg führt von Marsberg aus durch das Sauerland, in den Westerwald, Odenwald und Schwarzwald bis in die Alpen. Peter Engels: »Ob wir dann weiter gehen und in welche Richtung, mal sehen.« Engels ist dabei, zu der Wanderung eine umfassende Dokumentation zu erstellen über den Weg, die Landschaften, die Begegnungen mit den Menschen, die Jahreszeiten mit der unterschiedlichen Flora und Fauna, die Geschichte in unterschiedlichen Zeiten und nicht zuletzt über die Wandergruppe selbst.«

In einem Extrakasten waren Fakten zusammengefasst: »In 38 Tagen von Dänemark bis Marsberg. In sieben Touren ist die Wandergruppe 884 Kilometer des Fernwanderweges E1 durch Deutschland, von der dänischen Grenze bis Marsberg, gewandert. 38 Tage waren sie insgesamt unterwegs mit 32 Übernachtungen. Der Fernwanderweg E1 führt durch Schweden, 1130 km, durch Dänemark, 159 km, Deutschland bis zum Bodensee 1773 km, durch die Schweiz, 320 km, durch Italien bis zum Mittelmeer nach Genua 1032 km.«

Jetzt war ich weltlich angekommen und mit mir die anderen. Ich konnte es kaum erwarten weiter zu laufen. Dann wird Marsberg im Rücken sein und der Weg eine mystische Heimkehr.

Autorenbiografie

Der Autor Peter Engels wurde 1960 in Hannover geboren. Er studierte freie Kunst und arbeitet hauptsächlich als klinischer Kunst- und Gestaltungstherapeut, Systemischer Familientherapeut und freier Dozent. Sehr früh in seinem Leben begann er mit Freunden und Familie ausgedehnte Trekkingtouren in fast ganz Europa, hauptsächlich im alpinen Bereich, zu begehen. Er lief im Himalaja, Kanada und auf Island. Zu allen Touren sind bis jetzt unveröffentlichte Aufzeichnungen sowie Bildvorträge entstanden. Die Wanderung mit seiner Frau und später mit der Gruppe auf dem E1 überzeugten ihn, das vorliegende Buch erstmalig einer breiteren Öffentlichkeit zur Verfügung zu stellen.

Der Autor lebt mit seiner Frau, Hunden und Katzen im Sauerland. Er hat vier erwachsene Kinder.

Danksagung

Mein Dank zur Realisierung dieses Buches geht an meine Kinder Clara, Jaspar, Emily und Benjamin, an die Mitwanderer Ursula, Bernhard, Ulla, Toni und meine Frau Margarete, an die vielen Wegmarkierer, an die Infotafelaufsteller, an die Wirte unserer Gasthöfe, Pensionen sowie Hotels und an die vielen Menschen, die mir immer mit ihrer Auskunft und ihrem Wissen bei meinen Recherchen zur Seite standen.

Peter Engels